U0946499

QICHE FADONGJI JIXIE WEIXIU

改革创新示范教材
GAIGECHUANGXINSHIFANJIAOCAI

从书总主审　朱　军

职业教育改革创新示范教材

汽车发动机机械维修

◎ 发动机传动带的检查和更换、发动机正时带与正时链的检查和更换
◎ 发动机动力不足的检修、冷却液的检查和更换、冷却液温度表指示发动机过热的检修
◎ 机油及机油滤清器的检查和更换、机油压力警告灯点亮的检修
◎ 空气滤清器的清洁和更换、燃油滤清器的更换、发动机总成的更换

主　编　王锦帮　欧阳可良
副主编　陈凡主　刘及时　程树青

内 容 提 要

本书是职业教育改革创新示范教材之一，其主要内容包括：发动机传动带的检查和更换、发动机正时带与正时链的检查和更换、发动机动力不足的检修、冷却液的检查和更换、冷却液温度表指示发动机过热的检修、机油及机油滤清器的检查和更换、机油压力警告灯点亮的检修、空气滤清器的清洁和更换、燃油滤清器的更换、发动机总成的更换。

本书可作为职业院校汽车运用与维修专业的教材，也可供汽车维修及相关技术人员参考阅读。

图书在版编目(CIP)数据

汽车发动机机械维修／王锦帮，欧阳可良主编. —北京：人民交通出版社，2012.5

ISBN 978-7-114-09549-8

Ⅰ.①汽… Ⅱ.①王… ②欧… Ⅲ.①汽车-发动机-车辆修理-职业教育-教材 Ⅳ.①U472.43

中国版本图书馆CIP数据核字(2011)第264289号

职业教育改革创新示范教材

书　　名：汽车发动机机械维修
著 作 者：王锦帮　欧阳可良
责任编辑：钟　伟
出版发行：人民交通出版社股份有限公司
地　　址：（100011）北京市朝阳区安定门外外馆斜街3号
网　　址：http://www.ccpress.com.cn
销售电话：（010）59757973
总 经 销：人民交通出版社股份有限公司发行部
经　　销：各地新华书店
印　　刷：北京市密东印刷有限公司
开　　本：787×1092　1/16
印　　张：15.5
字　　数：343千
版　　次：2012年5月　第1版
印　　次：2015年8月　第3次印刷
书　　号：ISBN 978-7-114-09549-8
定　　价：29.00元

（有印刷、装订质量问题的图书由本社负责调换）

职业教育改革创新示范教材
（汽车运用与维修专业）编委会

（排名不分先后）

主　　任：刘建平（广州市交通运输职业学校）
杨丽萍（深圳市第二职业技术学校）

副 主 任：黄关山（珠海理工职业技术学校）　周志伟（深圳市宝安职业技术学校）
邱今胜（深圳市龙岗职业技术学校）　朱小东（中山市沙溪理工学校）
侯文胜（佛山市顺德区中等专业学校）韩彦明（佛山市华材职业技术学校）
庞柳军（广州市交通运输职业学校）　程和勋（中山市中等专业学校）
冯　津（广州合赢教学设备有限公司）邱先贵（广东文舟图书发行有限公司）

委　　员：谢伟钢、孟　婕、曾　艳（深圳市龙岗职业技术学校）
李博成（深圳市宝安职业技术学校）
罗雷鸣、陈根元、马　征（惠州工业科技学校）
邱勇胜、何向东（清远市职业技术学校）
刘武英、陈德磊、阮威雄、江　珠（阳江市第一职业技术学校）
苏小举（珠海理工职业技术学校）
陈凡主（中山市沙溪理工学校）
刘小兵（广东省轻工高级职业技术学校）
许志丹、谭智男、陈东海、任　丽（佛山市华材职业技术学校）
孙永江、李爱民（珠海市斗门区第三中等职业学校）
欧阳可良、马　涛（佛山市顺德区中等专业学校）
周德新、张水珍（河源理工学校）
谢立梁（广州市番禺工贸职业技术学校）
范海飞、闫　勇（广东省普宁职业技术学校）
温巧玉（广州市白云行知职业技术学校）
冯永亮、巫益平（佛山市顺德区郑敬怡职业技术学校）
王远明、郑新强（东莞理工学校）
程树青（惠州商业学校）
高灵聪（广州市信息工程职业学校）
黄宇林、邓津海（广东省理工职业技术学校）
张江生（湛江机电学校）
任家扬（中山市中等专业学校）
邹胜聪（深圳市第二职业技术学校）

丛书总主审：朱　军

前言 QIANYAN

《国家中长期教育改革和发展规划纲要(2010—2020年)》中提出:大力发展职业教育,把职业教育纳入经济社会发展和产业发展规划,把提高质量作为重点;以服务为宗旨,以就业为导向,推进教育教学改革。实行工学结合、校企合作、顶岗实习的人才培养模式;满足人民群众接受职业教育的需求,满足经济社会对高素质劳动者和技能型人才的需要。

职业教育的发展已作为国家当前教育发展的战略重点之一,但目前学校所使用的教材普遍存在以下几个方面的问题:

(1)学生反映难理解,教师反映不好教;

(2)企业反映脱离实际,与他们的需求距离很大;

(3)不适应新一轮教学改革的需要,汽车车身修复、汽车商务、汽车美容与装潢等专业教材急缺;

(4)立体化程度不够,教学资源质量不高,教学方式相对落后。

针对以上问题,结合人民交通出版社汽车类专业教材的出版优势,我们开发了《职业教育改革创新示范教材》。本套教材以"积极探索教学改革思路,充分考虑区域性特点,提升学生职业素质"的指导思想,采用职教专家、行业一线专家、学校教师、出版社编辑"四结合"的编写模式。教材内容的特点是:准确体现职业教育特点(以工作岗位所需的知识和技能为出发点);理论内容"必需、够用";实训内容贴合工作一线实际;选图讲究,易懂易学。

该套教材将先进的教学内容、教学方法与教学手段有效地结合起来,形成课本、课件(部分课程配)和习题集(部分课程配)三位一体的立体教学模式。

本书由清新县职业技术学校王锦帮、佛山市顺德区中等专业学校欧阳可良担任主编,由中山市沙溪理工学校陈凡主、广东省高级技工学校刘及时、惠州商业学校程树青担任副主编,参加编写的还有李培军、李昱献、樊雅双、于林发、张凤云、康爱琴、王思霞、曹伟、陆炳仁。

限于编者的经历和水平,书中难免有不妥或错误之处,敬请广大读者批评指正,提出修改意见和建议,以便再版修订时改正。

职业教育改革创新示范教材编委会

2012 年 1 月

目录 CONTENTS

学习任务一

发动机传动带的检查和更换

学习目标

完成本学习任务后,你应当能:

1. 叙述发动机的功用和类型;
2. 明确发动机的总体构造和工作原理;
3. 明确传动带的功用、类型和更换周期;
4. 正确地使用工具和设备;
5. 正确地检查发动机传动带;
6. 规范地更换发动机传动带。

建议完成本学习任务的时间为6课时。

学习任务描述

一辆卡罗拉(1.6L)轿车,行驶了75000km,到维修站检查,车主反映最近一段时间,汽车起动时好像听到发动机舱内传动带有异响,要求维修人员按照"维护标准和要求"对发动机传动带进行检查和更换。

学习内容

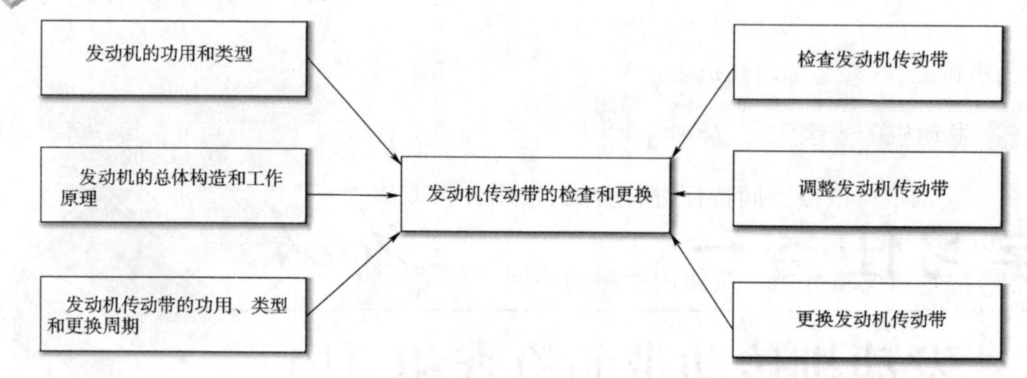

一、资 料 收 集

引导问题 1　汽车由哪几部分组成?

汽车是指由动力驱动,具有 4 个或 4 个以上车轮的非轨道承载的车辆,主要用于载运人员和货物、牵引载运人员和货物的车辆以及特殊用途的车辆。

汽车通常由发动机、底盘、车身和电气设备四大部分组成。汽车总体构造如图 1-1 所示。

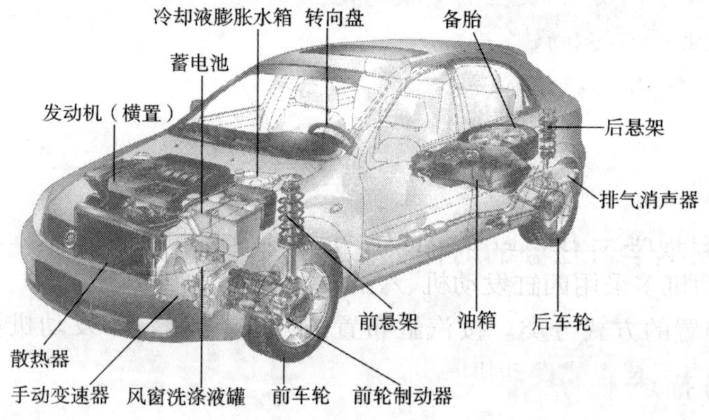

图 1-1　汽车的基本组成

引导问题 2　发动机的功用是什么? 有哪些类型?

1 发动机的功用

发动机是将某一种形式的能转换为机械能的机器。

汽车用发动机外观如图1-2所示，它是汽车的心脏，是汽车的动力源。汽车发动机一般是将液体燃料或气体燃料和空气混合后直接输入机器内部燃烧产生热能，热能再转变为机械能，因此又称内燃机。

图1-2　发动机外形图

2 发动机的类型

汽车发动机可以按不同特征进行分类，常用分类方法有以下几种：

(1)按使用燃料分类。按使用燃料的不同，汽车发动机可分为汽油机、柴油机、单燃料燃气发动机、两用燃料发动机、混合燃料发动机等。

(2)按点火方式分类。按点火方式的不同，汽车发动机可分为点燃式发动机和压燃式发动机。

点燃式发动机是利用高压电火花点燃汽缸内的混合气来完成做功的，如汽油机。它所使用的燃料一般是点燃温度低、自燃温度高的燃料。

压燃式发动机是利用高温、高压使汽缸内的混合气自行着火燃烧来完成做功的，如柴油机。它所使用的燃料一般是点燃温度较高，但自燃温度较低的燃料。

(3)按活塞运动的方式分类。按活塞运动方式的不同，汽车发动机可分为往复活塞式发动机和旋转活塞式(转子式)发动机。现代汽车发动机多采用往复活塞式发动机。

往复活塞式发动机按完成一个工作循环所需活塞的行程数不同，又可分为四冲程发动机和二冲程发动机。活塞上下往复四个行程完成一个工作循环的发动机称为四冲程发动机。活塞上下往复两个行程完成一个工作循环的发动机称为二冲程发动机。现代汽车发动机多采用四冲程发动机。

(4)按冷却的方式分类。按冷却的方式不同，汽车发动机可分为水冷式发动机和风冷式发动机。现代汽车发动机绝大多数采用水冷式。

(5)按汽缸数目分类。按汽缸数目的不同，汽车发动机可分为单缸发动机和多缸发动机。现代汽车发动机多采用四缸发动机、六缸发动机和八缸发动机。

(6)按汽缸布置的方式分类。按汽缸布置的方式不同，汽车发动机可分为直列式发动机、V形发动机和水平对置式发动机。

(7)按进气方式分类。按进气方式的不同，汽车发动机可分为自然吸气(非增压)式发动机和强制进气(增压)式发动机。

引导问题3　发动机的总体构造如何？

汽油发动机通常由两大机构、五大系统组成，而柴油发动机由两大机构、四大系统组成。两大机构是指曲柄连杆机构和配气机构，五大系统是指燃料供给系统、冷却系统、润滑系统、点火系统(柴油机无此系统)和起动系统。汽油发动机的总成构造如图1-3和图1-4所示。

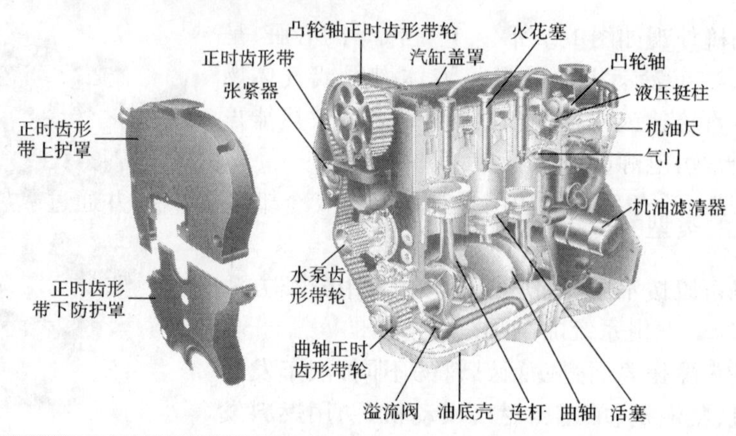

图 1-3　汽油发动机纵剖图

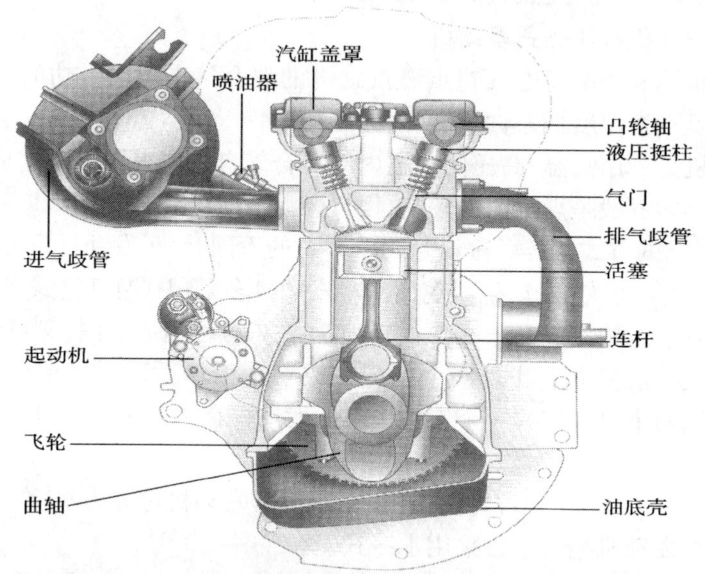

图 1-4　汽油发动机横剖图

(1)曲柄连杆机构。曲柄连杆机构是发动机借以产生动力,并将活塞的往复直线运动转变为曲轴的旋转运动而输出动力的机构。

曲柄连杆机构主要由汽缸盖、汽缸体、活塞、连杆、曲轴和飞轮等组成。

(2)配气机构。配气机构的功用是根据发动机的工作需要,适时地打开进气门或排气门,使可燃混合气及时地充入汽缸,或使废气及时地从汽缸内排出;而在发动机不需要进气或排气时,则利用气门将进气通道或排气通道关闭,以保证汽缸密封。

配气机构主要由气门、气门弹簧、液压挺柱、凸轮轴、正时齿轮等组成。

(3)燃料供给系统。燃料供给系统的功用是向汽缸内供给可燃混合气,并控制进入汽缸内的可燃混合气的数量,以调节发动机的输出功率和转速,最后将燃烧后的废气排出汽缸。

汽油机的燃料供给系由燃油箱、燃油滤清器、燃油泵、节气门体、喷油器、空气滤清器、进排气歧管和排气消声器等组成。

(4)点火系统(柴油机无此系统)。汽油机点火系统的功用是按一定时刻向汽缸内提供电火花,及时地点燃汽缸中被压缩的可燃混合气。

点火系统通常由电源(蓄电池和发电机)、点火开关、点火线圈和火花塞等组成。

(5)冷却系统。冷却系统的功用是利用冷却液冷却高温零件,并通过散热器将热量散发到大气中去,以保证发动机正常工作。

水冷式冷却系统通常由水泵、散热器、风扇、节温器和水套等组成。

(6)润滑系统。润滑系统的功用是将清洁的润滑油分送至各个摩擦表面,以减小摩擦和磨损,并清洗、冷却摩擦表面,从而延长发动机的使用寿命。

润滑系统一般由机油泵、机油滤清器、集滤器、限压阀、润滑油道和油底壳等组成。

(7)起动系统。起动系统的功用是带动飞轮旋转以获得必要的动能和起动转速,使静止的发动机起动并转入自行运转状态。

起动系统包括起动机及其附属装置。

引导问题 4　四冲程发动机是怎样工作的?

四冲程发动机的每一个工作循环都有 4 个活塞行程,按其作用分别称为进气行程、压缩行程、做功行程和排气行程,如图 1-5 和图 1-6 所示。

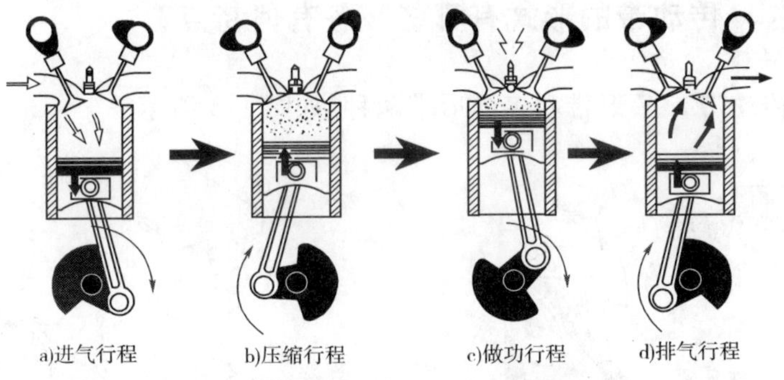

图 1-5　四冲程汽油发动机的工作原理

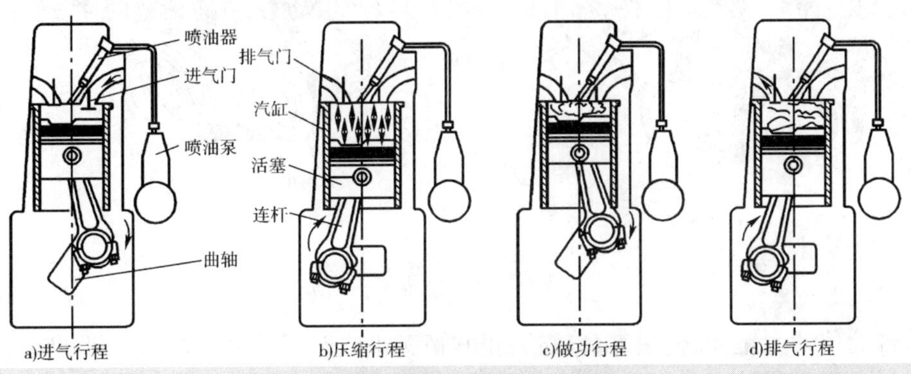

图 1-6　四冲程柴油发动机的工作原理

引导问题5　发动机前端的附属装置有哪些？如何驱动？

为了实现汽车及发动机各系统的正常工作，在发动机的前端还安装了发电机、空调压缩机、动力转向油泵和水泵等一些附属装置，这些附属装置都由发动机曲轴带轮通过发动机传动带驱动，不同车型，其传动带的布置形式也不同，如图1-7所示。

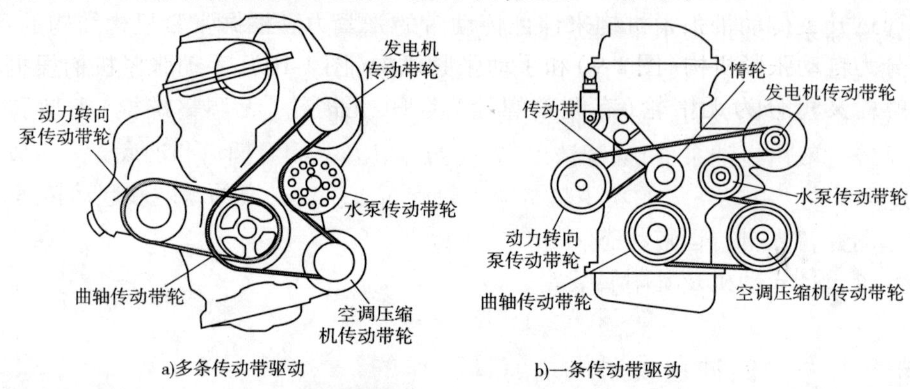

图1-7　发动机附属装置的传动形式

引导问题6　传动带的形式有哪些？各有何特点？

目前发动机传动带有V形带和多楔形带两种，如图1-8所示。

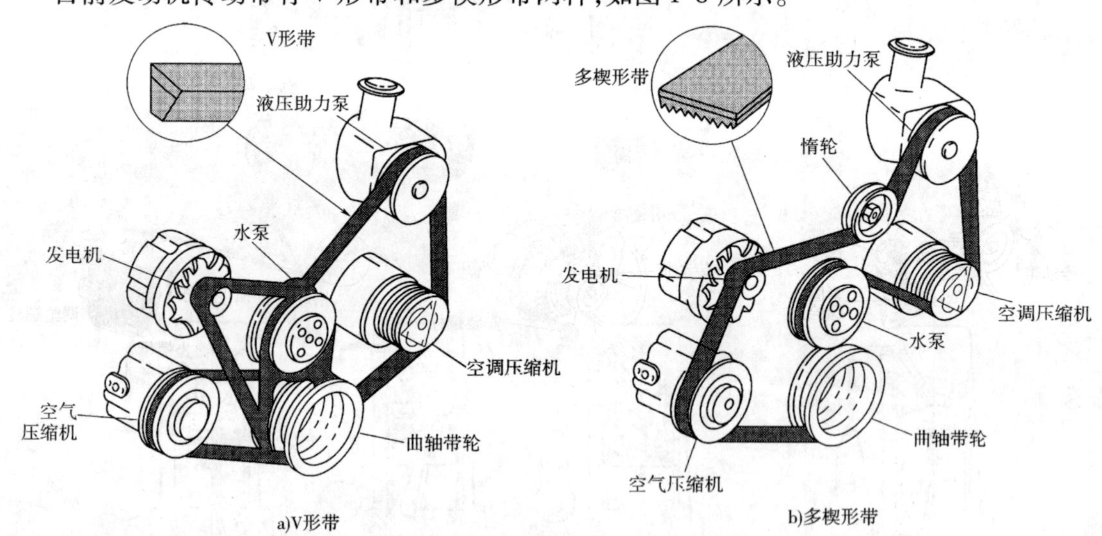

图1-8　传动带的形式

V形带的传动力矩大，使用寿命较长，正常情况下汽车可行驶40000～50000km。V形带最早用于发动机散热传动，目前已经逐渐被多楔形带所取代。

多楔形带集柔性好和V形带的传动功率大等优点于一身，其传动时受力均匀、传动比高、具有适应高速小轮径传动且可反向多轮传动等优点，目前发动机上多采用多楔形带。

引导问题7 传动带的张紧形式有哪些？其张紧力如何检查？

为保证传动带能正常驱动发动机的附属装置，传动带必须保持适当的张紧力。现在发动机上都通过安装传动带张紧机构来保证传动带的张紧力。根据张紧机构结构的不同，张紧机构可分为自动张紧机构(图1-9)和手动张紧机构(图1-10)，手动张紧机构根据有无惰轮和调整螺栓又可分为无惰轮(有调整螺栓)类型、无惰轮(无调整螺栓)类型和有惰轮类型。

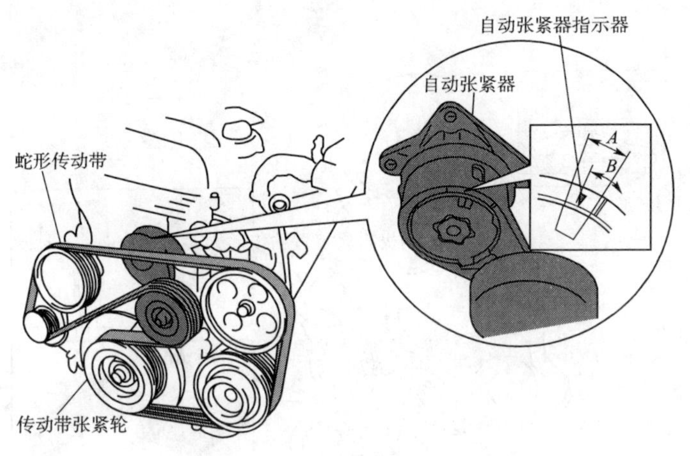

图1-9 自动张紧机构

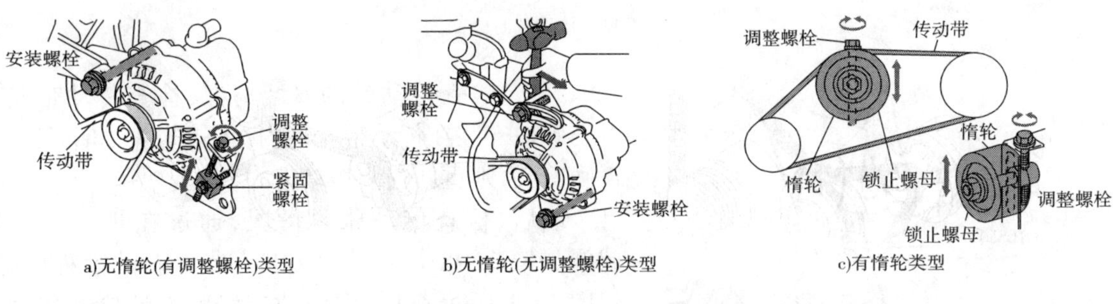

图1-10 手动张紧机构类型

对于装有自动张紧机构的传动带，其张紧力是靠自动张紧机构中弹簧的弹力将张紧力施加到传动带上的，所以没有必要调整张紧力。检查时，只要自动张紧器指示器指示在正常范围内即可。对于装有手动张紧装置的传动带，其张紧力是通过调整张紧机构的调整螺栓来移动附属装置实现的，因此可通过调整相应的调整螺栓来实现传动带张紧力的调整，不同车型其调整的方法和部位不同，可查阅相关车型的维修手册。

引导问题8 为何要定期检查传动带？如何检查？

发动机通过传动带驱动空调压缩机、动力转向油泵和交流发电机等附属装置工作，如果传动带断裂了，或者出现了打滑，都将使相关的附属装置无法工作，或使其性能下降，从而影响汽车的正常使用。因此，定期检查传动带非常必要，一般每行驶15000km进行一次检查，在维修发电机等附属装置时，也要对传动带进行不定期检查。

传动带的检查方法十分简单。首先，检查传动带的磨损情况，检查传动带的整个外围是否有磨损、裂纹、层离或者其他损坏（图1-11），如果无法检查传动带的整个外围，则通过转动发动机曲轴传动带轮检查传动带，如果出现上述情况，表示传动带可能会断裂，必须立即更换。

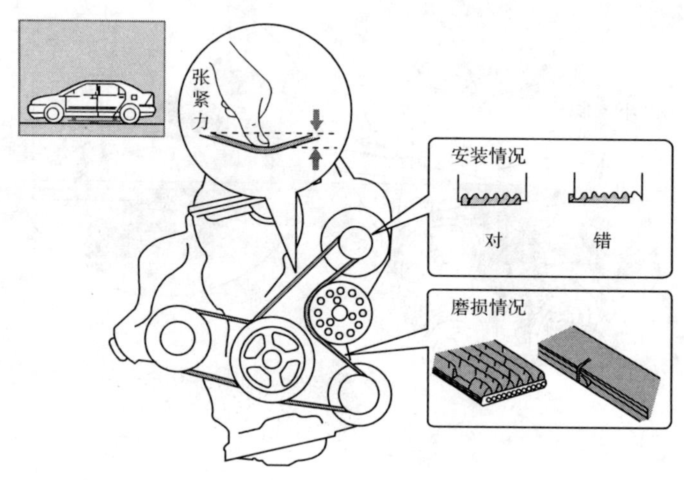

图1-11 传动带的检查

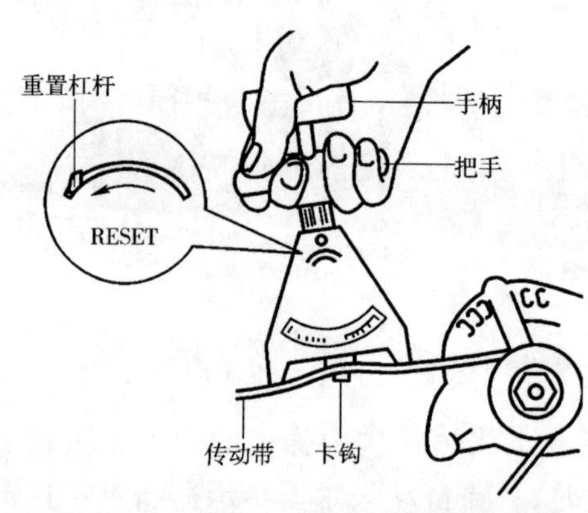

图1-12 用张紧力计检查传动带张紧情况

其次，检查传动带的安装情况，检查传动带是否正确地安装在传动带轮槽内（图1-11），如果没有正确安装，则重新安装传动带。

最后，检查传动张紧情况，通过在规定的区域施加一个98N的力按压传动带检查松紧程度，如图1-11所示；也可用传动带张紧力计检查传动带的张紧力来判断传动带张紧情况，如图1-12所示。

如果传动带过松，就可能造成传动带打滑、传动不完全；如果传动带过紧，则会使传动带易拉伸变形，同时，也会加速传动带轮及轴承磨损。传动带的张紧情况一般是通过调整螺栓调节相应附属装置固定带轮进行调整（图1-13）。

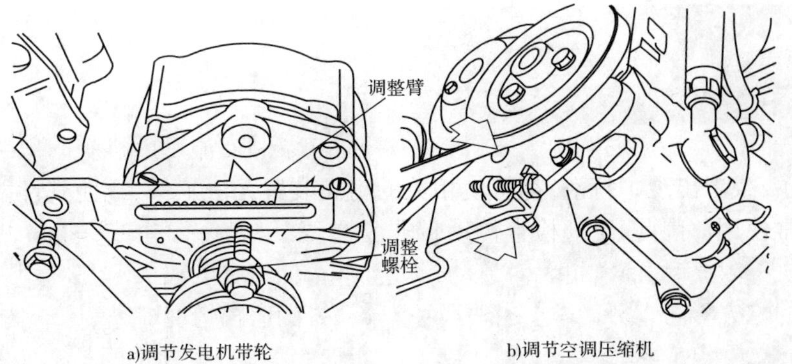

a)调节发电机带轮　　b)调节空调压缩机

图 1-13　传动带的调整部位

引导问题 9　传动带的更换周期如何?

车型不同,传动带的更换周期也不同,可根据维修手册的要求进行更换,见表 1-1。

传动带的检查和更换周期表　　表 1-1

车　　型	更换周期
桑塔纳 2000GSi	每 15000km 检查,建议 60000km 更换
丰田卡罗拉(1.6L)	每 20000km 检查,必要时更换
别克凯越(1.6L)	每 30000km 检查,必要时更换

二、实 施 作 业

引导问题 10　作业需用哪些工具、设备和材料?

(1)组合工具、螺丝刀、钳子、扭力扳手、传动带张紧力计、精密直尺等,如图 1-14 所示。

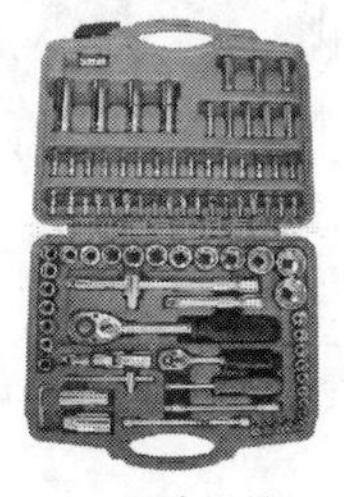

a)组合工具

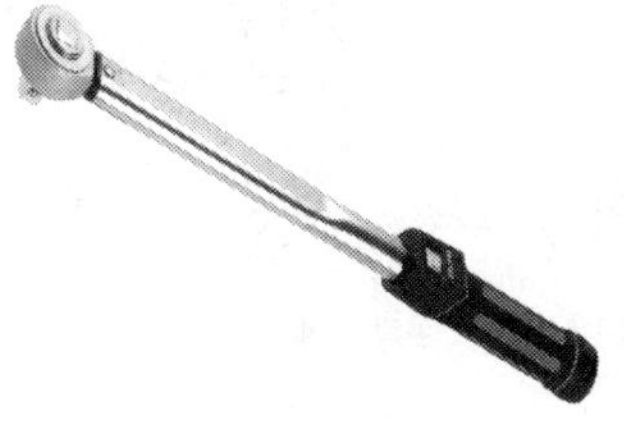

b)扭力扳手

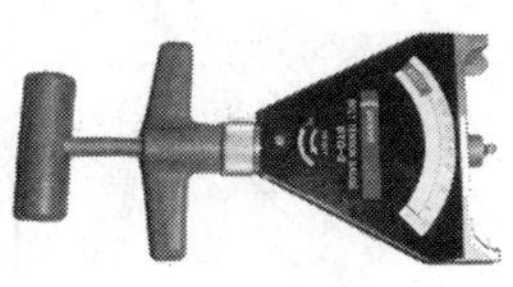

c)传动带张紧力计

图 1-14　组合工具、扭力扳手和传动带张紧力计

(2)磁力护裙(图 1-15)、转向盘护套、变速杆手柄套、脚垫和座椅套等。

(3)举升机和卡罗拉(1.6L)轿车,如图 1-16 所示。

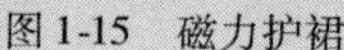

图 1-15　磁力护裙

图 1-16　举升机和卡罗拉(1.6L)轿车

(4)卡罗拉(1.6L)轿车维修手册。

引导问题 11　**通过查询和查找,填写以下信息。**

生产年份＿＿＿＿＿＿,车牌号码＿＿＿＿＿＿,行驶里程＿＿＿＿＿＿,发动机型号及排量＿＿＿＿＿＿,车辆识别代码(VIN)＿＿＿＿＿＿。

引导问题 12　**作业前的准备工作有哪些?**

(1)汽车进入工位前,将工位清理干净,准备好相关的器材。

(2)将汽车停驻在举升机中央位置。

(3)拉紧驻车制动器操纵杆,并将变速杆置于空挡或驻车挡(P 位)位置,如图 1-17 所示。

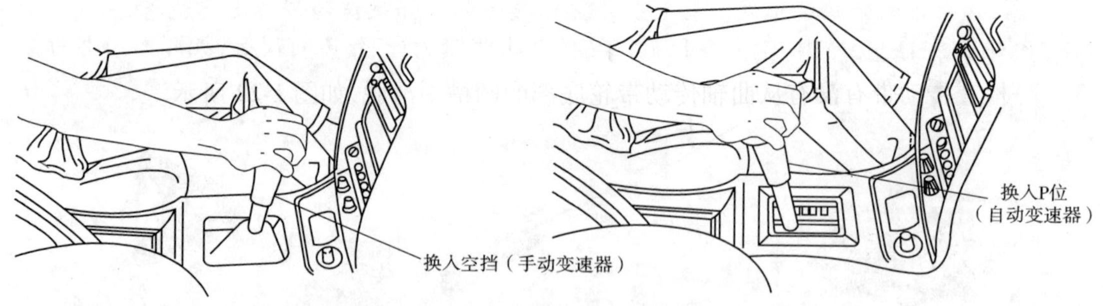

图 1-17　换入空挡或驻车挡

(4)套上转向盘护套、变速杆手柄套和座位套,铺设脚垫,如图 1-18 所示。

(5)在车内拉动发动机罩手柄,在车外打开并支撑发动机罩,如图 1-19 所示。

(6)粘贴翼子板和前格栅磁力护裙,如图 1-20 所示。

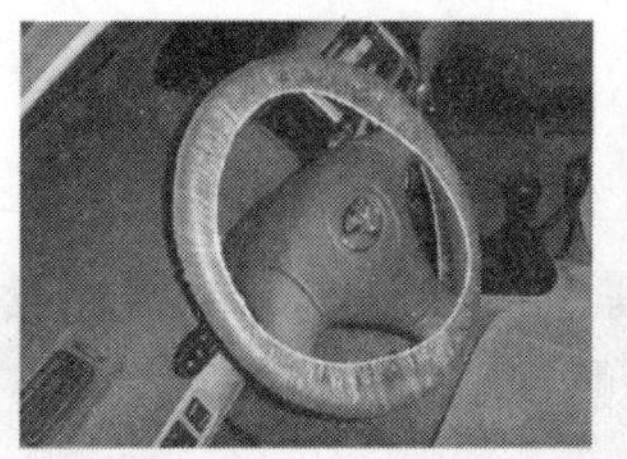
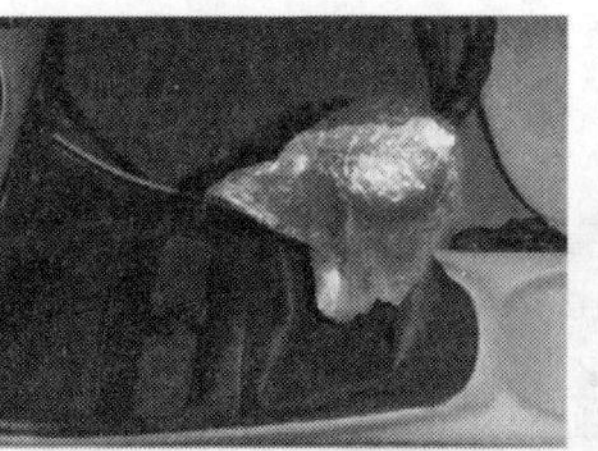
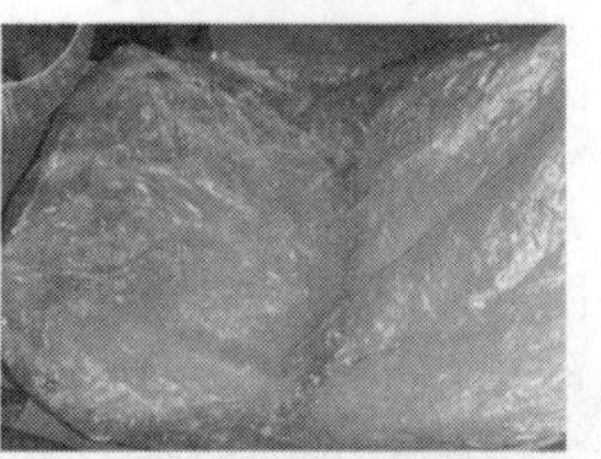

图 1-18　套上护套

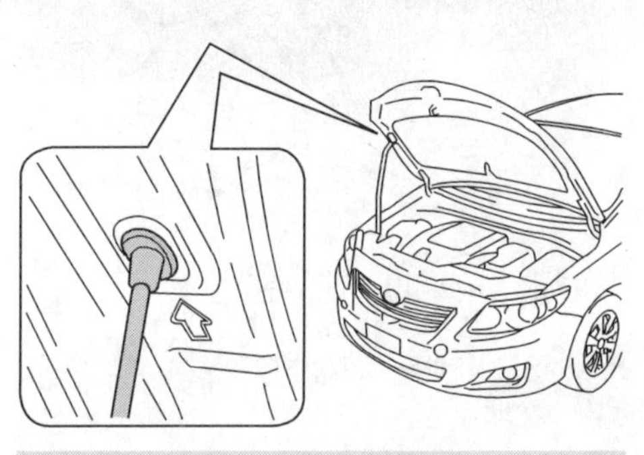
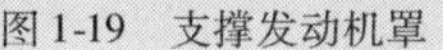

图 1-19　支撑发动机罩

图 1-20　粘贴磁力护裙

引导问题 13　如何检查和调整传动带?

1 传动带的检查

传动带的检查主要包括目视磨损情况的检查、安装情况的检查和张紧力的检查。

(1)磨损情况的检查。目视检查传动带是否过度磨损、加强筋损坏等,如图 1-21 所示。如果发现任何损坏,则更换传动带。

注意:传动带的带棱侧出现一些裂纹是可以接受的。如果传动带棱上有脱落,则更换传动带。

(2)检查传动带有没有从曲轴传动带轮底部的凹槽中滑脱,如图 1-22 所示。

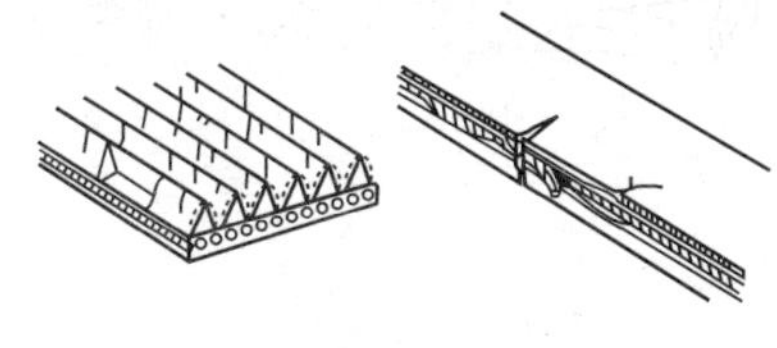

图 1-21　传动带的磨损情况检查

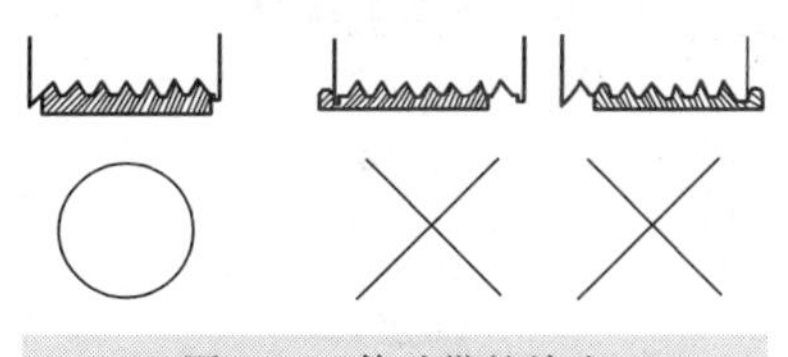

图 1-22　传动带的检查

(3)检查传动带的偏移量和张紧力。如图 1-23 所示,在规定点处检查传动带的张紧力,新传动带的张紧力为 637 ~ 735N;用过的传动带的张紧力为 392 ~ 588N。检查传动带偏移量,向其施加 98N 的张紧力,新传动带的偏移量为 7.5 ~ 8.6mm;用过的传动带的偏移量为 8.0 ~ 10.0mm。

注意:“新传动带”是指在发动机运转的情况下使用时间少于 5min 的传动带。“用过的

传动带”是指在发动机运转的情况下使用时间超过5min的传动带。

2 传动带张紧力的调整

如图1-24所示，通过调整发电机带轮来调整传动带张紧力。松开螺栓A和B，松开螺栓C，转动螺栓C，以调节传动带的张紧力。调整结束后，紧固螺栓A和B，螺栓A的拧紧力矩为19N·m；螺栓B的拧紧力矩为43N·m。

注意：确认螺栓D没有松动。

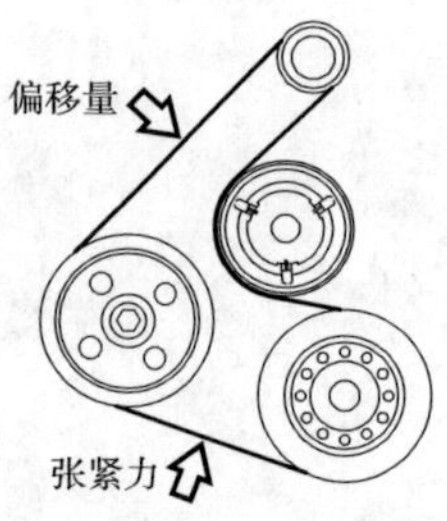

图1-23　传动带偏移量和张紧力的检查

图1-24　传动带的调整

引导问题14　如何更换传动带？

1 传动带的拆卸

拆装传动带相关部件的分解图如图1-25所示。

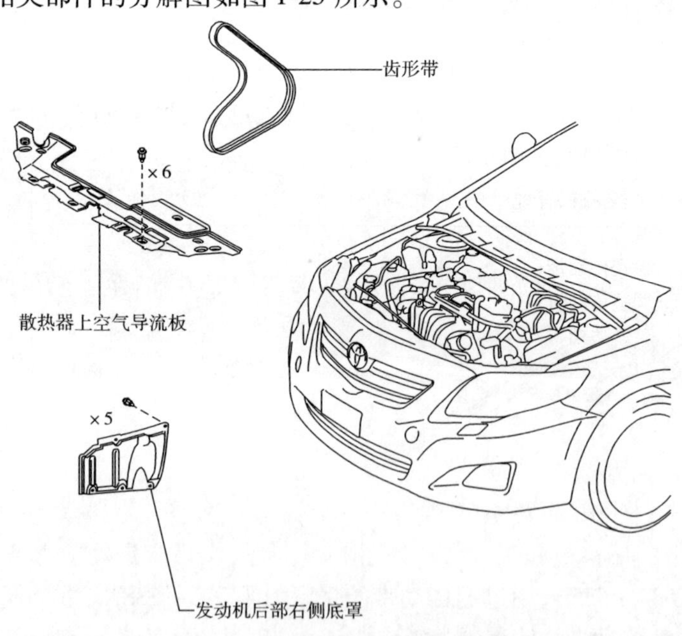

图1-25　拆装传动带相关部件的分解图

(1)拆卸散热器上空气导流板,如图1-25所示。

(2)拆卸发动机后部右侧底罩,如图1-25所示。

(3)拆下发动机传动带。先松开螺栓A和B,再松开螺栓C,然后拆下传动带,如图1-24所示。

注意:不要松开螺栓D。

2 传动带的安装

(1)安装传动带。

(2)调整传动带,如图1-24所示。

(3)检查传动带,如图1-23所示。安装新传动带后,运转发动机约5min,然后重新检查传动带偏移量和张紧力。

(4)安装发动机后部右侧底罩。

(5)安装散热器上空气导流板。

三、评价与反馈

1. 对本学习任务进行评价,见表1-2。

评 分 表　　表1-2

考核项目	评分标准	分数	学生自评	小组评价	教师评价	小计
团队合作	是否协调	5				
活动参与	是否积极主动	5				
安全生产	有无安全隐患	10				
现场5S	是否做到	10				
任务方案	是否正确、合理	15				
操作过程	检查传动带; 调整传动带; 更换传动带	30				
任务完成情况	是否圆满完成	5				
工具和设备使用	是否规范、标准	10				
劳动纪律	是否能严格遵守	5				
工单填写	是否完整、规范	5				
总分		100				
教师签名:			年　月　日		得分	

2. 在实施作业时每一个安全事项都注意到了吗？如果没有，找出忽略的地方和原因。

3. 能否向车主解释检查和更换传动带的过程？如果不能，分析原因并提出改进措施。

四、学习拓展

1. 查阅凯越（1.6L）轿车维修手册，比较凯越（1.6L）轿车与卡罗拉（1.6L）轿车在传动装置的布置形式上有什么区别。

2. 查阅桑塔纳2000GSi轿车维修手册，比较桑塔纳2000GSi轿车与卡罗拉（1.6L）轿车在传动带的拆装及调整上有什么不同。

学习任务二

发动机正时带与正时链的检查和更换

学习目标

完成本学习任务后,你应当能:

1. 叙述发动机装配正时的定义及正时传动的作用;
2. 明确正时传动的形式及各传动形式的特点;
3. 明确发动机正时传动装置的更换周期;
4. 正确地使用工具和设备;
5. 规范地检查及更换发动机正时带;
6. 规范地检查及更换发动机正时链。

建议完成本学习任务的时间为 12 课时。

学习任务描述

一辆桑塔纳2000GSi轿车,行驶了60000km,车主反映正时带一直没有更换过,现在车辆要跑长途,到维修站要求维修人员按照"维护标准和要求"对正时带进行检查和更换。

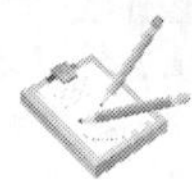

学习内容

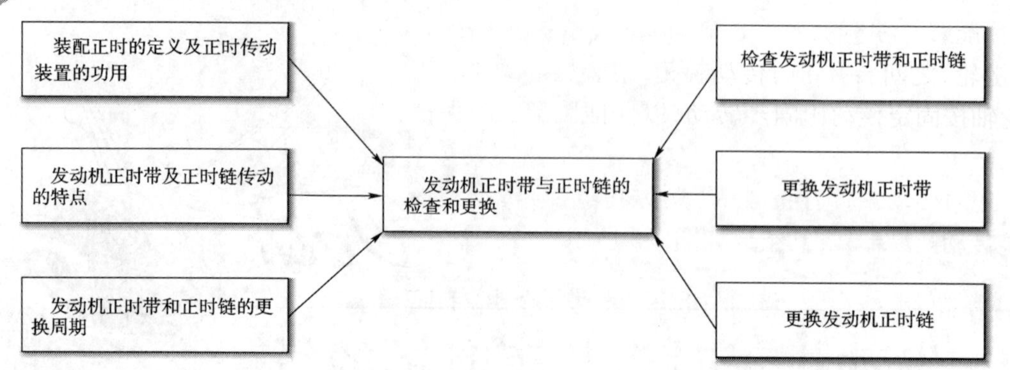

一、资 料 收 集

引导问题 1　什么是发动机装配正时?

发动机装配正时是指装配时确定曲轴与凸轮轴的相对位置,以确保活塞的行程与气门开闭的时刻相对应。发动机装配正时是配气正时和点火正时的基础,如果发动机装配正时不准,会导致发动机配气正时和点火正时不准,发动机将无法正常工作。为了保证发动机装配正时正确,在发动机的曲轴和凸轮轴上都标有装配正时标记,不同发动机装配正时的标记也不同,如图 2-1 和图 2-2 所示。在发动机装配时,只要把正时标记对准,就可保证发动机装配正时正确。

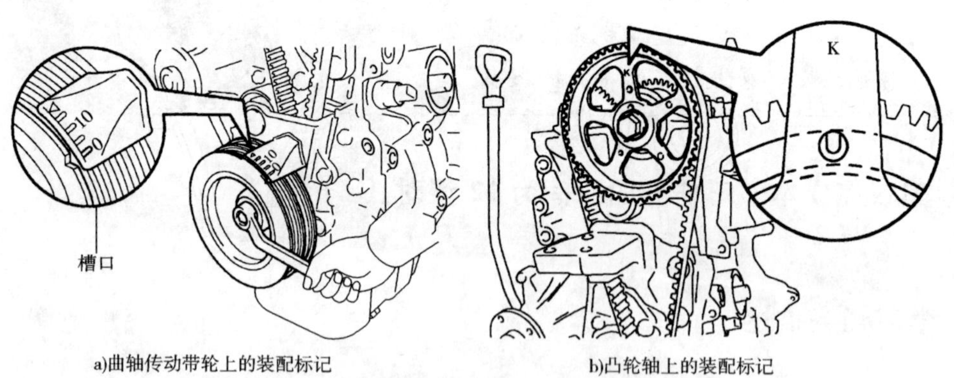

a)曲轴传动带轮上的装配标记　　b)凸轮轴上的装配标记

图 2-1　曲轴传动带轮和凸轮轴上的装配标记

引导问题 2　发动机正时传动装置有何作用？形式有哪些？

按装配正时装配好的发动机,为了保证发动机在工作时装配正时不发生改变,在发动机

曲轴前端装有曲轴正时齿轮（或链轮），在凸轮轴前端装有凸轮轴正时齿轮（或链轮），两个正时齿轮（或链轮）都能够与相应的轴一同转动，并在两个正时齿轮（或链轮）之间装有正时传动装置，使装配好的曲轴与凸轮轴按固定传动比同步转动，以保证装配正时保持不变。

正时传动装置有正时带（又称同步带）传动和正时链传动两种形式，其组成如图2-3所示。

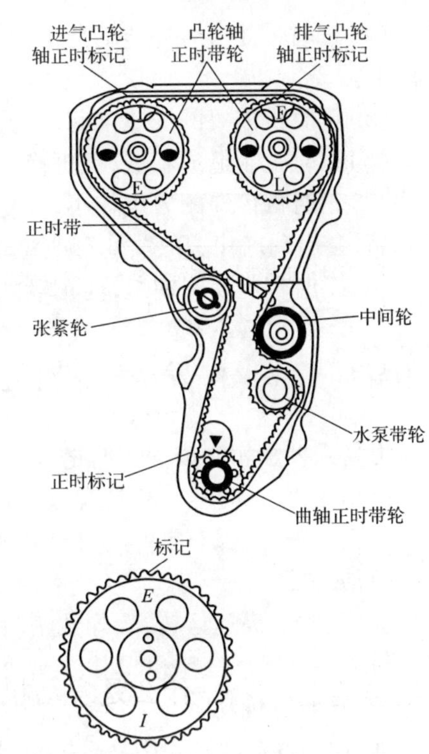

图2-2　曲轴和凸轮轴正时带轮上的装配标记

引导问题3　发动机正时带传动有何特点?

正时带是通过正时带上的凸齿与正时带轮上的齿槽强制啮合而工作，即当主动带轮转动时能通过带齿与带轮的依次啮合将动力传给从动带轮，因此主动带轮与从动带轮的线速度相同。与正时链传动相比，正时带传动具有如下特点：

（1）正时带结构简单、紧凑，可用于多轴传动及中心距较大的传动。

（2）正时带传动阻力小，传动惯性也小，能提高发动机的动力性及加速性能。

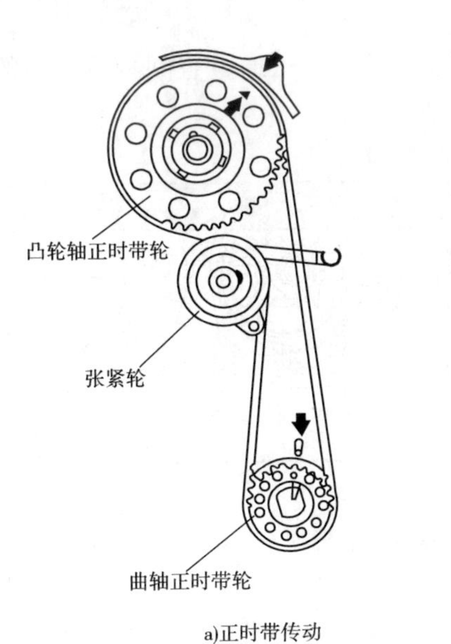

a)正时带传动

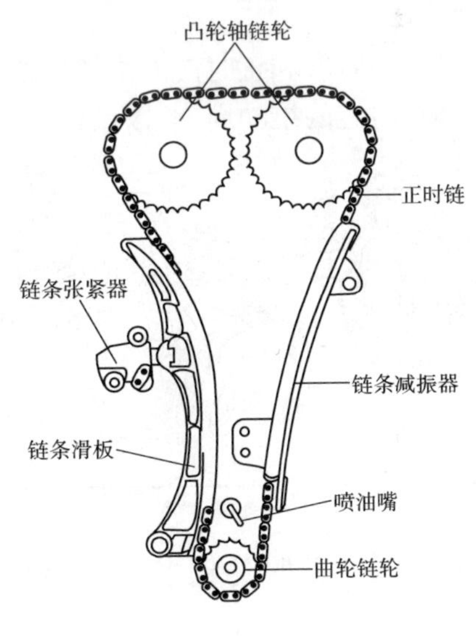

b)正时链传动

图2-3　正时带传动和正时链传动

（3）正时带的张紧力小，轮轴上的压力轻，因此可以延长轴承的使用寿命。

(4)正时带能够缓冲传动冲击和振动,传动噪声小,不需要润滑,能够满足发动机高转速传动的需要。

(5)正时带需要的安装空间小,具有较好的环境适应能力,特别适用于V形发动机。

(6)正时带制造成本低,且更换容易。

(7)正时带传递的力矩较小,容易接触到发动机润滑油(简称机油)、冷却液或制动液等化学品,会出现老化、开裂、变形或拉长,甚至出现断裂的现象。

(8)正时带更换周期短,使车辆的维修成本增加。

引导问题4　发动机正时链传动有何特点?

由高强度金属制成的正时链,将曲轴和凸轮轴的链轮连接并使其保持同步运转。与正时带传动相比,正时链传动具有以下特点:

(1)使用寿命长(有些正时链在整个发动机使用过程中无需更换),工作可靠,故障率低,维修成本低。

(2)正时链高速运转,会导致正时链磨损快,使链转动的噪声增大,因此,必须要设计相应的润滑系统进行冷却和润滑,会增加发动机的设计和制造成本。

(3)正时链传动阻力大,传动惯性大,会增加油耗,降低性能。

目前,大多发动机采用静音链传动,能够很好地解决链传动噪声大的问题。

引导问题5　发动机正时带与正时链的维护周期如何?

不同发动机正时带和正时链的维护周期不同(表2-1),可通过查阅相应车型的维修手册掌握正时带和正时链的维护周期,以做到定期检查和更换。

正时带与正时链的维护周期表　　表2-1

项　　目	车　　型	更换周期(万km)
正时带	桑塔纳2000GSi	10
	标致307	6
	凯越(1.6L)	4.5
正时链	大众波罗	20
	丰田卡罗拉	终身免维护

引导问题6　正时传动装置的张紧形式有哪些?

为了保证正时传动装置正常、可靠的工作,正时传动装置必须装有张紧装置,以保持正时传动装置正常的张紧力。目前,多数发动机的正时传动装置都装有正时传动张紧力自动调节机构(图2-4),有些发动机虽然装的是手动调整张紧力装置,但调节器本身是自动的,如图2-5所示。

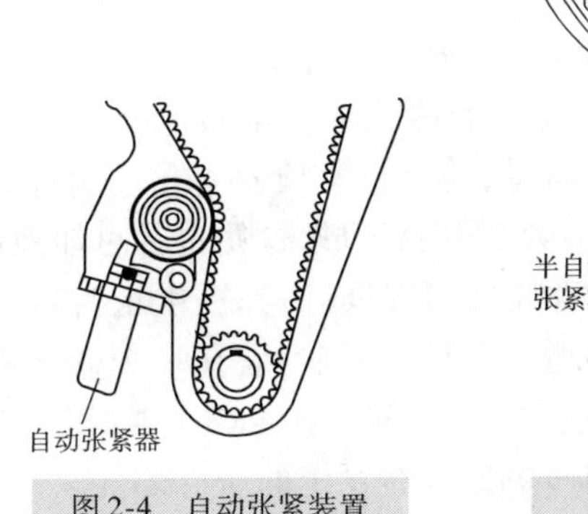

图 2-4　自动张紧装置

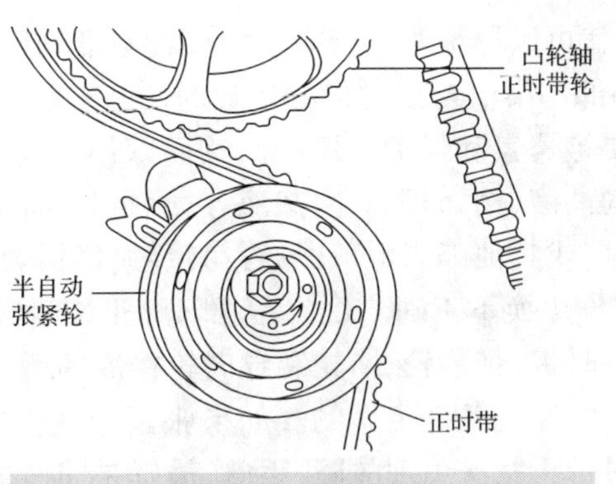

图 2-5　手动张紧装置

引导问题 7　正时传动装置断裂对发动机有何影响？

发动机在工作时，如果出现正时传动装置断裂，发动机的曲轴和凸轮轴将不再同步转动，此时活塞的行程与气门的开闭时刻将不再对应，会出现活塞和气门占据着相同空间的情况，会发生"顶缸"，造成气门和活塞等部件严重受损。

引导问题 8　正时带损坏的原因有哪些？

正时带的损坏和故障取决于多种因素，或者说是这些因素一起作用的结果。这些因素包括以下几个方面：

(1) 正常的磨损。经过长期使用的正时带发生了上百万次的扭曲和扭转变形，这样的变形很容易使正时带发生严重的磨损。工作正常的正时带，在其更换周期内，一般都不会发生因正常的磨损而导致正时带损坏的情况。如果出现损坏，则说明正时带的工作情况不正常，一定存在其他方面的问题，主要包括以下几个方面：

①正时带的结构缺陷。正时带上的任何瑕疵都会导致其使用寿命的缩短，例如正时带上细小的裂纹、合成材料不完美、刻痕或切口等。如今，随着正时带制造工艺技术的进步，这些问题已经得到了很好的解决，很少出现这方面的问题。

②惰轮和导向轮转动不灵活。这些滑轮是用来让正时带在张紧状态下保持对正，并在正确的轨迹上运转，同时最大限度地降低那些引起正时带破损的"飘移"作用。如果由于劣质轴承、破损轴套、或是润滑不当等原因导致滑轮不能自由旋转，那么正时带将会在这些滑轮表面滑动，从而导致摩擦生热或把正时带表面磨得光滑。摩擦生热会加快正时带的老化，而表面的光滑将减弱正时带的传动。进而影响其正常功能。

③张紧轮运转不正确。张紧轮按需要提供适当的张紧力并自由地旋转，所以当张紧轮不能正确工作时，就像惰轮和导向轮一样，将会给正时带的工作寿命带来很大影响。

(2) 导轨对正不准确。正时带工作时，每根正时带都绕着其轨迹以每分钟数千转的速度运动着，这种面面接触的开合运动产生的巨大摩擦力将会导致正时带的提前损坏。因此，在安装正时带的前后，我们都要对正时系统各部件安装的位置进行仔细地检查，查看是否准确

对正，这样就可以尽量避免因为安装位置不准确而导致正时带的提前损坏。

(3)外部污染。与正时带相接触的任何东西都可能损坏正时带，这就是正时带工作时整个系统需要被覆盖和保护的原因。然而即使正时带的绝大部分都被保护起来，仍会有少量发动机内的油液，例如机油、冷却液等影响到正时带，使其打滑或发生化学腐蚀。另外，小石子、小金属屑或其他碎屑也可以通过某些途径钻到正时带区域，这些也都可能损害正时带。

(4)配件更换不正确。目前，大部分正时带制造商和供应商都提供正时带的更换组件，其中包括正时带、张紧轮、惰轮和导向轮在内的所有部件，并统一装在一个盒子里，这些部件都是根据特殊使用条件定做的。如果张紧轮或惰轮出现问题而不予更换，将会导致刚更换不久的正时带再一次出现故障，因此，最好是同时更换正时系统的所有部件。

二、实 施 作 业

引导问题 9　作业需要哪些工具、设备和材料？

(1)普通工具：组合工具、螺丝刀、钳子、扭力扳手、正时带张紧力计、游标卡尺和正时带张紧轮调整工具，如图 2-6 所示。

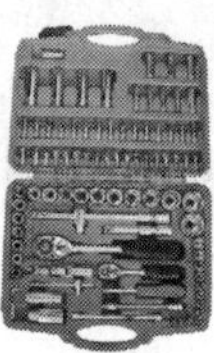

a)组合工具

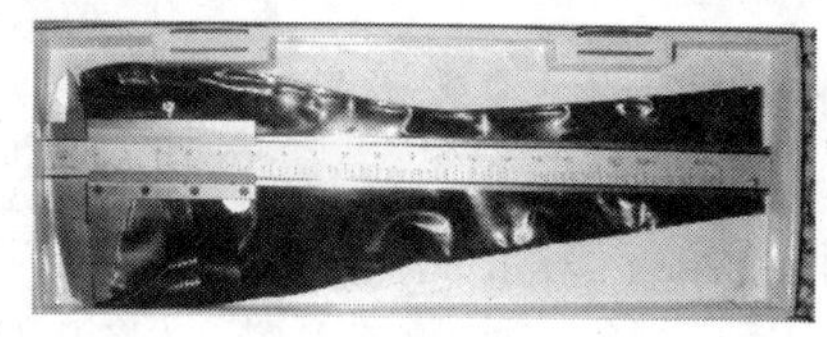

b)游标卡尺

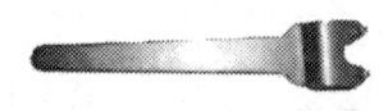

c)正时带张紧轮调整工具

图 2-6　组合工具、游标卡尺和正时带张紧轮调整工具

(2)专用工具：SST 09213-58013 曲轴传动带轮固定工具、09330-00021 接合凸缘固定工具、09051-1C110 塑料锤 420g、SST09268-21010 燃油软管拉出器、SST09950-50013 拉出器 C 组件和"TORX"套筒扳手(E8)。

(3)磁力护裙、转向盘护套、变速杆手柄套、脚垫和座位套，如图 1-15 所示。

(4)举升机、卡罗拉(1.6L)轿车(图 1-16)、桑塔纳 2000GSi 型轿车发动机。

(5)丰田原厂黑密封胶、丰田原厂黏合剂、丰田超长效冷却液(SLLC)等。

(6)桑塔纳 2000GSi 和卡罗拉(1.6L)轿车维修手册。

引导问题 10　通过查询和查找，填写以下信息。

生产年份____________，车牌号码____________，行驶里程____________，发动机型号及排量____________，车辆识别代码(VIN)____________。

引导问题 11　作业前的准备工作有哪些?

(1)汽车进入工位前,将工位清理干净,准备好相关的器材。

(2)将汽车停驻在举升机中央位置。

(3)拉紧驻车制动器操纵杆,并将变速杆置于空挡或驻车挡(P 位)位置,如图 1-17 所示。

(4)套上转向盘护套、变速杆手柄套和座位套,铺设脚垫,如图 1-18 所示。

(5)在车内拉动发动机罩手柄,在车外打开并支撑发动机罩,如图 1-19 所示。

(6)粘贴翼子板和前格栅磁力护裙,如图 1-20 所示。

引导问题 12　如何检查正时带?

正时带的检查主要包括正时带的外观检查和正时带的松紧度检查。

(1)正时带的外观检查。正时带没有破裂,并不意味着它没有问题。随着正时带越用越旧,它拉伸的程度势必超过张紧装置能够补偿的范围,因而产生正时带轮打滑。而轮齿磨损、有润滑油附着等也会导致打滑。检查时,应检查正时带有无硬度降低、磨蚀、纤维断裂、裂纹、裂缝、断齿等现象,如果存在上述现象,则表明正时带已破损,不可以继续使用,应立即更换。

(2)正时带的松紧度检查。可以使用张紧力计测量正时带的张紧力来检查正时带松紧度是否合适,其检查方法与传动带的检查方法基本相同。此外,还可以用拇指用力弯曲正时带,张紧轮应该移向一侧,当放松正时带时,张紧轮应回到初始位置。另外,还可以通过感觉来判断正时带的松紧度,用拇指和食指捏住正时带的中间位置,用力翻转正时带,以刚好可转动 90°为合适。

如果正时带松弛,则可能是正时带拉伸过度,或者是张紧装置松弛或卡住,应该对张紧装置复位,或者拧紧定位螺钉;如果正时带有跳动的现象,则应该及时更换。

引导问题 13　如何更换正时带?

拆装桑塔纳 2000GSi 型发动机正时带相关部件的分解图如图 2-7 和图 2-8 所示。

1 正时带的拆卸

(1)拆卸传动带。

①如图 2-9 所示,松开空调压缩机与支架的连接螺栓,取下空调压缩机 V 形带。

注意:在拆卸 V 形带之前,要先做好方向标记,如果按相反方向安装使用 V 形带,可能会损坏 V 形带;拆下空调压缩机 V 形带时,不要打开制冷管路。

②用开口扳手按图 2-10 中箭头所示的方向扳动 V 形带张紧轮,使 V 形带松弛;用销钉

固定住 V 形带张紧轮，从发电机上取下 V 形带，再拆下销钉。

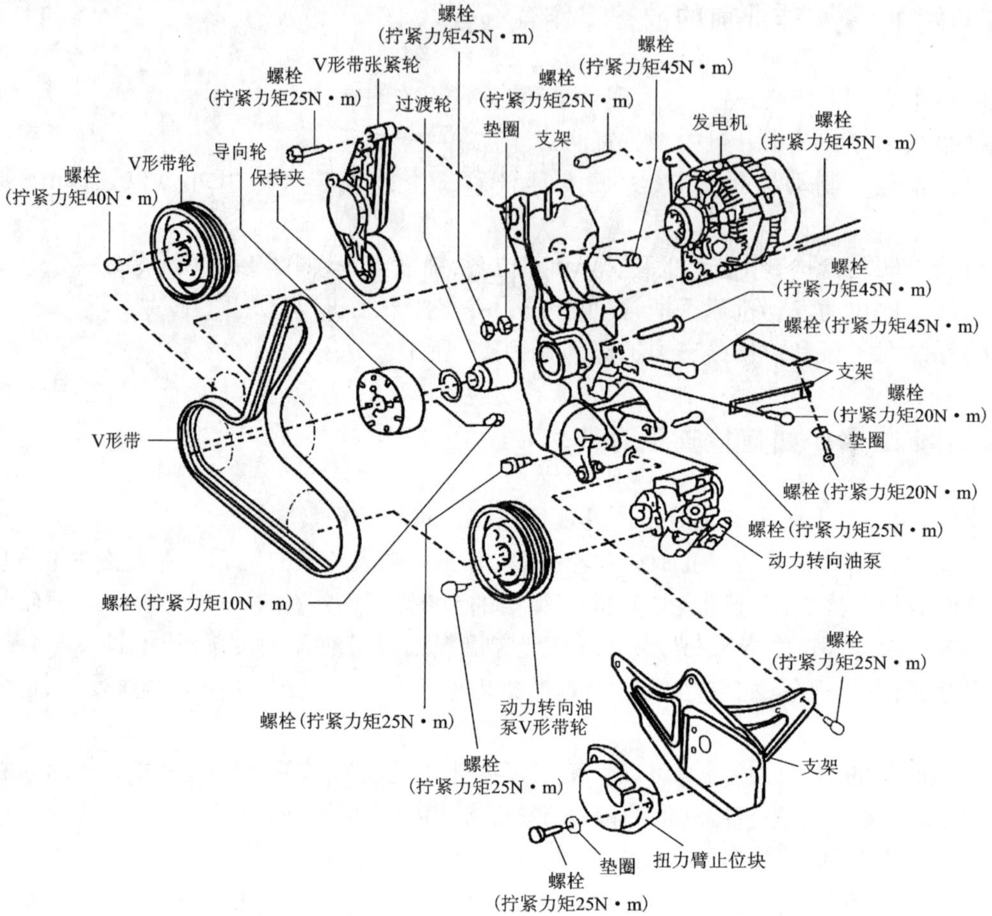

图 2-7　拆装正时带相关部件的分解图(1)

(2)如图 2-11 所示，转动曲轴 V 形带轮，将曲轴转到第一缸活塞的上止点位置。

(3)拆下正时带上防护罩。

(4)如图 2-12 所示，将凸轮轴正时带轮上的标记对准正时带后防护罩上的标记。

(5)如图 2-13 所示，拆下曲轴 V 形带轮。

(6)拆下正时带中间防护罩及下防护罩。

(7)如图 2-14 所示，用粉笔在正时带上作好旋转方向标记，松开半自动张紧轮并拆下正时带。

2 正时带的安装

(1)转动曲轴，使曲轴不在第一缸活塞上止点位置，以免损坏气门及活塞。

(2)转动凸轮轴，将凸轮轴正时带轮上的标记对准正时带后防护罩上的标记，如图 2-15 所示。

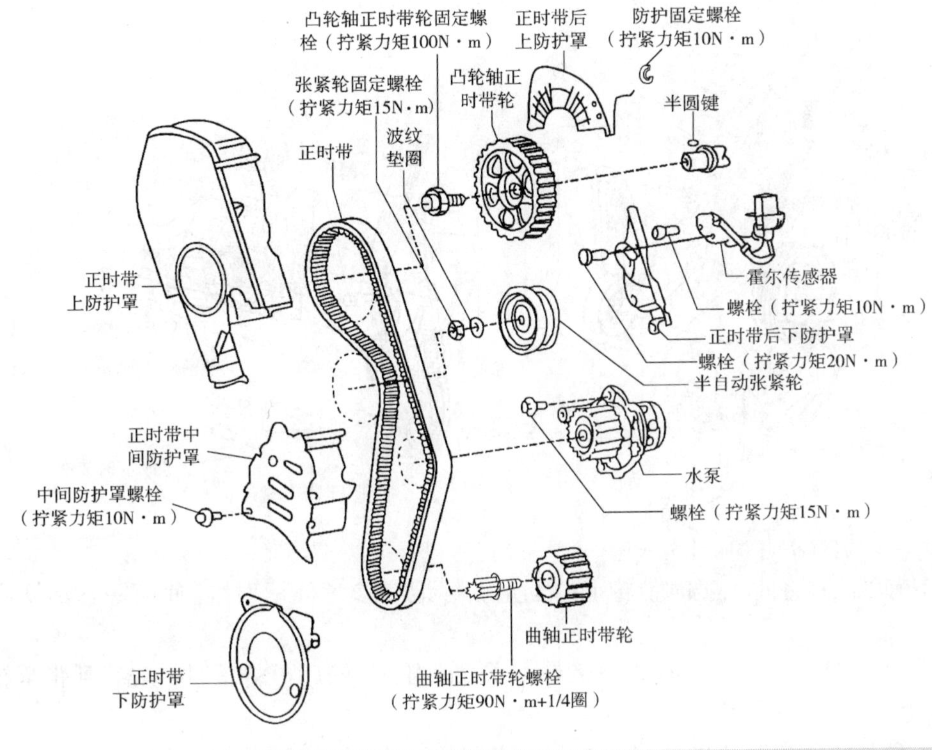

图 2-8　拆装正时带相关部件的分解图(2)

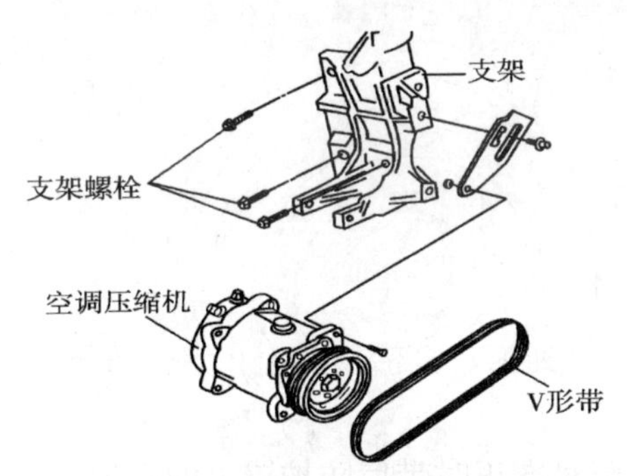

图 2-9　正时带的拆卸(1)

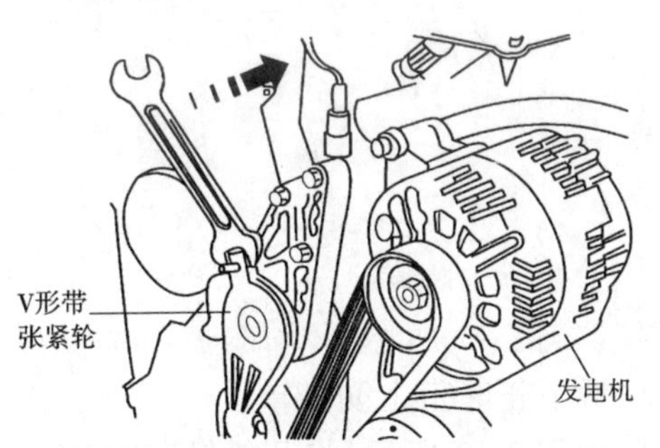

图 2-10　正时带的拆卸(2)

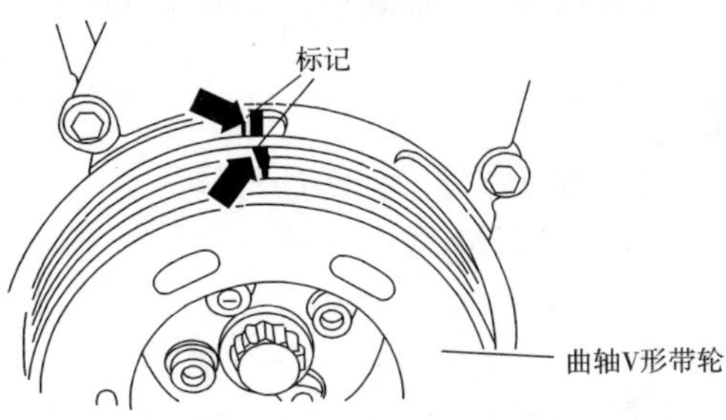

图 2-11　正时带的拆卸(3)

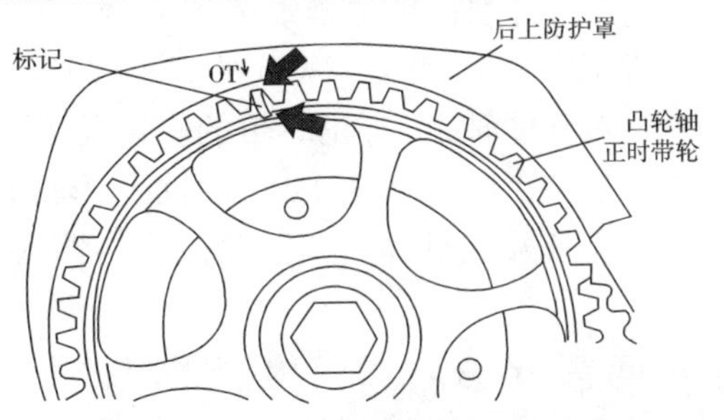

图 2-12　正时带的拆卸(4)

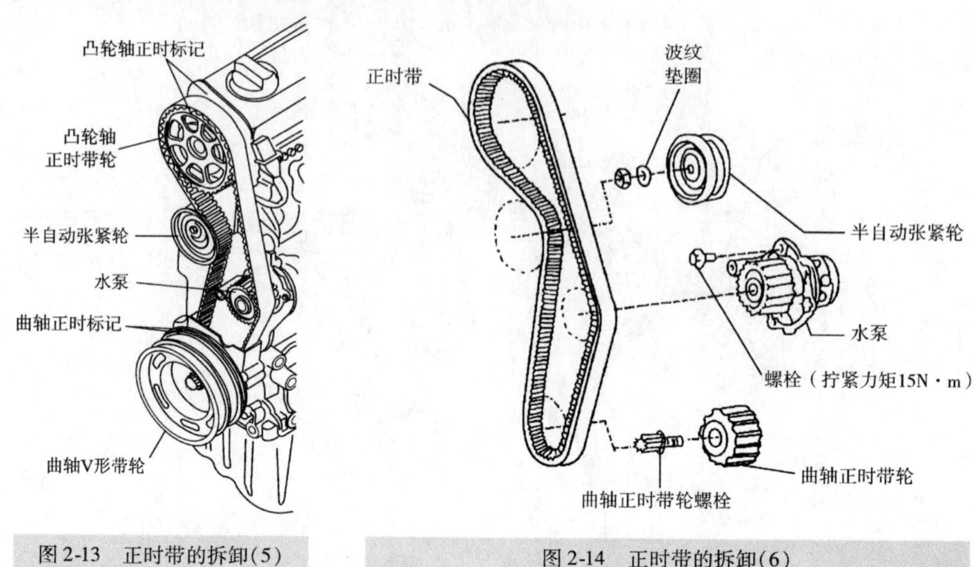

图 2-13　正时带的拆卸(5)

图 2-14　正时带的拆卸(6)

(3)转动曲轴,将曲轴正时带轮上的上止点标记与参考标记对准,使第一缸活塞在上止点位置。

(4)先将正时带安装到曲轴正时带轮和水泵带轮上,然后再将正时带安装到张紧轮和凸轮轴带轮上。

注意:张紧轮的定位块必须嵌入汽缸盖上的缺口内,如图 2-16 所示。

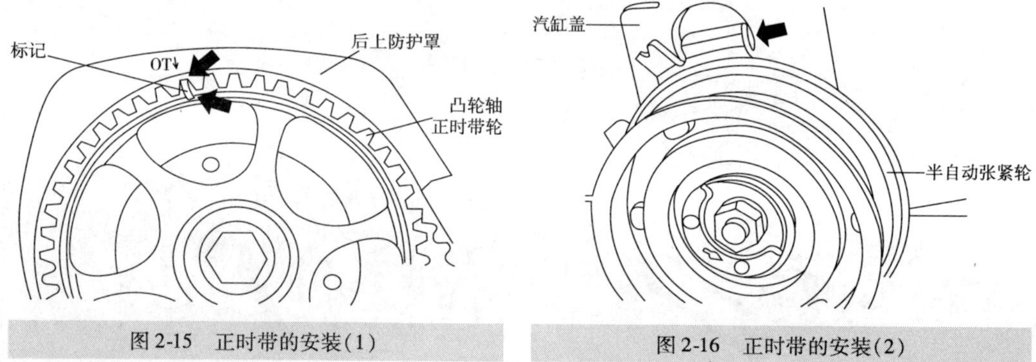

图 2-15　正时带的安装(1)

图 2-16　正时带的安装(2)

(5)如图 2-17 所示,将张紧轮逆时针转动,直到可以使用正时带张紧轮调整工具为止。松开张紧轮,直到指针位于缺口下方约 10mm 处。旋紧张紧轮,直到指针和缺口重叠,将张紧轮上的锁紧螺母用 15N · m 的力矩拧紧。

(6)转动曲轴,检查正时带的安装及张紧情况。

(7)安装正时带下防护罩、曲轴 V 形带轮、正时带中间防护罩及上防护罩。

(8)安装发电机和空调压缩机传动带,调整并检查其张紧情况。

引导问题 14　如何检查正时链?

正时链长期使用后会发生磨损,正时链的磨损程度通常用其伸长量来判断。正时链的

伸长量可通过测量正时链的全长或规定链节数的长度来进行测量。以测量卡罗拉(1.6L)轿车发动机正时链为例,为使测量准确,测量正时链长度时,应将正时链用147N的力拉直,再用游标卡尺测量15个链节的长度,如图2-18所示。若长度不符合规定值,应更换正时链。

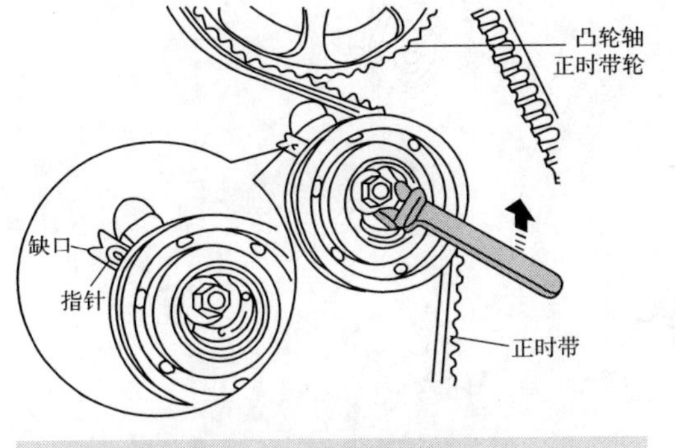

图2-17 正时带的安装(3)

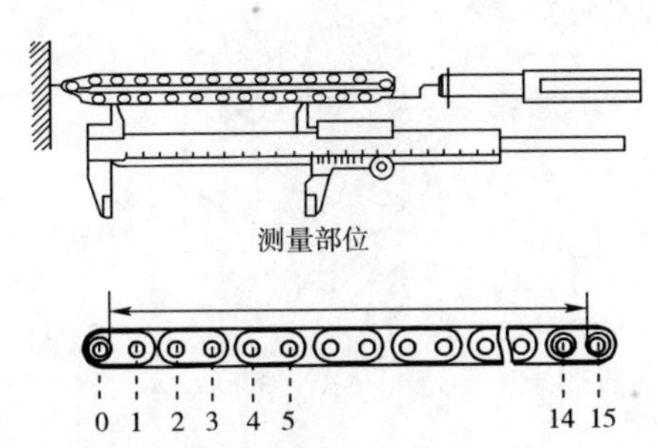

图2-18 卡罗拉(1.6L)轿车发动机正时链伸长量的检查

引导问题15 如何更换正时链?

拆装卡罗拉(1.6L)轿车发动机正时链相关部件的分解图如图2-19~图2-23所示。

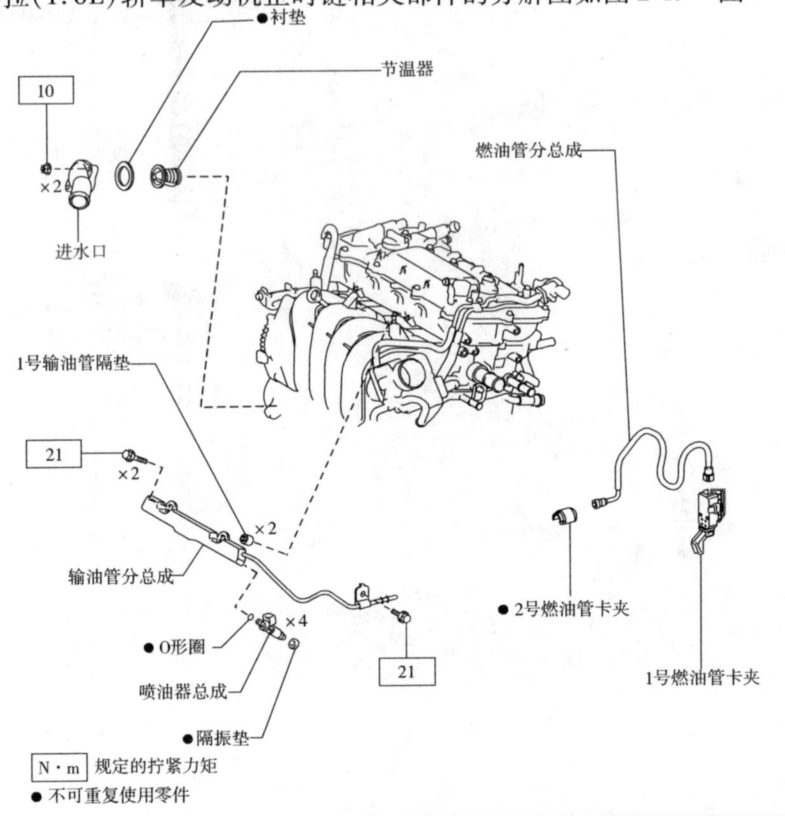

图2-19 拆装正时链相关部件分解图(1)

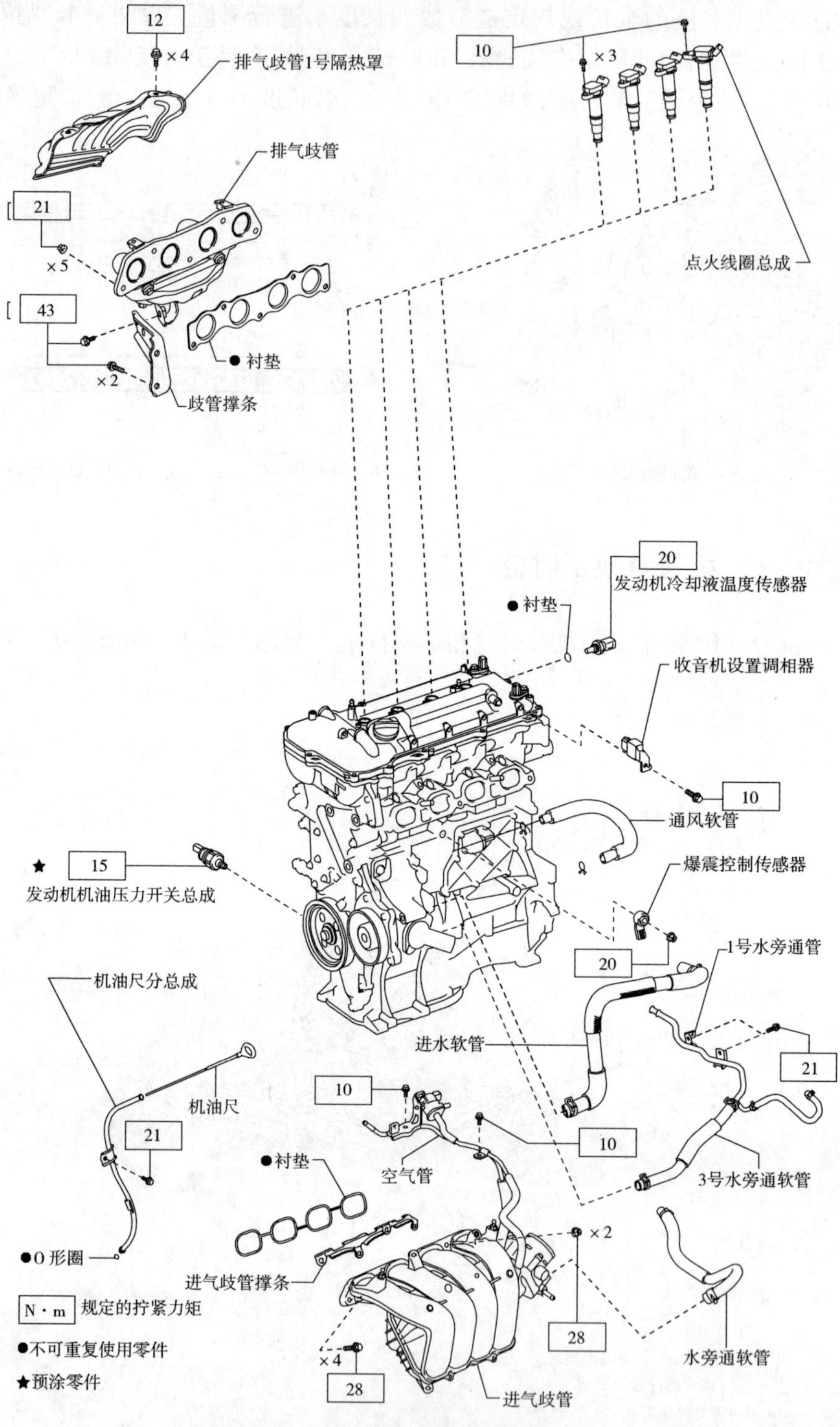

12
×4
排气歧管1号隔热罩
10
×3
排气歧管
21
×5
43
●衬垫
×2
歧管撑条
点火线圈总成
20
发动机冷却液温度传感器
●衬垫
收音机设置调相器
10
通风软管
★ 15
发动机机油压力开关总成
爆震控制传感器
20
1号水旁通管
机油尺分总成
进水软管
21
10
机油尺
21
10
空气管
3号水旁通软管
●衬垫
×2
●O 形圈
进气歧管撑条
28
N·m 规定的拧紧力矩
●不可重复使用零件
×4
水旁通软管
★预涂零件
28
进气歧管

图 2-20　拆装正时链相关部件分解图(2)

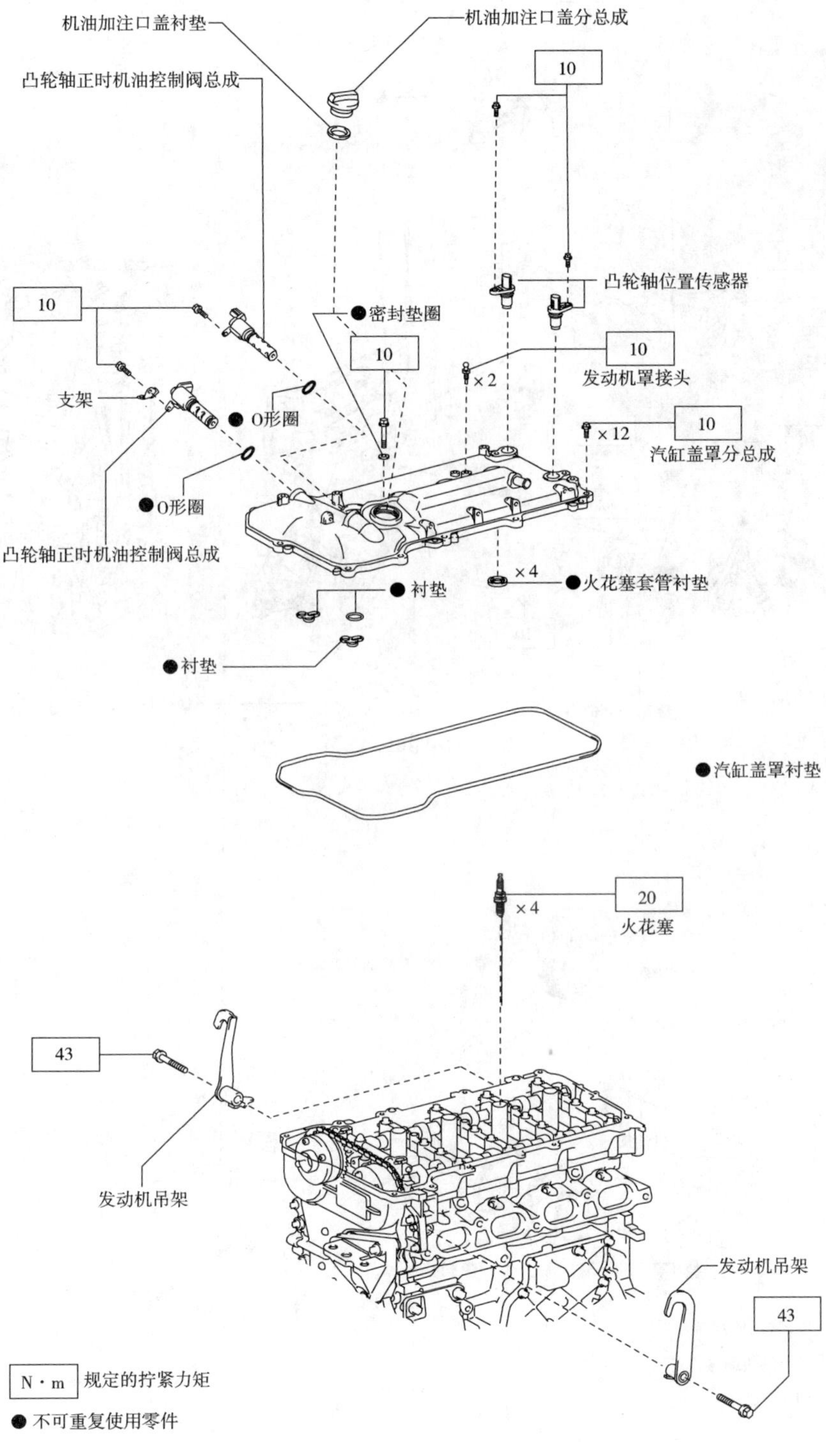

机油加注口盖衬垫

机油加注口盖分总成

凸轮轴正时机油控制阀总成

10

10

凸轮轴位置传感器

●密封垫圈

10

10

×2

发动机罩接头

支架

● O形圈

10

×12

汽缸盖罩分总成

●O形圈

凸轮轴正时机油控制阀总成

×4

●火花塞套管衬垫

●衬垫

●衬垫

●汽缸盖罩衬垫

×4

20

火花塞

43

发动机吊架

发动机吊架

43

N·m 规定的拧紧力矩

● 不可重复使用零件

图 2-21 拆装正时链相关部件分解图(3)

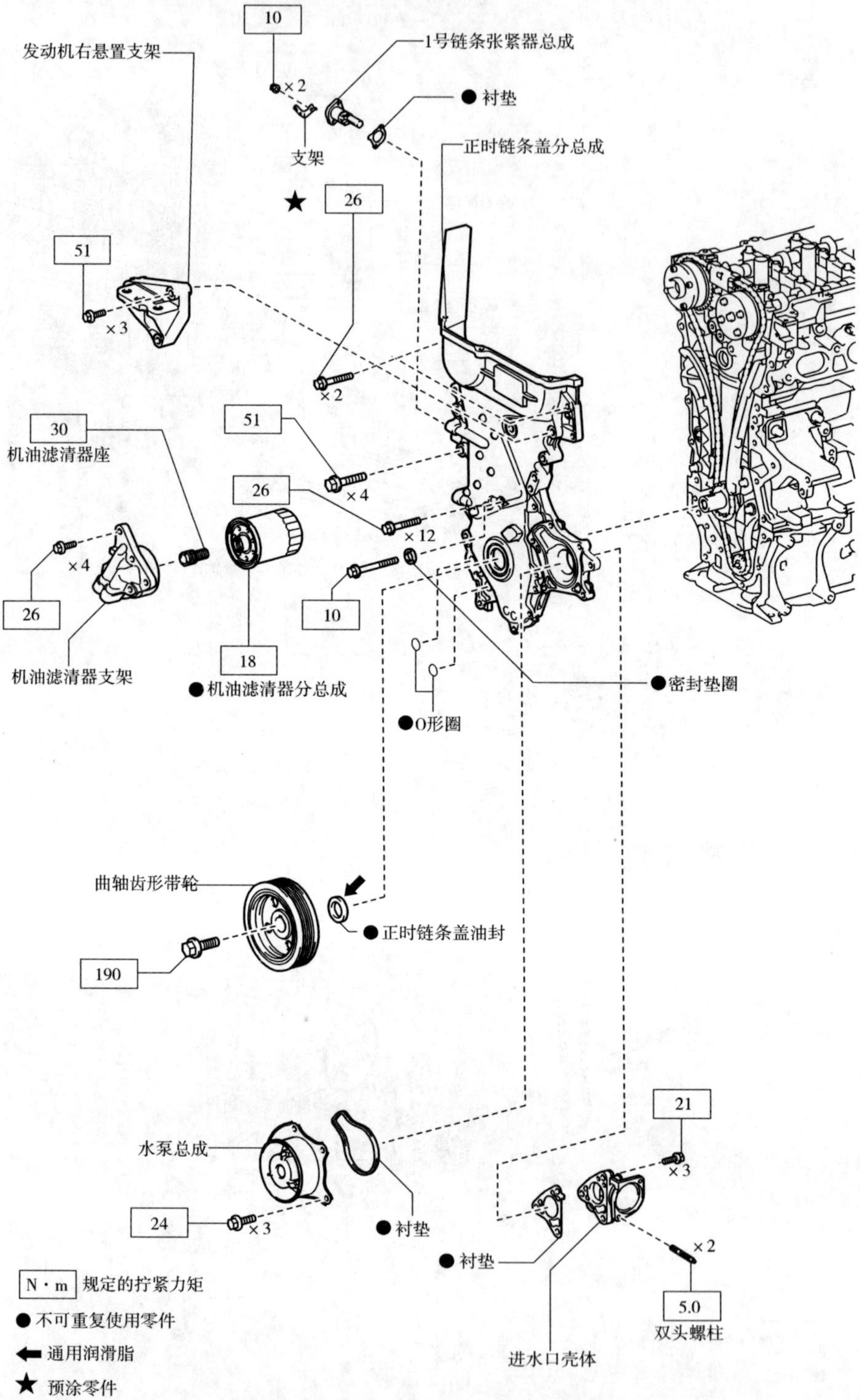

10
×2
1号链条张紧器总成
● 衬垫
支架
正时链条盖分总成
发动机右悬置支架
★
26
51
×3
×2
51
30
机油滤清器座
×4
26
×12
26
×4
26
10
10
18
机油滤清器支架
●机油滤清器分总成
●O形圈
●密封垫圈
曲轴齿形带轮
190
● 正时链条盖油封
21
水泵总成
×3
24
×3
● 衬垫
● 衬垫
×2
5.0
双头螺柱
进水口壳体

N·m 规定的拧紧力矩
● 不可重复使用零件
通用润滑脂
★ 预涂零件

图2-22　拆装正时链相关部件分解图(4)

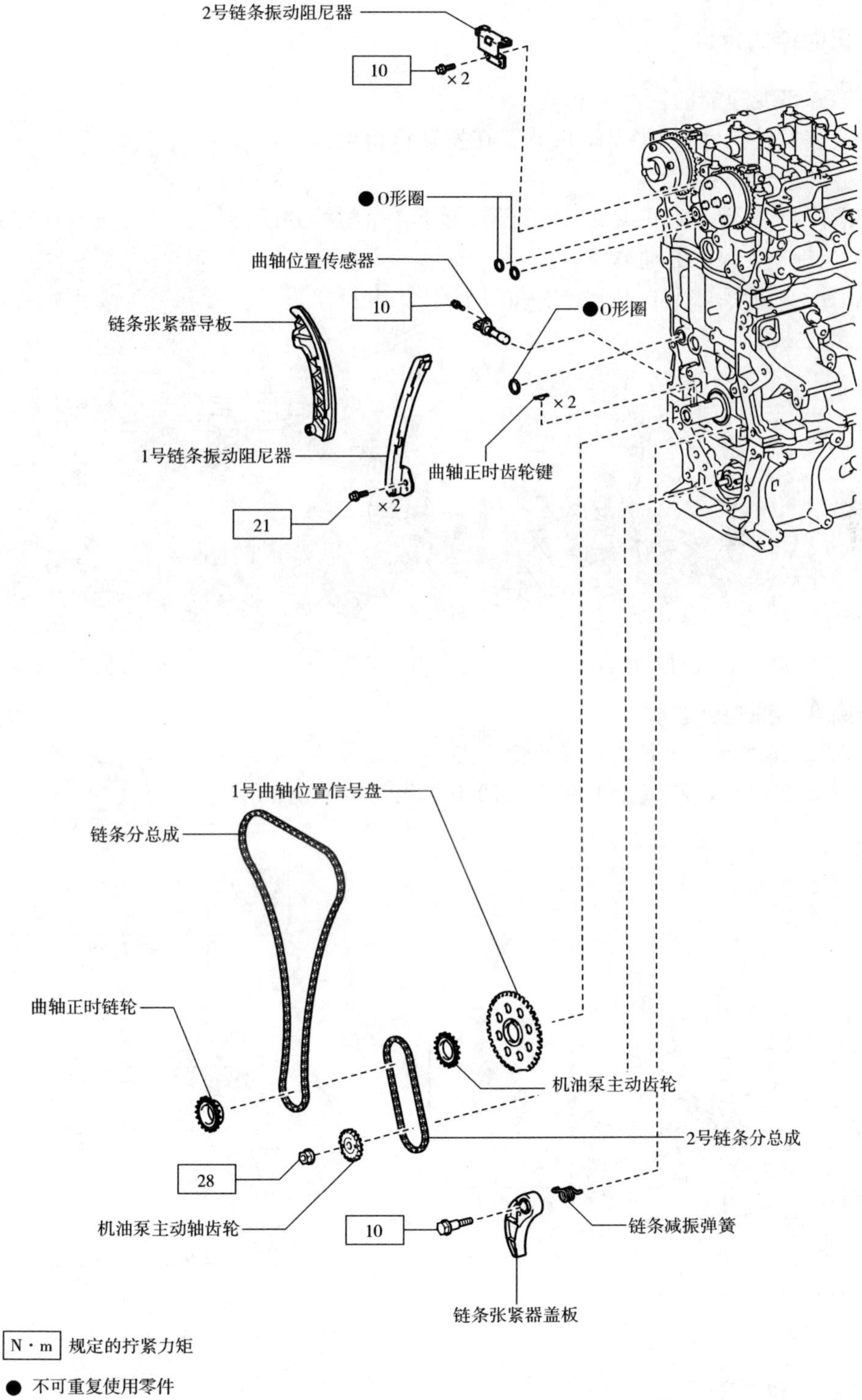

2号链条振动阻尼器
10
×2
●O形圈
曲轴位置传感器
10
●O形圈
链条张紧器导板
×2
1号链条振动阻尼器
曲轴正时齿轮键
21
×2
1号曲轴位置信号盘
链条分总成
曲轴正时链轮
机油泵主动齿轮
2号链条分总成
28
机油泵主动轴齿轮
10
链条减振弹簧
链条张紧器盖板

N·m 规定的拧紧力矩

● 不可重复使用零件

图 2-23 拆装正时链相关部件分解图(5)

1 正时链的拆卸

(1)拆卸带变速器的发动机总成。

(2)安装发动机台架,将发动机放置在发动机台架上。

(3)拆卸进气歧管。

①如图 2-24 所示,拆下线束卡夹支架,拆下 2 个螺栓并断开气管。将通风软管从进气歧管上断开。断开 2 根水旁通软管。

②如图 2-25 所示,拆下 4 个螺栓和 2 个螺母,并拆下进气歧管和进气歧管撑条。将衬垫从进气歧管上拆下。

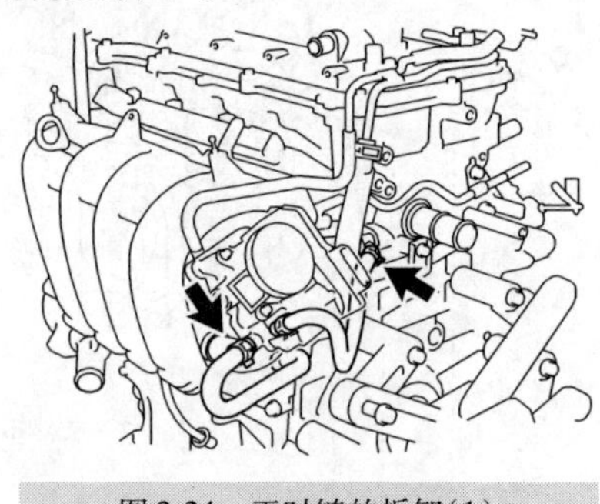

图 2-24　正时链的拆卸(1)

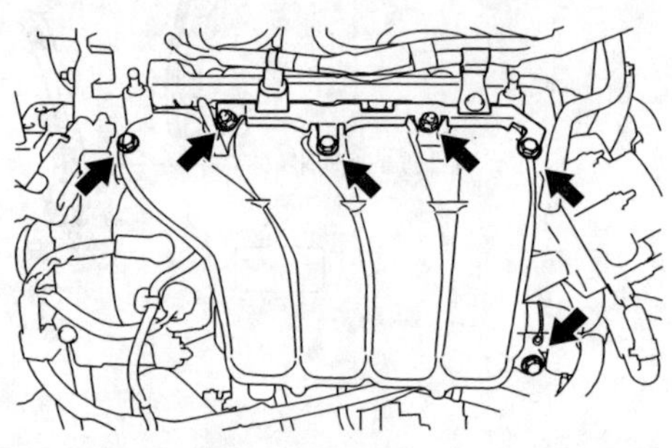

图 2-25　正时链的拆卸(2)

(4)断开燃油管分总成。

①如图 2-26 所示,拆下 2 号燃油管卡夹。

②如图 2-27 所示,使用 SST09268-21010 断开燃油管分总成。

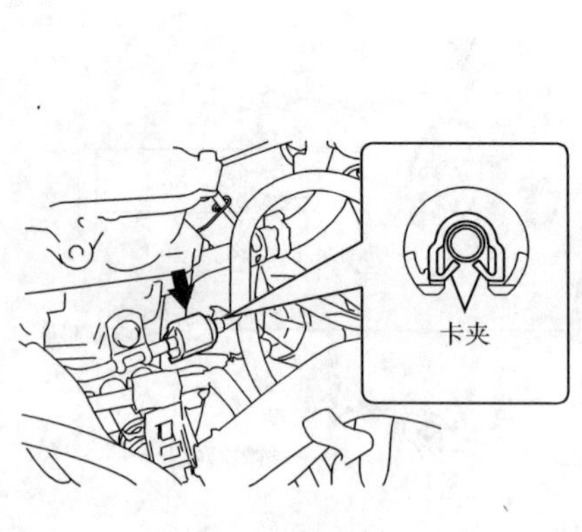

图 2-26　正时链的拆卸(3)

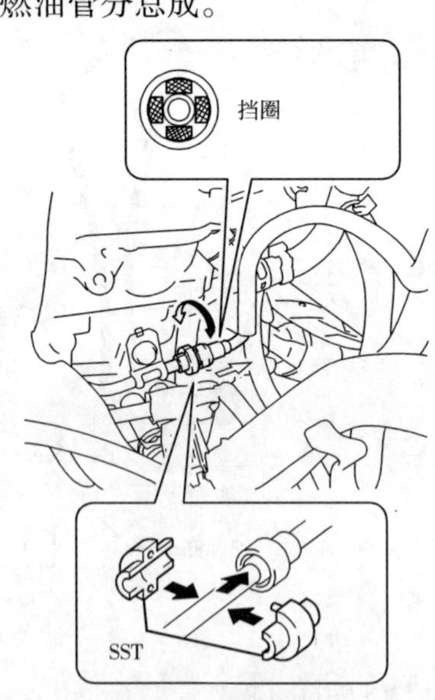

图 2-27　正时链的拆卸(4)

(5)拆卸输油管分总成。

①如图 2-28 所示,拆下螺栓并拆下线束支架。

②如图 2-29 所示，拆下 2 个螺栓。

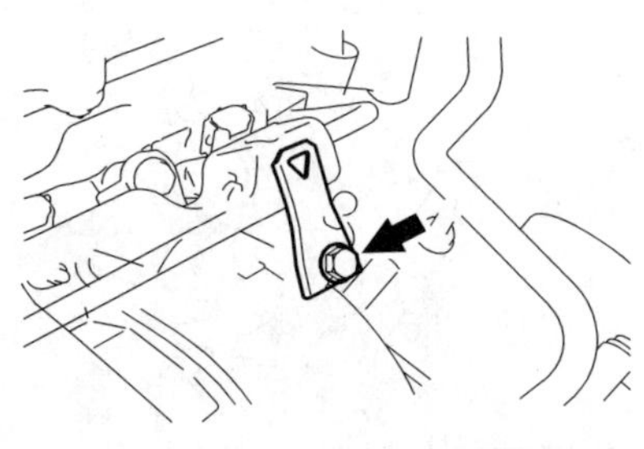

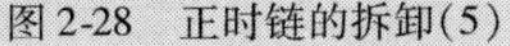

图 2-28　正时链的拆卸(5)

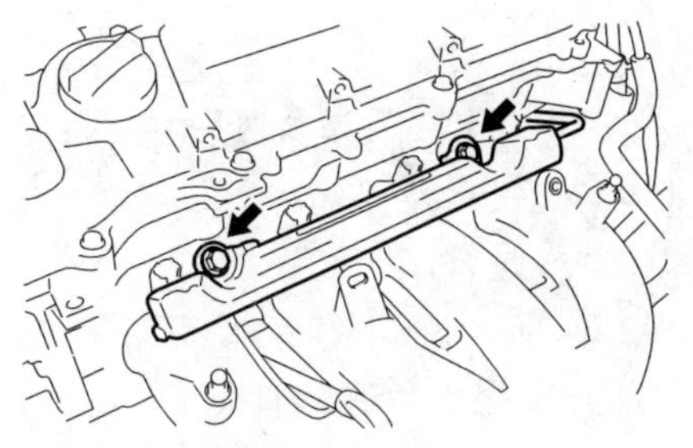

图 2-29　正时链的拆卸(6)

③如图 2-30 所示，拆下螺栓和输油管分总成。

④如图 2-31 所示，拆下 2 个 1 号输油管隔垫。

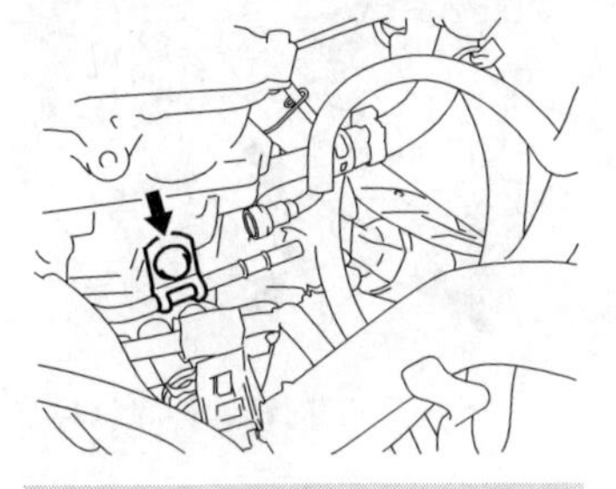

图 2-30　正时链的拆卸(7)

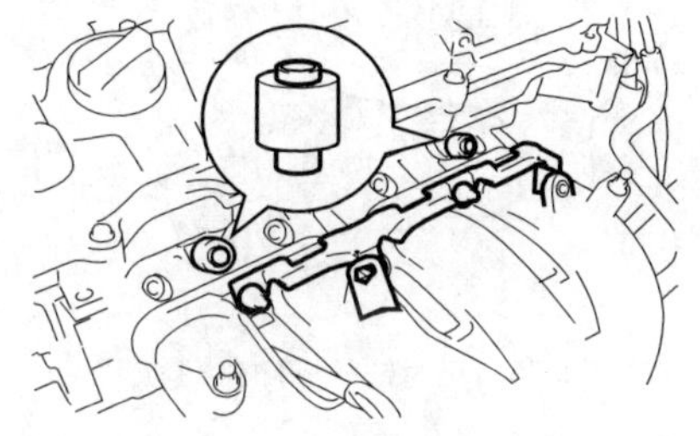

图 2-31　正时链的拆卸(8)

(6)拆卸喷油器总成。

①如图 2-32 所示，从燃油输油管分总成中拉出 4 个喷油器总成。

②如图 2-33 所示，重新安装时，在喷油器轴上贴上标签。

注意：用塑料袋将喷油器包起来，以防异物进入。

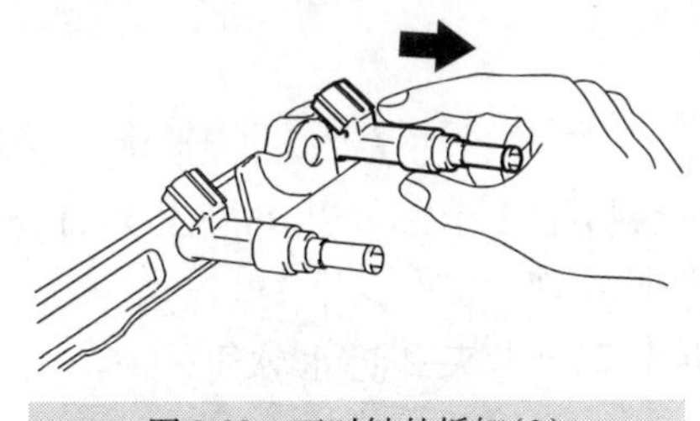

图 2-32　正时链的拆卸(9)

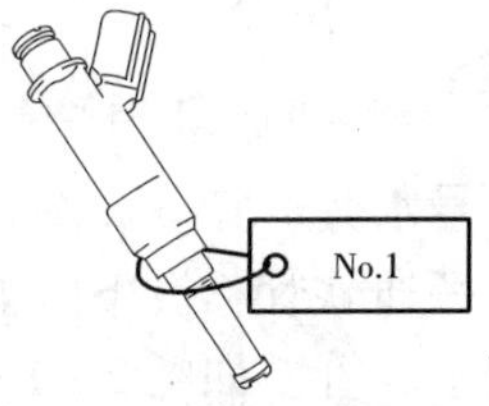

图 2-33　正时链的拆卸(10)

③如图 2-34 所示，拆下 4 个喷油器隔振垫。

(7)拆卸点火线圈总成。拆下 4 个螺栓和 4 个点火线圈。

(8)拆卸机油尺分总成。如图 2-35 所示，拆下螺栓和机油尺，从机油尺上拆下 O 形圈。

(9)拆卸排气歧管 1 号隔热罩。如图 2-36 所示，拆下 4 个螺栓和排气歧管隔热罩。

(10)拆卸歧管撑条。如图 2-37 所示，拆下 3 个螺栓和歧管撑条。

(11)拆卸排气歧管。如图 2-38 所示，拆下 5 个螺母和排气歧管。

(12)拆卸通风软管。

(13)拆卸 3 号水旁通软管。如图 2-39 所示，将 3 号水旁通软管从进水口壳体上分离。

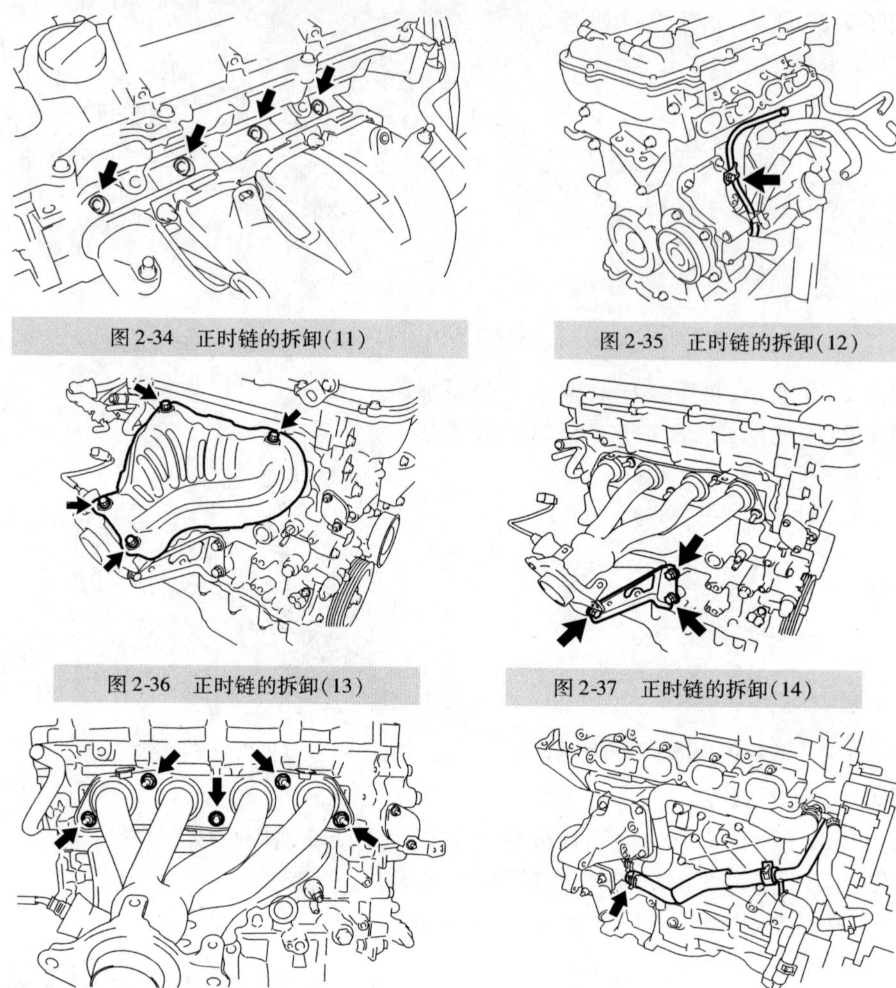

图 2-34　正时链的拆卸(11)

图 2-35　正时链的拆卸(12)

图 2-36　正时链的拆卸(13)

图 2-37　正时链的拆卸(14)

图 2-38　正时链的拆卸(15)

图 2-39　正时链的拆卸(16)

(14)拆卸 1 号水旁通管。如图 2-40 所示,拆下 2 个螺栓和 1 号水旁通管。

(15)拆卸水旁通软管。拆下卡夹和水旁通软管。

(16)拆卸进水软管。如图 2-41 所示,拆下 2 个卡夹和进水软管。

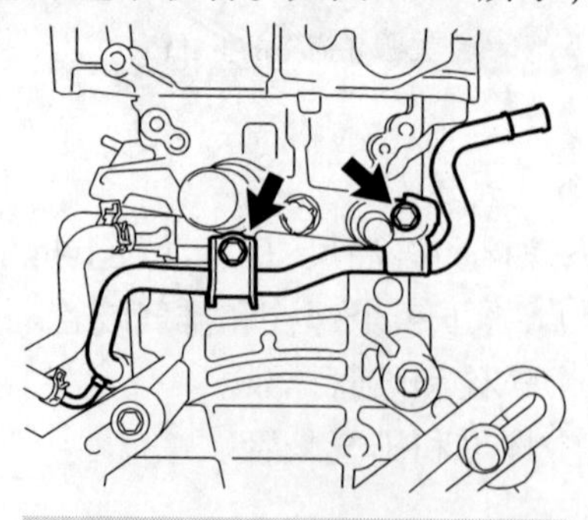

图 2-40　正时链的拆卸(17)

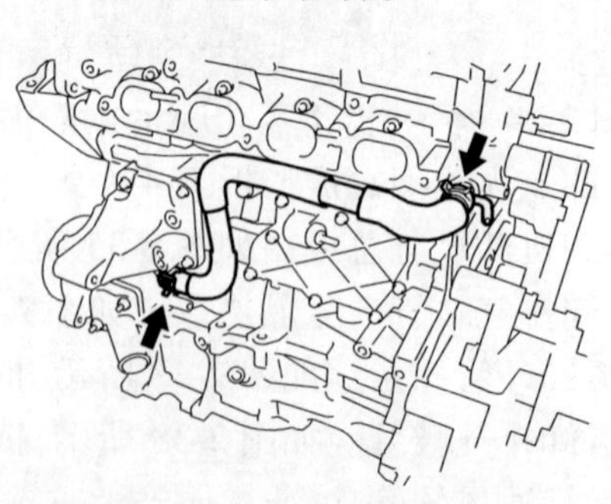

图 2-41　正时链的拆卸(18)

(17)拆卸进水口。如图 2-42 所示,拆下 2 个螺母和进水口。

(18)拆卸节温器。如图 2-43 所示,拆下节温器和衬垫。从节温器上拆下衬垫。

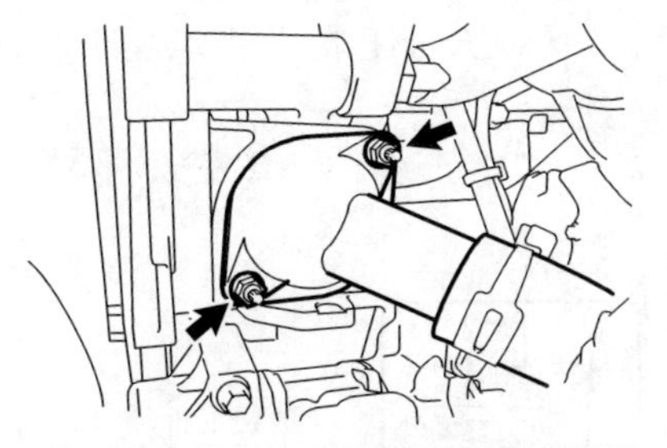

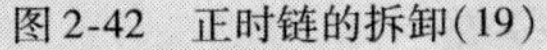
图 2-42　正时链的拆卸(19)

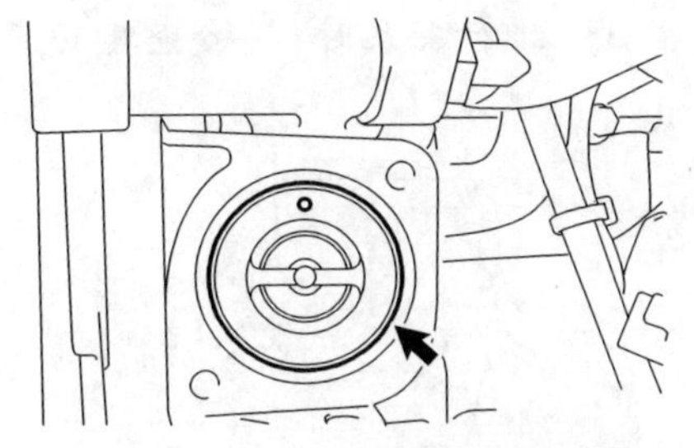

图 2-43　正时链的拆卸(20)

(19)拆卸收音机设置调相器。如图 2-44 所示,拆下螺栓和收音机设置调相器。

(20)拆卸汽缸盖罩分总成。

①如图 2-45 所示,拆下 13 个螺栓、密封垫圈和汽缸盖罩。

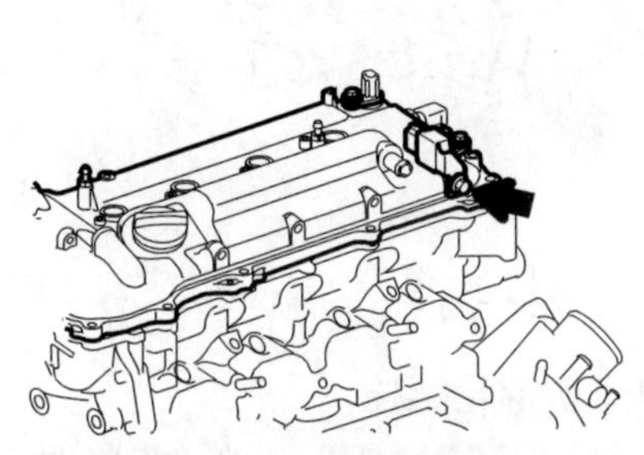

图 2-44　正时链的拆卸(21)

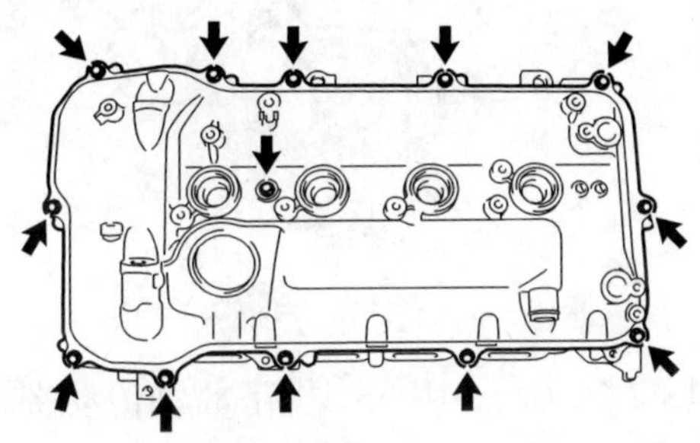

图 2-45　正时链的拆卸(22)

②如图 2-46 所示,从凸轮轴轴承盖上拆下 3 个衬垫。

注意:拆卸汽缸盖罩时小心不要将衬垫掉进发动机,衬垫可能会粘附到汽缸盖罩上。

(21)如图 2-47 所示,拆卸汽缸盖罩衬垫。

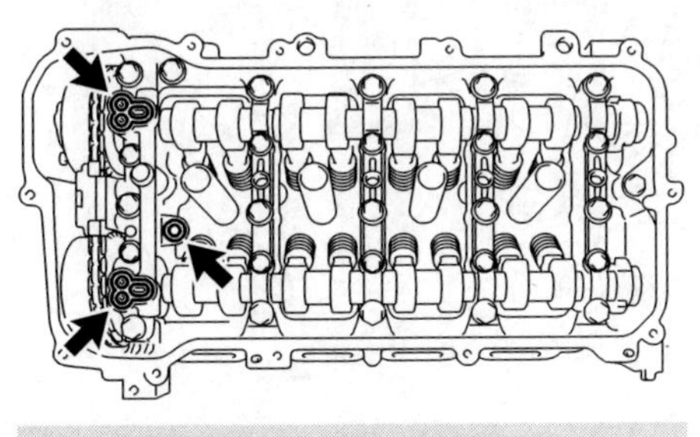

图 2-46　正时链的拆卸(23)

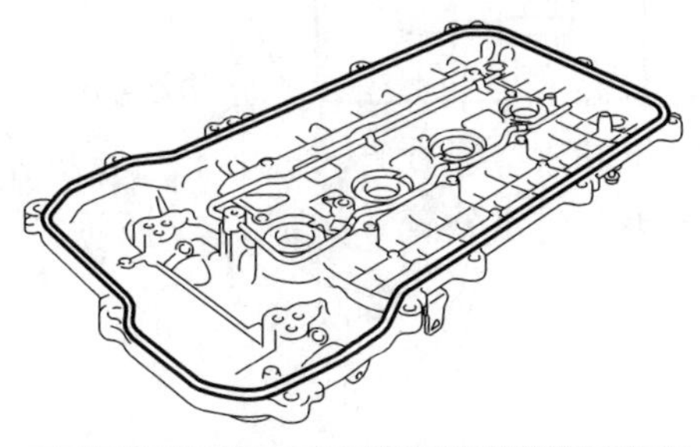

图 2-47　正时链的拆卸(24)

(22)将 1 号汽缸设置到活塞压缩上止点(TDC)位置。

①转动曲轴传动带轮,直到其凹槽与正时链条盖上的正时标记“0”对准。

②如图 2-48 所示,检查并确认凸轮轴正时齿轮和链轮上的各正时标记和位于 1 号和 2 号轴承盖上的各正时标记对准。如果没有对准,则转动曲轴 1 圈(360°)。如上所述对准正时标记,进行下一步骤。

(23)拆卸曲轴传动带轮。

①如图 2-49 所示,用 SST 固定传动带轮并松开传动带轮螺栓。

注意:用 SST 进行安装时,要检查其安装位置,以防止 SST 在安装螺栓中接触正时链条盖分总成。

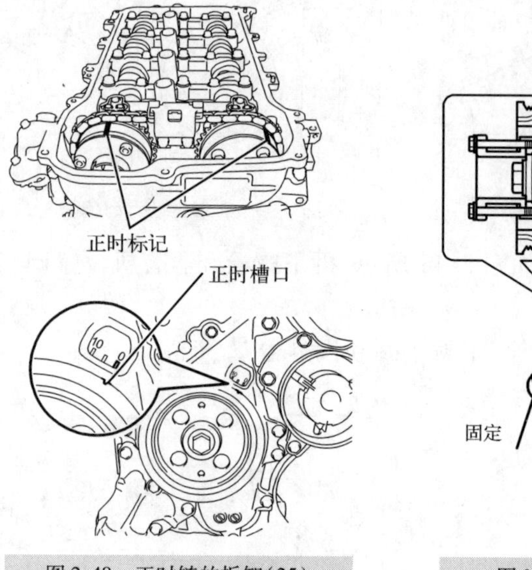

图 2-48　正时链的拆卸(25)

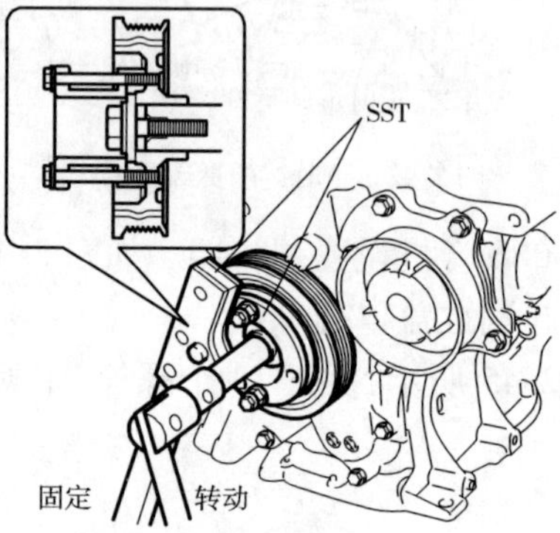

图 2-49　正时链的拆卸(26)

②如图 2-50 所示,用 SST 拆下曲轴传动带轮和传动带轮螺栓。

(24)拆卸 1 号链条张紧器总成。如图 2-51 所示,拆下 2 个螺母、托架、张紧器和衬垫。

注意:不要在不使用链条张紧器的情况下转动曲轴。

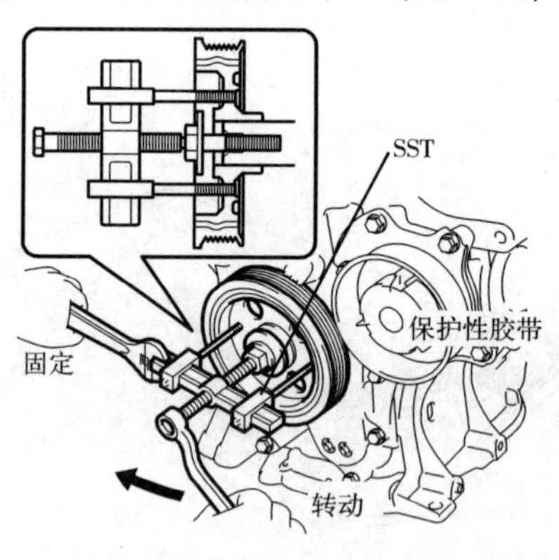

图 2-50　正时链的拆卸(27)

图 2-51　正时链的拆卸(28)

(25)拆卸正时链条盖分总成。

①如图 2-52 所示,拆下 3 个螺栓和发动机悬置支架。

②如图 2-53 所示,拆下 4 个螺栓和机油滤清器支架。

③如图 2-54 所示,拆下 2 个 O 形圈。

④如图 2-55 所示,拆下 19 个螺栓。

图 2-52 正时链的拆卸(29)

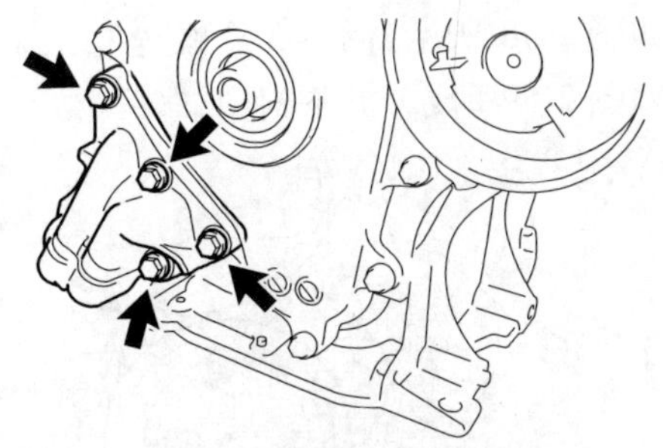
图 2-53 正时链的拆卸(30)

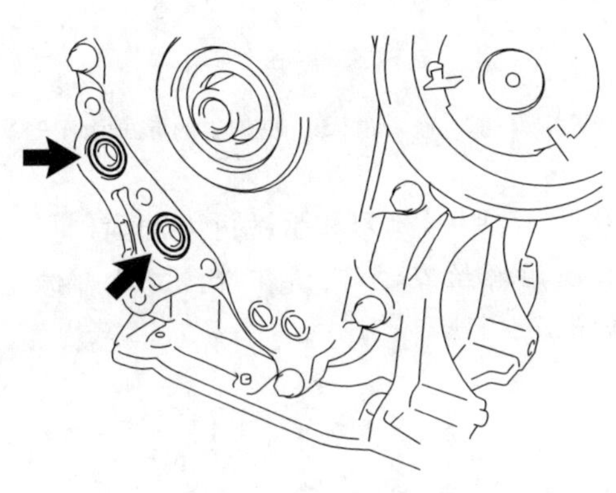
图 2-54 正时链的拆卸(31)

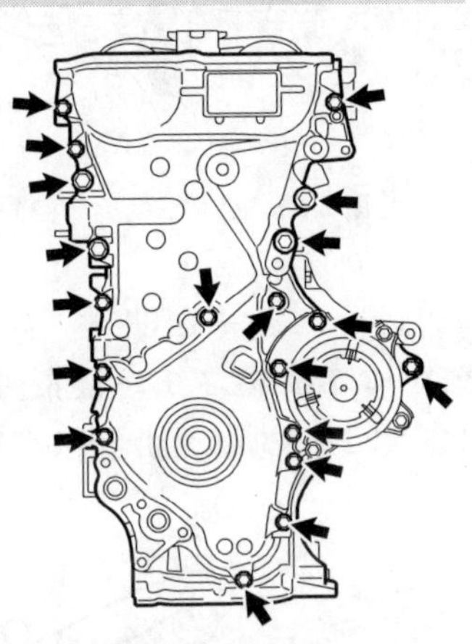
图 2-55 正时链的拆卸(32)

⑤如图 2-56 所示,用螺丝刀撬动正时链条盖和汽缸盖或汽缸体之间的部位,拆下正时链条盖。

注意:不要损坏正时链条盖、汽缸体和汽缸盖的接触面。在使用螺丝刀之前,在螺丝刀头部缠上胶带。

⑥如图 2-57 所示,拆下 3 个 O 形圈。

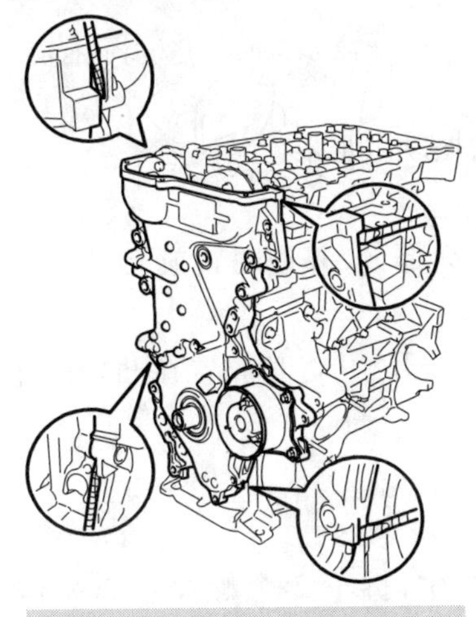
图 2-56 正时链的拆卸(33)

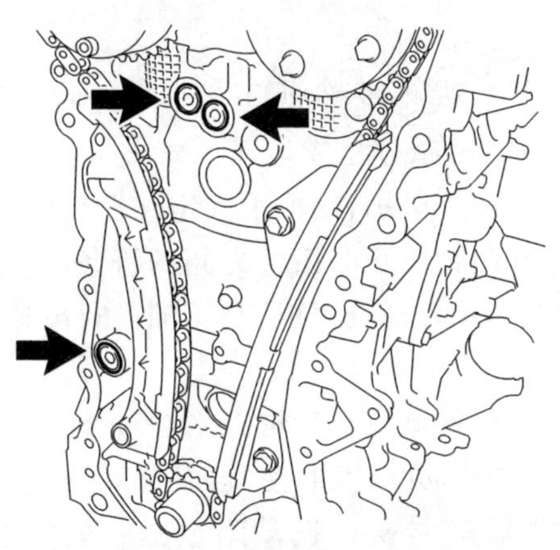
图 2-57 正时链的拆卸(34)

⑦如图 2-58 所示，拆下 3 个螺栓和水泵。

⑧如图 2-59 所示，拆下衬垫。

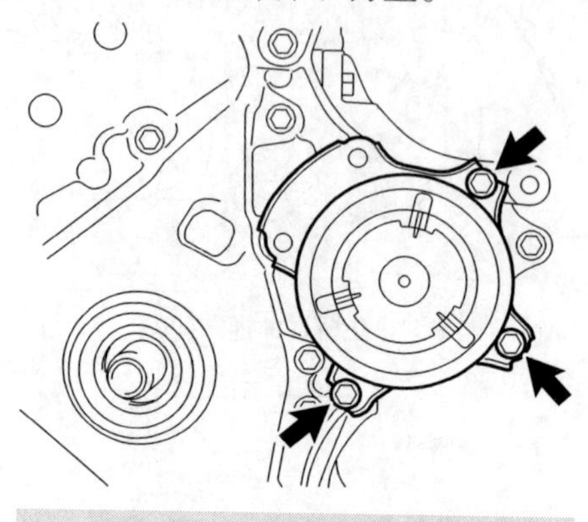

图 2-58　正时链的拆卸(35)

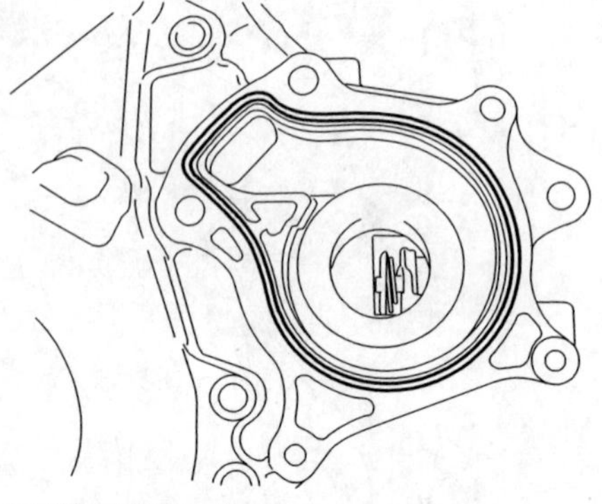

图 2-59　正时链的拆卸(36)

(26)拆卸正时链条盖油封。如图 2-60 所示，用螺丝刀和手锤拆下油封。

注意：小心不要损坏正时链条盖油封。使用螺丝刀之前，请在螺丝刀头部缠上胶带。

(27)如图 2-61 所示，拆卸链条张紧器导板。

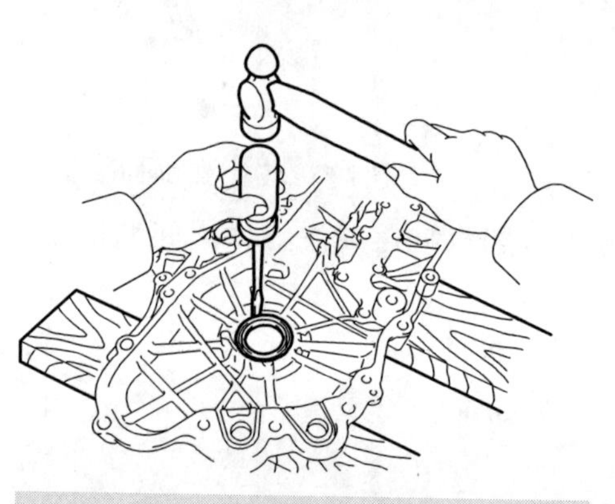

图 2-60　正时链的拆卸(37)

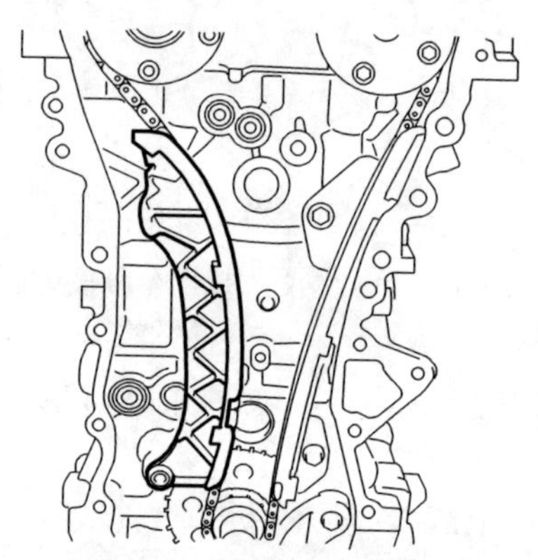

图 2-61　正时链的拆卸(38)

(28)如图 2-62 所示，拆下 2 个螺栓和 1 号链条振动阻尼器。

(29)拆卸链条分总成。

①如图 2-63 所示，用扳手固定住凸轮轴的六角头部分，并逆时针旋转凸轮轴正时齿轮总成，以松开凸轮轴正时齿轮之间的链条。

②链条松开时，将链条从凸轮轴正时齿轮总成上松开，并将其放置在凸轮轴正时齿轮总成上。

注意：确保将链条从链轮上完全松开。

③顺时针转动凸轮轴，使其回到原来位置，并拆下链条。

(30)拆卸 2 号链条振动阻尼器。如图 2-64 所示，拆下 2 个螺栓和 2 号链条振动阻尼器。

2 正时链的安装

(1)如图 2-65 所示,用 2 个螺栓(拧紧力矩:21N·m)安装 1 号链条振动阻尼器。

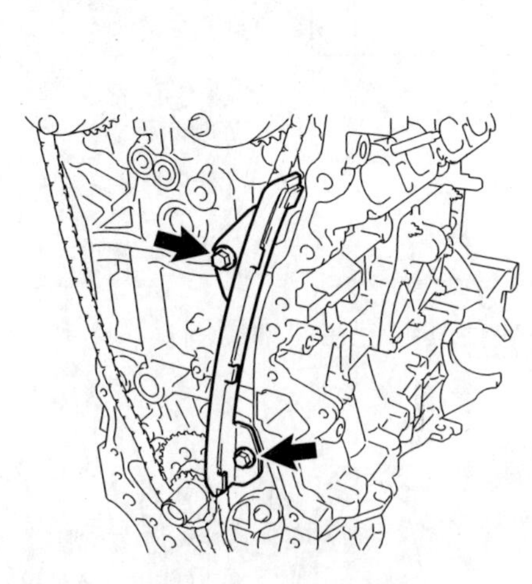

图 2-62　正时链的拆卸(39)

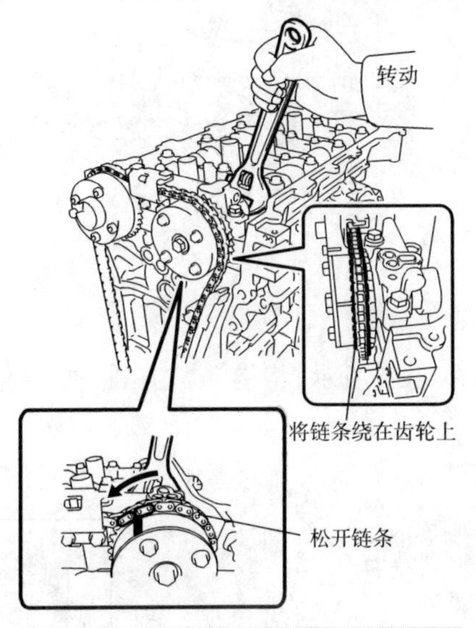

图 2-63　正时链的拆卸(40)

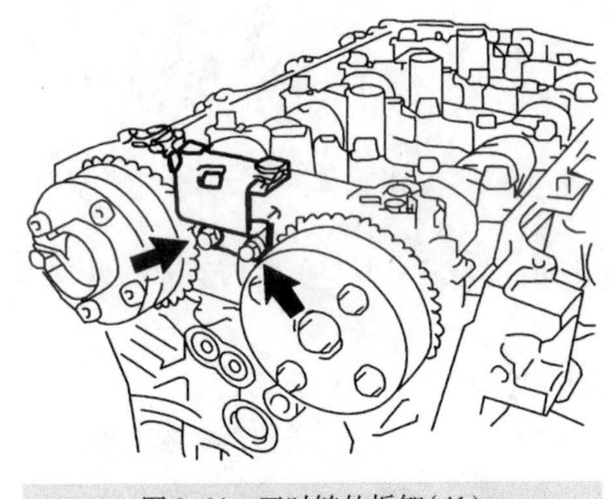

图 2-64　正时链的拆卸(41)

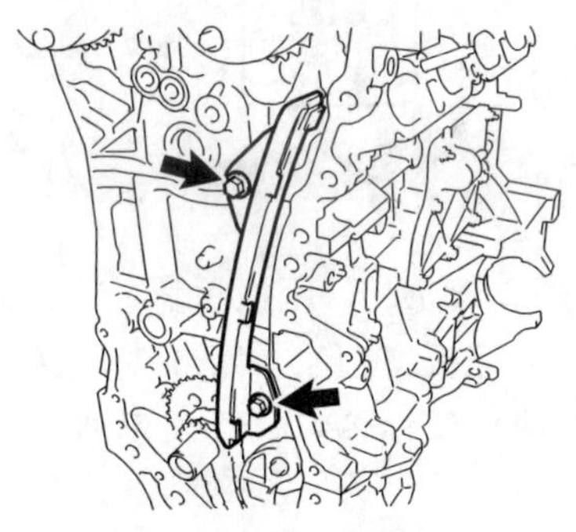

图 2-65　正时链的安装(1)

(2)安装 2 号链条振动阻尼器。如图 2-64 所示,用 2 个螺栓安装 2 号链条振动阻尼器,拧紧力矩:10N·m。

(3)安装链条分总成。

①检查 1 号汽缸的活塞压缩上止点(TDC)位置。暂时紧固曲轴传动带轮螺栓,逆时针转动曲轴,以使正时齿轮键位于顶部,如图 2-66 所示;拆下曲轴传动带轮螺栓,检查每个凸轮轴正时齿轮上的正时标记,如图 2-67 所示。

②如图 2-68 所示,将标记板(橙色)和正时标记对准并安装链条。

注意:确保使标记板位于发动机前侧,凸轮轴侧的标记板为橙色。不要使链条缠绕在凸轮轴正时齿轮总成的链轮周围,只可将其放置在链轮上。将链条穿过 1 号振动阻尼器。

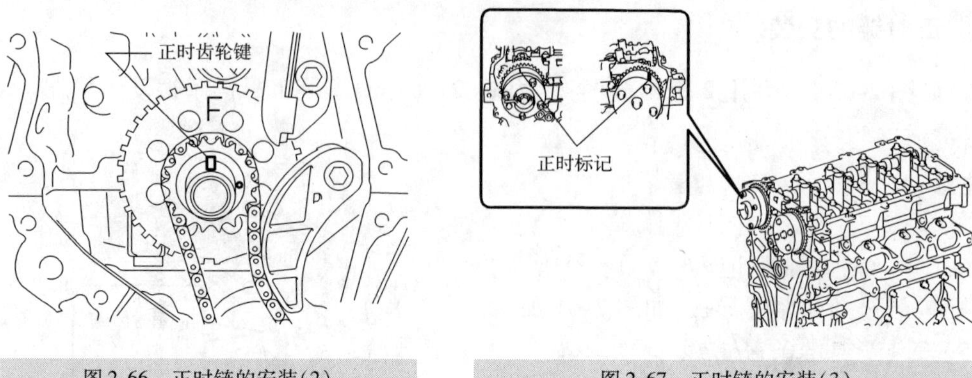

图 2-66　正时链的安装(2)　　图 2-67　正时链的安装(3)

③如图 2-69 所示,将链条放在曲轴上,但不要使其缠绕在曲轴周围。

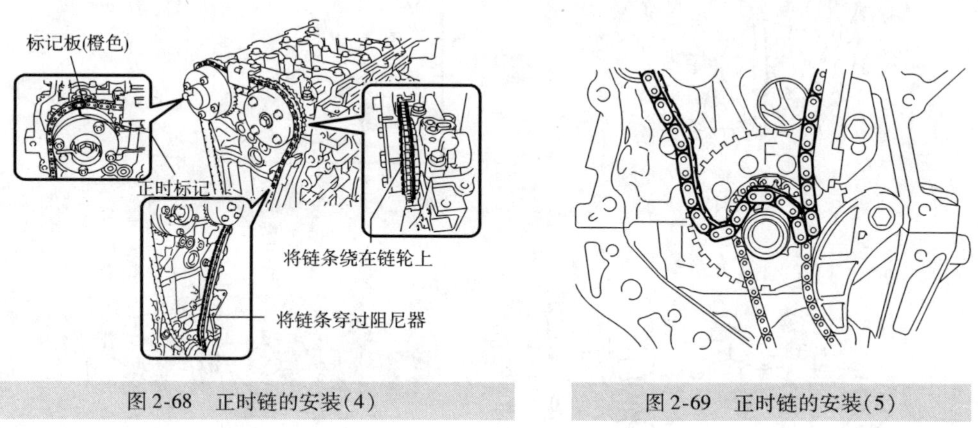

图 2-68　正时链的安装(4)　　图 2-69　正时链的安装(5)

④如图 2-70 所示,用扳手固定住凸轮轴的六角头部分,并逆时针旋转凸轮轴正时齿轮总成,以使标记板(橙色)和正时标记对准。

注意:确保使标记板位于发动机前侧。凸轮轴侧的标记板为橙色。

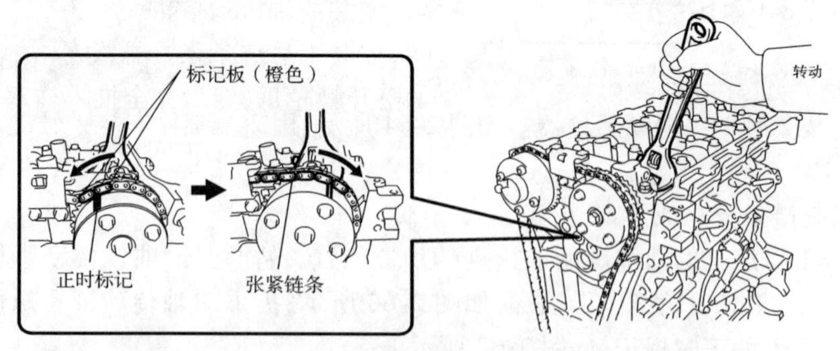

图 2-70　正时链的安装(6)

⑤用扳手固定住凸轮轴的六角头部分,并顺时针旋转轮轴正时齿轮总成。

注意:为了张紧链条,缓慢地顺时针旋转凸轮轴正时齿轮总成,防止链条错位。

⑥如图 2-71 所示,将标记板(橙色)和正时标记对准,并将链条安装至曲轴正时齿轮。

注意:曲轴侧的标记板为黄色。

⑦如图 2-72 所示,在活塞压缩上止点(TDC)位置时,重新检查每个正时标记。

(4)安装链条张紧器导板,如图 2-61 所示。

(5)安装正时链条盖油封。

①如图 2-73 所示,用 SST 敲入一个新油封,直到其表面与正时齿轮箱边缘齐平。

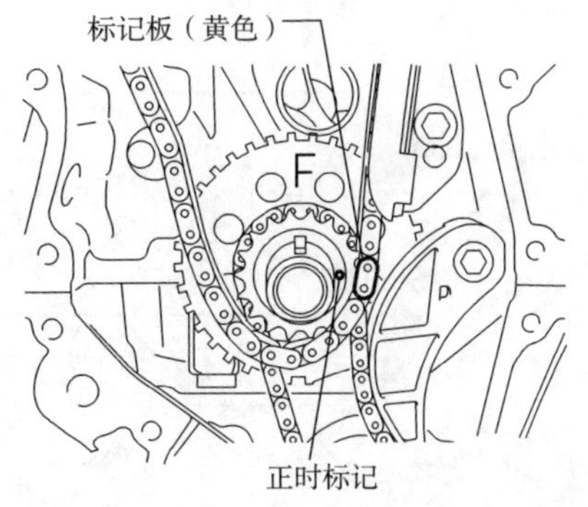

图 2-71 正时链的安装(7)

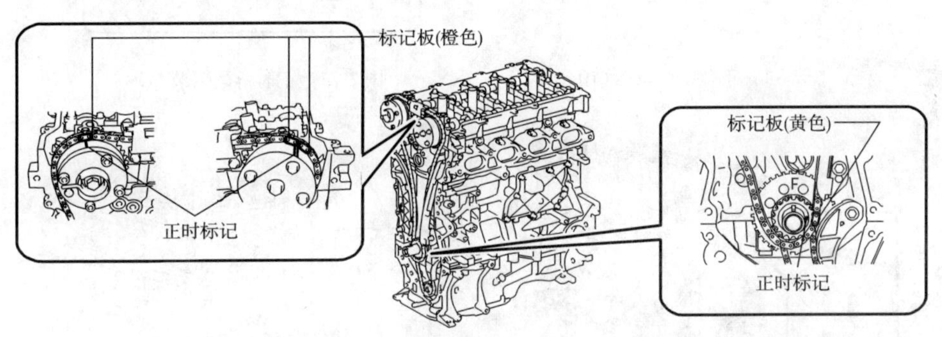

图 2-72 正时链的安装(8)

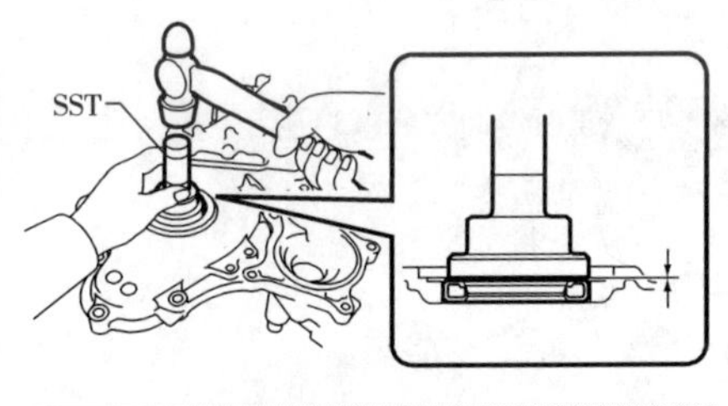

图 2-73 正时链的安装(9)

②在油封唇口上涂抹一薄层通用润滑脂。

注意:使唇口远离异物,不要斜敲油封,确保油封边缘不伸出正时链条盖。

(6)安装正时链条盖分总成。

(7)安装曲轴传动带轮。

(8)安装 1 号链条张紧器总成。

①松开棘轮爪,然后完全推入柱塞,将挂钩固定在销上以使柱塞位于图 2-74 所示位置。

注意:确保凸轮固定在柱塞的第一个齿上,使挂钩穿过销。

②如图 2-75 所示,用 2 个螺母安装一个新衬垫、支架和 1 号链条张紧器,拧紧力矩:10N · m。

注意:如果安装链条张紧器时挂钩松开柱塞,重新固定挂钩。

③如图 2-76 所示,逆时针转动曲轴,然后从挂钩上断开柱塞销。

④如图 2-77 所示,顺时针转动曲轴,然后检查并确认柱塞伸出。

(9)安装汽缸盖罩衬垫,如图 2-47 所示。

注意:清除接触面的所有机油。

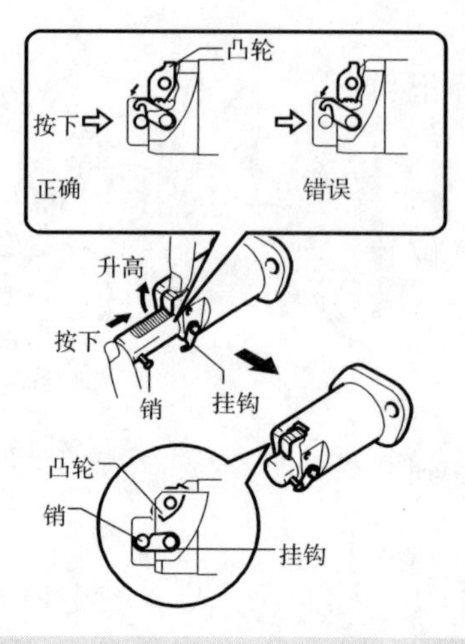

图 2-74　正时链的安装(10)

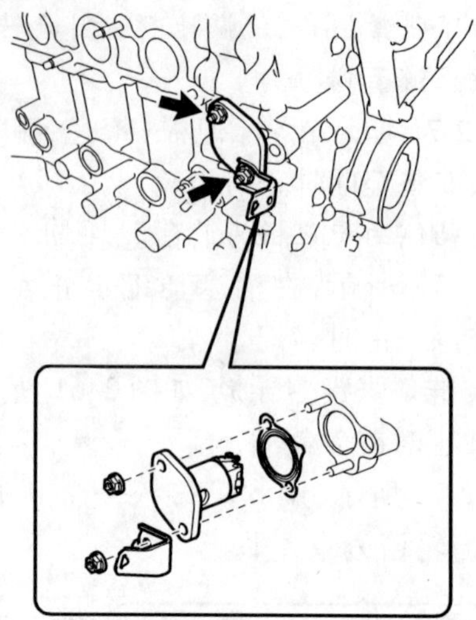

图 2-75　正时链的安装(11)

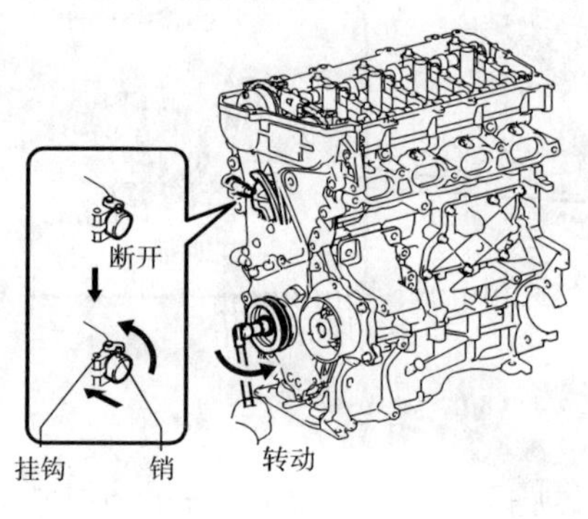

图 2-76　正时链的安装(12)

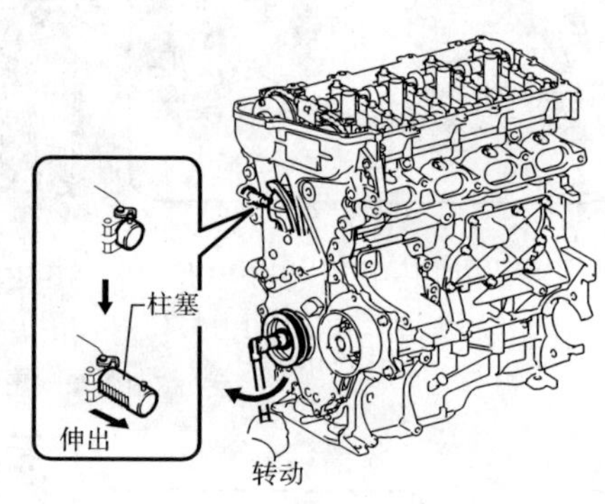

图 2-77　正时链的安装(13)

(10)安装汽缸盖罩分总成。

①将 3 个新衬垫安装至 1 号凸轮轴轴承盖,如图 2-46 所示。

②如图 2-78 所示,涂抹密封胶。

注意:清除接触面的所有机油。涂抹密封胶后 3min 内安装汽缸盖罩,并在 15min 内紧固螺栓。安装后至少 2h 内不要起动发动机。

③用 1 个新密封垫圈和 13 个螺栓安装汽缸盖罩(图 2-45),拧紧力矩:10N · m。

(11)安装收音机设置调相器。用螺栓安装收音机设置调相器(图 2-44),拧紧力矩:10N · m。

(12)安装节温器。

①将新衬垫安装在节温器上。

②将节温器安装到进水口上。

注意:钩阀可设置在规定位置两侧 10°范围内,如图 2-79 所示。

(13)安装进水口。用 2 个螺母安装进水口(图 2-42),拧紧力矩:10N · m。

(14)安装进水软管。用 2 个卡夹安装进水软管,如图 2-41 所示。

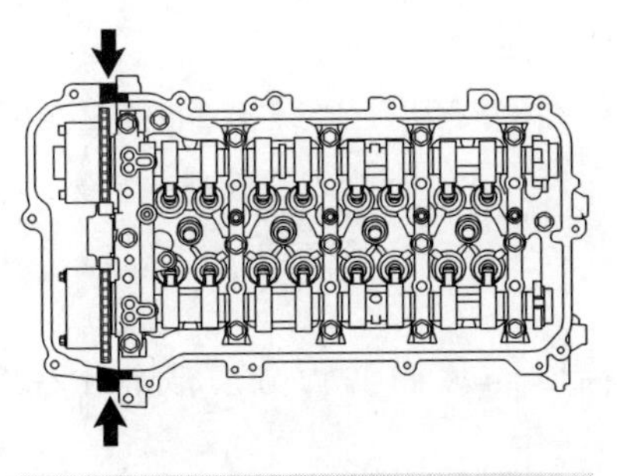

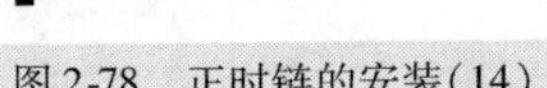
图 2-78　正时链的安装(14)

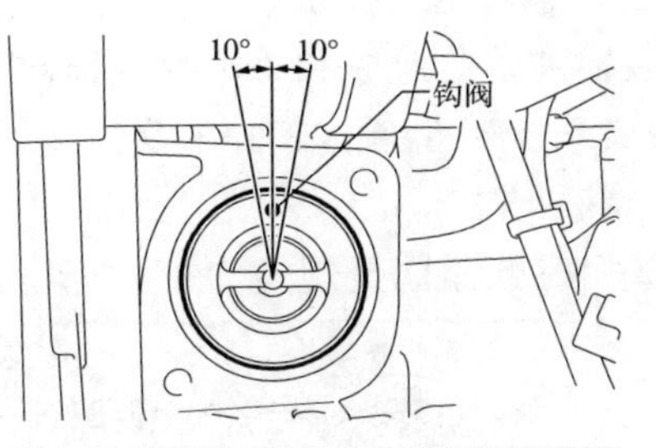

图 2-79　正时链的安装(15)

(15)安装水旁通软管。用卡夹安装水旁通软管。

(16)安装 1 号水旁通管。用 2 个螺栓安装 1 号水旁通管(图 2-40),拧紧力矩:21N·m。

(17)安装 3 号水旁通软管。将 3 号水旁通软管连接至进水口壳体,如图 2-39 所示。

(18)安装通风软管。

(19)安装排气歧管。将新衬垫安装到排气歧管上,用 5 个螺母安装排气歧管(图2-38),拧紧力矩:21N·m。

(20)安装歧管撑条。用 3 个螺栓安装歧管撑条(图 2-37),拧紧力矩:43N·m。

(21)安装排气歧管 1 号隔热罩。用 4 个螺栓安装排气歧管隔热罩(图 2-36),拧紧力矩:12N·m。

(22)安装机油尺分总成。在新 O 形圈上涂抹发动机机油,用螺栓安装机油尺,使之穿过新 O 形圈(图 2-35),拧紧力矩:21N·m。

(23)安装点火线圈总成。用 4 个螺栓安装 4 个点火线圈,拧紧力矩:10N·m。

(24)安装喷油器总成。

①如图 2-80 所示,将新喷油器隔振垫安装到喷油器总成上。在喷油器总成 O 形圈接触面上涂抹一薄层机油或锭子油。

②如图 2-81 所示,向左和向右转动喷油器总成,以将其安装到输油管分总成上。

注意:不要扭曲 O 形圈。安装喷油器后,检查并确认它们可以平稳转动。如果不能平稳转动,换上新的 O 形圈。

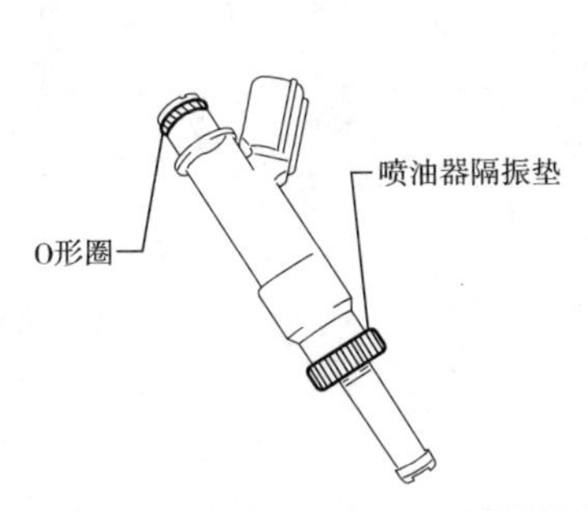

图 2-80　正时链的安装(16)

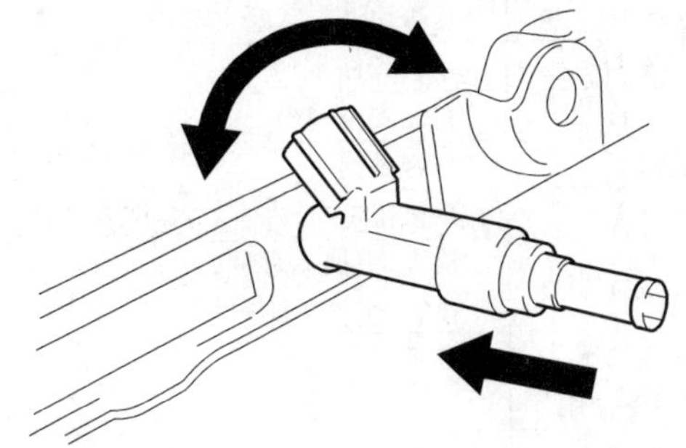

图 2-81　正时链的安装(17)

(25)安装 1 号输油管隔垫。将 2 个 1 号输油管隔垫安装到汽缸盖上,如图 2-31 所示。

注意:以正确方向安装 1 号输油管隔垫。

(26)安装输油管分总成。

①安装输油管分总成和4个喷油器总成,然后暂时安装2个螺栓,如图2-29所示。

注意:安装输油管分总成时不要掉落喷油器。安装输油管分总成后,检查并确认喷油器总成转动平稳。

②将2个螺栓紧固至规定力矩,拧紧力矩:21N·m。

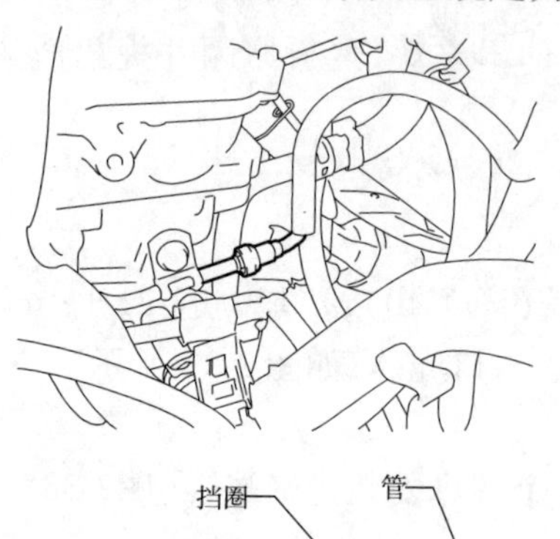

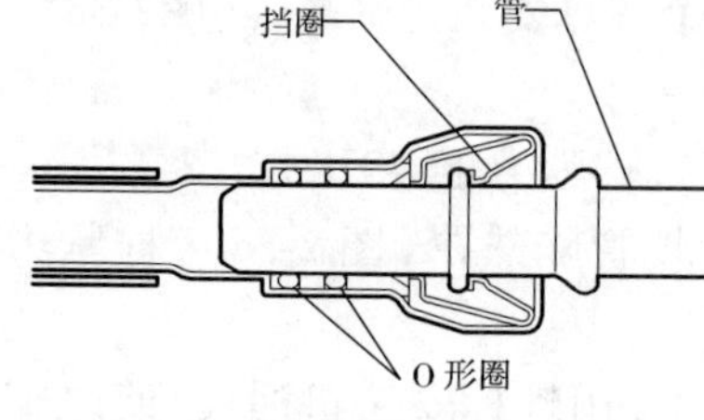

图2-82　正时链的安装(18)

③安装螺栓以固定输油管分总成(图2-28),拧紧力矩:21N·m。

④用螺栓安装线束支架,如图2-27所示。

(27)安装燃油管分总成。

①如图2-82所示,将燃油管分总成插接器插入输油管,直到听到"咔嗒"声。

②安装新的2号燃油管卡夹,如图2-26所示。

(28)安装进气歧管。

①将新衬垫安装到进气歧管上。

②用4个螺栓和2个螺母安装进气歧管和进气歧管撑条(图2-25),拧紧力矩:28N·m。

③连接2根水旁通软管,如图2-24所示。

④将通风软管连接到进气歧管上。

⑤用2个螺栓安装进气管,拧紧力矩:10N·m。

⑥安装线束支架,拧紧力矩:10N·m。

三、评价与反馈

1. 对本学习任务进行评价,见表2-2。

评　分　表　　　　表2-2

考核项目	评分标准	分数	学生自评	小组评价	教师评价	小计
团队合作	是否协调	5				
活动参与	是否积极主动	5				
安全生产	有无安全隐患	10				
现场5S	是否做到	10				
任务方案	是否正确、合理	15				
操作过程	检查、更换正时带; 检查、更换正时链	30				
任务完成情况	是否圆满完成	5				
工具和设备使用	是否规范、标准	10				
劳动纪律	是否能严格遵守	5				
工单填写	是否完整、规范	5				
总分		100				
教师签名:			年　月　日		得分	

2. 在实施作业时每一个安全事项都注意到了吗？如果没有，找出忽略的地方和原因。

3. 能否向车主解释检查、调整和更换正时带的过程？如果不能，分析原因并提出改进措施。

四、学 习 拓 展

1. 查阅凯越(1.6L)轿车维修手册，比较凯越(1.6L)轿车与桑塔纳2000GSi轿车在正时标记对正方法及正时带的张紧方法上有什么不同。

2. 查阅波罗轿车维修手册，比较波罗轿车与卡罗拉(1.6L)轿车在正时链的布置形式及正时标记的对正方法上有什么不同。

学习任务三

发动机动力不足的检修(一)

学习目标

完成本学习任务后,你应当能:

1. 叙述发动机的基本术语及发动机的基本工作原理;
2. 明确发动机曲柄连杆机构的功用及各零件的结构特点;
3. 明确发动机动力不足的原因;
4. 读懂给定的“发动机动力不足的检修工艺流程”,并能按“检修工艺流程”进行检修;
5. 正确地使用工具和设备;
6. 规范地进行发动机汽缸压力测试,并对测量结果进行分析;
7. 规范地对曲柄连杆机构进行拆卸、检查和安装。

建议完成本学习任务的时间为18课时。

学习任务描述

一辆卡罗拉(1.6L)轿车,行驶了120000km,到维修站检查,车主反映该车最近特别费油且加速无力,要求维修人员对车辆发动机进行检查,找出故障原因并进行维修。

学习内容

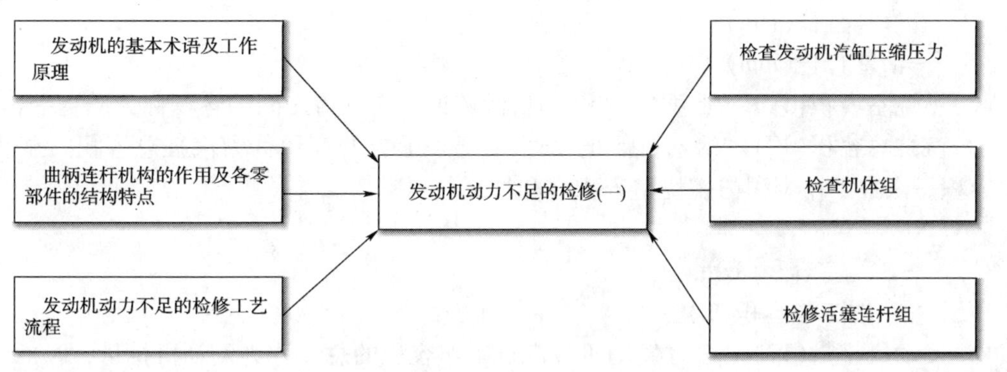

一、资料收集

引导问题1 发动机基本术语有哪些?

发动机基本术语如图3-1所示。

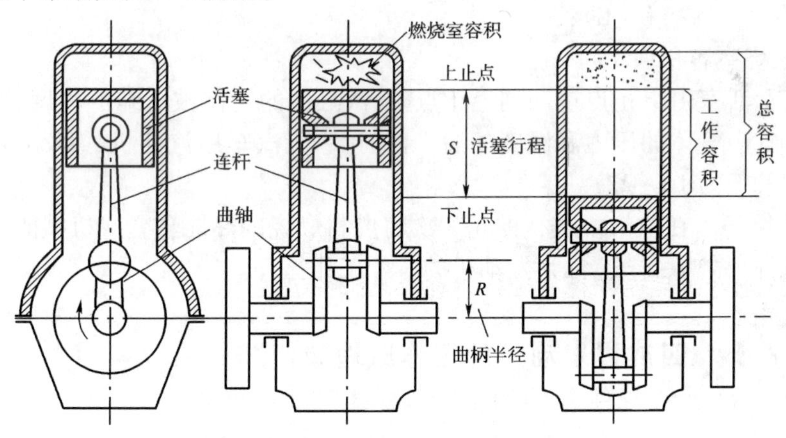

图3-1 发动机基本术语

(1)上止点。上止点是指活塞离曲轴回转中心最远处,即活塞的最高位置。

(2)下止点。下止点是指活塞离曲轴回转中心最近处,即活塞的最低位置。

(3)活塞行程(S)。上止点与下止点之间的距离称为活塞行程。

(4)曲柄半径(R)。曲轴与连杆下端的连接中心至曲轴中心的距离(即曲轴的回转半径)称为曲柄半径。活塞行程为曲柄半径的2倍,即$S=2R$。

(5)汽缸工作容积(V_h)。活塞从一个止点运动到另一个止点所扫过的容积称为汽缸工作容积或汽缸排量,即

$$V_h = \frac{\pi D^2 S}{4} \times 10^{-6}$$

式中:D——汽缸直径(mm);

S——活塞行程(mm)。

(6)燃烧室容积(V_c)。活塞在上止点时,活塞顶与汽缸盖之间的容积称为燃烧室容积。

(7)汽缸总容积(V_a)。活塞在下止点时,活塞顶上方的容积称为汽缸总容积。显然,汽缸总容积是汽缸工作容积与燃烧室容积之和,即

$$V_a = V_c + V_h$$

式中:V_c——燃烧室容积(L);

V_h——汽缸工作容积(L)。

(8)发动机排量(V_L)。多缸发动机各汽缸工作容积的总和称为发动机排量,即

$$V_L = V_h i = \frac{\pi D^2 S i}{4} \times 10^{-6}$$

式中:V_h——汽缸工作容积(L);

i——汽缸数目。

(9)压缩比(ε)。汽缸总容积与燃烧室容积之比称为压缩比,即

$$\varepsilon = \frac{V_a}{V_c} = \frac{V_h + V_c}{V_c} = 1 + \frac{V_h}{V_c}$$

式中:V_a——汽缸总容积(L);

V_h——汽缸工作容积(L);

V_c——燃烧室容积(L)。

压缩比表示活塞由下止点运动到上止点时,汽缸内的气体被压缩的程度。压缩比越大,压缩终了时汽缸内气体的压力和温度越高。目前,一般汽车用汽油机的压缩比为6~11,柴油机的压缩比一般为16~22。

(10)工作循环。在汽缸内进行的每一次将燃料燃烧的热能转变成机械能的一系列连续过程(进气、压缩、做功、排气)称为发动机的一个工作循环。

引导问题2　四冲程发动机的工作原理如何?

1 单缸四冲程汽油机的工作原理

四冲程汽油机每一个工作循环包括4个活塞行程,即进气行程、压缩行程、做功行程和排气行程,如图3-2所示。

(1)进气行程。在进气行程中,活塞在曲轴和连杆的带动下由上止点向下止点运行,这时进气门开启,排气门关闭。在活塞由上止点向下止点运动过程中,由于活塞上方汽缸容积逐渐增大,形成一定的真空度。这样,可燃混合气通过进气歧管、进气门被吸入汽缸。当活塞到达下止点时,进气门关闭,停止进气。

(2)压缩行程。活塞在曲轴和连杆的带动下由下止点向上止点运动,此时进、排气门处

于关闭状态。由于活塞上方汽缸容积逐渐减小,进入汽缸内的可燃混合气被压缩,温度和压力不断升高,直到活塞到达上止点为止,此时,可燃混合气被压缩到活塞上方的燃烧室中。

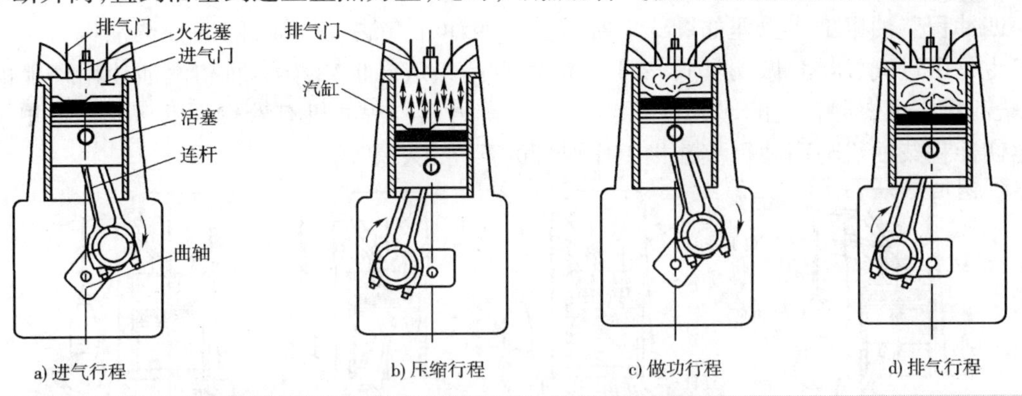

图 3-2　四冲程汽油机工作原理示意图

压缩终了时可燃混合气的压力和温度取决于压缩比。压缩比越大,燃烧速度越快,因而发动机发出的功率便越大,经济性越好。但压缩比过大时,不仅不能进一步改善燃烧,反而会出现爆震和表面点火等不正常燃烧现象。

爆震是由于气体压力和温度过高,在燃烧室内离点火中心较远及具有高温处(如排气门头部、火花塞电极和积炭处)可燃混合气自燃而造成的一种不正常燃烧。爆震时,火焰以极高的速率向外传播,由于温度和压力急剧升高,形成压力波,以声速向外推进。这种压力波撞击燃烧室壁时便发出尖锐的敲击声。爆震还会引起发动机过热、功率下降、工作不稳定、燃油消耗率增加等一系列不良后果。严重时会造成气门烧毁、轴承破裂、火花塞绝缘体击穿等零件损坏现象。

表面点火是由于燃烧室内炽热表面与炽热处(如排气门头部、火花塞绝缘体、零件表面炽热的沉积物等)点燃混合气的现象。表面点火发生时,会伴有沉闷的金属敲击声音,所产生的高压会使发动机零件负荷增加,活塞和连杆损坏及气门、火花塞、活塞等零件过热,导致发动机寿命降低。

(3)做功行程。当活塞运动到接近压缩行程上止点附近时,火花塞跳火点燃汽缸内的可燃混合气。这时由于进气门和排气门均处于关闭状态,使缸内气体温度和压力同时升高,高温高压的气体膨胀,推动活塞由上止点向下止点运动,并通过连杆带动曲轴旋转输出机械能,直到活塞到达下止点时,做功行程结束。

(4)排气行程。在做功行程结束后,汽缸内的可燃混合气通过燃烧转变为废气,此时排气门开启,进气门处于关闭状态,活塞在曲轴和连杆的带动下由下止点向上止点运动,废气在自身残余压力和活塞的推力作用下从汽缸内经排气门排出,直到活塞到达上止点时,排气行程结束。

排气行程结束后,进气门再次开启,又开始下一个工作循环。如此周而复始,发动机就连续运转。发动机工作时,需要连续不断地进行循环,在每个循环中都是依次完成进气、压缩、做功、排气 4 个活塞行程。

2 单缸四冲程柴油机的工作原理

四冲程柴油机工作原理如图 3-3 所示。与四冲程汽油机一样,四冲程柴油机每个工作循环也是由进气、压缩、做功和排气 4 个活塞行程组成。但由于柴油和汽油使用性能的不同,柴油机在可燃混合气的形成方式、着火方式等方面与汽油机有着较大的区别。这里主要介绍四冲程柴油机与四冲程汽油机工作原理的不同之处。

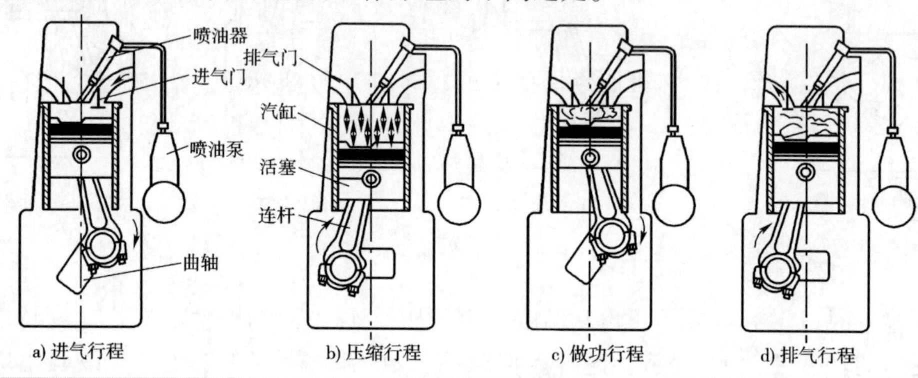

图 3-3　四冲程柴油机工作原理示意图

(1)进气行程。柴油机在进气行程中进入汽缸的是纯空气,而不是可燃混合气。

(2)压缩行程。柴油机在压缩行程中压缩的是进气行程进入汽缸内的纯空气。由于柴油机压缩比高,压缩终了时缸内气体的温度和压力均高于汽油机。

(3)做功行程。柴油机做功行程与汽油机有很大区别。在压缩行程接近上止点时,喷油泵泵出的高压柴油(10MPa 以上)经喷油器呈雾状喷入汽缸内的高温空气中,柴油迅速吸热、蒸发、扩散与空气混合形成可燃混合气。由于此时汽缸内的温度远高于柴油的自燃温度(220℃左右),形成的可燃混合气自行着火燃烧,在高压气体推动下,活塞向下运动并带动曲轴旋转而做功。

(4)排气行程。与汽油机的排气行程基本相同。

柴油机与汽油机相比,压缩比高,燃油消耗率低,故燃油经济性较好,环保性也较好,且柴油机没有电气和点火系统的故障。但柴油机转速低、质量大、制造和维修费用高。柴油机的这些缺点逐渐得到克服,其应用越来越广,目前部分轿车也采用柴油机。

3 工作循环的特点

由上述单缸四冲程汽油机和单缸四冲程柴油机的工作原理可知,四冲程发动机工作循环具有以下特点:

(1)每完成一个工作循环曲轴旋转 2 圈(720°),每一行程曲轴旋转半圈(180°)。进气行程中进气门开启,排气门关闭;排气行程中排气门开启,进气门关闭;其余 2 个行程进、排气门均关闭。

(2)在 4 个活塞行程中,只有做功行程产生动力,其余 3 个活塞行程则是为做功行程作准备的辅助行程,都要消耗动力。虽然做功行程是主要的,但其他 3 个行程也是必不可

少的。

4 多缸四冲程发动机的工作原理

由于单缸四冲程发动机每个工作循环所经历的4个活塞行程中,只有做功行程为有效行程,其他3个行程为消耗机械功的辅助行程。这样,发动机曲轴在做功行程中的转速快,在其他行程中转速慢。所以,一个工作循环中曲轴的转速是不均匀的。为了保证发动机运转平稳,现代汽车发动机都采用多缸四冲程发动机,应用最多的是四缸、六缸和八缸发动机。

多缸四冲程发动机每个汽缸所经历的工作循环与单缸四冲程发动机相同,但各缸的做功行程并非同时进行,而是按一定顺序进行。因此,对多缸四冲程发动机来说,曲轴每转两周,各缸分别做功一次,且各缸做功间隔角(以曲轴转角表示)保持一致。对于缸数为 i 的四冲程直列式发动机而言,做功间隔角为 $720°/i$,表3-1和表3-2为直列四缸和六缸发动机做功循环表。汽缸数越多,发动机工作越平稳,但结构也越复杂。

直列四缸发动机工作循环表(发火顺序1—2—4—3) 表3-1

曲轴转角(°)	第1缸	第2缸	第3缸	第4缸
0~180	做功	压缩	排气	进气
180~360	排气	做功	进气	压缩
360~540	进气	排气	压缩	做功
540~720	压缩	进气	做功	排气

直列六缸发动机工作循环表(发火顺序1—5—3—6—2—4) 表3-2

<table>
<tr><th colspan="2">曲轴转角(°)</th><th>第1缸</th><th>第2缸</th><th>第3缸</th><th>第4缸</th><th>第5缸</th><th>第6缸</th></tr>
<tr><td rowspan="3">0~180</td><td>0—60</td><td rowspan="3">做功</td><td rowspan="2">排气</td><td>进气</td><td>做功</td><td rowspan="2">压缩</td><td rowspan="3">进气</td></tr>
<tr><td>60—120</td><td rowspan="3">压缩</td><td rowspan="3">排气</td></tr>
<tr><td>120—180</td><td rowspan="3">进气</td><td rowspan="3">做功</td></tr>
<tr><td rowspan="3">180~360</td><td>180—240</td><td rowspan="3">排气</td><td rowspan="3">压缩</td></tr>
<tr><td>240—300</td><td rowspan="3">做功</td><td rowspan="3">进气</td></tr>
<tr><td>300—360</td><td rowspan="3">压缩</td><td rowspan="3">排气</td></tr>
<tr><td rowspan="3">360~540</td><td>360—420</td><td rowspan="3">进气</td><td rowspan="3">做功</td></tr>
<tr><td>420—480</td><td rowspan="3">排气</td><td rowspan="3">压缩</td></tr>
<tr><td>480—540</td><td rowspan="3">做功</td><td rowspan="3">进气</td></tr>
<tr><td rowspan="3">540~720</td><td>540—600</td><td rowspan="3">压缩</td><td rowspan="3">排气</td></tr>
<tr><td>600—660</td><td rowspan="2">进气</td><td rowspan="2">做功</td></tr>
<tr><td>660—720</td><td>排气</td><td>压缩</td></tr>
</table>

引导问题3 引起发动机动力不足的原因有哪些?

引起发动机动力不足的原因有许多,归结起来主要有以下几个原因:

(1)控制系统故障。现在的发动机都采用电脑(ECU)控制系统,如果控制系统的传感器传给电脑的信号不准确,电脑(ECU)会根据不准确的信号控制发动机工作,这样就会导致发动机工作性能不良,动力性下降。

(2)燃油供给系统故障。燃油供给系统的电动燃油泵、喷油器出现磨损、堵塞等情况,都会导致发动机供油不足,使发动机的动力下降。

(3)点火系统故障。点火系统的高压线出现老化、火花塞电极间隙发生变化等,都有会导致发动机点火能量不足,使发动机动力下降。

(4)发动机机械系统故障。影响发动机动力的机械系统故障主要指发动机密封不严、发动机汽缸盖变形、汽缸垫损坏、配气机构出现磨损、活塞连杆机构出现磨损、进排气系统堵塞等,上述故障都会导发动机动力下降。对于行驶里程长的车辆,发动机机械系统出现故障的可能性较大。

引导问题4　曲柄连杆机构的功用是什么?由哪几部分组成?

曲柄连杆机构是往复活塞式内燃机将热能转变为机械能的主要机构,其功用是把燃气作用在活塞顶面上的压力转变为曲轴的转矩,向外输出动力。

曲柄连杆机构由机体组、活塞连杆组和曲轴飞轮组3部分组成,如图3-4所示。

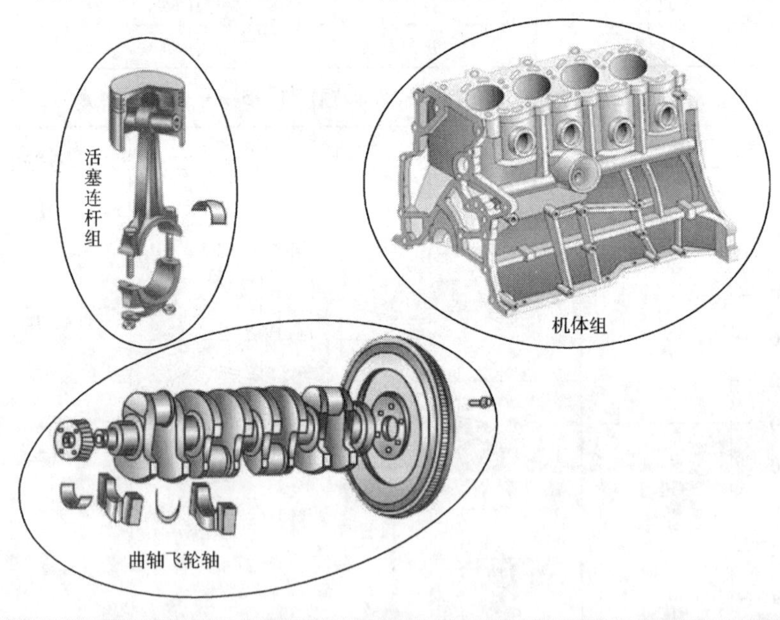

图3-4　曲柄连杆机构的组成

引导问题5　机体组由哪些零部件组成?各零部件的结构特点如何?

发动机机体组是发动机的骨架,是发动机各机构和系统的装配基体。机体组主要由汽

缸盖罩、汽缸盖、汽缸垫、汽缸体、曲轴箱和油底壳等组成，如图 3-5 所示。

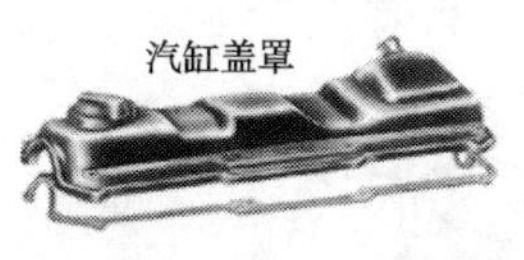

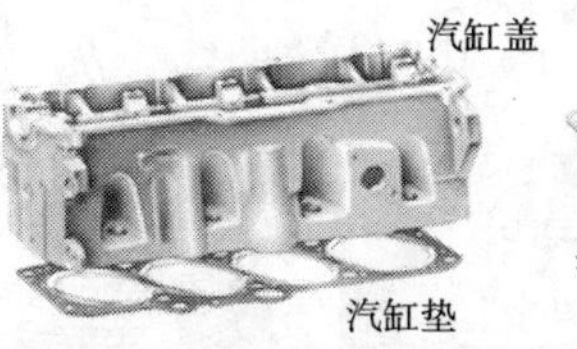

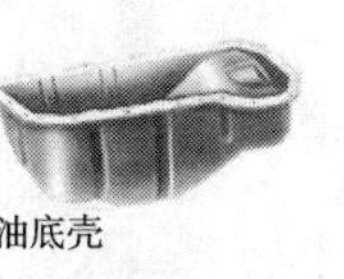

图 3-5　机体组

1 汽缸盖

汽缸盖用来封闭汽缸的上部，并与活塞顶和汽缸壁共同构成燃烧室。在汽缸盖上加工有气门座、气门导管孔、凸轮轴安装座孔、火花塞座孔（汽油机）或喷油器座孔（柴油机）、与汽缸体相通的冷却水套、润滑油道等。图 3-6 所示为发动机的汽缸盖分解图。

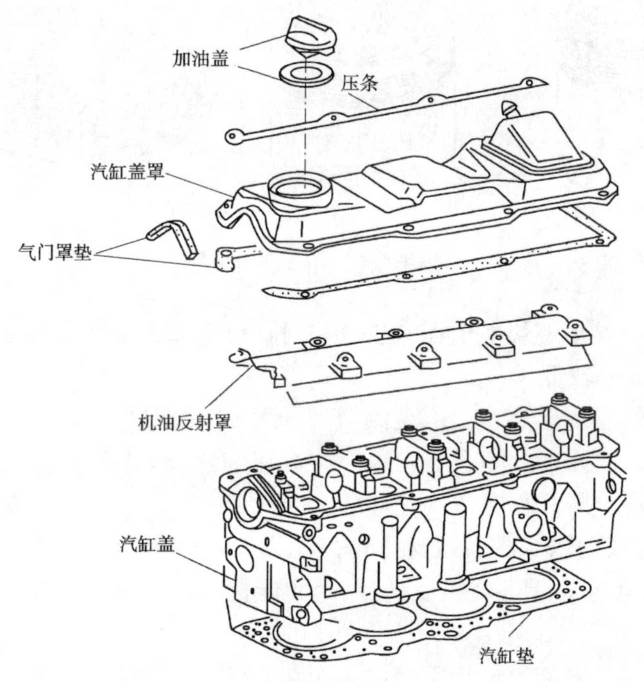

图 3-6　汽缸盖分解图

2 汽缸盖罩

汽缸盖罩（图 3-6）位于汽缸盖上部，起密封及防尘作用，一般由薄钢板冲压而成，其上设有机油加注口。

3 燃烧室

汽油机的燃烧室是当活塞位于上止点时，由活塞顶部及汽缸盖上相应的凹部空间组成。

汽油机常用燃烧室如图 3-7 所示。

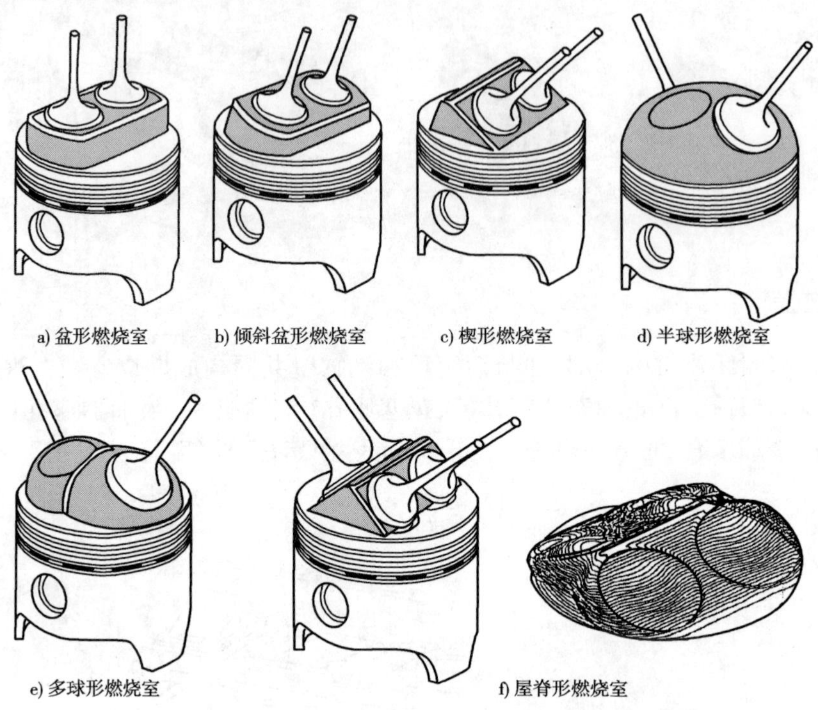

图 3-7　汽油机燃烧室

(1)盆形燃烧室。盆形燃烧室上面有进气门、排气门,弯曲的进气歧管和排气管,容易产生进气涡流,但进气效率较低。

(2)倾斜盆形燃烧室。燃烧室上部是倾斜的,能产生较大的压缩比。

(3)楔形燃烧室。楔形燃烧室具有可以产生高压缩比、容易产生进气涡流等优点。其燃烧室表面积大,可以防止异常燃烧,但热损失大。

(4)半球形燃烧室。在燃烧室容积相同的情况下,半球形燃烧室的表面积最小,因此具有良好的热效率。火花塞置于燃烧室最高点,因此能让火焰快速扩张并充满整个燃烧室,能防止爆震。

(5)多球形燃烧室。多球形燃烧室是由 2 个半球组合而成的,进排气门大,易产生进气涡流。但由于表面积增大了,热效率比半球形燃烧室差。

(6)屋脊形燃烧室。屋脊形燃烧室形状像三角房屋的屋顶一样,其容积小、燃料经济性好、输出功率大,能产生强烈的进气涡流,是高压缩比、高性能的燃烧室。

4 汽缸垫

汽缸体与汽缸盖间装有汽缸垫(图 3-8),用来保证汽缸体与汽缸盖接合面间的密封,防止气体、冷却液和润滑油等泄漏。汽缸垫的材料应具有一定的弹性,目前应用的汽缸垫主要有金属—石棉衬垫、金属—复合材料衬垫和纯金属衬垫等多种形式。

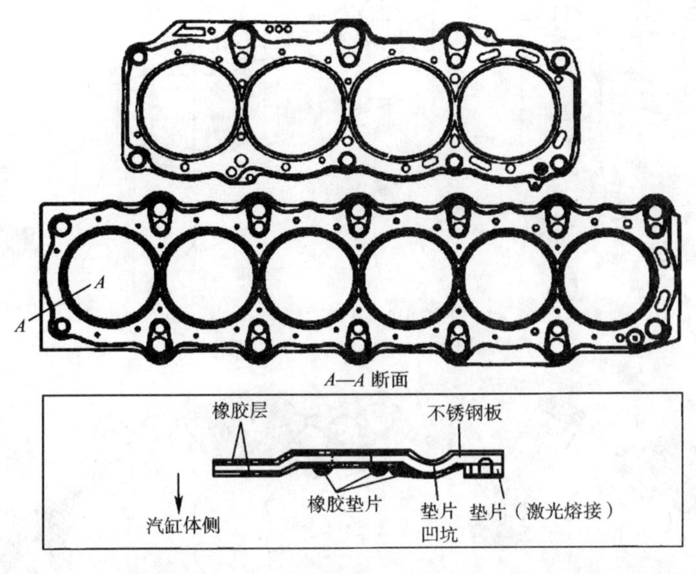

图 3-8　汽缸垫

5 汽缸体

发动机的汽缸体和曲轴箱常制成一体，而且多缸发动机的各个汽缸也合铸成一个整体（图 3-9），称为汽缸体—曲轴箱，简称汽缸体。汽缸体上半部有若干个为活塞在其中运动导向的圆柱形空腔，称为汽缸。下半部为支撑曲轴的曲轴箱，其内腔为曲轴旋转的空间。

（1）汽缸的排列方式。根据汽缸排列形式不同，汽缸体分为直列式、V 形式和对置式等形式。

①直列式汽缸体。直列式汽缸体的各汽缸排成一直列（图 3-10），其特点是机体的宽度小而高度和长度大，一般只用于六缸以下的发动机，通常把采用直列式汽缸排列的发动机称为直列式发动机。

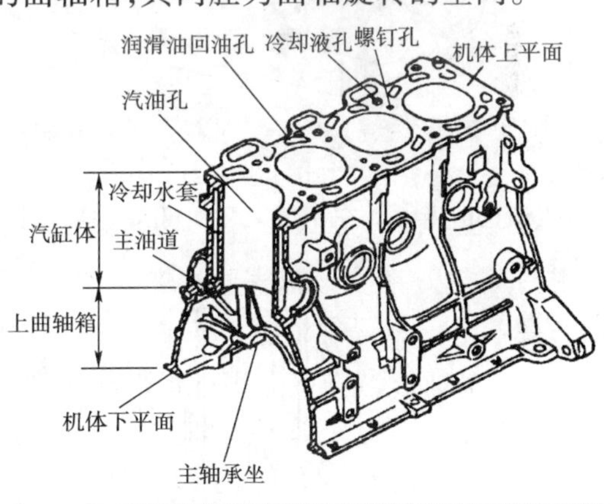

图 3-9　发动机的汽缸体

②V 形式汽缸体。V 形式汽缸体的两列汽缸排成 V 形（图 3-11），V 形汽缸体宽度大，而长度和高度小，形状比较复杂，但汽缸体的刚度大，质量和外形尺寸较小，多用于六缸以上大功率发动机上，通常把此种发动机称为 V 形发动机。V 形发动机的打开角度被称为 V 形汽缸夹角，为了平衡，V8 发动机的汽缸夹角最好为 60°，V6 发动机的汽缸夹角最好为 90°。

③对置式汽缸体。对置式汽缸体是指两列汽缸水平相对排列（图 3-12），其优点是重心低，而且对置式发动机的平衡性较好。

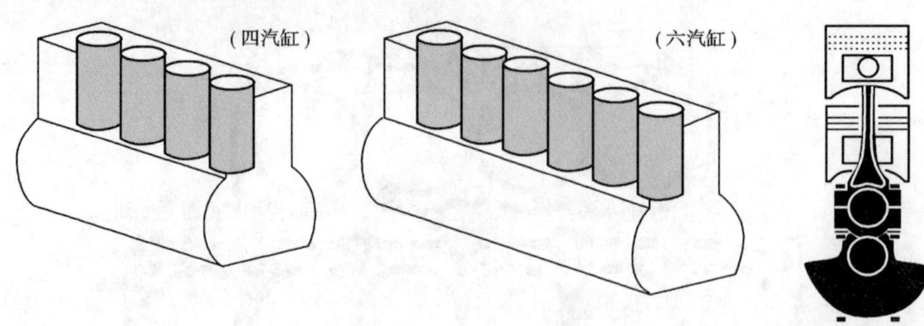

图 3-10　直列式汽缸体

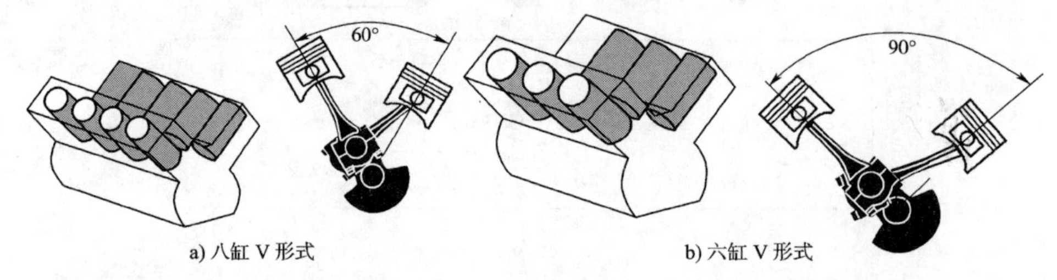

图 3-11　V 形式汽缸体

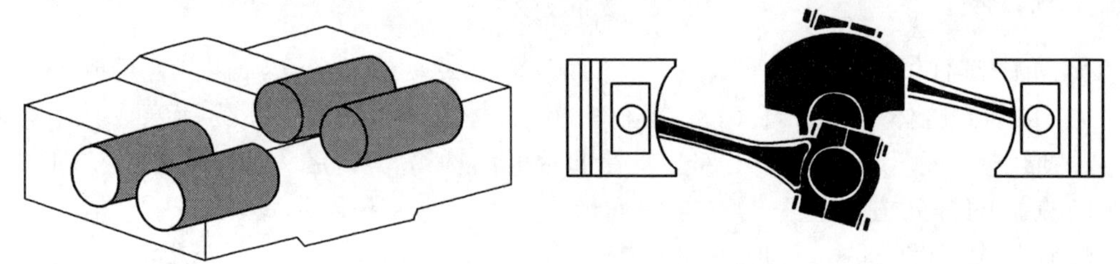

图 3-12　对置式汽缸体

(2)曲轴箱的结构形式。曲轴箱有平分式、龙门式和隧道式三种结构形式,如图 3-13 所示。

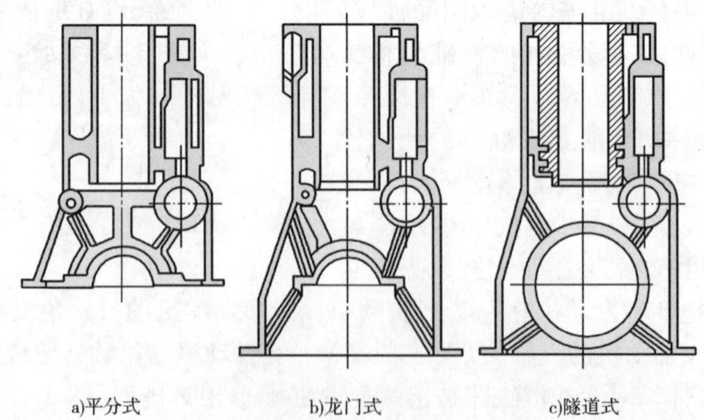

图 3-13　曲轴箱的结构形式

①平分式。曲轴箱底平面与曲轴中心线平齐的为平分式曲轴箱,此结构形式便于加工,多用于中小型发动机上。

②龙门式。曲轴箱下平面位于曲轴中心线以下的为龙门式曲轴箱,此结构形式强度和刚度均比平分式大,但工艺性较差,多用于大中型发动机。

③隧道式。隧道式曲轴箱的主轴承座孔为整体式,其强度和刚度最高,但工艺性差,只用于少数机械负荷较大、采用组合式曲轴的发动机。

(3)汽缸体的冷却。发动机汽缸体可采用水冷和风冷两种冷却方式,如图3-14所示。目前发动机上多采用水冷的方式,利用水套中的冷却液流过高温零件的周围而带走多余的热量。风冷发动机一般将汽缸体与曲轴箱分开铸造,为增强散热效果,在汽缸体与汽缸盖的外表面铸有散热片。

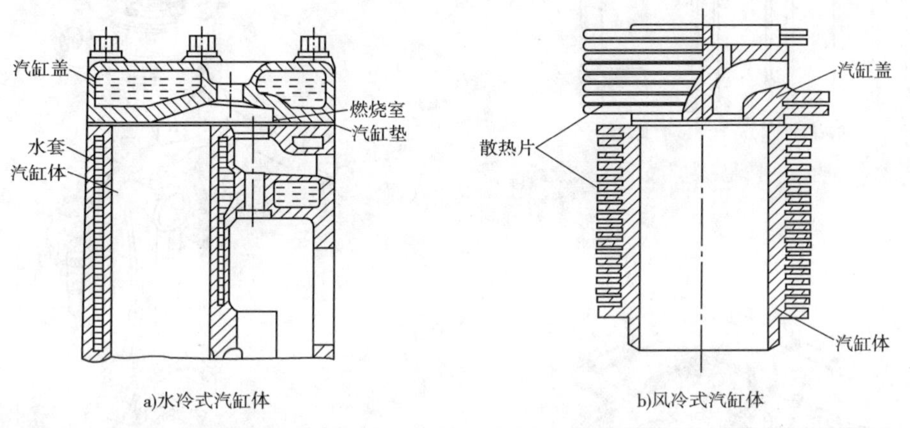

图3-14 汽缸体的冷却

(4)汽缸套。某些轿车发动机采用合金铸铁无汽缸套式的汽缸体,即不镶嵌任何汽缸套,在汽缸体上直接加工出汽缸。这样可以缩短汽缸中心距,减少汽缸体的尺寸和质量,刚度大,工艺性好。但是为了保证汽缸的耐磨性,整个汽缸体必须采用耐磨的合金铸铁制造,成本较高。

现代汽车多采用在汽缸体内镶入耐磨性较好的汽缸套,延长汽缸的使用寿命。根据是否与冷却液相接触,汽缸套分为干式汽缸套和湿式汽缸套,如图3-15所示。

①干式汽缸套。汽缸套的外表面不直接与冷却液接触的称为干式汽缸套,如图3-15a)所示。

②湿式汽缸套。湿式汽缸套则与冷却液接触,如图3-15b)所示。大多数湿式汽缸套装入后,其顶面一般高出汽缸体0.05~0.15mm,这样在紧固汽缸盖螺栓时,可将汽缸垫压得更紧,以保证汽缸的密封性,防止漏水、漏气。

6 油底壳

油底壳(图3-16)的作用是储存机油并封闭曲轴箱。一般为薄钢板冲压而成。在有的发动机上,为达到良好的散热效果,采用了铝合金铸造的油底壳,在壳的底部还铸有散热片。

为保证发动机纵向倾斜时机油泵仍能吸到机油,油底壳中部或后部作得较深。有时在油底壳中还设有挡油板,以减轻油面波动。底部装有磁性的放油螺塞,以吸附机油中的铁屑,减少发动机的磨损。

引导问题6　活塞连杆组由哪些零部件组成,各零部件的结构特点如何?

活塞连杆组主要由活塞、活塞环、活塞销和连杆等部件组成,如图3-17所示。

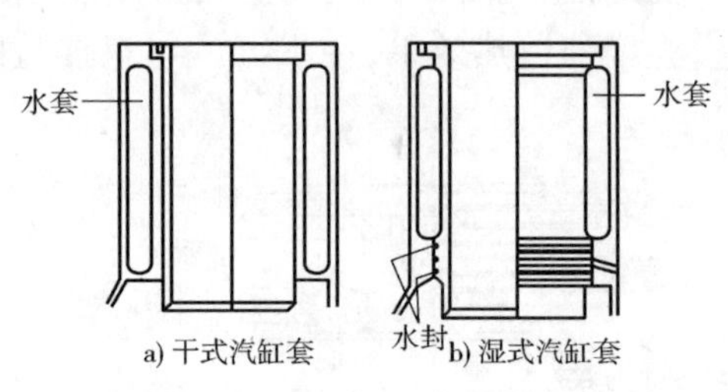

图3-15　汽缸套

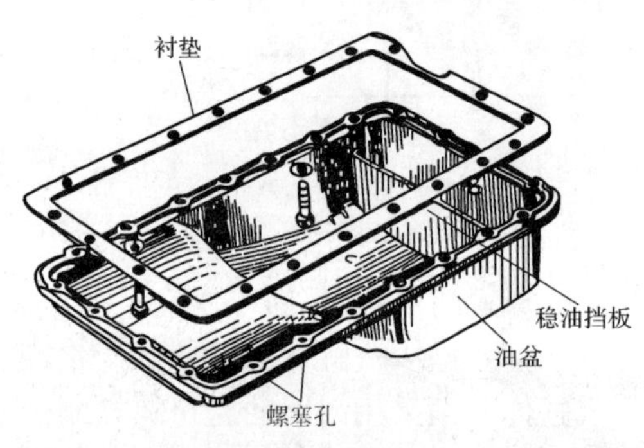

图3-16　油底壳

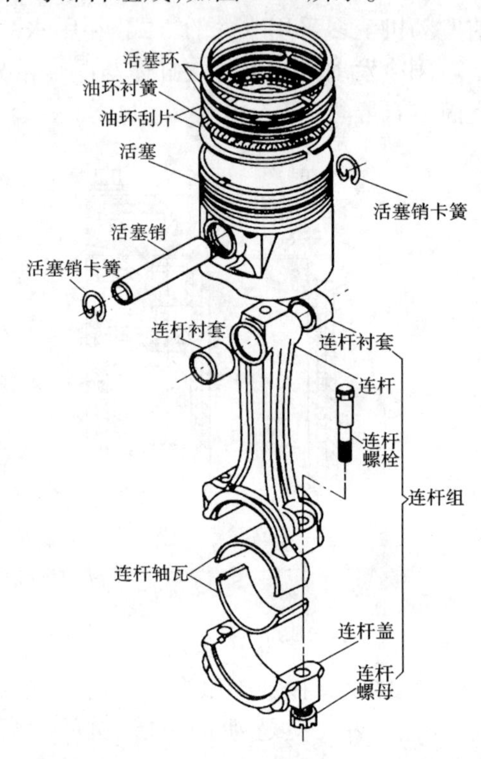

图3-17　活塞连杆组

1 活塞

活塞的主要功用是承受汽缸中的燃烧压力,并将此力通过活塞销和连杆传递给曲轴。此外,活塞还与汽缸盖和汽缸壁共同组成燃烧室。

活塞是由活塞顶部、活塞头部和活塞裙部3部分组成,如图3-18所示。

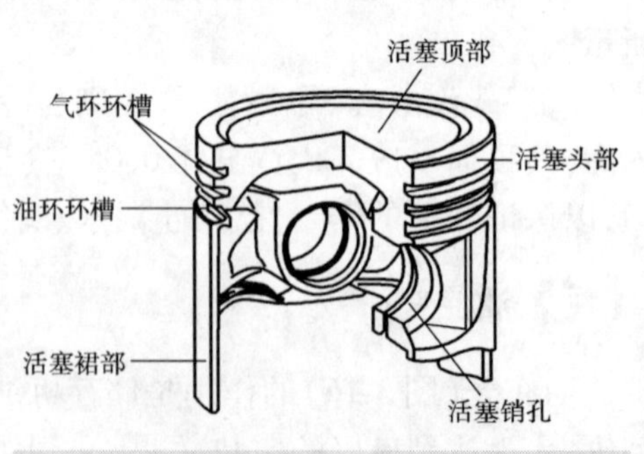

图3-18　活塞的基本结构

(1)活塞顶部。活塞顶部是燃烧室的组成部分,其形状与选用的燃烧室的形式有关。汽油机活塞顶有平顶、凹顶和凸顶等形式,如图3-19所示。

(2)活塞头部。活塞头部是指活塞顶至最下面一道活塞环槽之间的部分，其作用是承受气体压力、防止漏气、将热量通过活塞环传给汽缸壁。活塞头部切有若干环槽，用以安装活塞环。上面的2~3道槽用来安装气环，下面的一道槽用来安装油环。油环槽的底部钻有若干个小孔，以使油环从汽缸壁上刮下的多余机油经此流回油底壳。

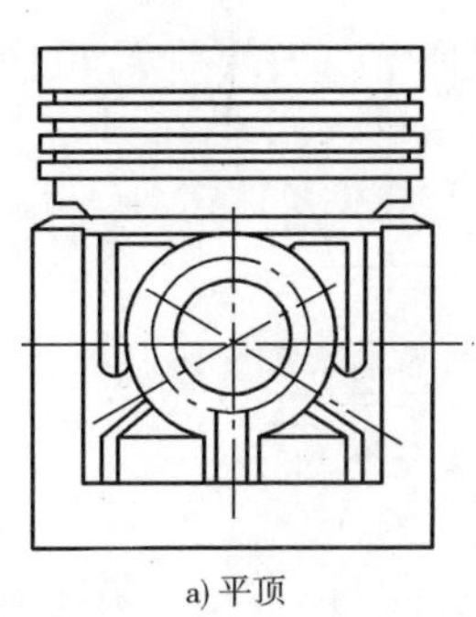
a) 平顶

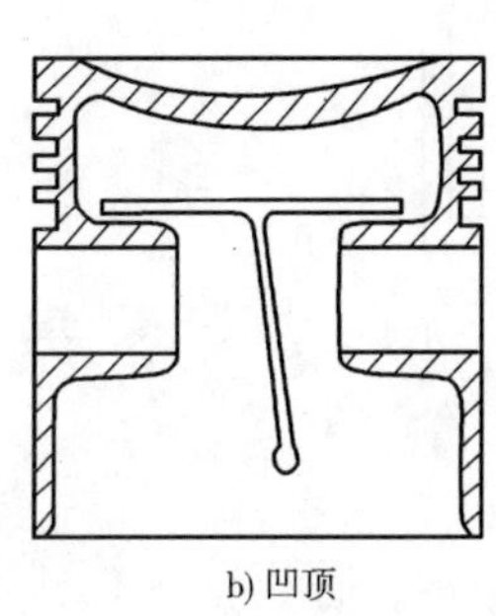
b) 凹顶

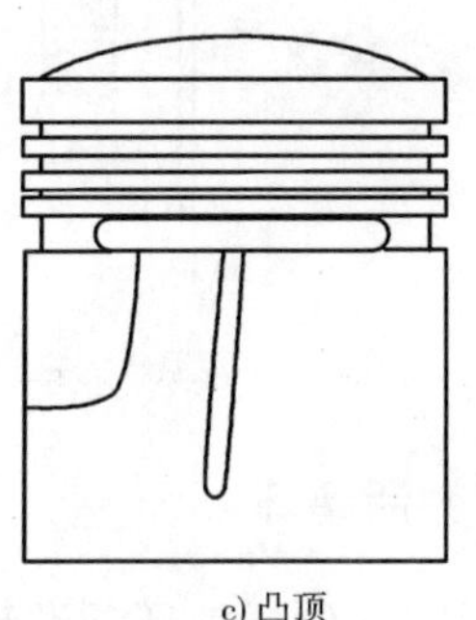
c) 凸顶

图3-19　活塞顶的形状

（3）活塞裙部。活塞环槽以下的所有部分称为活塞裙部，其作用是引导活塞在汽缸中作往复运动，并承受侧压力。按裙部结构形式活塞可分为拖板式和筒式。拖板式活塞的裙部下端沿销座轴线方向去掉一部分（图3-20），这种结构是在行程较小的发动机上为防止活塞与曲轴上的平衡重相碰而设计的。行程较大的发动机则一般采用全裙式活塞（图3-19），又称筒式活塞。

发动机工作时，由于气体压力和活塞销座处金属较多的影响，活塞裙部沿活塞销轴线方向膨胀量较大，所以在常温下，活塞裙部截面形状呈椭圆形，如图3-21所示，椭圆形长轴垂直于活塞销方向，其目的是保证在热态下活塞与汽缸的配合间隙均匀。

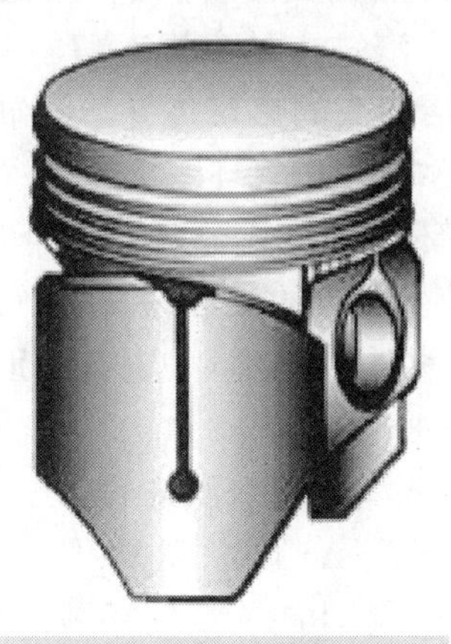
图3-20　拖板式活塞裙部

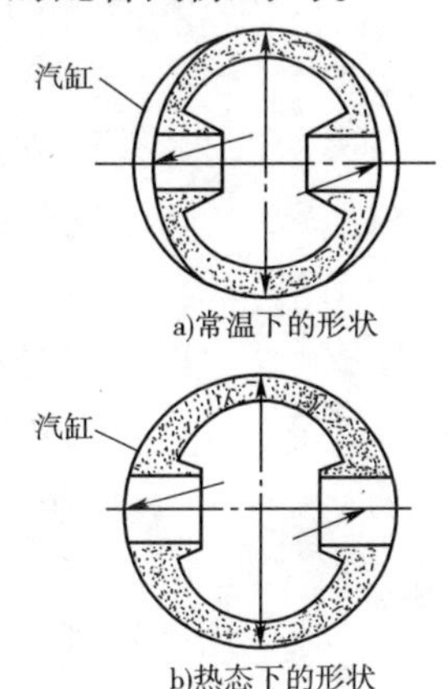

图3-21　活塞裙部截面形状

此外，发动机工作中，由于活塞的温度从上到下逐渐降低，膨胀量逐渐减小，所以在常温下，活塞裙部的直径是上小下大，如图3-22所示。

考虑轻量化和防止热膨胀，有些活塞裙部开了细长隔热槽和膨胀槽（图3-23），热膨胀的

时候这些槽会变窄。活塞裙部开槽会降低其强度和刚度,一般只适用于负荷较小的发动机。

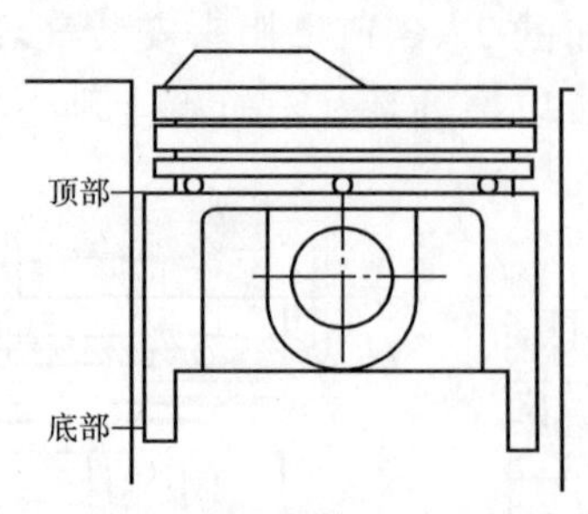

图 3-22　常温下活塞裙部的直径是上小下大

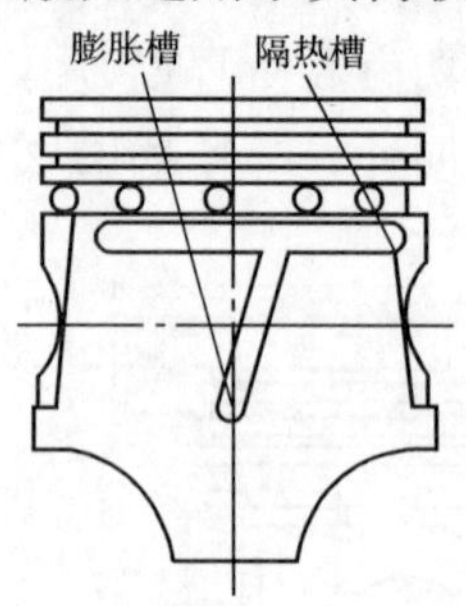

图 3-23　活塞裙部的隔热槽和膨胀槽

2 活塞环

活塞环包括气环和油环两种,如图 3-24 所示。

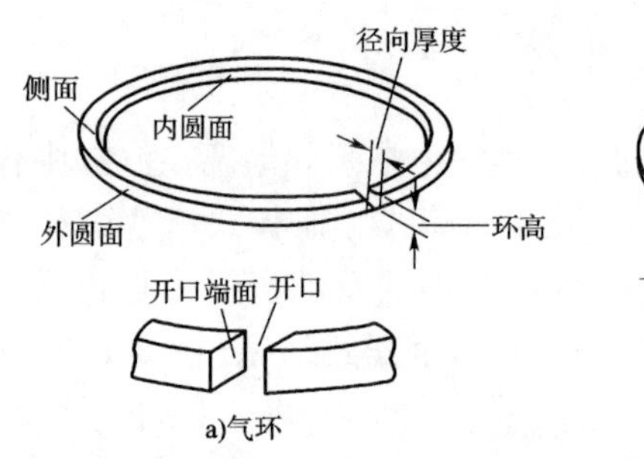

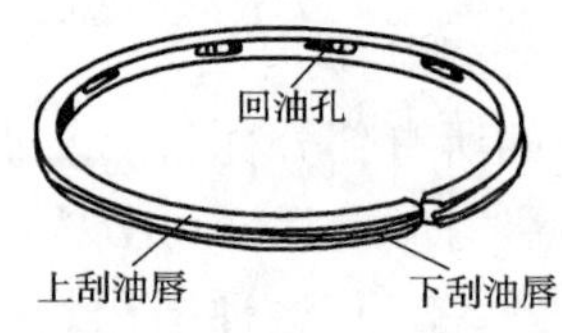

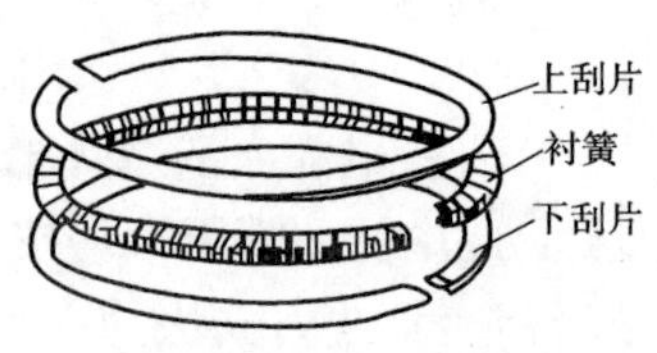

图 3-24　活塞环

(1)气环。气环又称压缩环,其作用是保证活塞与汽缸壁间的密封,防止汽缸中的高温、高压燃气大量漏入曲轴箱,同时它还将活塞头的热量传导给汽缸壁。一般发动机上每个活塞装有 2 ~ 3 道气环。

(2)油环。油环有整体式油环和组合式油环两种,其作用是刮除汽缸壁上多余的机油,并在汽缸壁布油。通常发动机的每个活塞装有 1 道油环,也有个别发动机活塞在裙部上还装有 1 道油环。

活塞环连同活塞一起装入汽缸后会形成“三隙”,即端隙 Δ1、侧隙 Δ2 和背隙 Δ3,如图 3-25 所示。“三隙”的大小决定着活塞环的工作性能。活塞环装入汽缸时,其开口方向一定要按规定要求安装,须错开相同的角度安装。

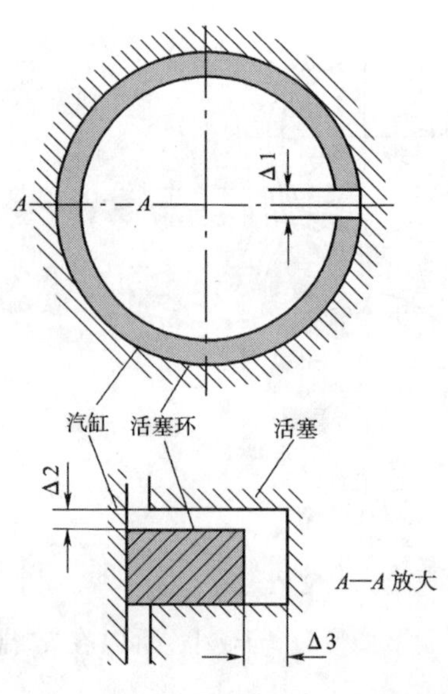

图 3-25　活塞环的“三隙”

3 活塞销

活塞销的功用是连接活塞和连杆小头,将活塞所承受的气体压力传给连杆。活塞销常见的结构形式如图 3-26 所示。

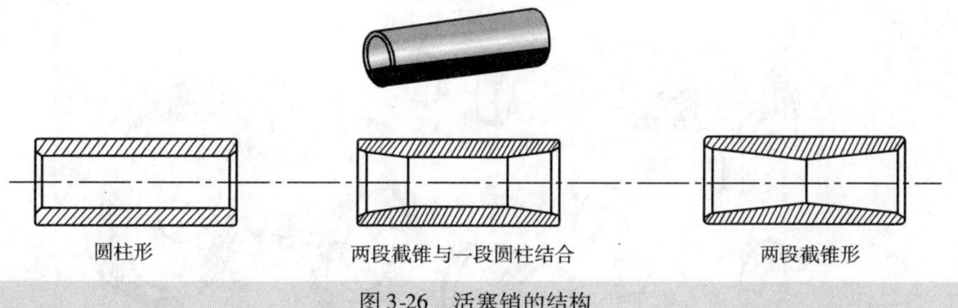

图 3-26　活塞销的结构

活塞销与活塞销座孔和连杆小头衬套孔的连接配合方式有两种，即全浮式和半浮式，如图 3-27 所示。

(1)全浮式。全浮式活塞销能在连杆小头衬套孔和活塞销座孔内作自由转动，可以保证活塞销沿圆周磨损均匀，因此应用较普遍。为防止活塞销轴向窜动而损坏汽缸壁，在活塞销座两端装有弹性卡环来限位。

(2)半浮式。半浮式活塞销是用螺栓将活塞销夹紧在连杆小头孔内，这时活塞销只在活塞销孔内转动，在连杆小头孔内不转动。因而连杆小头孔内不装衬套，活塞销座孔孔内也不装挡圈。

4 连杆

连杆的功用是将活塞承受的力传给曲轴，推动曲轴转动，将活塞的往复运动转变为曲轴的旋转运动。

连杆的结构如图 3-28 所示，由连杆小头、杆身和连杆大头 3 部分组成。

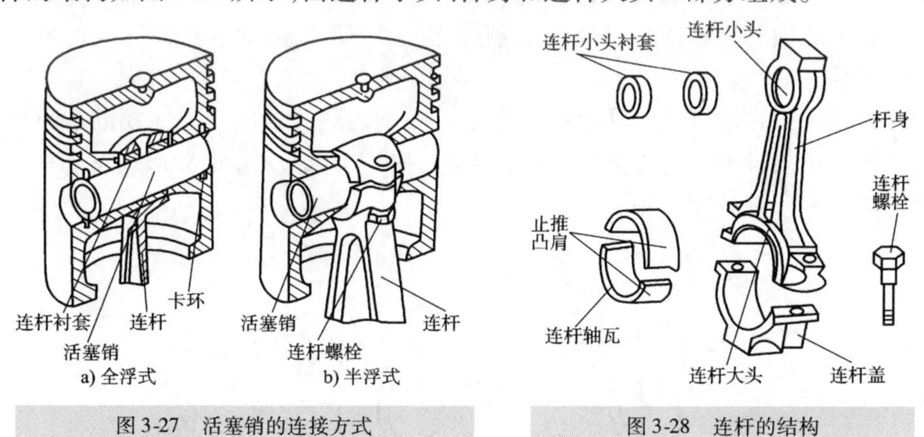

图 3-27　活塞销的连接方式

图 3-28　连杆的结构

引导问题 7　曲轴飞轮组由哪些零部件组成？各零部件的结构特点如何？

曲轴飞轮组主要由曲轴、飞轮、正时齿轮或正时链轮、传动带轮及曲轴扭转减振器等组成，图 3-29 为发动机的曲轴飞轮组结构图。

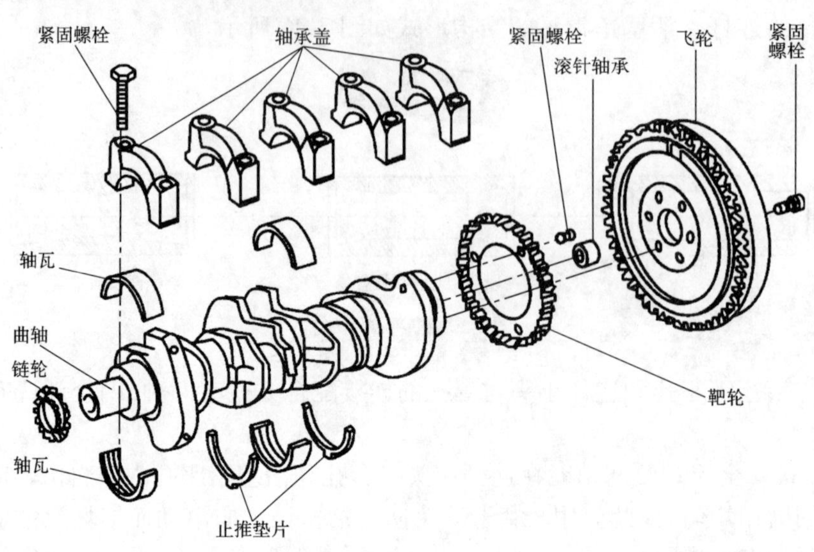

图 3-29　发动机曲轴飞轮组

1 曲轴

曲轴的主要功用是将活塞连杆组传来的气体压力转变为转矩，然后通过飞轮输出。另外还用来驱动发动机的配气机构以及其他辅助装置（如发电机、风扇、水泵和转向油泵等）。

曲轴一般由主轴颈、连杆轴颈、曲柄、平衡块、前端轴和后端凸缘等组成，如图 3-30 所示。主轴颈是曲轴的支承部分，按曲轴的主轴颈数，可将曲轴分为全支承曲轴和非全支承曲轴。在相邻的 2 个连杆轴颈之间，都设有主轴颈的曲轴称全支承曲轴，否则称为非全支承曲轴。显然全支承曲轴的主轴颈数比连杆轴颈数多一个，而非全支承曲轴的主轴颈数等于或少于连杆轴颈数。

一个连杆轴颈和它两端的曲柄及相邻 2 个主轴颈构成一个曲拐。曲拐的数目取决于发动机的汽缸数目及其排列方式，直列发动机的曲拐数等于汽缸数，而 V 形式发动机和对置式发动机的曲拐数为汽缸数的一半。

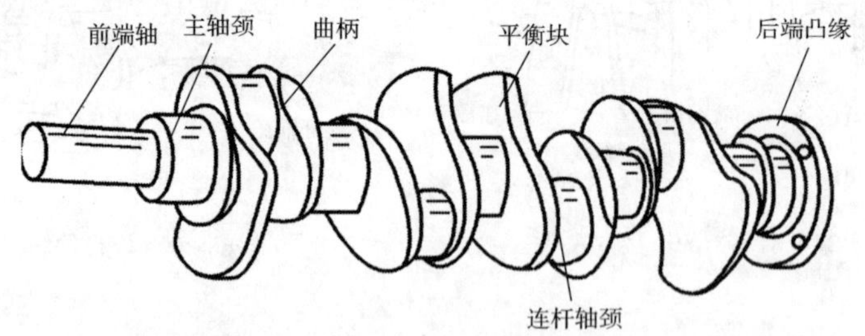

图 3-30　曲轴的结构

曲轴前端是指第一道主轴颈之前的部分，装有正时齿轮、传动带轮和扭转减振器等。曲轴后端是最后一道主轴颈之后的部分，在其后端为安装飞轮的凸缘。

2 曲轴轴承

曲轴轴承(主轴承)通常为分开的滑动轴承,按其承载方向可分为径向轴承和轴向(推力)轴承。轴承具有钢背,轴承表面为铜-铅、巴比合金、铝或锡等软金属,轴承上有定位凸起、轴承上加工有油槽和油孔,如图 3-31 所示。

为了防止曲轴发生前后轴向移动,通常采用止推轴承或止推垫片对曲轴进行轴向定位,如图 3-32 所示。

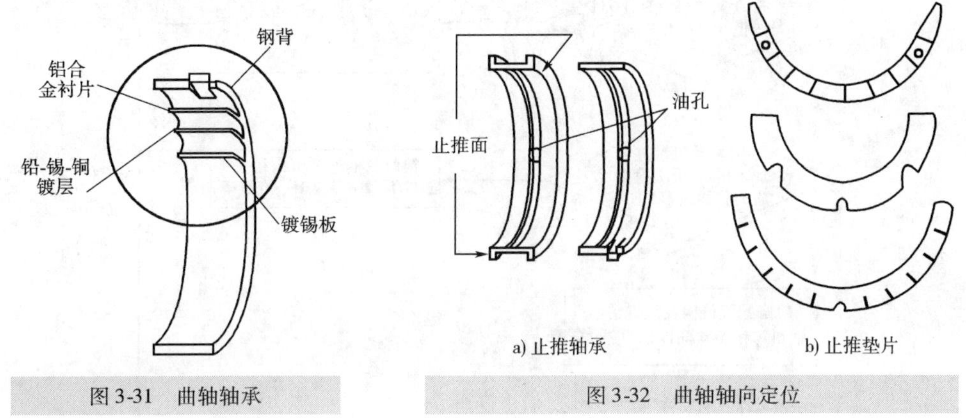

图 3-31　曲轴轴承

图 3-32　曲轴轴向定位

3 扭转减振器

在曲轴的前端加装扭转减振器(图 3-33),作用是吸收曲轴扭转振动的能量,消减扭转振动,避免发生共振。

4 飞轮

飞轮是一个转动惯量很大的圆盘,其主要功用是储存做功行程的一部分能量,以克服各辅助行程的阻力,使曲轴均匀旋转,使发动机具有克服短时超载的能力。此外,飞轮还作为汽车传动系统中摩擦离合器的主动盘。

发动机飞轮的构造如图 3-34 所示。在飞轮的外缘上镶有齿圈,起动时起动机上的齿轮与之啮合,供发动机起动用。

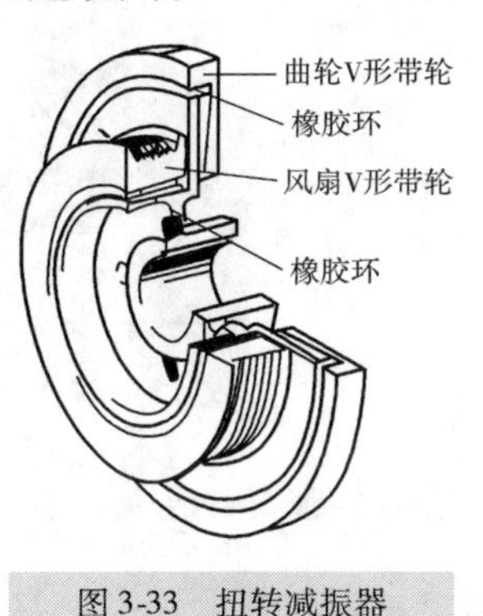

图 3-33　扭转减振器

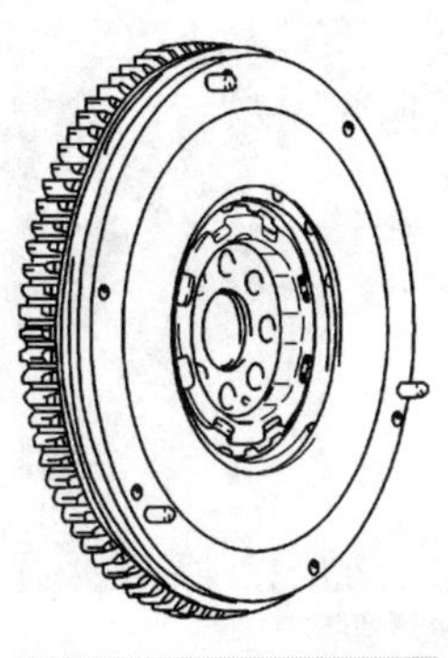

图 3-34　飞轮的构造

引导问题8 发动机动力不足的检修工艺流程如何？

发动机动力不足的检修工艺流程如图3-35所示。

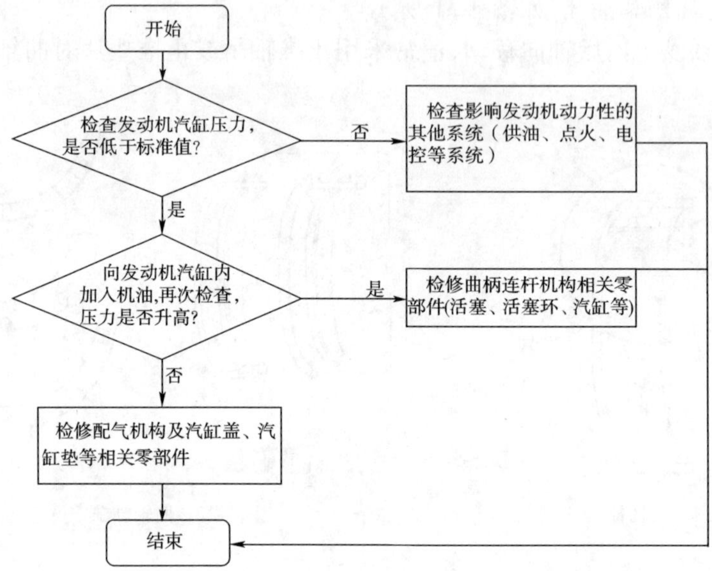

图3-35 发动机动力不足的检修工艺流程

二、实 施 作 业

引导问题9 作业需要哪些工具、设备和材料？

(1)普通工具：组合扳手、螺丝刀、钳子、扭力扳手、胶带、铰刀、活塞环扩张器、活塞安装工具、铜棒、衬垫刮刀、环槽清洁工具、刷子和溶剂和V形块等，如图3-36所示。

a) 活塞环扩张器

b) 活塞安装工具

图3-36 活塞环扩张器和活塞安装工具

(2)专用工具:SST09213-58013 曲轴传动带轮固定工具、SST09330-00021 接合法兰固定工具、SST09051-1C110 塑料锤 420g、SST09268-21010 燃油软管拉出器、SST09950-50013 拉出器 C 组件、"TORX"套筒扳手(E8)、SST09223-22010 曲轴前油封拆装工具和 SST09205-16010 汽缸盖螺栓扳手等。

(3)检测工具:百分表、塑料间隙规、精密直尺、量缸表、汽缸压力表、外径千分尺、塞尺(测隙规)、测径规、游标卡尺和连杆校准器等,如图 3-37 所示。

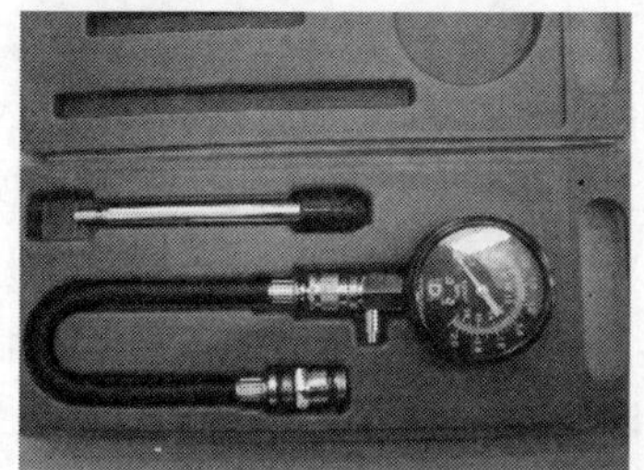
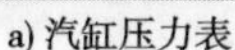
a) 汽缸压力表

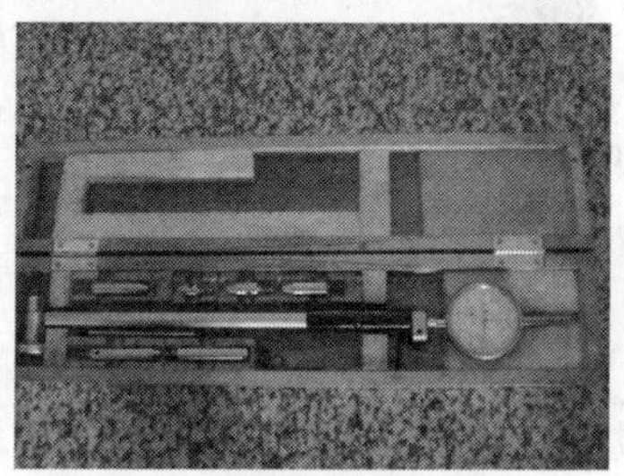
b) 量缸表

c) 外径千分尺

图 3-37 汽缸压力表、量缸表和外径千分尺

(4)磁力护裙(图 1-15)、转向盘护套、变速杆手柄套、脚垫和座椅套。

(5)举升机、卡罗拉(1.6L)轿车(图 1-16)。

(6)丰田原厂黑密封胶、丰田原厂黏合剂和丰田专用机油等。

(7)卡罗拉(1.6L)轿车维修手册。

引导问题 10 通过查询和查找,填写以下信息。

生产年份__________,车牌号码__________,行驶里程__________,发动机型号及排量__________,车辆识别代码(VIN)__________。

引导问题 11 作业前的准备工作有哪些?

(1)汽车进入工位前,将工位清理干净,准备好相关的器材。

(2)将汽车停驻在举升机中央位置。

(3)拉紧驻车制动器操纵杆,并将变速杆置于空挡或驻车挡(P 位)位置,如图 1-17 所示。

(4)套上转向盘护套、变速杆手柄套和座椅套,铺设脚垫,如图 1-18 所示。

(5)在车内拉动发动机罩手柄,在车外打开并支撑发动机罩,如图 1-19 所示。

(6)粘贴翼子板和前格栅磁力护裙,如图 1-20 所示。

引导问题 12 如何检查汽缸压力?

(1)起动发动机,使发动机工作至正常的工作温度,然后关闭发动机。

(2)拆附相关零部件。

①拆下 2 号汽缸盖罩,如图 3-38 所示。

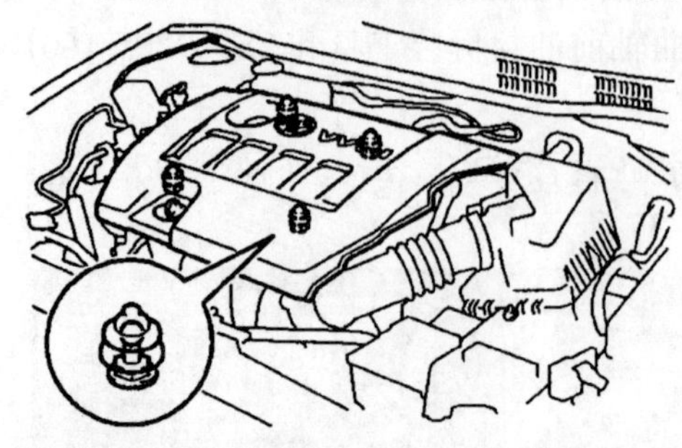

图 3-38　拆卸 2 号汽缸盖罩

②断开 4 个点火线圈的插接器,并拆下 4 个点火线圈,如图 3-39 所示。

③用压缩空气吹净火花塞周围的脏物,并清理干净,拆下 4 个火花塞,如图 3-40 所示。

④断开 4 个喷油器插接器,如图 3-41 所示。

(3)测量汽缸的压缩压力。将汽缸压力表插入火花塞孔,将节气门全开,起动发动机使其运转,观察汽缸压力表的读数,测量汽缸的压缩压力,如图 3-42 所示。并用同样的方法检查其他汽缸的压缩压力。汽缸标准压缩压力为 1373kPa,最小压力为 1079kPa,各汽缸间压力差极限为 98kPa。

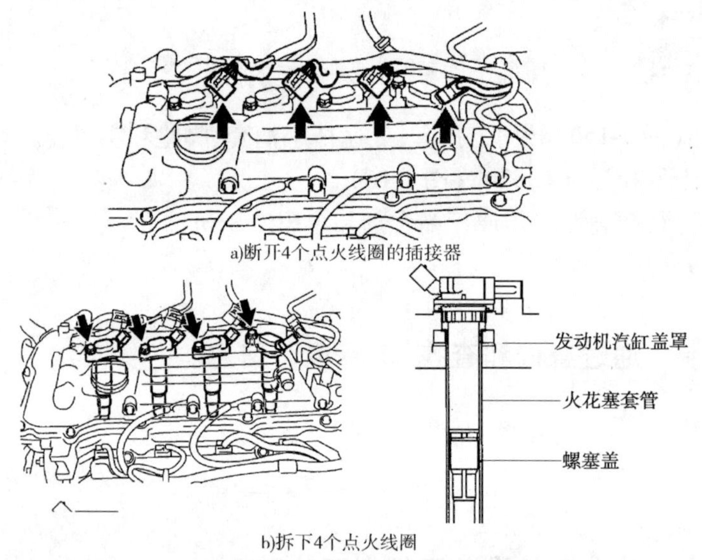

图 3-39　拆下点火线圈

图 3-40　拆下火花塞

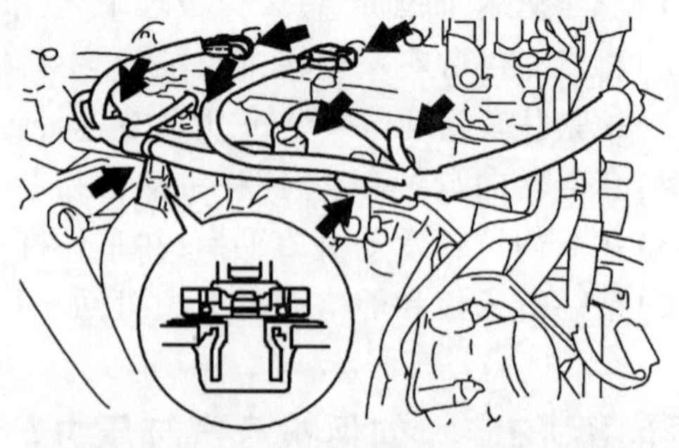

图 3-41　断开喷油器插接器

如果汽缸压缩压力偏低,通过火花塞孔往汽缸中注入少量的机油并再次检查。如果添加机油后压力增大,则可能是活塞环或汽缸磨损或损坏造成;如果压力继续偏低,则可能是气门与气门座密封不严、汽缸垫漏气或汽缸体有裂纹等原因造成。

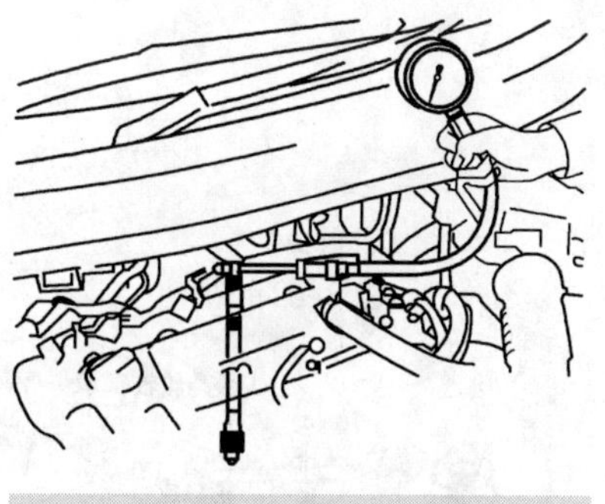
图3-42　检查汽缸压力

(4)安装相关零部件。连接4个喷油器插接器,安装4个火花塞,安装4个点火线圈(拧紧力矩:10N·m),安装2号汽缸盖罩。

注意:

①在进行汽缸压力测量时,一定要使用完全充电的蓄电池,以使发动机转速能提高到250r/min或更高。

②在进行汽缸压力测量时,要在尽可能短的时间内完成测量。

引导问题13　如何拆卸汽缸盖和汽缸垫?

拆装汽缸盖和汽缸垫相关部件的分解图如图3-43和图3-44所示。

(1)拆卸带变速器的发动机总成。

(2)安装发动机台架,并将发动机放置在发动机台架上。

(3)拆卸发动机正时链。

(4)拆卸凸轮轴正时齿轮总成。如图3-45所示,固定凸轮轴的六角头部分的同时,拆下凸缘螺栓,然后拆下凸轮轴正时齿轮总成。

注意:拆下凸轮轴正时齿轮前,确保锁销已松开。不要拆下另外4个螺栓。将凸轮轴正时齿轮总成从凸轮轴上拆下时,要使其保持水平。

(5)拆卸排气凸轮轴正时齿轮总成。如图3-46所示,固定凸轮轴的六角头部分的同时,拆下凸缘螺栓,然后拆下排气凸轮轴正时齿轮总成。

注意:不要拆下另外4个螺栓。将排气凸轮轴正时齿轮总成从凸轮轴上拆下时,要使其保持水平。

(6)拆卸凸轮轴轴承盖。

①按如图3-47所示顺序,均匀地拧松并拆下10个轴承盖螺栓。

②按图3-48所示顺序,均匀地拧松并拆下15个轴承盖螺栓。

注意:凸轮轴处于水平状态的同时均匀地拧松螺栓。

③拆下5个轴承盖。

注意:按正确的顺序摆放拆下的零件。

(7)如图3-49所示,拆下1号凸轮轴。

(8)如图3-50所示,拆下2号凸轮轴。

(9)拆卸1号气门摇臂分总成。如图3-51所示,拆下16个气门摇臂。

注意:按正确的顺序摆放拆下的零件。

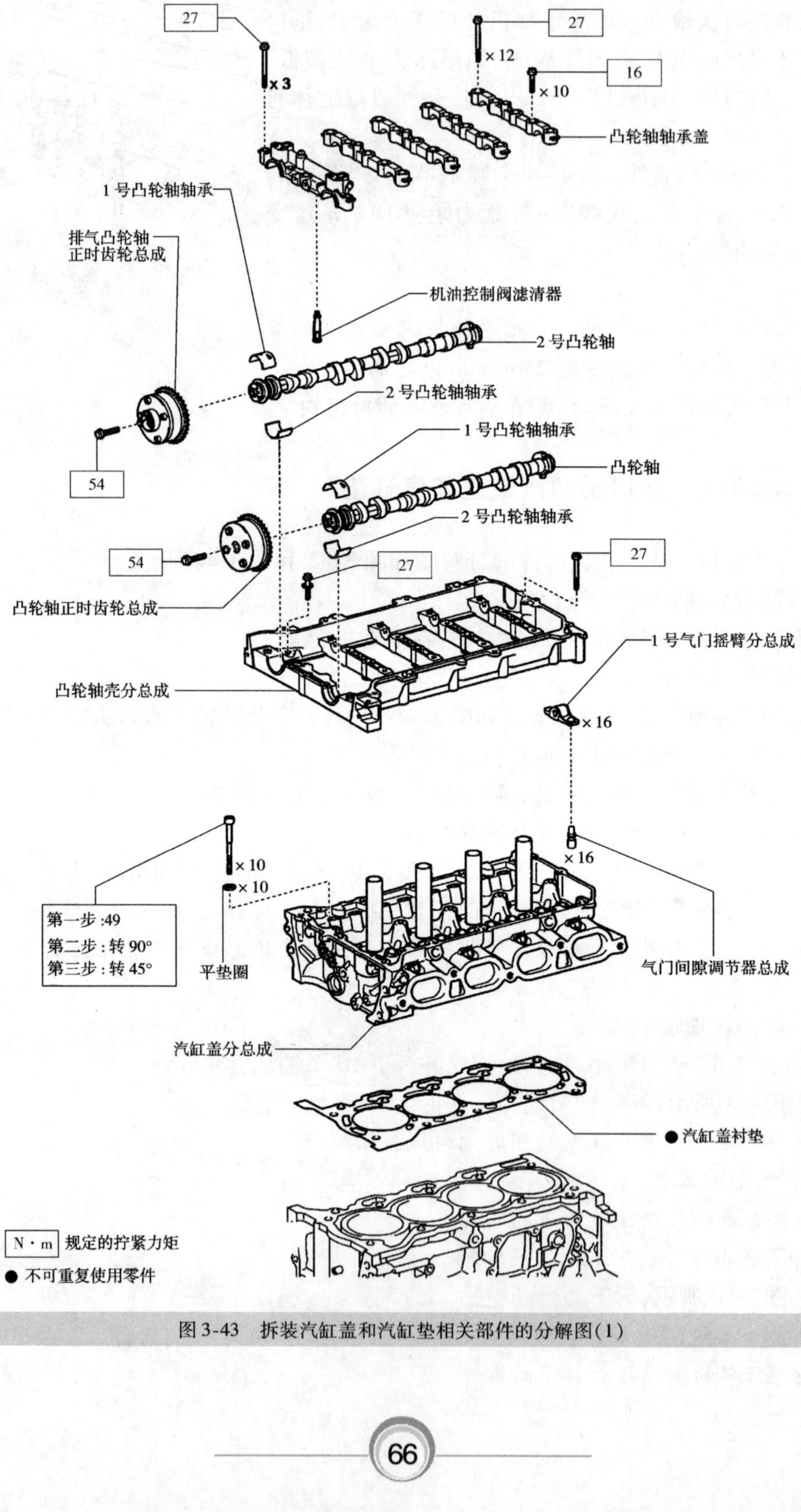

27
×3
27
×12
16
×10
凸轮轴轴承盖
1 号凸轮轴轴承
排气凸轮轴
正时齿轮总成
机油控制阀滤清器
2 号凸轮轴
2 号凸轮轴轴承
54
1 号凸轮轴轴承
凸轮轴
2 号凸轮轴轴承
27
27
54
凸轮轴正时齿轮总成
1 号气门摇臂分总成
凸轮轴壳分总成
×16
×10
×10
×16
第一步 :49
第二步 : 转 90°
第三步 : 转 45°
平垫圈
气门间隙调节器总成
汽缸盖分总成
● 汽缸盖衬垫

N · m 规定的拧紧力矩
● 不可重复使用零件

图 3-43　拆装汽缸盖和汽缸垫相关部件的分解图(1)

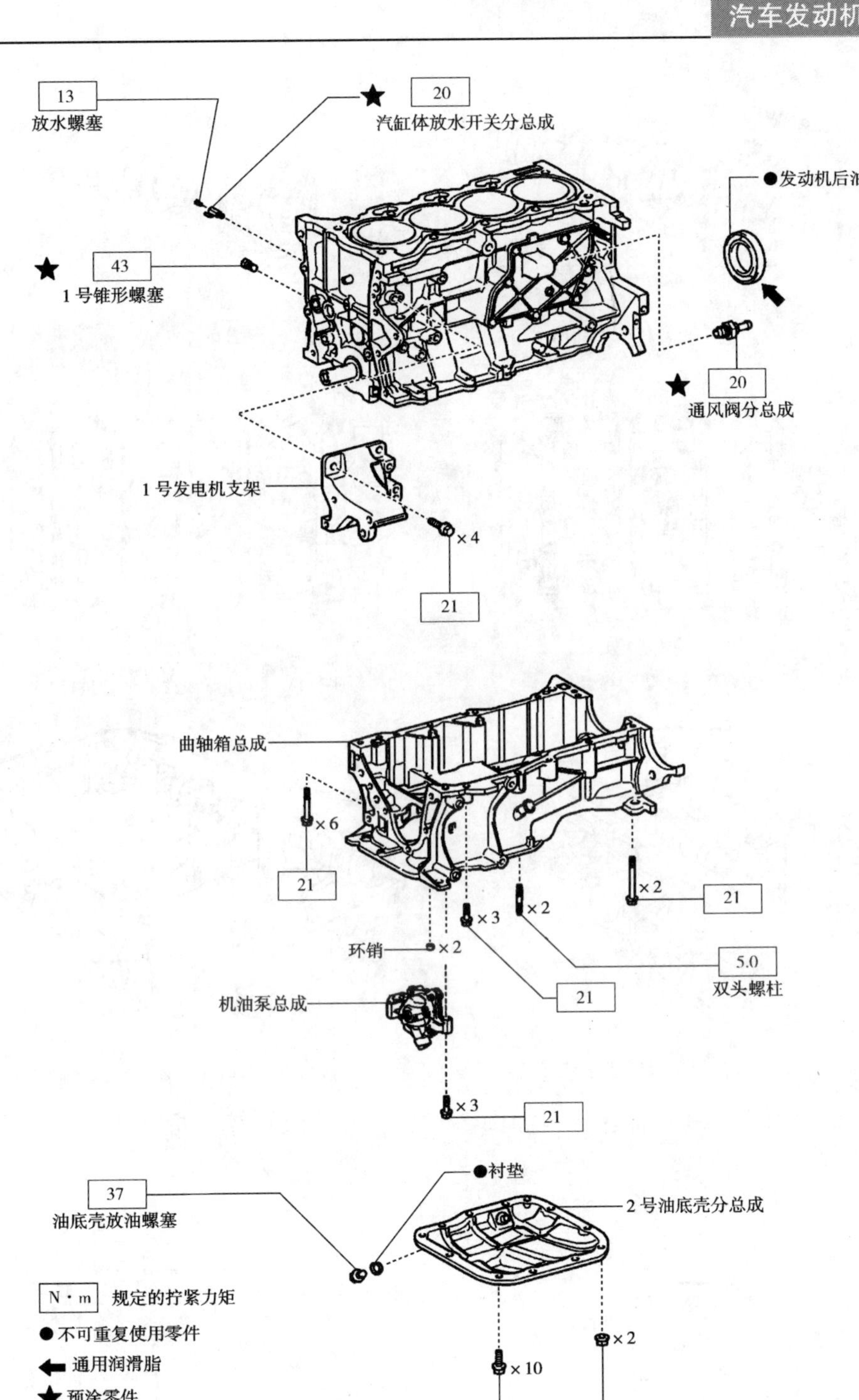

图3-44 拆装汽缸盖和汽缸垫相关部件的分解图(2)

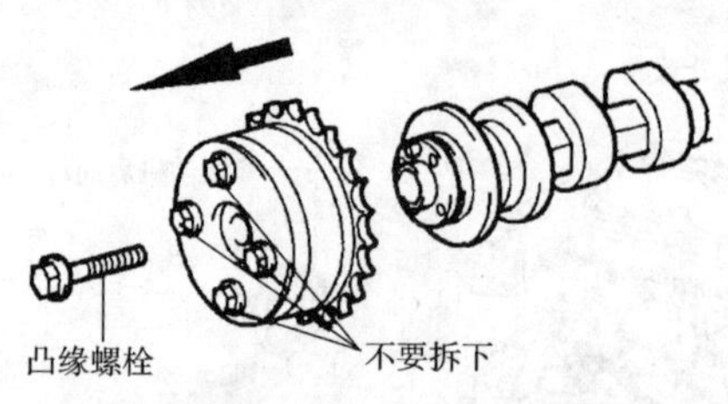

图 3-45　汽缸盖和汽缸垫的拆卸(1)

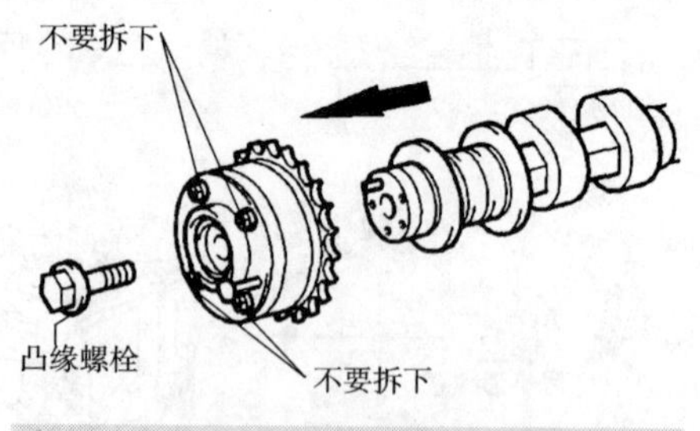

图 3-46　汽缸盖和汽缸垫的拆卸(2)

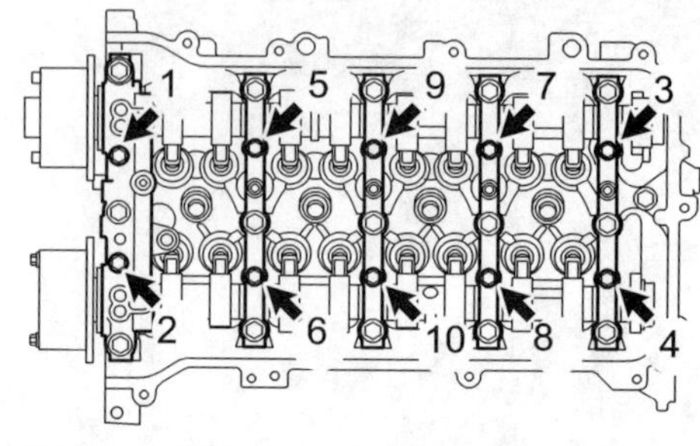

图 3-47　汽缸盖和汽缸垫的拆卸(3)

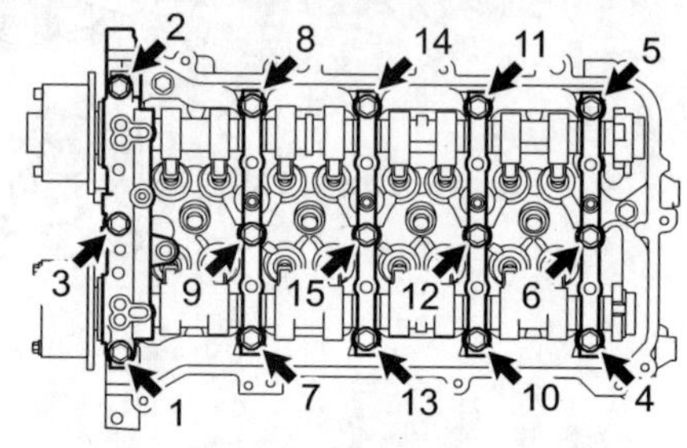

图 3-48　汽缸盖和汽缸垫的拆卸(4)

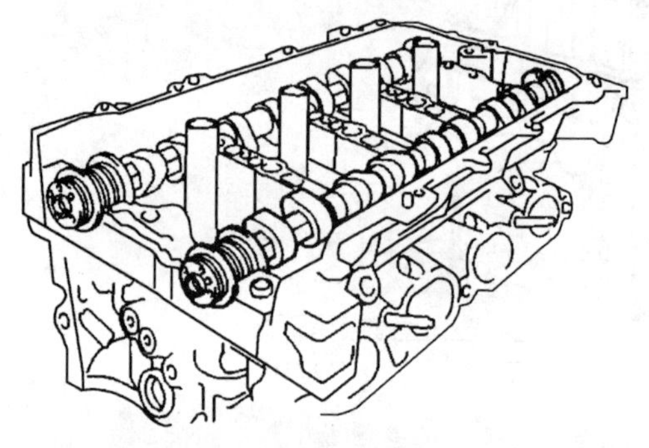

图 3-49　汽缸盖和汽缸垫的拆卸(5)

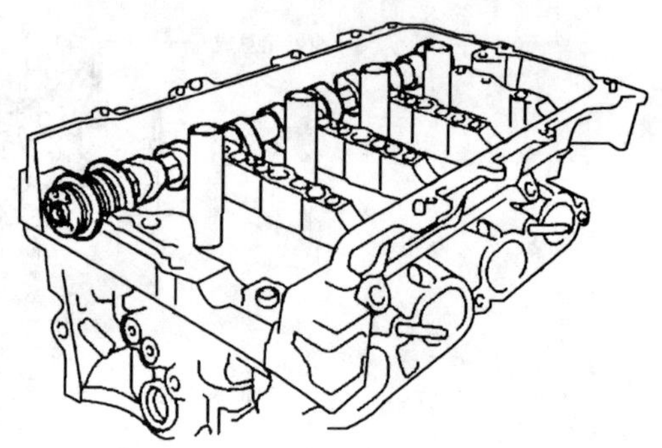

图 3-50　汽缸盖和汽缸垫的拆卸(6)

(10)拆卸气门间隙调节器总成。如图 3-52 所示,从汽缸盖上拆下 16 个气门间隙调节器。

注意:按正确的顺序摆放拆下的零件。

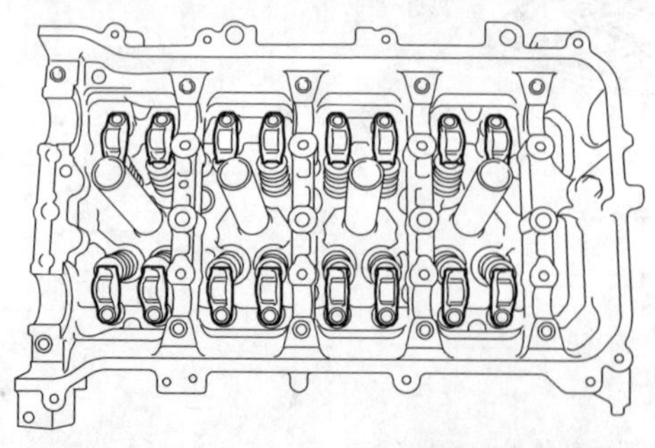

图 3-51　汽缸盖和汽缸垫的拆卸(7)

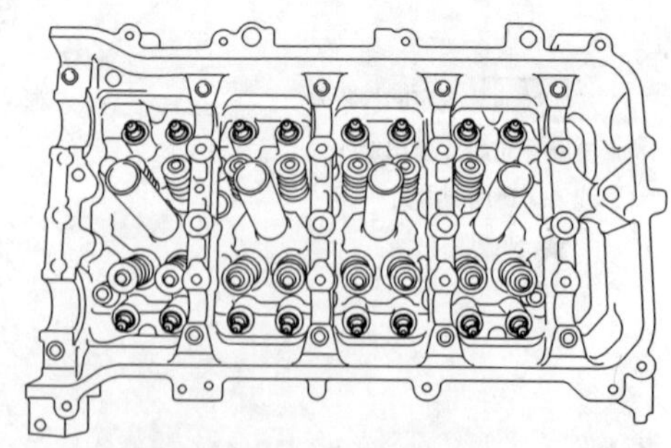

图 3-52　汽缸盖和汽缸垫的拆卸(8)

(11)拆卸1号凸轮轴轴承。如图3-53所示,拆下2个1号凸轮轴轴承。

(12)拆卸2号凸轮轴轴承。如图3-54所示,拆下2个2号凸轮轴轴承。

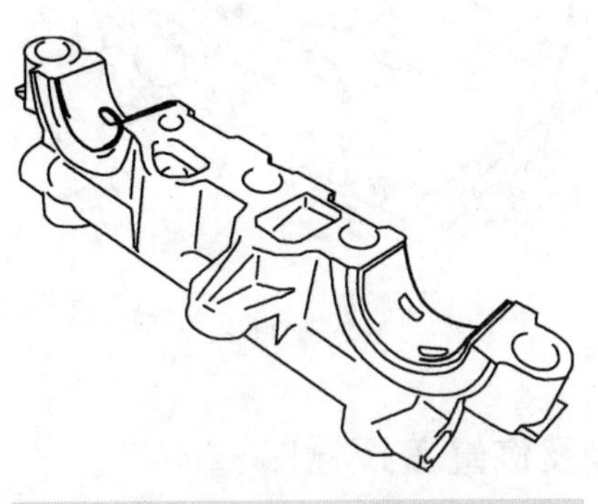

图3-53　汽缸盖和汽缸垫的拆卸(9)

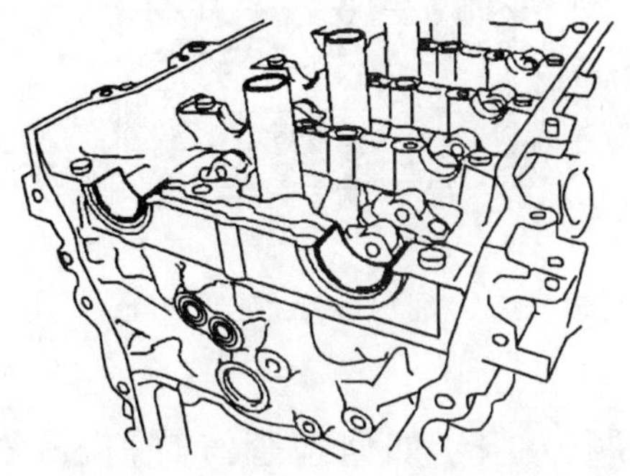

图3-54　汽缸盖和汽缸垫的拆卸(10)

(13)拆卸凸轮轴壳分总成。

①如图3-55所示,拆下2个螺栓。

②如图3-56所示,用螺丝刀撬动汽缸盖和凸轮轴壳之间的部位,拆下凸轮轴壳。

注意:小心不要损坏汽缸盖和凸轮轴壳的接触面。使用螺丝刀之前,请在螺丝刀头部缠上胶带。

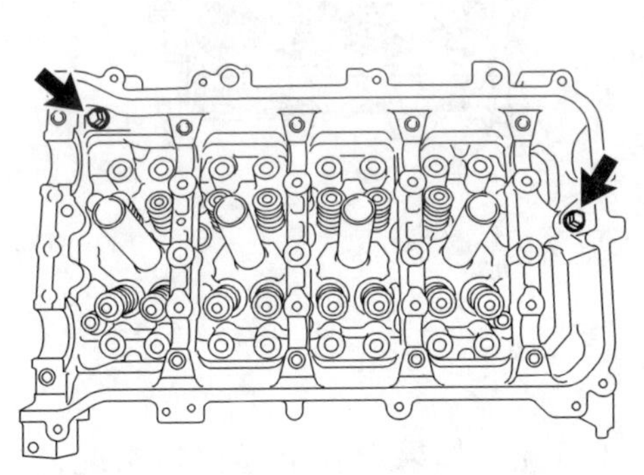

图3-55　汽缸盖和汽缸垫的拆卸(11)

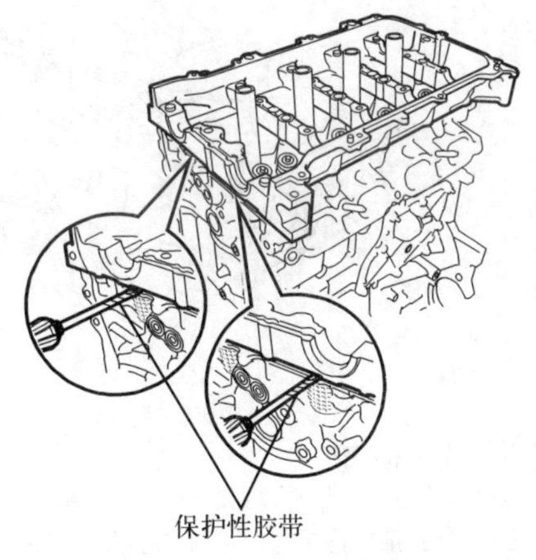

图3-56　汽缸盖和汽缸垫的拆卸(12)

(14)拆卸汽缸盖分总成。

①按图3-57所示顺序,用10mm的双六角扳手,分几步均匀地松开并拆下10个汽缸盖螺栓和10个平垫圈。

注意:螺栓拆卸顺序不正确可导致汽缸盖翘曲或破裂。

②使用头部缠有胶带的螺丝刀,撬动汽缸盖和汽缸体之间的部位,拆下汽缸盖。

注意:小心不要损坏汽缸盖和汽缸体的接触面。

(15)如图3-58所示,拆下汽缸垫。

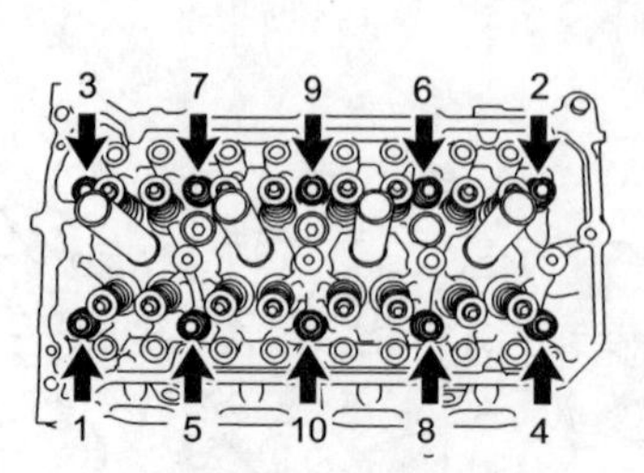

图 3-57　汽缸盖和汽缸垫的拆卸(13)

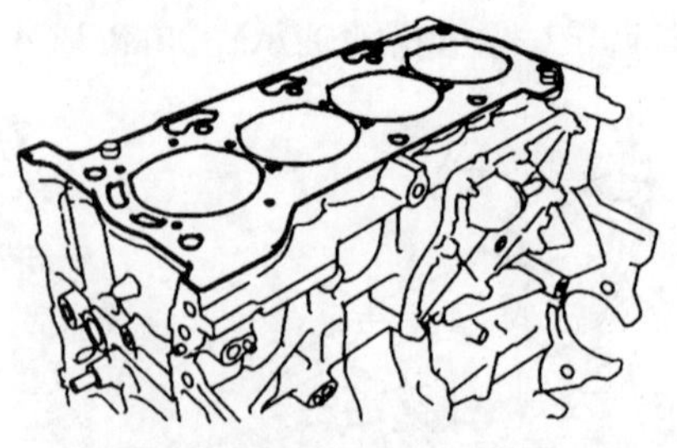

图 3-58　汽缸盖和汽缸垫的拆卸(14)

引导问题 14　如何检查汽缸盖、汽缸垫及汽缸盖螺栓?

1 检查汽缸盖

(1)检查汽缸盖裂纹。用染色渗透法检查进气口、排气口以及汽缸体表面是否有裂纹。如果有裂纹,则更换汽缸盖。

(2)检查汽缸盖平面度。如图 3-59 所示,用精密直尺和塞尺,在规定位置和方向上测量汽缸盖的平面度。平面度的极限值为 0.05mm,如果超过极限值,则更换汽缸盖。

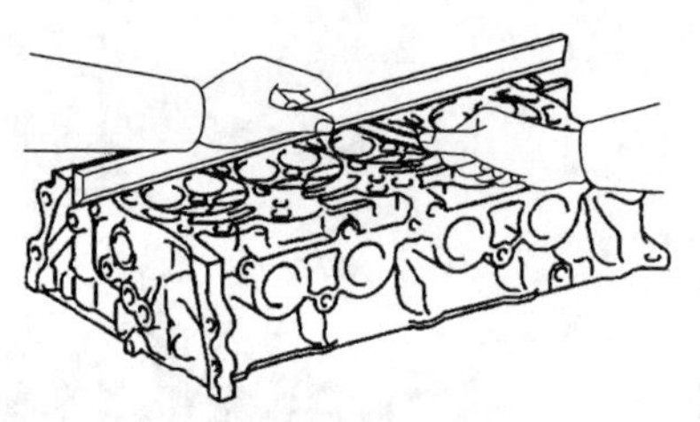

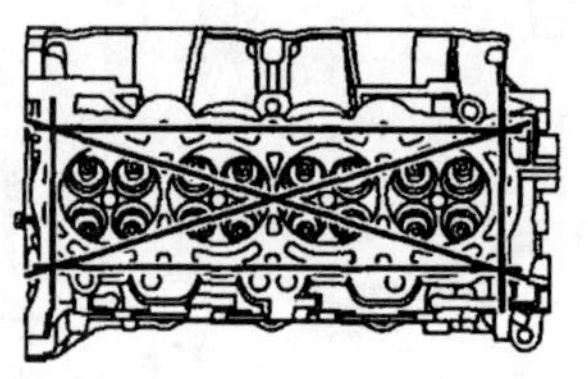

图 3-59　检查汽缸盖的平面度

2 检查汽缸垫

目视检查汽缸垫是否存在烧蚀、裂纹等损坏情况。如果存在上述损坏情况,要查明原因,修理后并更换汽缸垫。

3 检查汽缸盖固定螺栓

如图 3-60 所示,用游标卡尺测量螺栓受力部分的长度和测量点处的最小直径。标准螺栓长度:84.3 ~85.7mm,最大螺栓长度:86.7mm,如果螺栓长度大于最大值,则更换螺栓;螺栓标准外径:9.77 ~9.96mm,最小外径:9.1mm,如果直径小于最小值,则更换螺栓。

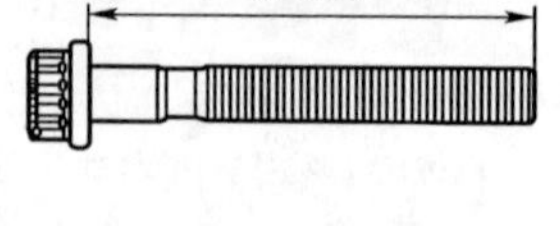

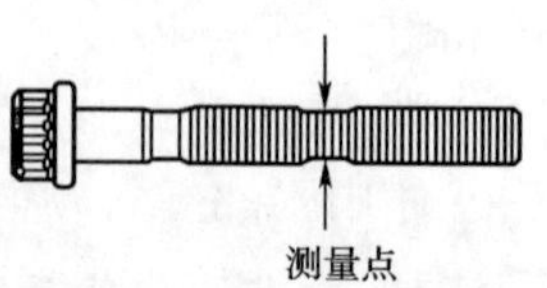

图 3-60　检查汽缸盖固定螺栓

引导问题 15 如何安装汽缸垫及汽缸盖?

(1)安装汽缸垫。如图 3-61 所示,将新衬垫放在汽缸体表面上,并使印有批次号的一面朝上。

注意:清除接触面的所有机油,确保衬垫按正确的方向安装。

(2)安装汽缸盖分总成。

①在螺栓的螺纹和与垫圈相接触的螺栓头下的部位涂抹一薄层机油。

②将螺栓和平垫圈安装至汽缸盖。

注意:不要将垫圈掉到汽缸盖里。

③按图 3-62 所示顺序,用 10mm 的双六角扳手,分几步均匀地安装并紧固 10 个汽缸盖固定螺栓和平垫圈,拧紧力矩:49N · m。

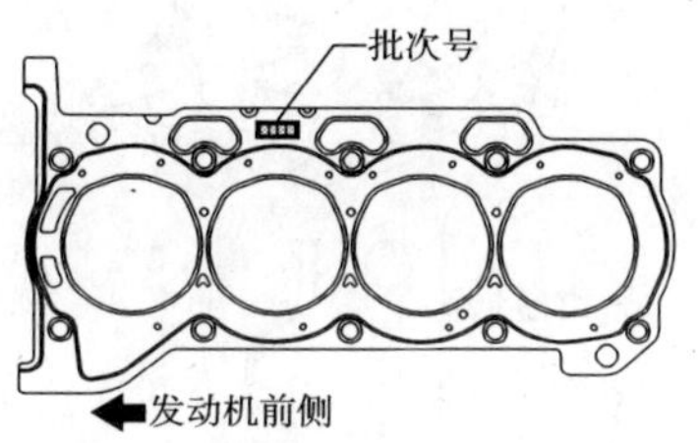

图 3-61 汽缸垫和汽缸盖的安装(1)

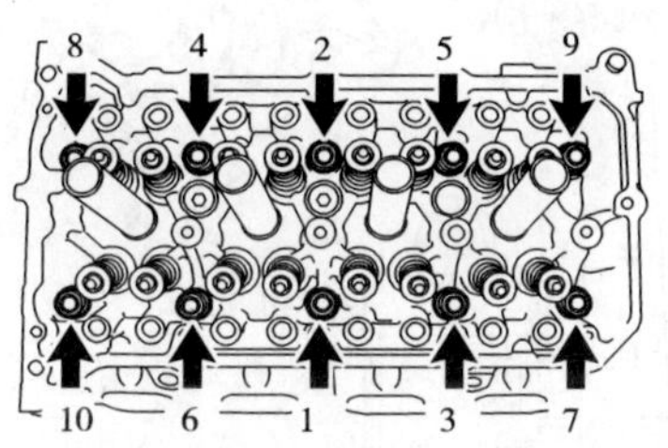

图 3-62 汽缸垫和汽缸盖的安装(2)

④如图 3-63 所示,用油漆在汽缸盖螺栓前端做标记,将汽缸盖螺栓再次紧固 90°,然后再紧固 45°。

(3)安装气门间隙调节器总成。

注意:将气门间隙调节器安装回原处。

(4)安装 1 号气门摇臂分总成。

①在气门间隙调节器端部和气门杆盖端上涂抹机油。

②确保将气门摇臂安装至如图 3-64 所示位置。

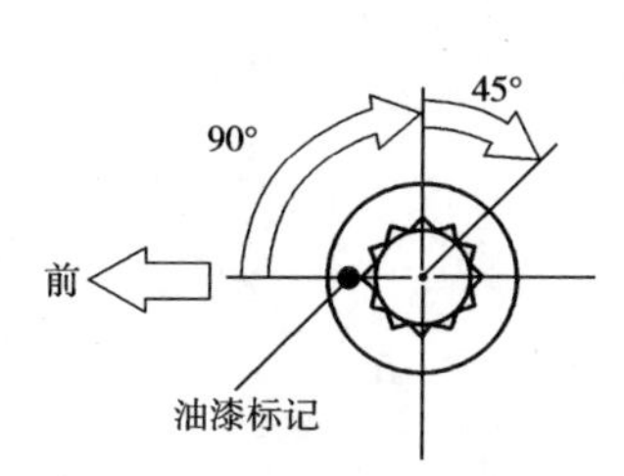

图 3-63 汽缸垫和汽缸盖的安装(3)

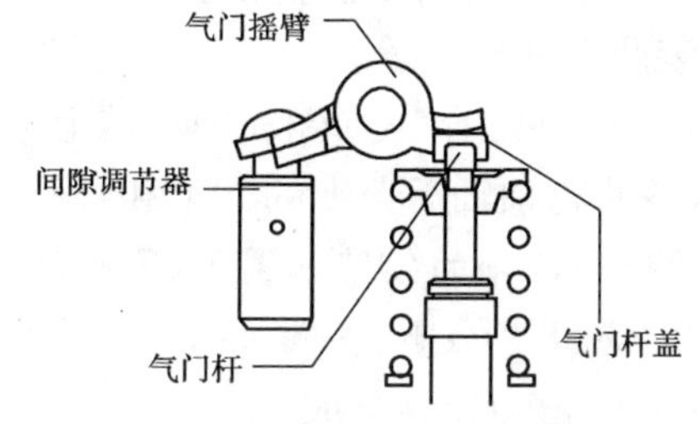

图 3-64 汽缸垫和汽缸盖的安装(4)

(5)安装 1 号凸轮轴轴承。

①清洁轴承的表面,安装 2 个 1 号凸轮轴轴承。

②如图 3-65 所示,用游标卡尺测量轴承盖边缘和凸轮轴轴承边缘间的距离。尺寸 A 和 B 均为 0.7mm 或更小。

注意:通过测量尺寸 A 和 B,将轴承固定至轴承盖中心。

(6)安装 2 号凸轮轴轴承。

①清洁轴承的表面,安装 2 个 2 号凸轮轴轴承。

②如图 3-66 所示,用游标卡尺测量轴承盖边缘和凸轮轴轴承边缘间的距离。尺寸 A 为 1.05 ~ 1.75mm。

注意:通过测量尺寸 A,将轴承固定至轴承盖中心。

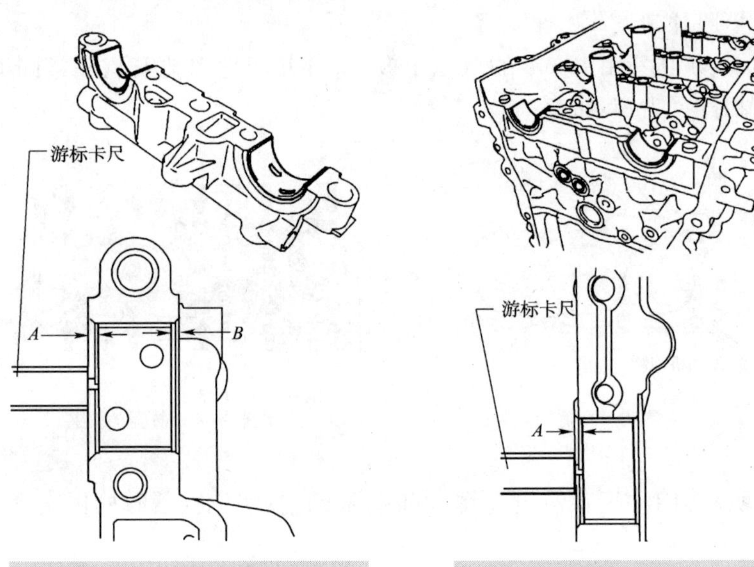

图 3-65　汽缸垫和汽缸盖的安装(5)　　图 3-66　汽缸垫和汽缸盖的安装(6)

(7)安装 2 号凸轮轴。清洁凸轮轴轴颈,在凸轮轴轴颈、凸轮轴壳和轴承盖上涂抹一薄层机油,将 2 号凸轮轴安装到凸轮轴壳上,如图 3-50 所示。

(8)安装 1 号凸轮轴。清洁凸轮轴轴颈,在凸轮轴轴颈、凸轮轴壳和轴承盖上涂抹一薄层机油,将凸轮轴安装到凸轮轴壳上,如图 3-49 所示。

(9)安装凸轮轴轴承盖。

①在凸轮轴轴颈、凸轮轴壳和轴承盖上涂抹机油。

②确认各凸轮轴轴承盖上的标记和号码,并将其置于正确的位置和方向。

注意:确保凸轮轴的锁销如图 3-67 所示安装。

③按如图 3-68 所示顺序,紧固 10 个螺栓,拧紧力矩:16N · m。

(10)安装凸轮轴壳分总成。

①确保将气门摇臂按图 3-51 所示安装。

②如图 3-69 所示,连续涂抹密封胶。密封胶:丰田原厂黑密封胶。密封直径:3.5 ~ 4.0mm。

注意：清除接触面的所有机油。在涂抹密封胶后 3min 内安装凸轮轴壳分总成。安装后至少 2h 内不要起动发动机。

③如图 3-70 所示，固定 1 号凸轮轴和 2 号凸轮轴。

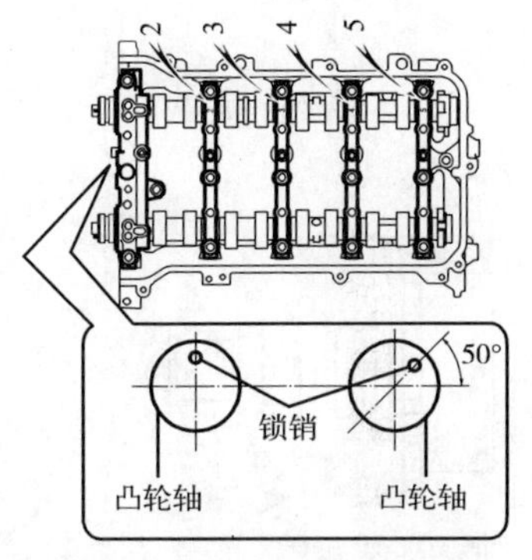

图 3-67　汽缸垫和汽缸盖的安装(7)

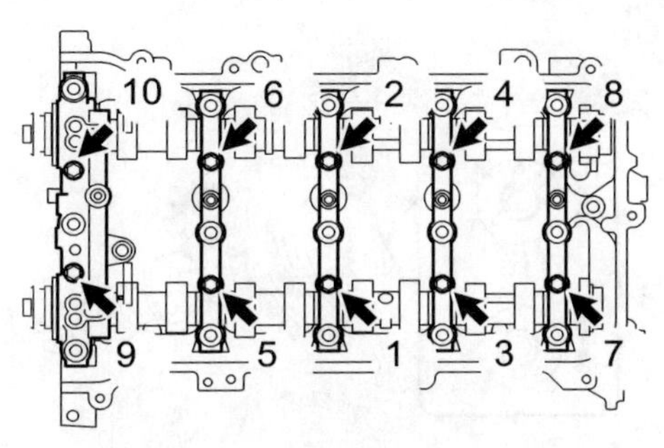

图 3-68　汽缸垫和汽缸盖的安装(8)

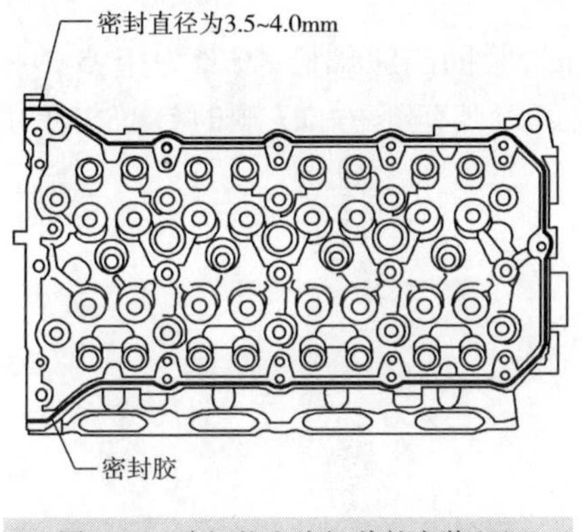

图 3-69　汽缸垫和汽缸盖的安装(9)

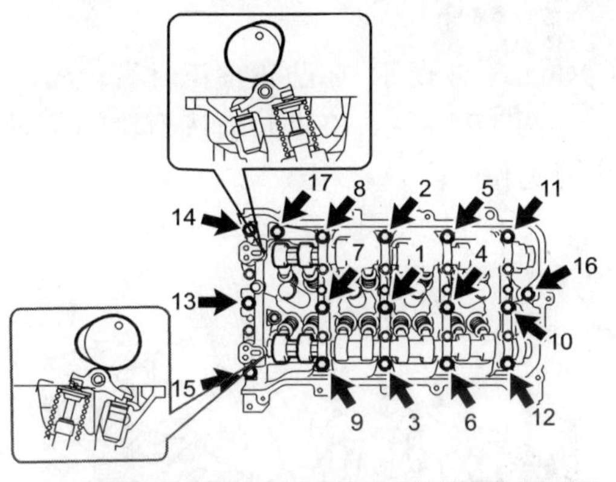

图 3-70　汽缸垫和汽缸盖的安装(10)

④安装凸轮轴壳，并按图 3-70 所示顺序紧固 17 个螺栓，拧紧力矩：27N · m。

注意：安装凸轮轴壳后，确保凸轮凸角按图 3-70 所示安装。如果在安装过程中任何螺栓松动，则拆下凸轮轴壳，清洁安装表面并重新涂抹密封胶。如果在安装过程中因螺栓松动而拆下凸轮轴壳，则应确保先前涂抹的密封胶未进入任何机油通道。安装凸轮轴壳后，拭去凸轮轴壳和汽缸盖之间渗出的密封胶。

(11)安装凸轮轴正时齿轮总成。

①检查并确认锁销已安装在凸轮轴上。

②如图 3-71 所示，使直销和键槽对准，将凸轮轴正时齿轮和凸轮轴放置在一起。

注意：不要用力推入凸轮轴正时齿轮总成。这样可能导致凸轮轴锁销端部损坏凸轮轴正时齿轮总成的安装表面。

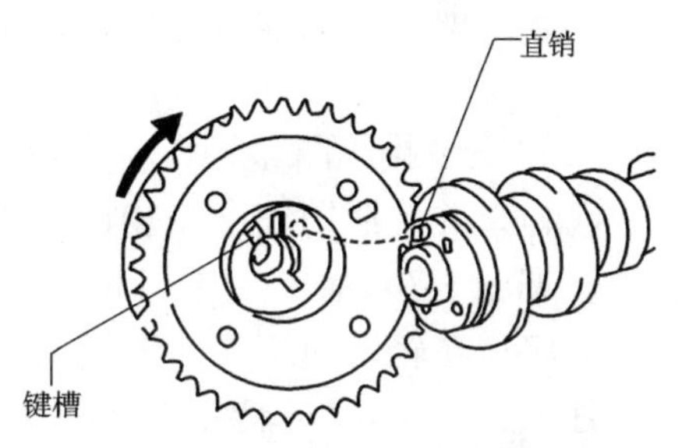

图 3-71　汽缸垫和汽缸盖的安装(11)

③将凸轮轴正时齿轮轻轻推向凸轮轴的同时，按图 3-72 所示方向旋转凸轮轴正时齿轮。将齿轮销进一

步推入键槽中。

注意:不要使凸轮轴正时齿轮朝延迟方向(顺时针)转动。

④如图3-73所示,测量齿轮和凸轮轴间的间隙。间隙:0.1~0.4mm。

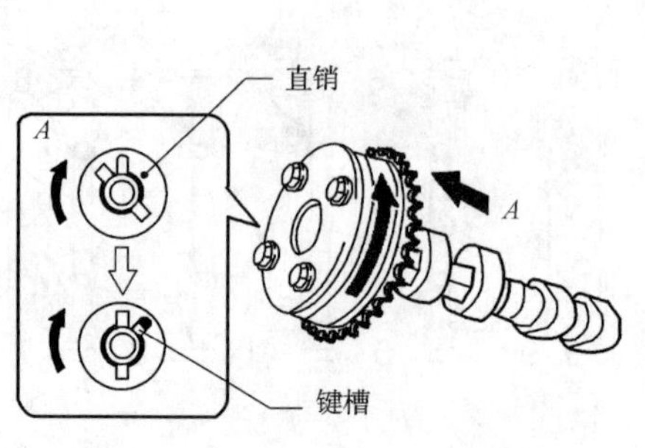

图3-72　汽缸垫和汽缸盖的安装(12)

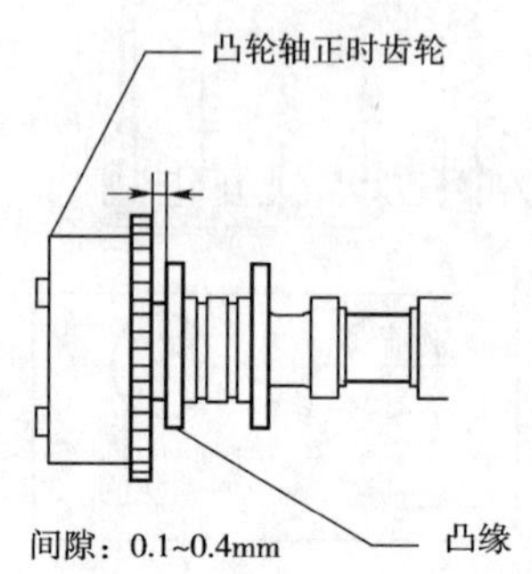

图3-73　汽缸垫和汽缸盖的安装(13)

⑤如图3-74所示,在凸轮轴正时齿轮固定就位时,紧固凸缘螺栓,拧紧力矩:54N·m。

⑥如图3-75所示,检查并确认凸轮轴正时齿轮可以朝延迟方向(顺时针)转动,并锁止在最大延迟位置。

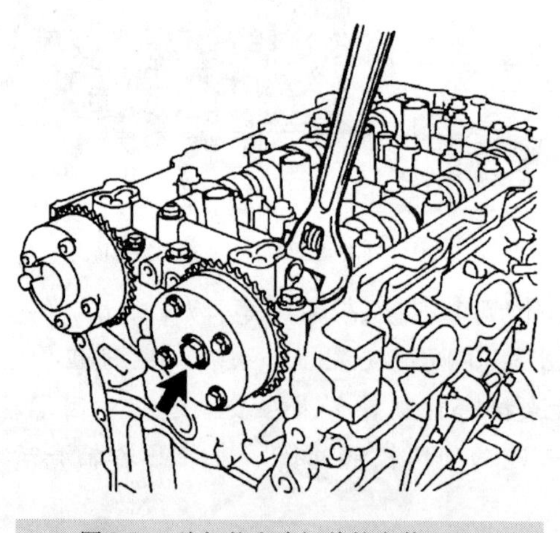

图3-74　汽缸垫和汽缸盖的安装(14)

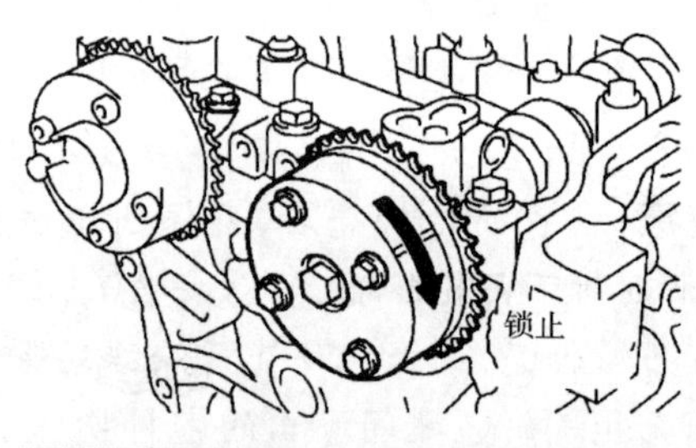

图3-75　汽缸垫和汽缸盖的安装(15)

(12)安装排气凸轮轴正时齿轮总成。

①检查并确认锁销已安装在凸轮轴上。

②如图3-76所示,对准键槽和直销,然后将排气凸轮轴正时齿轮和凸轮轴连接起来。

③将齿轮轻轻地压在凸轮轴上,并转动齿轮。将齿轮销进一步推入键槽中。

注意:一定不要使排气凸轮轴正时齿轮朝延迟方向(顺时针)转动。

④检查并确认齿轮凸缘和凸轮轴间没有间隙。

⑤如图3-77所示,排气凸轮轴正时齿轮固定住时,拧紧凸缘螺栓,拧紧力矩:54N·m。

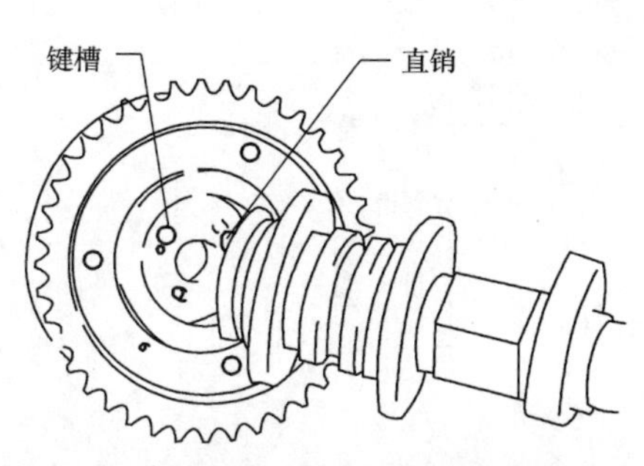

图 3-76　汽缸垫和汽缸盖的安装(16)

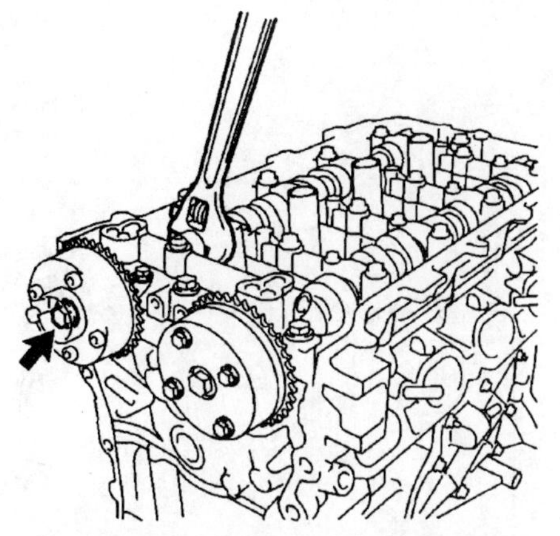

图 3-77　汽缸垫和汽缸盖的安装(17)

⑥检查排气凸轮轴正时齿轮的锁止情况。

⑦确保排气凸轮轴正时齿轮已锁止。

(13)安装正时链及其他零部件。

引导问题 16　如何拆卸活塞连杆组和曲轴飞轮组零部件?

活塞连杆组和曲轴飞轮组部件的分解图如图 3-78 和图 3-79 所示。

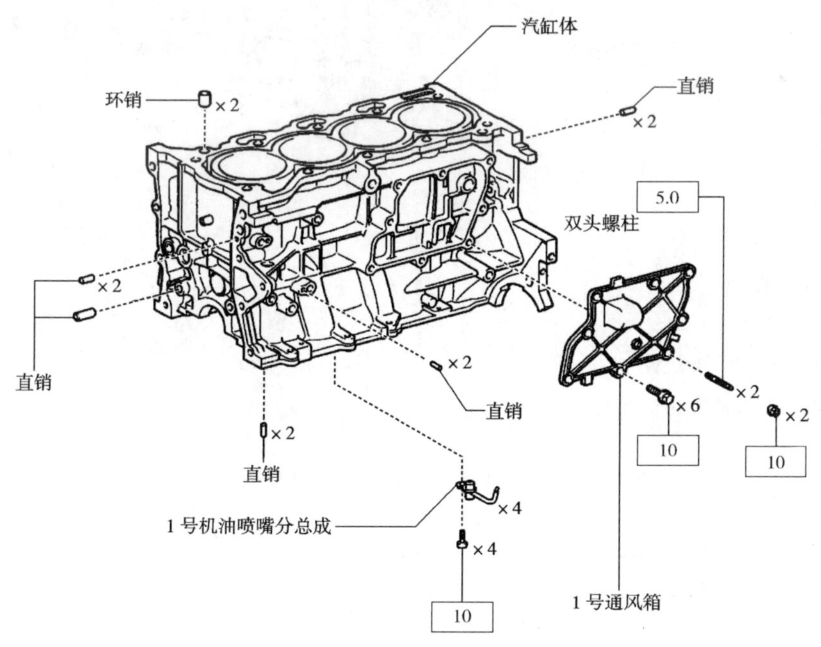

图 3-78　活塞连杆组和曲轴飞轮组部件的分解图(1)

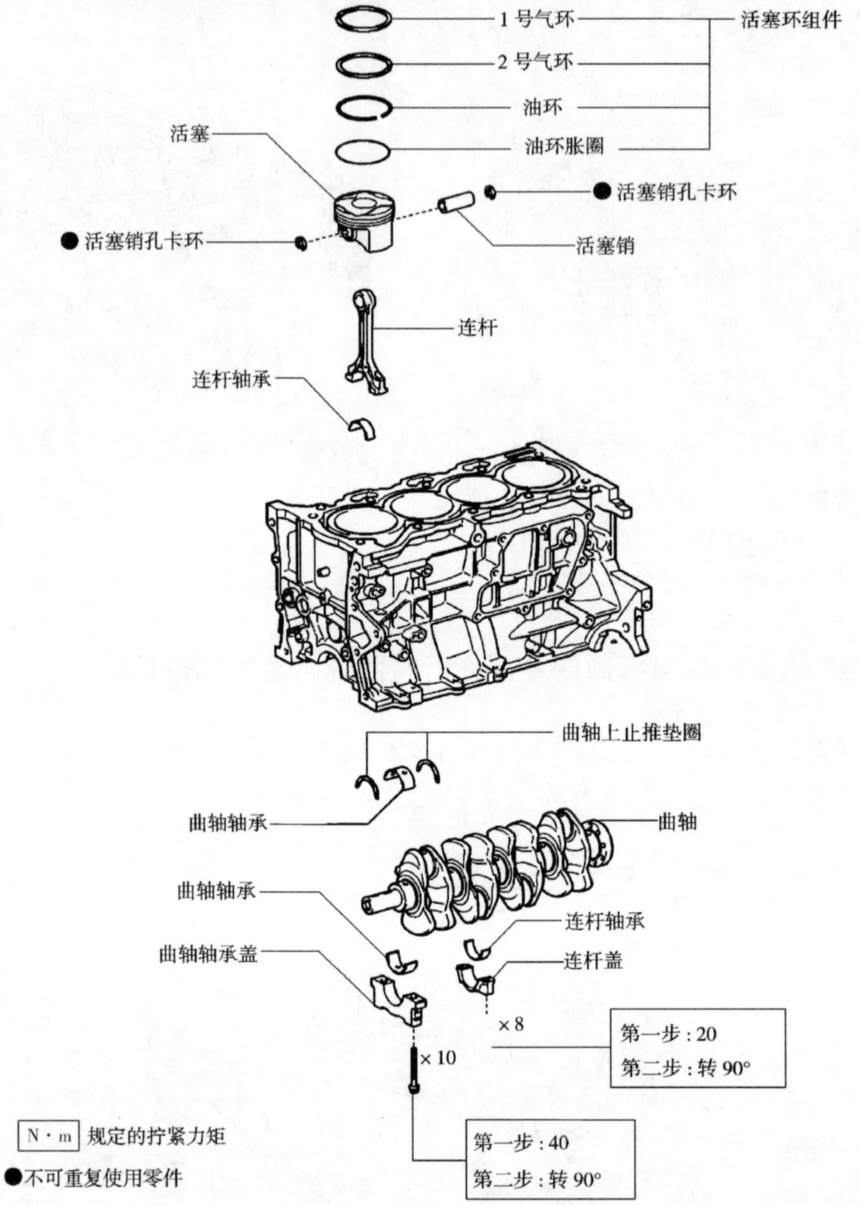

1 号气环
2 号气环
油环
油环胀圈
活塞环组件
活塞
●活塞销孔卡环
活塞销
连杆
连杆轴承
曲轴上止推垫圈
曲轴轴承
曲轴
曲轴轴承
连杆轴承
曲轴轴承盖
连杆盖
×8
第一步:20
第二步:转 90°
×10
第一步:40
第二步:转 90°
N·m 规定的拧紧力矩
●不可重复使用零件

图 3-79　活塞连杆组和曲轴飞轮组部件的分解图(2)

(1)拆卸汽缸盖和汽缸盖衬垫。

(2)拆卸 1 号通风箱。

①如图 3-80 所示,拆下 6 个螺栓和 2 个螺母。

②如图 3-81 所示,用螺丝刀撬动 1 号通风箱和汽缸体之间的部位,拆下 1 号通风箱。

注意:不要损坏汽缸体和 1 号通风箱的接触面。使用螺丝刀之前,请在螺丝刀头部缠上胶带。

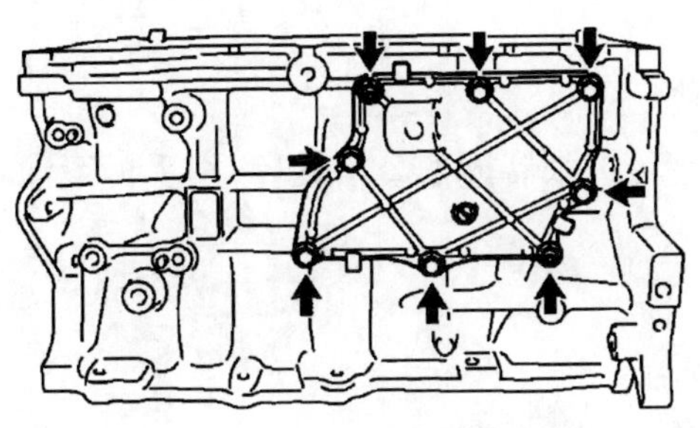

图 3-80 活塞连杆组和曲轴飞轮组部件的拆卸(1)

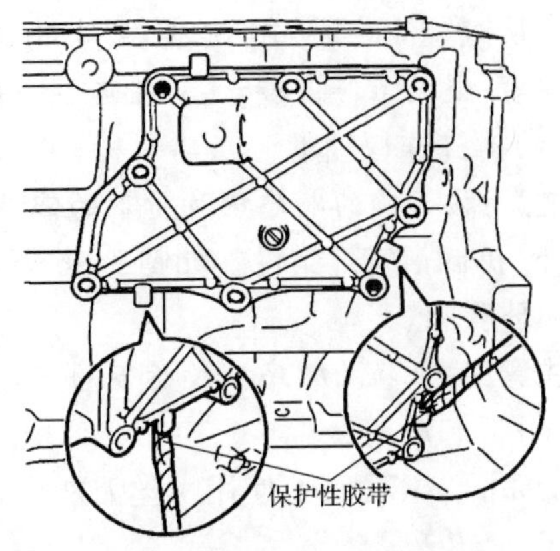

图 3-81 活塞连杆组和曲轴飞轮组部件的拆卸(2)

(3)拆卸带连杆的活塞分总成。

①如图 3-82 所示,用铰刀去除汽缸顶部的所有积炭。

②如图 3-83 所示,检查并确认连杆和连杆盖上的装配标记相互对准,以确保正确的重新装配。

注意:连杆和连杆盖的装配标记是为了确保正确地重新安装。

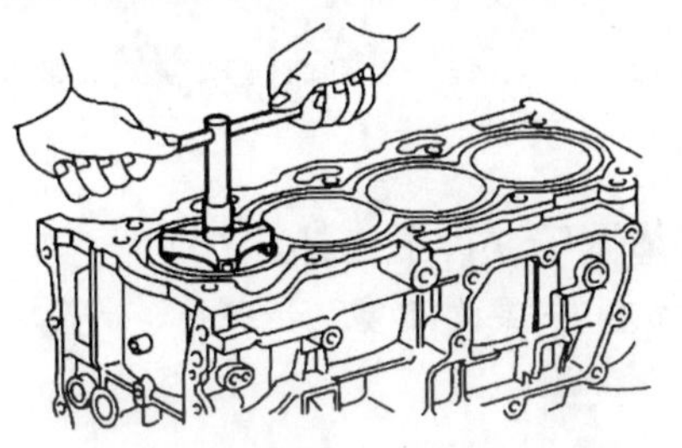

图 3-82 活塞连杆组和曲轴飞轮组部件的拆卸(3)

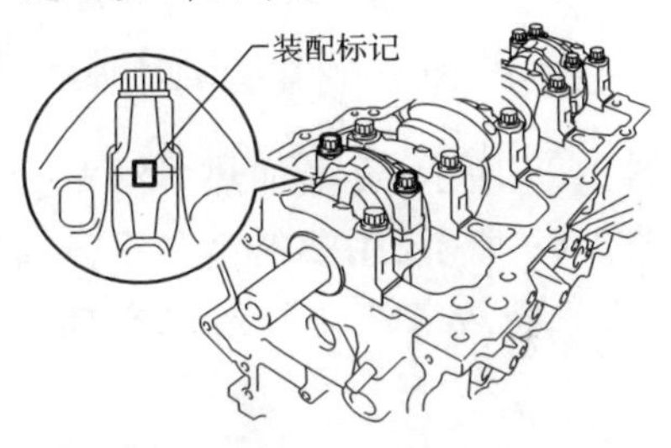

图 3-83 活塞连杆组和曲轴飞轮组部件的拆卸(4)

③如图 3-84 所示,用 SST09205-16010 均匀松开 2 个螺栓。

④如图 3-85 所示,用 2 个已拆下的连杆盖螺栓,通过左右摇动连杆盖,拆下连杆盖和下轴承。

注意:保持下轴承插入连杆盖。

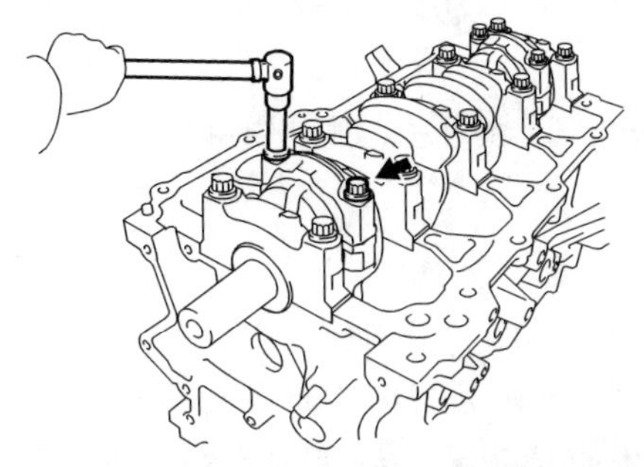

图 3-84 活塞连杆组和曲轴飞轮组部件的拆卸(5)

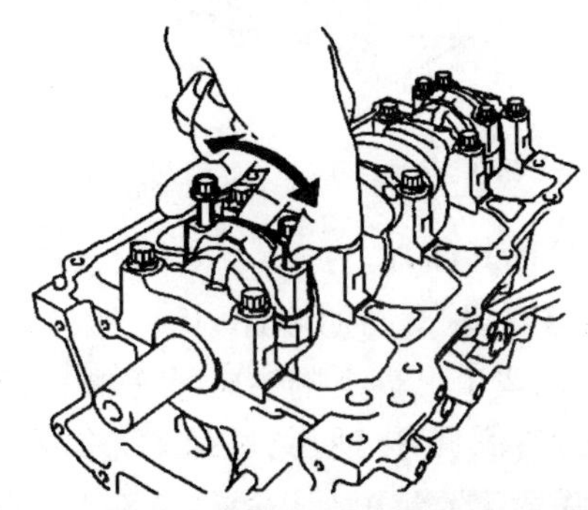

图 3-85 活塞连杆组和曲轴飞轮组部件的拆卸(6)

⑤从汽缸体的顶部推出活塞、连杆总成和上轴承。

注意：使轴承、连杆和连杆盖连在一起。按正确的顺序摆放活塞和连杆总成。

(4)拆卸连杆轴承。

注意：按正确的顺序摆放拆下的零件。

(5)拆卸活塞环组件。如图3-86所示，用活塞环扩张器拆下2个气环，用手拆下油环刮片和油环胀圈。

注意：按正确的顺序摆放拆下的零件。

(6)拆卸活塞。

①如图3-87所示，使用螺丝刀撬出2个卡环。

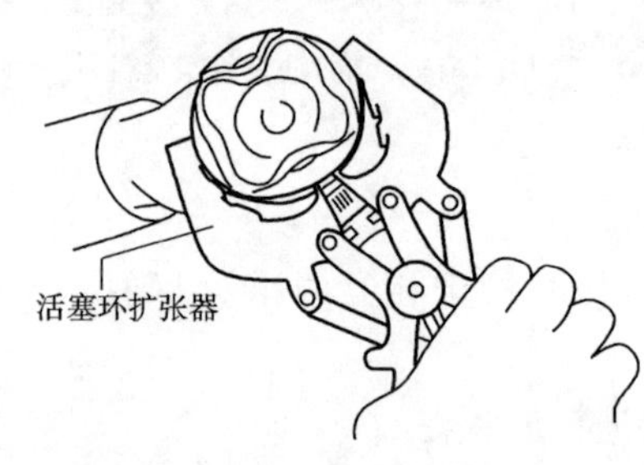

图3-86　活塞连杆组和曲轴飞轮组部件的拆卸(7)

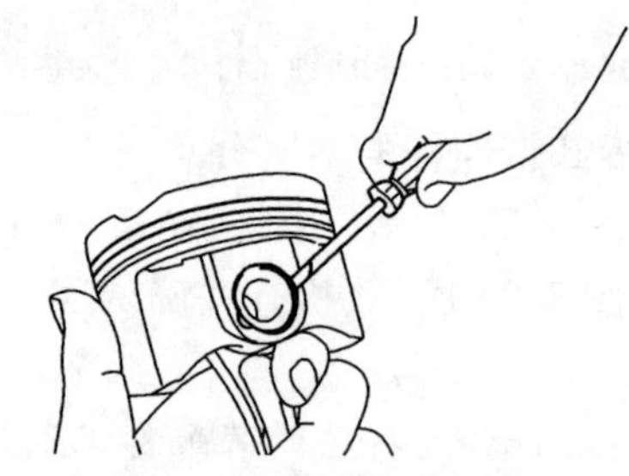

图3-87　活塞连杆组和曲轴飞轮组部件的拆卸(8)

②如图3-88所示，逐渐加热各活塞到80～90℃。

③如图3-89所示，用塑料锤和铜棒，轻轻敲出活塞销并拆下连杆。

注意：活塞和活塞销是一组配套件。按正确的顺序摆放活塞、活塞销、活塞环、连杆和轴承。

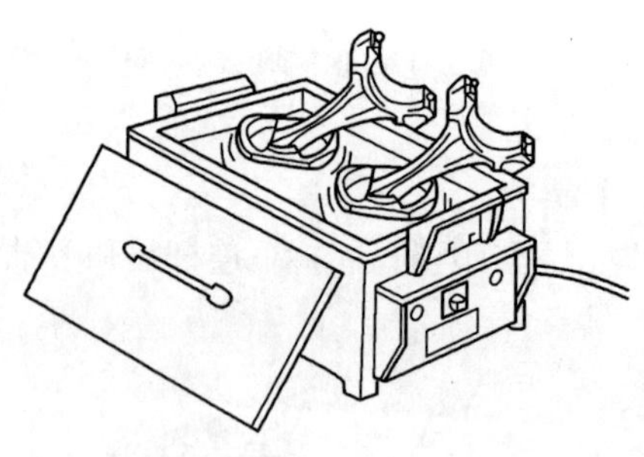

图3-88　活塞连杆组和曲轴飞轮组部件的拆卸(9)

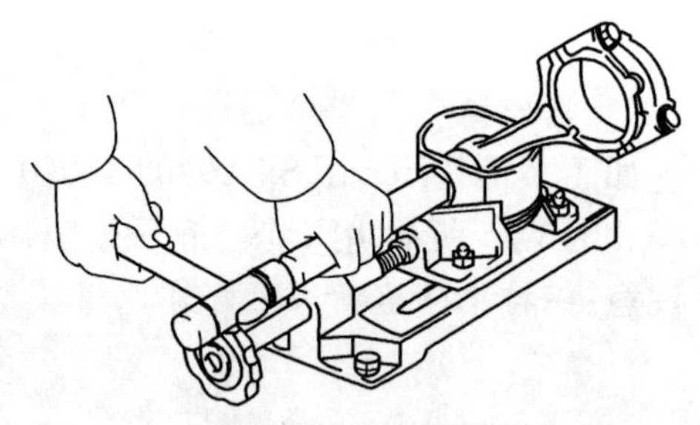

图3-89　活塞连杆组和曲轴飞轮组部件的拆卸(10)

(7)拆卸曲轴。

①按图3-90所示顺序，均匀地拧松并拆下10个主轴承盖螺栓。

②用2个已拆下的主轴承盖螺栓拆下5个主轴承盖和5个下轴承。

注意：依次将螺栓插入轴承盖。如图3-91所示，轻轻地向上拉并向汽缸体的前、后侧施加力，将轴承盖拉出。小心不要损坏轴承盖和汽缸体的接触面。将下轴承和主轴承盖作为一个组件保存。按正确的顺序摆放主轴承盖。

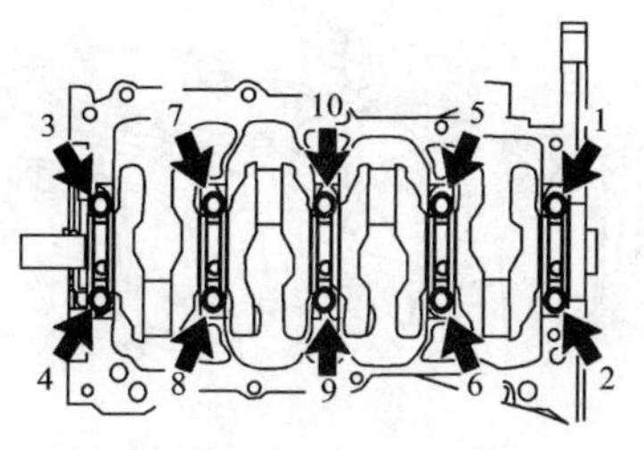

图 3-90　活塞连杆组和曲轴飞轮组部件的拆卸(11)

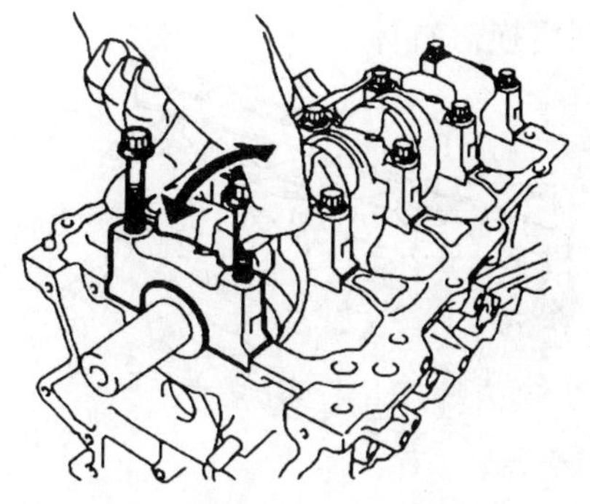

图 3-91　活塞连杆组和曲轴飞轮组部件的拆卸(12)

③提出曲轴。

(8)如图 3-92 所示,从汽缸体上拆下曲轴上止推垫圈。

(9)拆卸曲轴轴承。如图 3-93 所示,从汽缸体上拆下 5 个主轴承。

注意:按正确的顺序摆放轴承。

(10)拆卸 1 号机油喷嘴分总成。如图 3-94 所示,用 5mm 六角套筒扳手拆下螺栓和机油喷嘴。

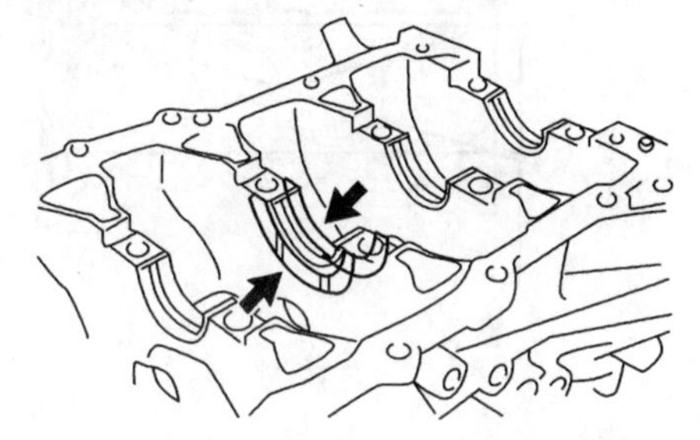

图 3-92　活塞连杆组和曲轴飞轮组部件的拆卸(13)

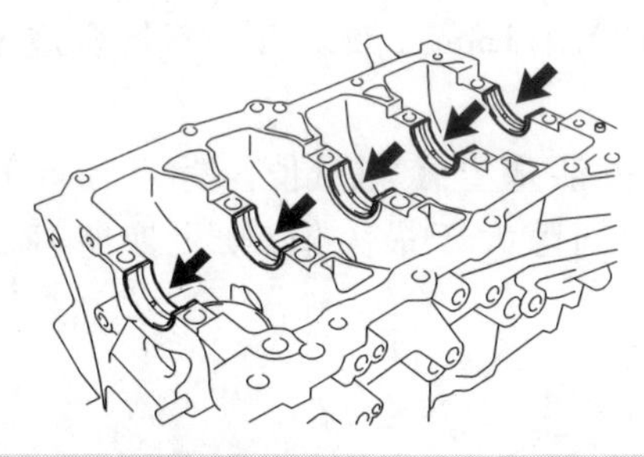

图 3-93　活塞连杆组和曲轴飞轮组部件的拆卸(14)

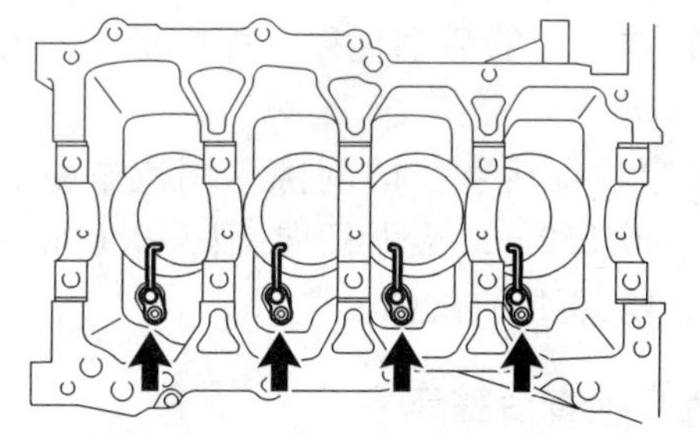

图 3-94　活塞连杆组和曲轴飞轮组部件的拆卸(15)

引导问题 17　如何检查活塞连杆组和曲轴飞轮组零部件?

1 检查汽缸体

(1)检查汽缸体的平面度。如图 3-95 所示,用精密直尺和塞尺,测量与汽缸垫接触的表面的平面度。最大平面度:0.05mm。如果平面度大于最大值,则更换汽缸体。

(2)检查汽缸直径。如图 3-96 所示,用量缸表在位置 A 和 B 处测量径向与轴向的汽缸直径。标准直径:80.500~80.513mm,最大直径:80.633mm。如果 4 个位置的平均缸径值大

于最大值,则更换汽缸体。

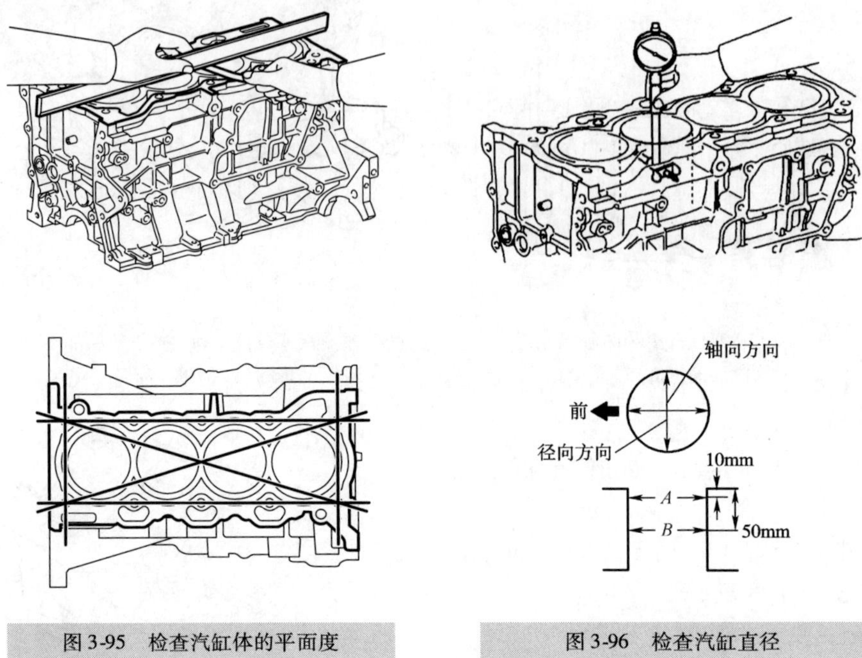

图 3-95　检查汽缸体的平面度

图 3-96　检查汽缸直径

2 检查活塞

(1)检查活塞直径。如图 3-97 所示,在距活塞顶部 12.6mm 处,用外径千分尺测量与活塞销孔成直角的活塞直径。标准活塞直径:80.461 ~ 80.471mm。如果直径不符合规定,则更换活塞。

(2)检查活塞径向间隙。用汽缸缸径测量值减去活塞直径测量值。标准径向间隙:0.029 ~ 0.052mm,最大径向间隙:0.09mm。如果径向间隙大于最大值,则更换所有活塞。如有必要,更换汽缸体。

3 检查活塞环

(1)检查环槽间隙。如图 3-98 所示,使用塞尺测量新活塞环和环槽壁间的间隙。标准环槽间隙如下:1 号气环应为 0.02 ~ 0.07mm;2 号气环应为 0.02 ~ 0.06mm;油环应为 0.02 ~ 0.065mm。如果环槽间隙不符合规定,则更换活塞。

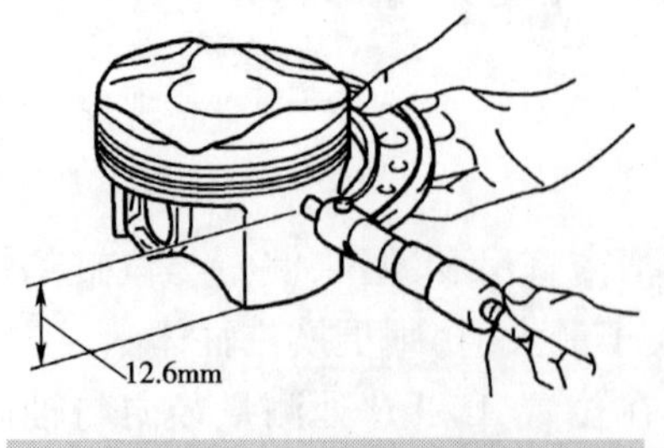

图 3-97　检查活塞直径

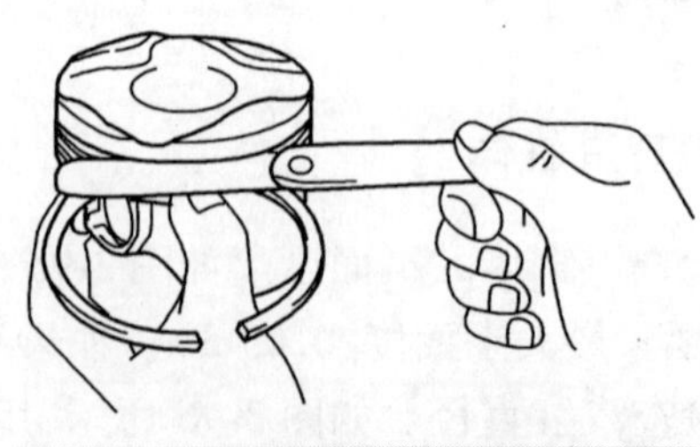

图 3-98　检查环槽间隙

(2)检查活塞环端隙。

①如图 3-99 所示,用活塞从汽缸体的顶部将活塞环推至活塞环底部,使其行程超过 50mm。

②如图 3-100 所示,用塞尺测量端隙。标准端隙如下:1 号气环应为 0.2 ~ 0.3mm;2 号气环应为 0.3 ~ 0.5mm;油环应为 0.1 ~ 0.4mm。最大端隙如下:1 号气环应为 0.5mm;2 号气环应为 0.7mm;油环应为 0.7mm。如果端隙大于最大值,则更换活塞环。换上新的活塞环后,如果端隙仍大于最大值,则更换汽缸体。

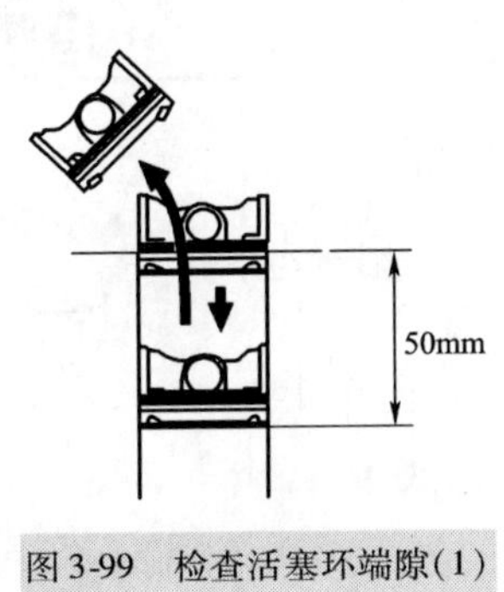

图 3-99 检查活塞环端隙(1)

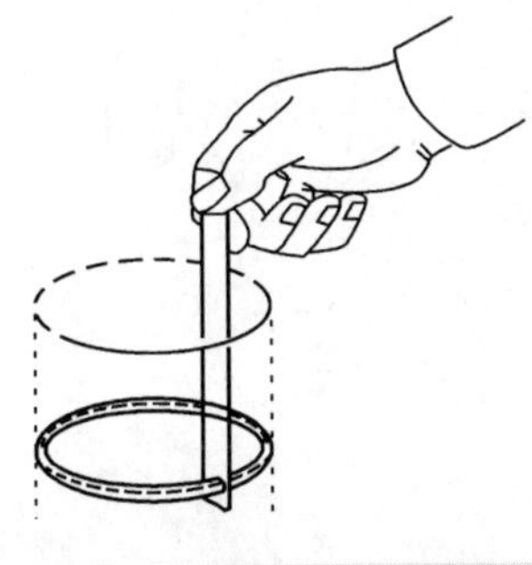

图 3-100 检查活塞环端隙(2)

4 检查曲轴

(1)检查曲轴弯曲度。如图 3-101 所示,用百分表和 V 形块测量曲轴弯曲度。曲轴最大弯曲度:0.03mm。如弯曲度大于最大值,则更换曲轴。

(2)检查曲轴主轴颈磨损和径向圆跳动。如图 3-102 所示,用外径千分尺测量各主轴颈的直径和径向圆跳动。标准直径:47.988 ~ 48.000mm。如果直径不符合规定,则检查曲轴径向间隙。标准直径(参考)如下:标记 0 应为 47.999 ~ 48.000mm;标记 1 应为 47.997 ~ 47.998mm;标记 2 应为 47.995 ~ 47.996mm;标记 3 应为 47.993 ~ 47.994mm;标记 4 应为 47.991 ~ 47.992mm;标记 5 应为 47.988 ~ 47.990mm。最大径向圆跳动:0.004mm,如果径向圆跳动大于最大值,则更换曲轴。

(3)检查连杆轴颈的磨损和径向圆跳动。如图 3-103 所示,用外径千分尺测量各曲柄销的直径和径向圆跳动。标准直径:43.992 ~ 44.000mm,如果直径不符合规定,则检查连杆径向间隙。最大径向圆跳动:0.004mm。如果径向圆跳动大于最大值,则更换曲轴。

(4)检查曲轴轴向间隙。

①安装主轴承盖。

②如图 3-104 所示,用螺丝刀来回撬动曲轴的同时,用百分表测量轴向间隙。标准轴向间隙:0.04 ~ 0.14mm,最大轴向间隙:0.18mm。如果轴向间隙大于最大值,则成套更换止推垫圈。

注意:止推垫圈厚度为 2.43 ~ 2.48mm。

(5)检查曲轴径向间隙。

①检查曲轴轴颈和轴承是否有点蚀和划痕。

②安装曲轴轴承。

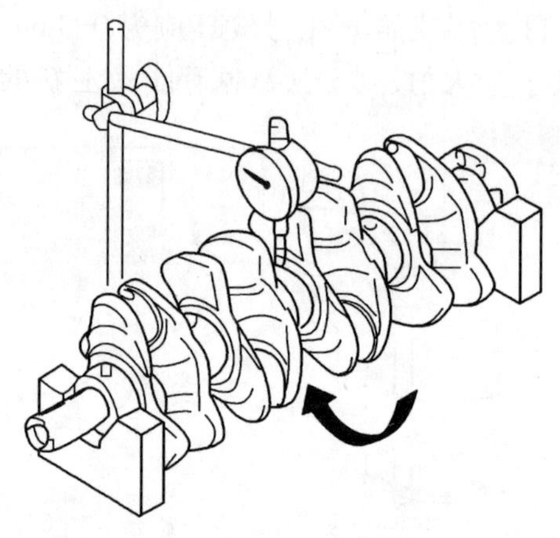

图 3-101　检查曲轴弯曲度

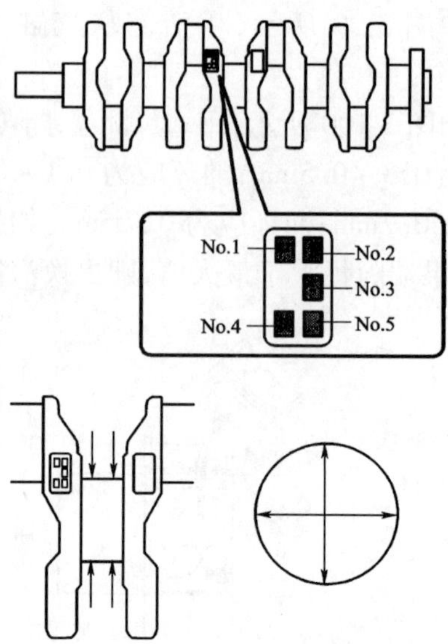

图 3-102　检查曲轴磨损和径向圆跳动

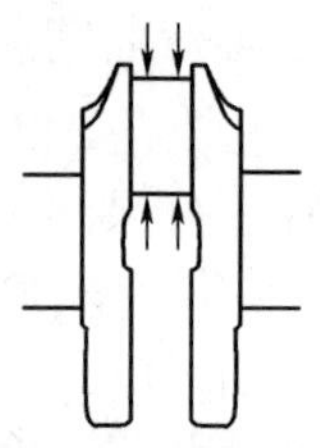

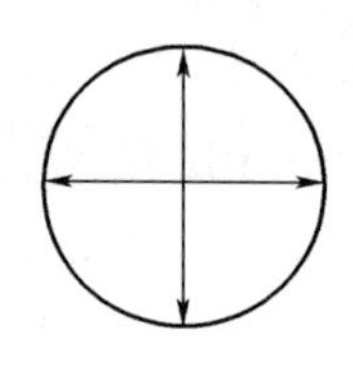

图 3-103　检查连杆轴颈磨损和径向圆跳动

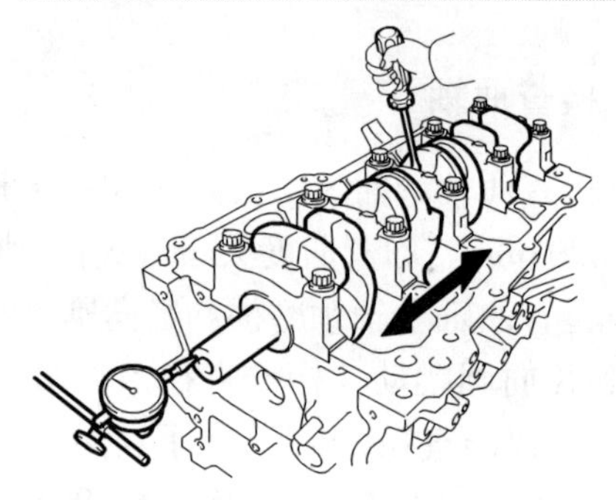

图 3-104　检查曲轴轴向间隙

③将曲轴放到汽缸体上。

④如图 3-105 所示，将塑料间隙规摆放在各轴颈上。

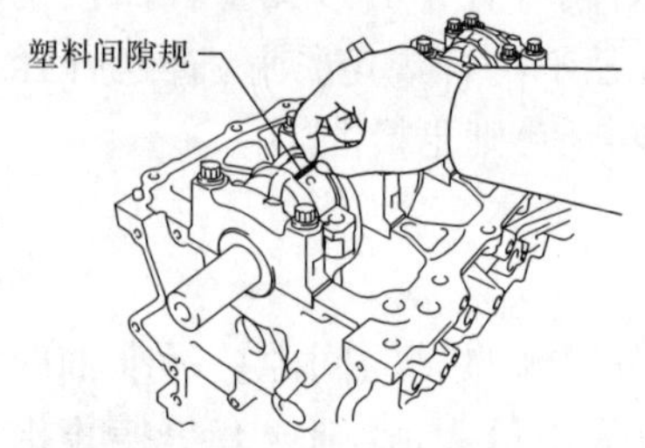

图 3-105　检查曲轴径向间隙(1)

⑤检查朝前标记和数字，并将轴承盖安装到汽缸体上。

注意：各主轴承盖上都标有一个数字以指明安装位置。

⑥安装主轴承盖。

注意：不要转动曲轴。

⑦拆下主轴承盖。

⑧如图 3-106 所示，测量塑料间隙规最宽处。标准径向间隙：0.016～0.039mm，最大径向间隙：0.050mm。如果径向间隙大于最大值，则更换曲轴轴承。如有必要，则更换曲轴。

注意：测量后完全拆下塑料间隙规。

如果更换轴承，则选择同号的新轴承。如果轴承号无法确定，则将汽缸体和曲轴上压印

的号码相加，以计算正确的轴承号。然后根据表 3-3，用计算的号码选择新轴承。有 4 种尺寸的标准轴承，分别标有“1”、“2”、“3”和“4”。例如：汽缸体“2” + 曲轴“3” = 总数 5（使用 2 号轴承）。

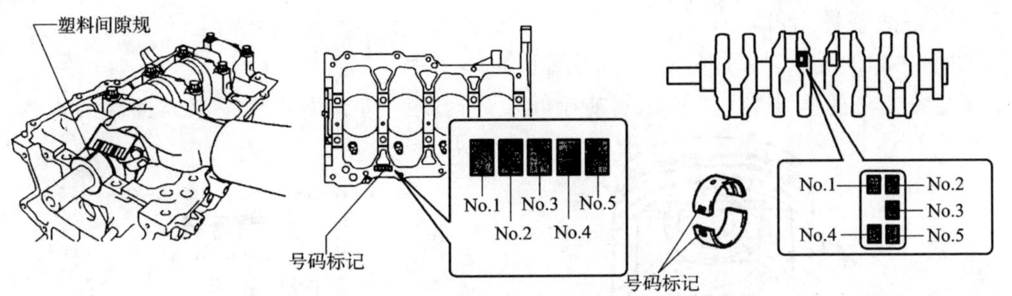

图 3-106 检查曲轴径向间隙（2）

选 用 新 轴 承 表 3-3

汽缸体号码 + 曲轴号码	0 ~ 2	3 ~ 5	6 ~ 8	9 ~ 11
将使用的轴承	“1”	“2”	“3”	“4”

引导问题 18 如何重新装配活塞连杆组和曲轴飞轮组部件？

（1）安装 1 号机油喷嘴分总成，如图 3-94 所示。用 5mm 六角套筒扳手和螺栓安装机油喷嘴，拧紧力矩：10N · m。

（2）安装活塞。

①如图 3-107 所示，用螺丝刀将新卡环安装到活塞销孔的一端。

注意：确保卡环的端隙与活塞上的活塞销孔切口部位错开。

②逐渐加热活塞到 80 ~ 90℃。

③如图 3-108 所示，对准活塞和连杆上的朝前标记，并用拇指推入活塞。

注意：活塞和活塞销是一组配套件。

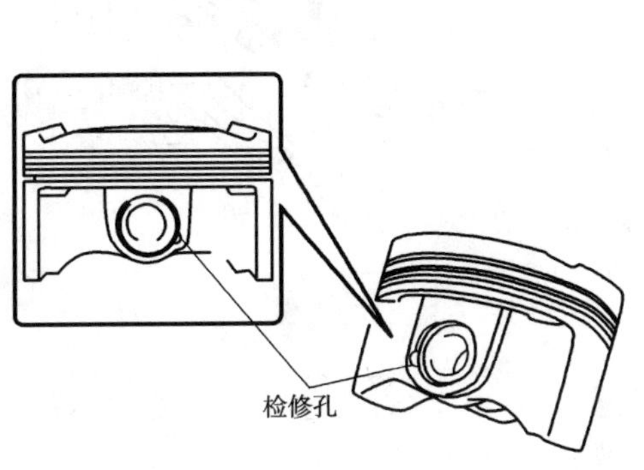

图 3-107 活塞连杆组和曲轴飞轮组部件的重新装配（1）

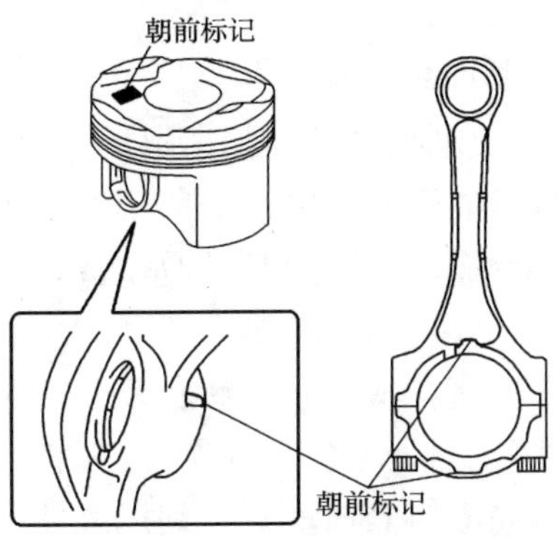

图 3-108 活塞连杆组和曲轴飞轮组部件的重新装配（2）

④使用螺丝刀在活塞销孔的另一端安装一个新卡环。

注意：确保卡环的端隙与活塞上的活塞销孔切口部位错开。

⑤如图 3-109 所示，在活塞销上来回移动活塞，检查活塞和活塞销间的安装情况。

(3)安装活塞环组件。

①如图 3-110 所示，用手安装油环胀圈和油环刮片。

注意：安装胀圈和油环，使其环端处于相反的两侧。将胀圈牢固安装至油环的内槽。

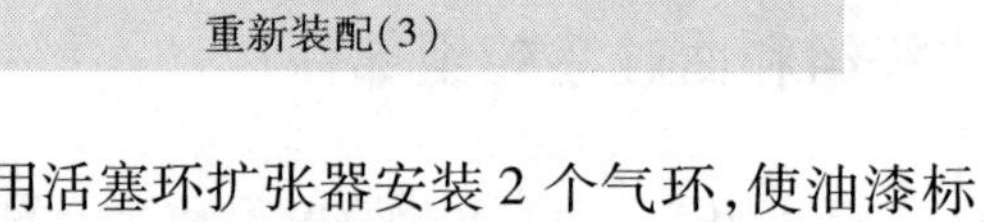

图 3-109　活塞连杆组和曲轴飞轮组部件的重新装配(3)

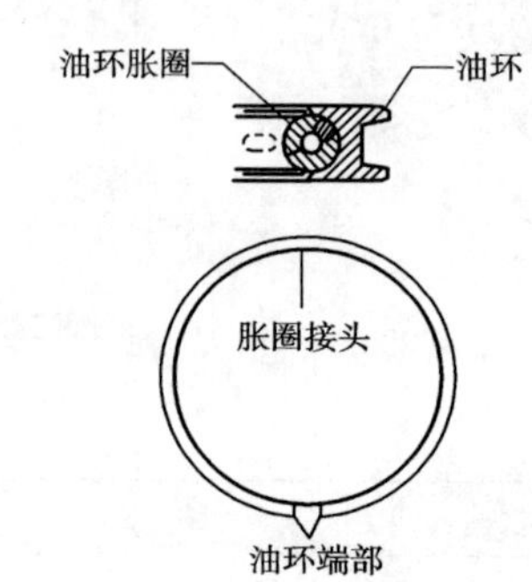

图 3-110　活塞连杆组和曲轴飞轮组部件的重新装配(4)

②用活塞环扩张器安装 2 个气环，使油漆标记处于图 3-111 所示位置。

注意：安装 1 号气环，使代码标记(A1)朝上。安装 2 号气环，使代码标记(A2)朝上。油漆标记仅在新活塞环上检查到。重新使用活塞环时，检查各活塞环外形，以将其安装至正确位置。

③放置活塞环，使活塞环端处于如图 3-112 所示位置。

(4)安装曲轴轴承。

①安装上轴承(除 3 号轴颈外)。如图 3-113 所示，将带机油槽的上轴承安装到汽缸体上。用刻度尺测量汽缸体边缘和上轴承边缘间的距离。尺寸 A 为 0.5～1.0mm。

注意：不要在轴承和接触表面上涂抹机油。

②安装上轴承(3 号轴颈)。如图 3-114 所示，将带机油槽的上轴承安装到汽缸体上。用游标卡尺测量汽缸体边缘和上轴承边缘间的距离。尺寸 A 和 B 均为 0.7mm 或更小。

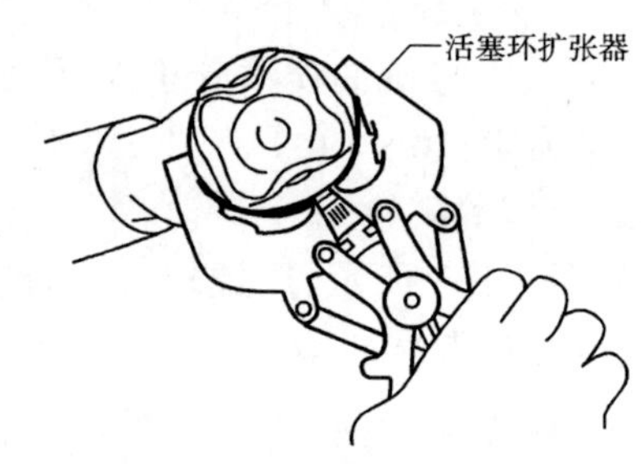

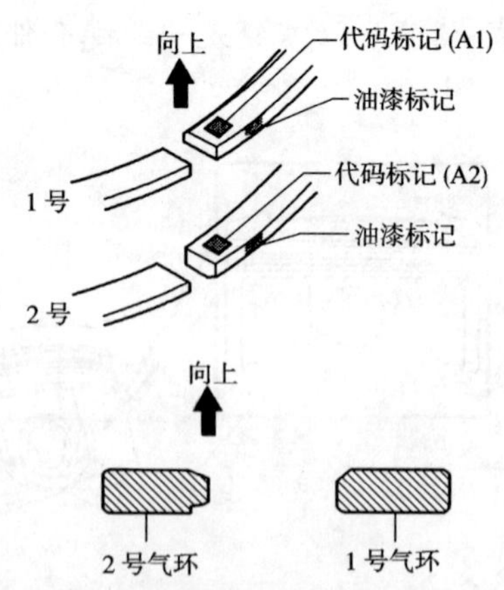

图 3-111　活塞连杆组和曲轴飞轮组部件的重新装配(5)

注意：不要在轴承和接触表面上涂抹机油。

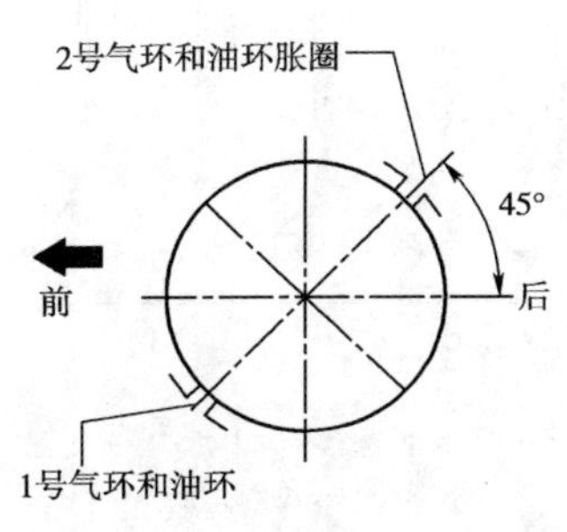

图 3-112　活塞连杆组和曲轴飞轮组部件的重新装配(6)

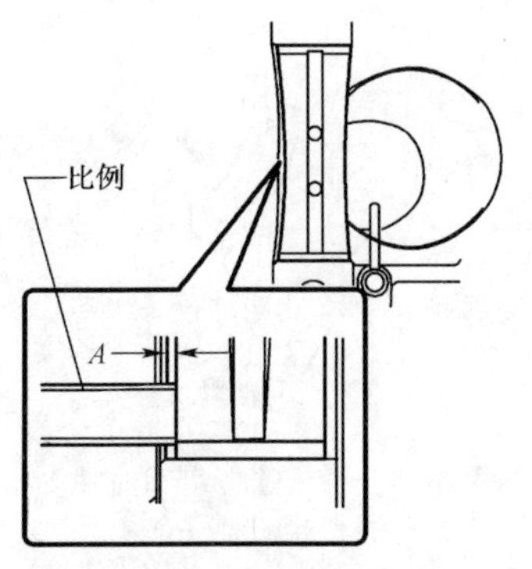

图 3-113　活塞连杆组和曲轴飞轮组部件的重新装配(7)

③安装下轴承。如图 3-115 所示，将下轴承安装到轴承盖上。用游标卡尺测量轴承盖边缘和下轴承边缘间的距离。尺寸 *A* 和 *B* 均为 0.7mm 或更小。

注意：不要在轴承和接触表面上涂抹机油。

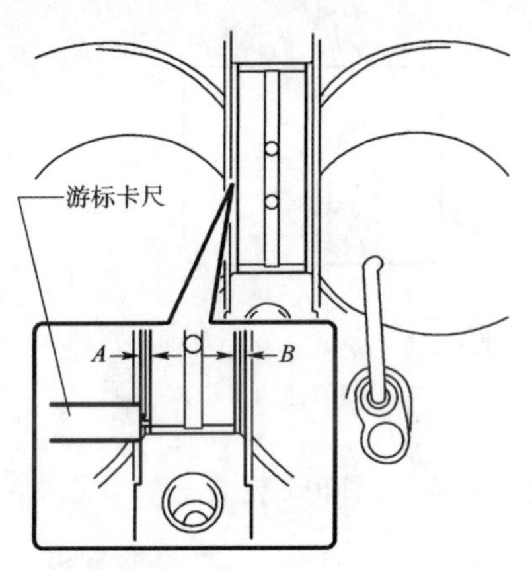

图 3-114　活塞连杆组和曲轴飞轮组部件的重新装配(8)

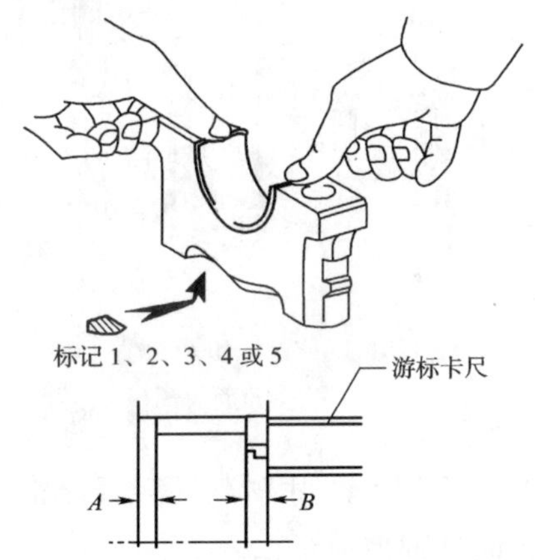

图 3-115　活塞连杆组和曲轴飞轮组部件的重新装配(9)

(5)安装曲轴上止推垫圈。如图 3-116 所示，使机油槽向外，将 2 个止推垫圈安装到汽缸体的 3 号轴颈下方。在曲轴止推垫圈上涂抹机油。

(6)安装曲轴。

①在上轴承上涂抹机油，并将曲轴安装到汽缸体上。

②在下轴承上涂抹机油。

③如图 3-117 所示，检查数字标记，并将轴承盖安装到汽缸体上。

④在轴承盖螺栓的螺纹上和轴承盖螺栓下涂抹一薄层机油。

⑤如图 3-118 所示，暂时安装 10 个主轴承盖螺栓。

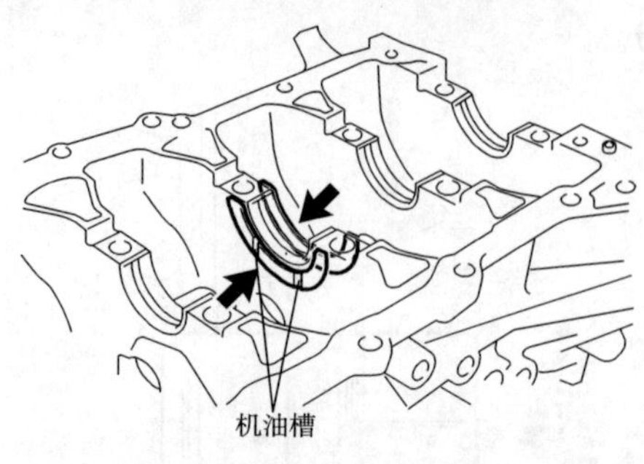

图 3-116　活塞连杆组和曲轴飞轮组部件的重新装配(10)

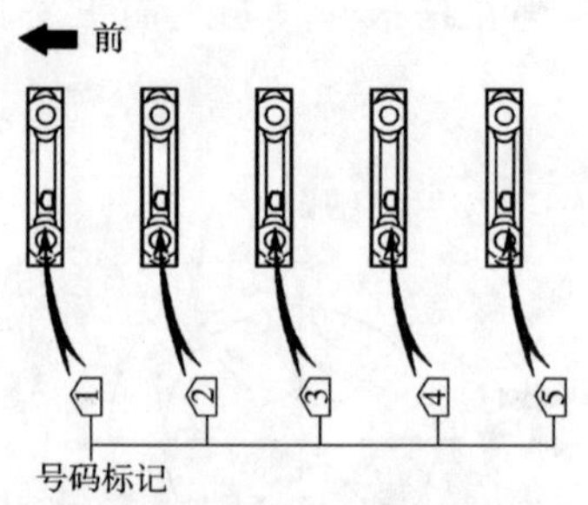

图 3-117　活塞连杆组和曲轴飞轮组部件的重新装配(11)

⑥如图 3-119 所示,标记 2 个内轴承盖螺栓并以此为导向,用手插入主轴承盖,直到主轴承盖和汽缸体间的间隙小于 5mm。

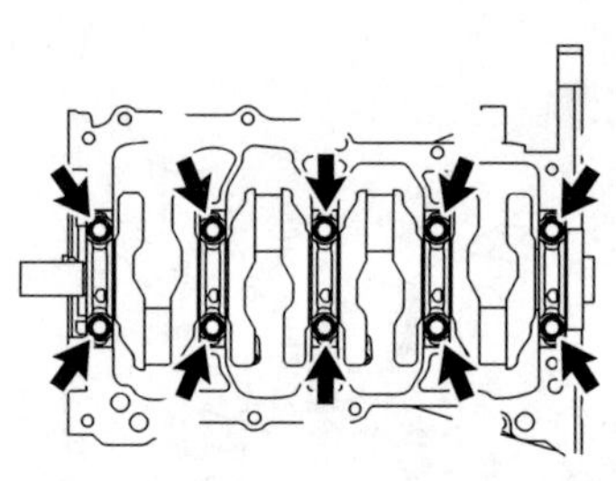

图 3-118　活塞连杆组和曲轴飞轮组部件的重新装配(12)

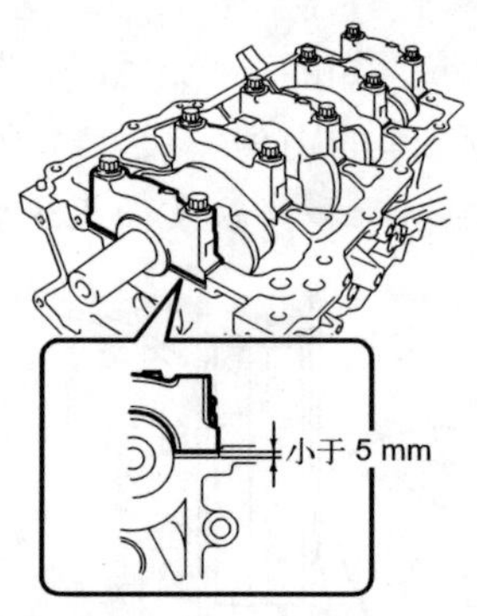

图 3-119　活塞连杆组和曲轴飞轮组部件的重新装配(13)

⑦如图 3-120 所示,用塑料锤轻轻敲击轴承盖,以确保正确安装。

⑧安装曲轴轴承盖螺栓。

注意:主轴承盖螺栓的紧固分两步完成。

先按图 3-121 所示顺序,安装并均匀紧固 10 个主轴承盖螺栓,拧紧力矩:40N · m;然后按如图 3-122 所示,用油漆在轴承盖螺栓前端做标记,再按顺序将轴承盖螺栓紧固 90°。检查并确认曲轴转动顺畅,并检查曲轴轴向间隙。

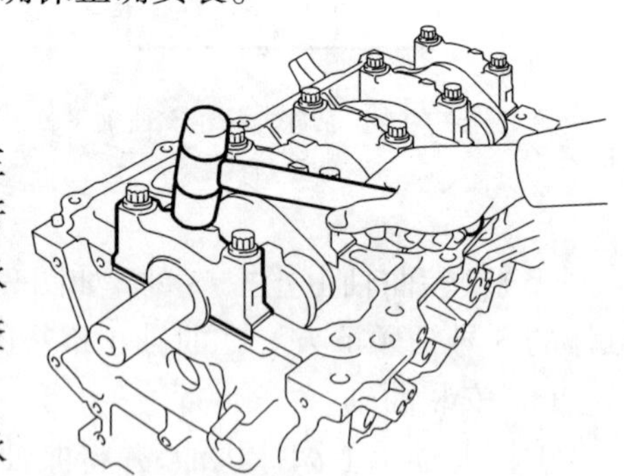

图 3-120　活塞连杆组和曲轴飞轮组部件的重新装配(14)

(7)安装连杆轴承。如图 3-123 所示,将连杆轴承安装到连杆和轴承盖上。用游标卡尺测量连杆边缘和轴承盖边缘与连杆轴承边缘间的距离。尺寸 A 和 B 均为 0.7mm 或更小。

注意:不要在轴承和接触表面上涂抹机油。

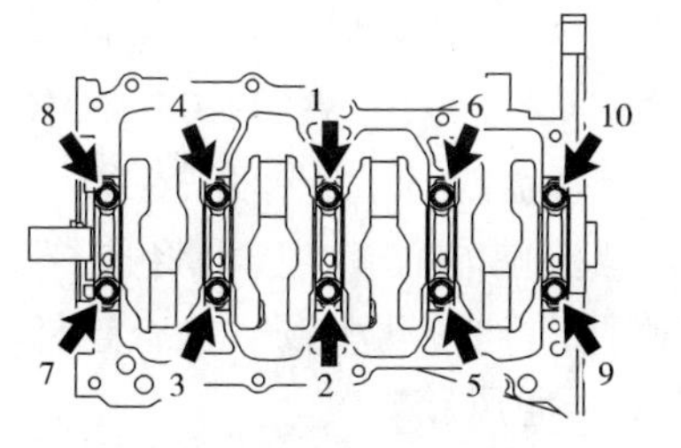

图 3-121　活塞连杆组和曲轴飞轮组部件的重新装配(15)

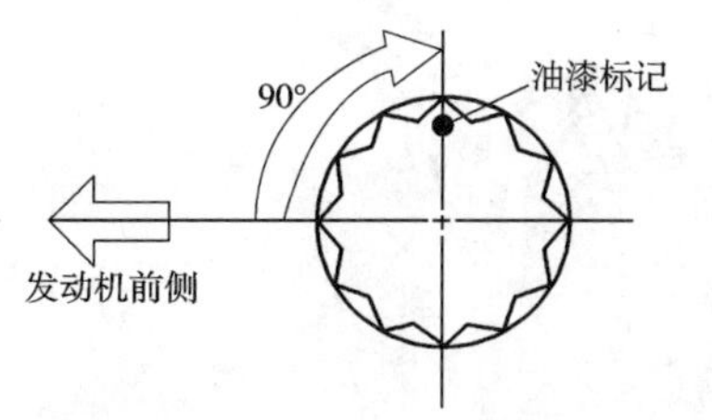

图 3-122　活塞连杆组和曲轴飞轮组部件的重新装配(16)

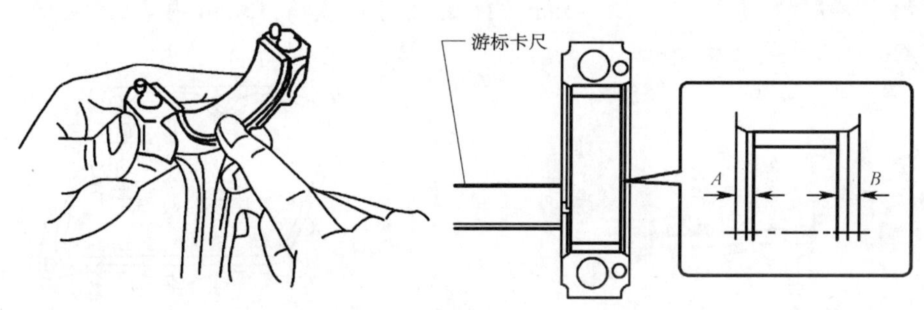

图 3-123　活塞连杆组和曲轴飞轮组部件的重新装配(17)

(8)安装带连杆的活塞分总成。

①在汽缸壁、活塞、连杆轴承表面上涂抹机油。

②按照图 3-112 所示位置放置活塞环。

注意：各活塞环端必须错开。

③如图 3-124 所示，使活塞朝前标记朝前，用活塞环压缩器将相应号的活塞和连杆总成压入汽缸内。

注意：将连杆插入活塞时，不要使其接触机油喷嘴。连杆盖与连杆的号要相匹配。

④如图 3-125 所示，检查并确认连杆盖的凸起部分朝向正确的方向。

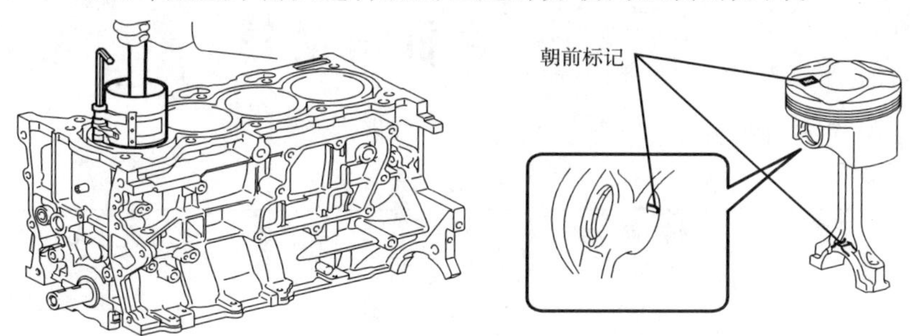

图 3-124　活塞连杆组和曲轴飞轮组部件的重新装配(18)

⑤在连杆盖螺栓的螺纹上和螺栓头下部涂抹一薄层机油。

⑥安装连杆盖螺栓。

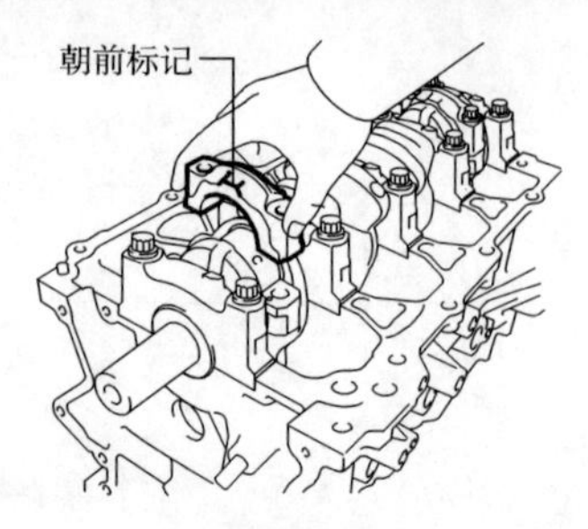

图3-125　活塞连杆组和曲轴飞轮组部件的重新装配(19)

注意:连杆盖螺栓的紧固分2步完成。

如图3-126所示,先用SST09205-16010,安装并分几次交替拧紧连杆盖螺栓,拧紧力矩:20N·m;然后用油漆在连杆盖螺栓前端作标记,再将连杆盖螺栓紧固90°。检查并确认曲轴转动顺畅。检查连杆轴向间隙。

(9)安装1号通风箱。

①如图3-127所示,连续涂抹密封胶。密封胶:丰田原厂黑密封胶。密封直径:2.0mm。

注意:清除接触面的所有机油。涂抹密封胶后3min内安装1号通风箱,15min内紧固螺栓和螺母。安装后至少2h内不要起动发动机。

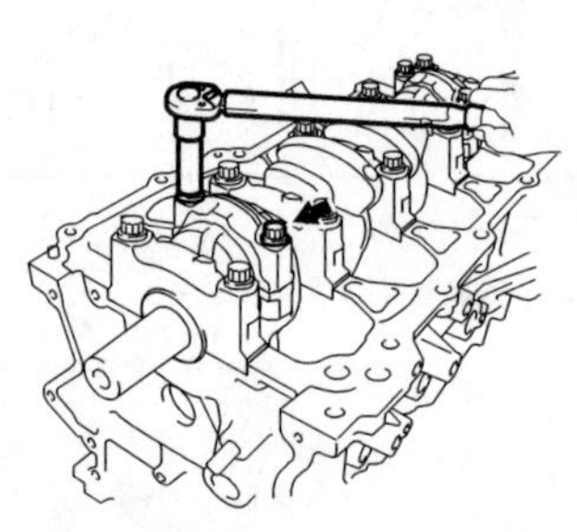

图3-126　活塞连杆组和曲轴飞轮组部件的重新装配(20)

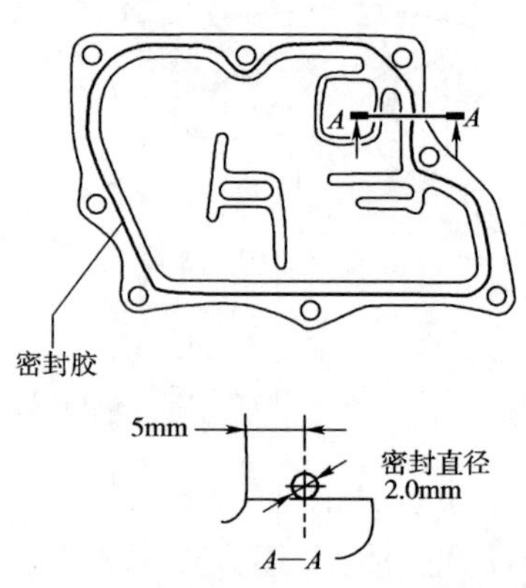

图3-127　活塞连杆组和曲轴飞轮组部件的重新装配(21)

②用6个螺栓和2个螺母安装1号通风箱,如图3-80所示。

(10)安装汽缸垫、汽缸盖及其他零部件,参见汽缸盖和汽缸垫的装配。

三、评价与反馈

1. 对本学习任务进行评价,见表3-4。

评　分　表　　表3-4

考核项目	评分标准	分数	学生自评	小组评价	教师评价	小计
团队合作	是否协调	5				
活动参与	是否积极主动	5				
安全生产	有无安全隐患	10				
现场5S	是否做到	10				
任务方案	是否正确、合理	15				

续上表

考核项目	评分标准	分数	学生自评	小组评价	教师评价	小计
操作过程	汽缸压力测试; 拆卸、检查、安装汽缸盖及汽缸垫; 拆卸、检查、安装活塞连杆组和曲轴飞轮组零部件	30				
任务完成情况	是否圆满完成	5				
工具和设备使用	是否规范、标准	10				
劳动纪律	是否能严格遵守	5				
工单填写	是否完整、规范	5				
总分		100				
教师签名:			年　月　日		得分	

2. 在实施作业时每一个安全事项都注意到了吗?如果没有,找出忽略的地方和原因。

3. 能否向车主解释发动机动力不足与曲柄连杆机构的关系?如果不能,分析原因并提出改进措施。

四、学习拓展

1. 查阅相关资料,说明造成发动机动力不足的其他原因有哪些。如何用简单的方法进行检查?

2. 查阅相关资料,说明曲柄连杆机构的拆装注意事项有哪些。

学习任务四

发动机动力不足的检修(二)

学习目标

完成本学习任务后,你应当能:

1. 叙述配气机构的功用、组成和工作原理;
2. 明确配气机构各零部件的功用和结构特点;
3. 明确配气相位的意义,了解可变配气相位的功用和工作原理;
4. 读懂“发动机动力不足的检修工艺流程”,并能按“检修工艺流程”进行检修;
5. 正确地使用工具和设备;
6. 规范地进行发动机汽缸压力测试,并对测量结果进行分析;
7. 规范地对配气机构进行拆卸、零部件检查和安装。

建议完成本学习任务的时间为 16 课时。

学习任务描述

一辆卡罗拉(1.6L)轿车,行驶了120000km,到维修站检查,车主反映该车最近特别费油且加速无力,要求维修人员对车辆发动机进行检查,找出故障原因并进行维修。

学习内容

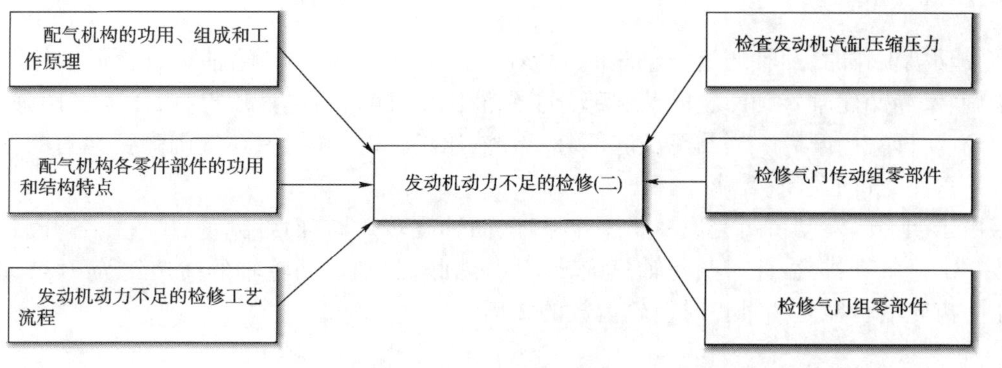

一、资料收集

引导问题1 配气机构的功用和组成有哪些?

配气机构的功用是按照发动机每一汽缸内所进行的工作循环或发火次序的要求,定时开启和关闭各汽缸的进、排气门,使新鲜可燃混合气(汽油机)或空气(柴油机)得以及时进入汽缸,废气得以及时从汽缸中排出。

配气机构的组成如图4-1所示,由气门组和气门传动组组成。气门组包括气门、气门座、气门导管和气门弹簧等部件。气门传动组主要包括凸轮轴、凸轮轴正时齿形带轮、正时齿形带、张紧轮和液压挺柱等部件。

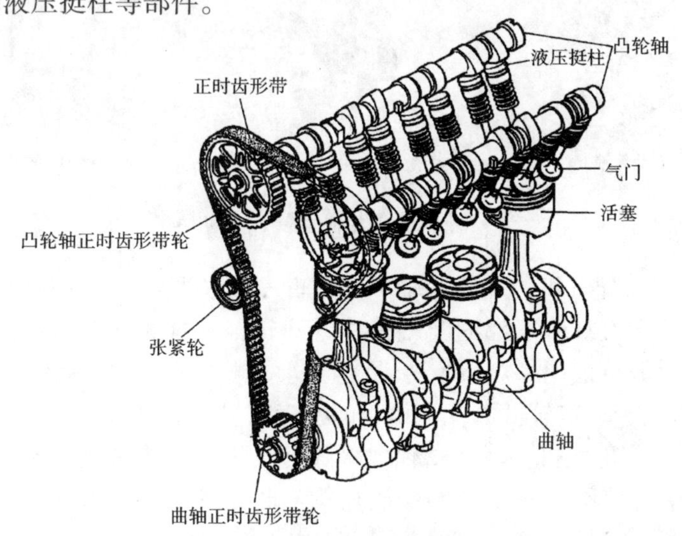

图4-1 配气机构

引导问题2　配气机构是如何工作的?

发动机工作时,曲轴通过曲轴正时齿形带轮、正时齿形带、凸轮轴正时齿形带轮驱动凸轮轴旋转,当凸轮轴转到凸轮的凸起部分顶到液压挺柱时,通过液压挺柱,压缩气门弹簧,使气门离座,即气门开启。当凸轮凸起部分离开液压挺柱时,气门便在气门弹簧弹力的作用下上升而落座,气门关闭。

由于四冲程发动机每完成一个工作循环,曲轴旋转2周,而各缸进、排气门各开启1次,完成一次进气和排气,此时凸轮轴只旋转1周,因此,曲轴与凸轮轴的转速比为2∶1,即凸轮轴正时齿轮的齿数是曲轴正时齿轮齿数的2倍。

引导问题3　配气机构的类型有哪些?

1 按凸轮轴的布置形式分类

按凸轮轴安装位置的不同,可将配气机构分成凸轮轴下置式、凸轮轴中置式和凸轮轴上置式3种,如图4-2所示。

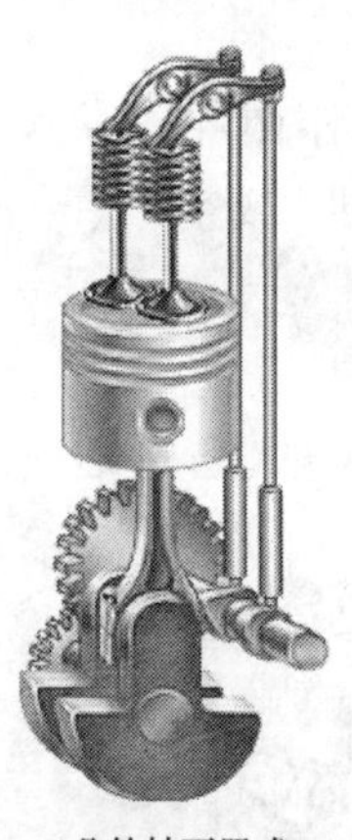

a)凸轮轴下置式

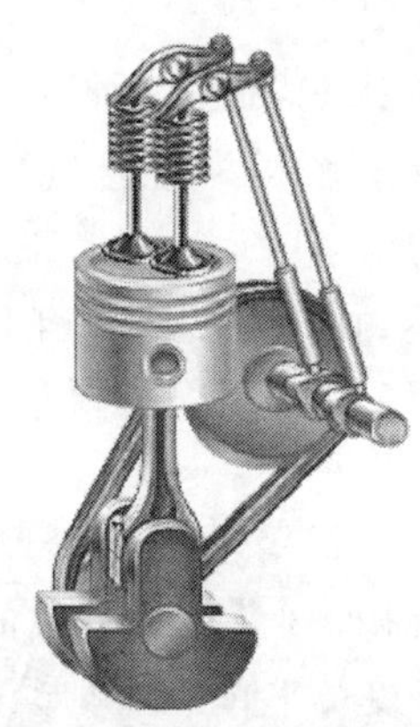

b)凸轮轴中置式

c)凸轮轴上置式

图4-2　凸轮轴的布置形式

(1)凸轮轴下置式配气机构。凸轮轴下置式配气机构是指进气门和排气门安装在汽缸盖上,而凸轮轴安装在汽缸体下部的配气机构。凸轮轴下置式配气机构的特点是凸轮轴与曲轴位置靠近,可以简单地用一对齿轮传动,但需要较长推杆、摇臂和摇臂轴等零部件,整个机构的刚度差。多用于转速较低的发动机,如货车用的柴油机等。

(2)凸轮轴中置式配气机构。凸轮轴中置式配气机构是指进气门和排气门安装在汽缸盖上,而凸轮轴安装在汽缸体中上部的配气机构。凸轮轴中置式的配气机构的凸轮轴一般采用链传动或正时齿形带传动,采用短推杆或省去推杆,但需要摇臂和摇臂轴。

(3)凸轮轴上置式配气机构。凸轮轴顶置式配气机构是指气门和凸轮轴都设置在汽缸盖上。凸轮轴由正时链条或正时齿形带驱动,不需要推杆,摇臂和摇臂轴也可省去,减少了配气机构的零件,使配气机构往复运动质量大大减小,现在轿车上多采用这种布置形式。

2 按气门的布置形式分类

按气门布置的位置不同,配气机构可分为气门侧置式和气门顶置式两种,如图 4-3 所示。

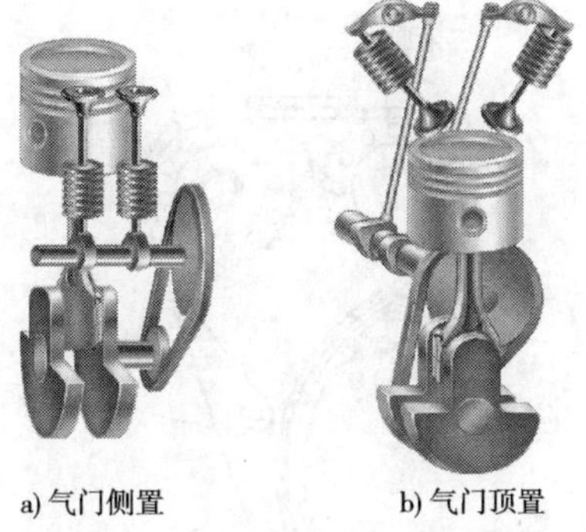

a) 气门侧置　　b) 气门顶置

图 4-3　气门的布置形式

3 按凸轮轴的传动方式分类

根据凸轮轴的驱动方式不同,配气机构可分为链条驱动式、齿形带驱动式、齿轮驱动式和辅助齿轮驱动式,如图 4-4 所示。现在轿车发动机一般多采用链条驱动式或齿形带驱动式,特殊的赛车用发动机多使用齿轮驱动式。

4 按每缸气门数分类

按每缸气门数的不同,配气机构可分为每缸两气门式和每缸多气门式,如图 4-5 所示。

引导问题 4　气门组各零部件的功用及结构特点如何?

气门组主要由气门、气门弹簧、气门座、气门导管和气门锁片等零部件组成(图 4-6),其作用是实现汽缸的密封。

1 气门

气门的功用是与气门座相配合,对汽缸进行密封。气门由气门头部和气门杆部组成(图 4-7),头部用来封闭汽缸的进、排气道,杆部用来为气门的运动起导向作用。

(1)气门头部。气门头部的形状有平顶、喇叭形顶和球面顶,如图 4-8 所示。使用最多的是平顶气门头部,进、排气门均可采用。喇叭形顶气门头部多用于进气门,球面顶气门头部适用于排气门。

气门头部与气门座圈接触的工作面,是与杆部同心的锥面,通常将这一锥面与气门顶部平面的夹角称为气门锥角,如图 4-9 所示,一般作成 30°或 45°。

考虑到进气阻力比排气阻力对发动机性能的影响大得多,为尽量减小进气阻力,一般进气门的尺寸略大于排气门,这是因为进气是利用活塞下移产生的真空来实现的,进气门大些,可提高进气效率;而排气是通过活塞上升将废气排出的,排气门即使是小一些也不会造成太大的影响。

(2)气门杆。气门杆是圆柱形,在气门导管中不断上、下往复运动。气门杆尾部结构取决于气门弹簧座的固定方式,常见的结构形式如图 4-10 所示。

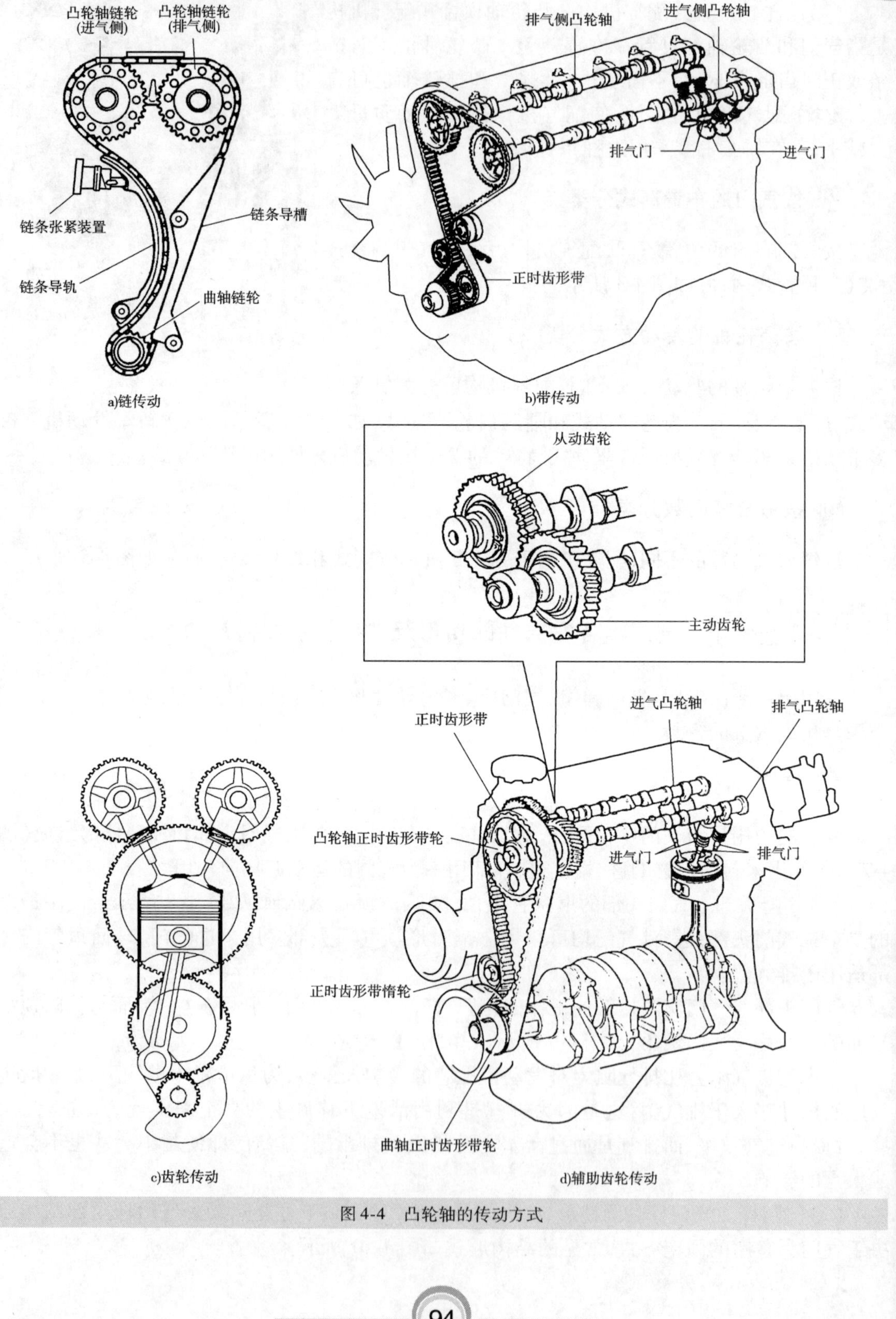

a)链传动

b)带传动

c)齿轮传动

d)辅助齿轮传动

图 4-4　凸轮轴的传动方式

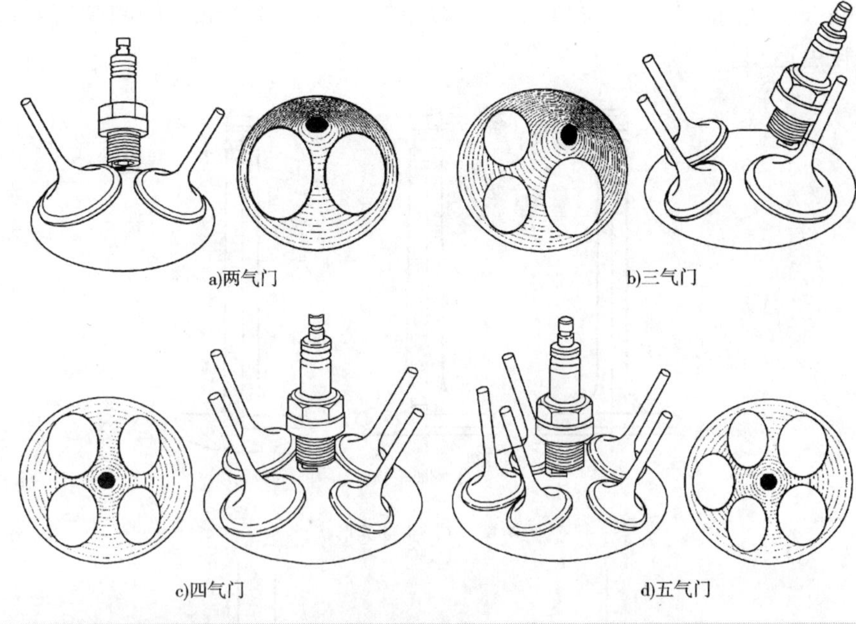

图 4-5　每缸气门数量

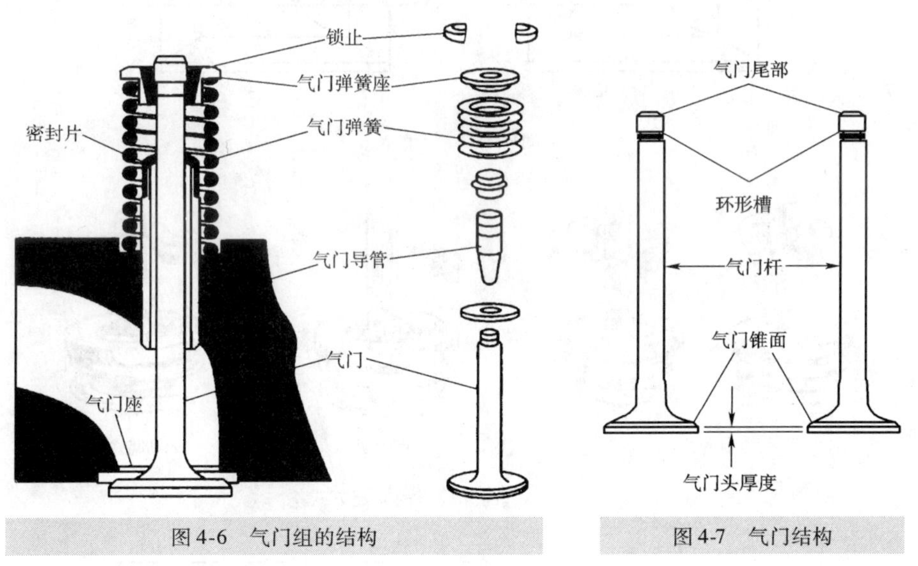

图 4-6　气门组的结构

图 4-7　气门结构

2 气门座

汽缸盖上的进、排气道与气门锥面相接合的部位称为气门座(图 4-11),气门座的锥角和气门锥角相同,一般也是 30°或 45°。气门座不仅有密封作用,还起到了冷却气门的作用。

3 气门导管

气门导管(图 4-12)的功用是为气门的运动导向,保证气门作直线往复运动,使气门与气

门座能正确贴合。气门杆与气门导管之间一般留有 0.05 ~ 0.12mm 的间隙,使气门杆能在气门导管中自由运动。

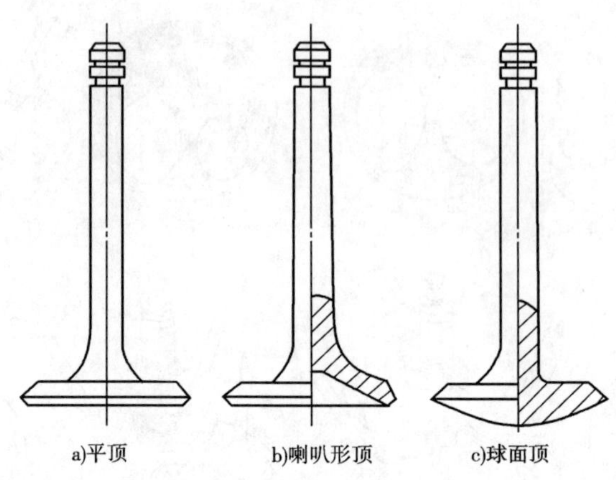

图 4-8　气门头部的形状

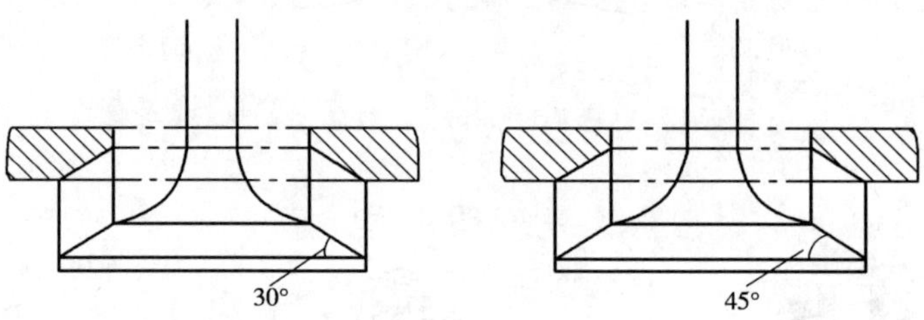

图 4-9　气门锥角

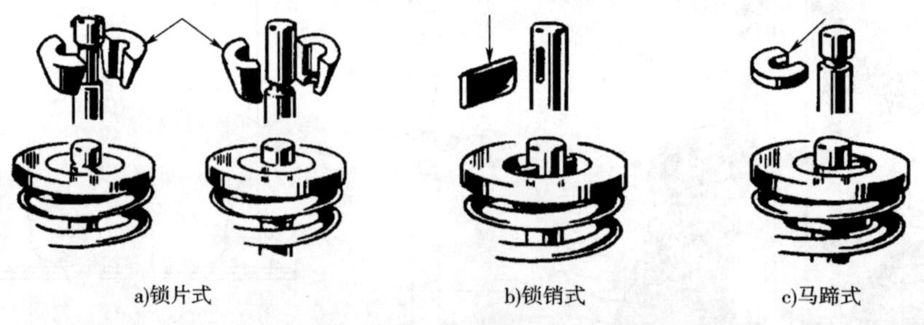

图 4-10　气门弹簧座的固定方式

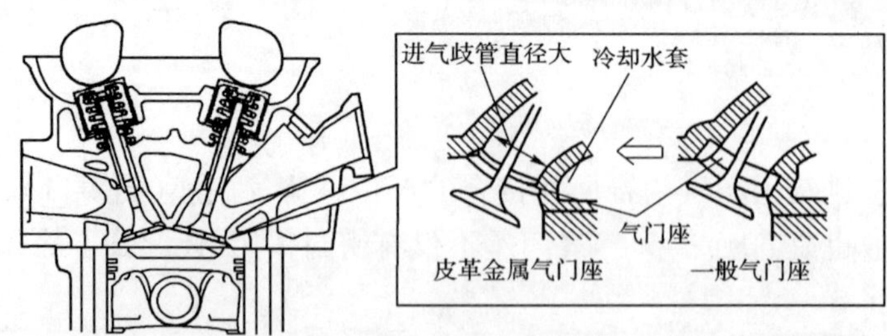

图 4-11　气门座

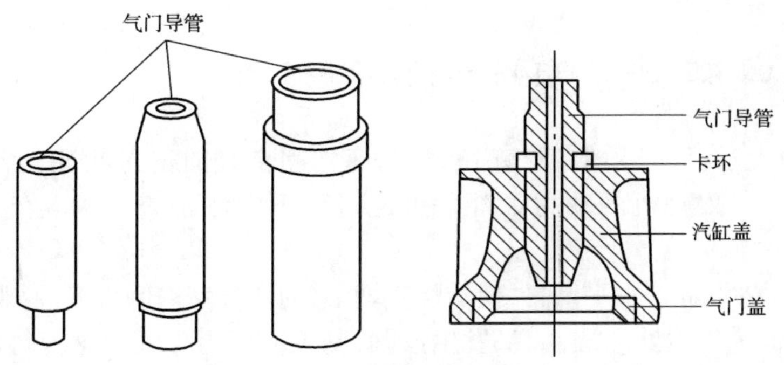

图 4-12 气门导管

4 气门弹簧

气门弹簧的功用保证气门及时落座并与气门座或气门座圈紧密贴合,同时也可防止气门在发动机振动时因跳动而破坏密封。

气门弹簧的一端支撑在汽缸盖上,而另一端则压靠在气门杆尾端的弹簧座上,弹簧座用锁片固定在气门杆的末端。气门弹簧可分为圆柱形螺旋弹簧、变螺距弹簧和双气门弹簧,如图 4-13 所示。采用变螺距的圆柱形弹簧,可防止弹簧发生共振;采用螺旋方向和螺距都不相同双气门弹簧,不但可以防止共振,而且当一根弹簧折断时,另一根弹簧仍可维持工作,为多数高速发动机采用。

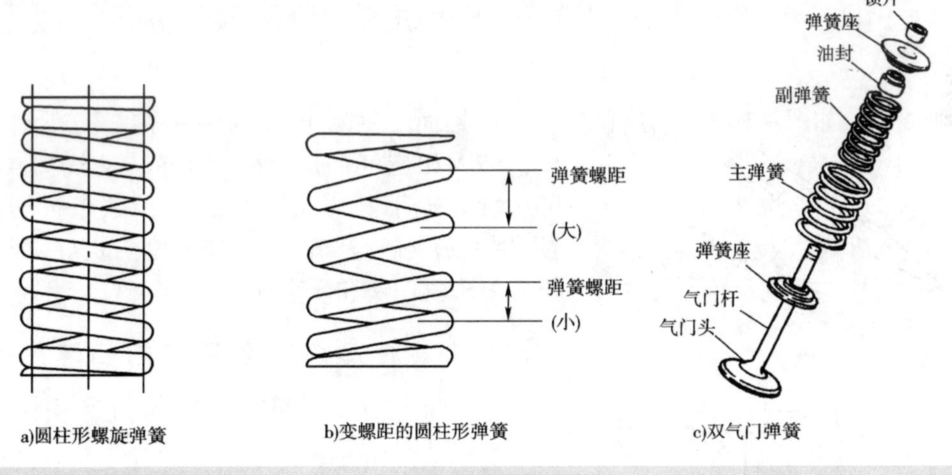

图 4-13 气门弹簧

5 气门油封

气门油封安装在气门导管上部,用来密封气门杆和气门导管之间的间隙,防止机油从气门杆与气门导管之间的间隙漏入燃烧室。气门油封由橡胶圈和弹簧组成(图 4-14),更换气门油封时必须使用专用工具安装,以免造成油封损坏。

引导问题5　如何检查气门和气门座的密封性？

重新装配的发动机，必须保证气门和气门座之间良好的密封状况，否则会造成发动机燃烧室密封不严，发动机的动力下降。可通过以下方法检查气门与气门座之间的密封性：

(1)渗漏法。将汽缸盖水平倒置，使燃烧室朝上，向燃烧室内倒入煤油，观察煤油是否从气门与气门座之间的密封处渗漏，如果发生渗漏，则说明气门与气门座密封性不良，应重新修理气门座和研磨气门。

(2)充气法。如图4-15所示，用带有气压表的专用检验器对燃烧室内充入60～70kPa的相对压力，然后观察气压表读数在规定时间内是否下降，如果读数不下降，则说明气门与气门座之间的密封性良好，否则应重新修理气门座和研磨气门。

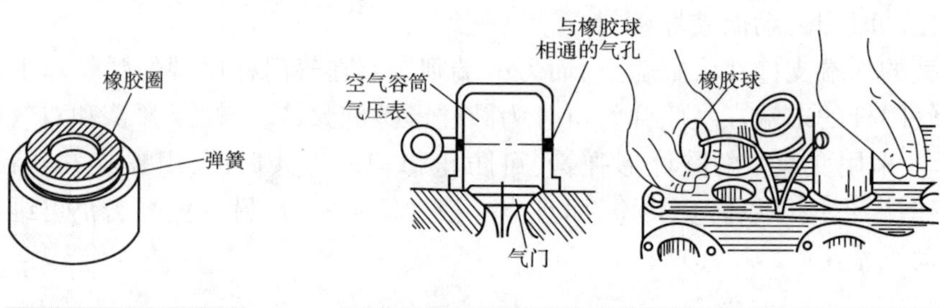

图4-14　气门油封

图4-15　充气法检查气门与气门座之间的密封性

(3)画线法。如图4-16所示，用铅笔在气门锥面上每隔4mm画上一条线条，然后将该气门装入相应气门座，略压紧并转动气门45°～90°，取出气门，检查铅笔线条，如果线条被均匀切断，则表示气门与气门座之间的密封良好，否则应重新修理气门座和研磨气门。

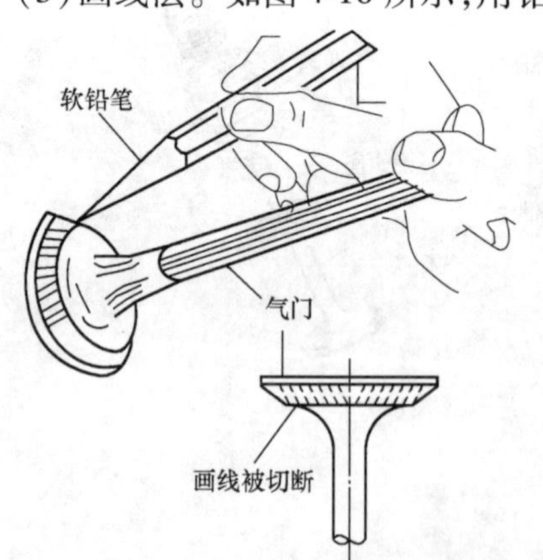

图4-16　划线法检查气门与气门座之间的密封性

引导问题6　什么是气门间隙？气门间隙对发动机有何影响？

为补偿气门及其传动机构零件受热后的膨胀量，通常在发动机冷态装配时，在气门组与气门传动组之间留有一定的间隙，这一间隙称为气门间隙，如图4-17所示。

如果气门间隙过小，会导致气门关闭不严、漏气，使发动机功率下降甚至使气门烧坏；如果间隙过大，会导致配气机构异响，加速零件磨损，同时会使气门开启的持续时间减少，充气效率降低。因此发动机在冷态装配时要保持适当的气门间隙。调整气门间隙的基本原则是：必须在规定的冷机或热机状态下气门完全关闭时进行，可通过调整气门摇臂上的调整螺钉进行调整，如图4-18所示。现在多数发动机都装液力挺杆，以实现配气机构无气门间隙传动，气门间隙也无需调整。

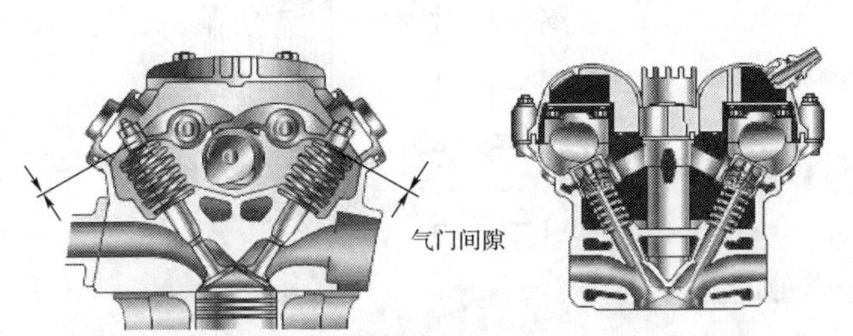

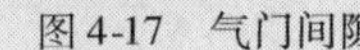

图4-17 气门间隙

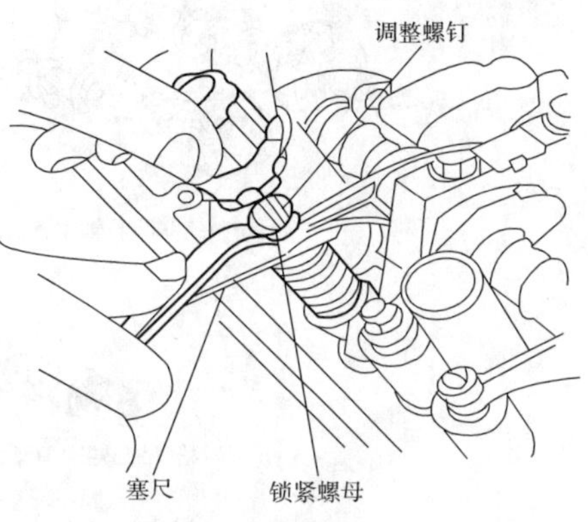

图4-18 气门间隙调整

引导问题7 气门传动组各零部件的功用及结构特点如何？

气门传动组的作用是使气门按发动机配气相位规定的时刻及时开、闭，并保证气门符合规定的开启时间和开启高度。由于配气机构的布置形式多样，气门传动组的差别也很大。

1 凸轮轴

凸轮轴主要由各缸进排气凸轮和凸轮轴轴颈等组成，如图4-19所示。进排气凸轮用于使气门按一定的工作次序和配气相位及时开闭，并保证气门有足够的升程。

2 挺柱

挺柱的作用是将凸轮的推力传递给推杆或气门杆，并承受凸轮轴旋转时所施加的侧向力。挺柱可分为普通挺柱和液压挺柱两种。

(1)普通挺柱。配气机构采用的普通挺柱有筒式和滚轮式两种结构形式，如图4-20所示。筒式挺柱中间为空心，在挺柱圆周钻有通孔，便于筒内收集的机油流出，对挺柱底面及凸轮加以润滑；滚轮式挺柱可以减少磨损，但结构较复杂，质量较大，多用于大缸径柴油机的配气机构上。

(2)液压挺柱。轿车发动机普遍采用液压挺柱，液压挺柱的长度能自动调整，故不需要预留气门间隙，也没有气门间隙调整装置，如图4-21所示。液压挺柱由挺柱体、油缸、柱塞、单向球阀、单向球阀弹簧和柱塞弹簧等部件组成。

液压挺柱的工作原理如图4-22所示。当凸轮轴转动，凸轮的凸起部分与挺柱顶面接触时，挺柱在凸轮推动力作用下向下移动，高压腔内的机油被压缩，单向球阀在压力差和单向球阀弹簧的作用下关闭，高、低压油腔被分隔开。由于液体的不可压缩性，整个挺柱如同一个整体一样下移推开气门并保证气门升程。

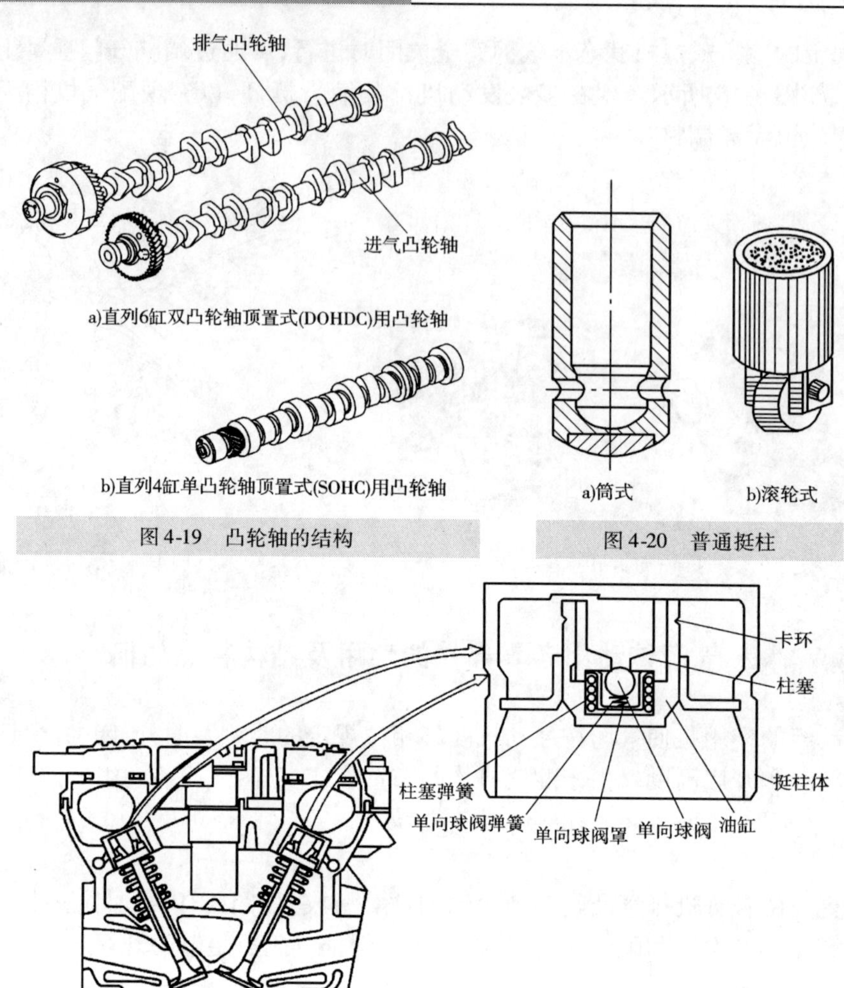

图 4-19　凸轮轴的结构

图 4-20　普通挺柱

图 4-21　液压挺柱结构

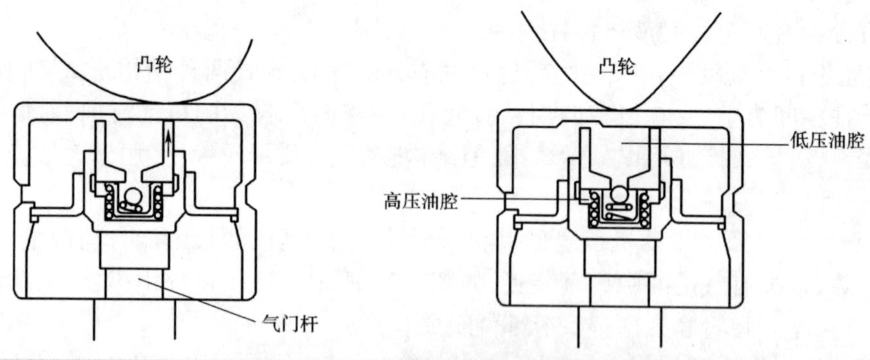

图 4-22　液压挺柱的工作原理

当挺柱开始上行返回时,在弹簧向上顶压和凸轮下压的作用下,高压油腔继续封闭,液压挺柱仍可认为是一个刚体,直至上行到凸轮处于基圆即气门关闭时为止。此时,汽缸盖主油道中的机油经量孔、斜油孔和挺柱体上的环形油槽再次进入挺柱的低压油腔,由于挺柱不再受凸轮推动力和气门弹簧力的作用,高压油腔中的机油与复位弹簧推动柱塞上行,高压油腔的油压下降,单向球阀打开,使低压腔和高压腔连通充满机油。这时,液压挺柱的顶面仍然和凸轮表面紧贴,从而起到了补偿气门间隙的作用。

当气门受热膨胀时,柱塞和油缸作轴向相对运动,高压油腔中机油可经过油缸与柱塞间缝隙被挤入低压油腔。因此使用液压挺柱时,可以不预留气门间隙。

3 摇臂

摇臂的功用是将凸轮轴(或推杆)传递来的力作用到气门杆尾部,推开气门。摇臂实际上是利用杠杆原理工作的,如图4-23所示。

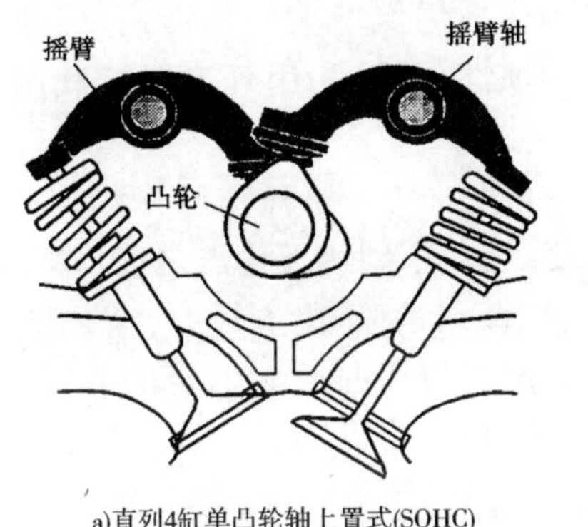

a)直列4缸单凸轮轴上置式(SOHC)　　b)直列6缸双凸轮轴上置式(DOHC)

图4-23　摇臂

4 推杆

在凸轮轴下置式或中置式的配气机构中,凸轮轴经挺柱传递来的运动和作用力要通过推杆传递给摇臂。推杆可采用实心的,也可以采用空心的。推杆的结构形式如图4-24所示。

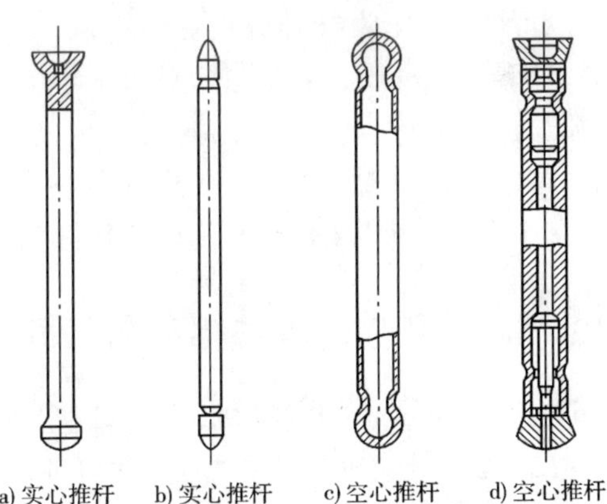

a) 实心推杆　b) 实心推杆　c) 空心推杆　d) 空心推杆

图4-24　推杆

引导问题8　什么是配气相位?

用曲轴转角表示的进、排气门实际开闭时刻和开启持续时间,称为配气相位。通常用相对于上、下止点曲拐位置的曲轴转角的环形图来表示,这种图形称为配气相位图,如图4-25所示。

理论上,当曲拐处在上止点时进气门开启,处在下止点时进气门关闭;排气门则当曲拐在下止点时开启,在上止点时关闭。进气时间和排气时间各占180°曲轴转角。但实际上发动机转速很高,活塞每一行程历时相当短,简单的配气相位势必会造成进气不足和排气不

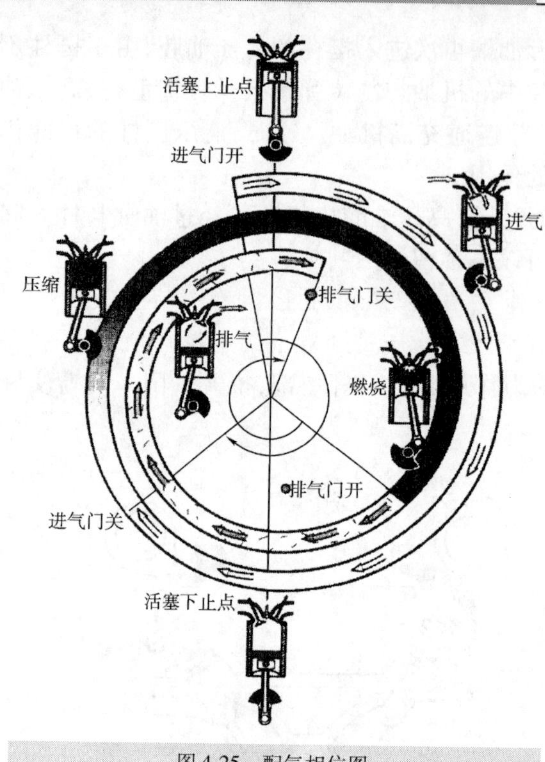

图4-25　配气相位图

净,从而使发动机功率下降。因此,现代发动机都采取延长进、排气时间的方法以适应发动机工作的需要。

(1)进气门早开和晚关。在排气行程接近终了,活塞到达上止点之前,进气门便开始开启,直到活塞越过了下止点以后,进气门才关闭。进气门提前开启的目的是:为了保证进气行程开始时进气门已开大,减小了进气阻力,新鲜气体能顺利地充入汽缸;进气门迟后关闭的目的是:由于活塞到达下止点时,汽缸内压力仍低于大气压力,且气流还有相当大的惯性,可以利用气流惯性和压力差继续进气。

(2)排气门早开和晚关。在做功行程接近终了,活塞到达下止点之前,排气门便开始开启,直到活塞越过上止点后,排气门才关闭。排气门提前开启的目的是:当做功行程活塞接近下止点时,汽缸内的气体压力对做功的作用已经不大,但仍比大气压力高,可利用此压力使汽缸内的废气迅速地自由排出;排气门迟后关闭的目的是:由于活塞到达上止点时,汽缸内的残余废气压力高于大气压力,加之排气时气流有一定的惯性,仍可以利用气流惯性和压力差把废气排放得更干净。

(3)气门叠开。由于进气门在上止点前即开启,而排气门在上止点后才关闭,这就出现了在一段时间内,进、排气门同时开启的现象,这种现象称为气门叠开。由于新鲜气流和废气流的流动惯性都比较大,在短时间内是不会改变流向的,因此只要气门叠开角度选择适当,就不会有废气倒流入进气管和新鲜气体随同废气排出的可能性。

引导问题9　发动机对配气相位的要求有哪些?

配气相位固定的发动机,当发动机在低转速工作时,空气流速较慢且真空度大,会使废气倒流,造成发动机怠速不稳、功率下降;当发动机高转速工作时,会造成发动机进气时间短,进气不足、排气不净、功率下降。因此,理想配气相位应该随着发动机的转速、负荷及其他工况的变化而改变,这样可提高发动机低速时的转矩和高速时的功率,发动机性能有很大改善。随着发动机转速提高,气门提前开启角度和迟后关闭角度应增大,反之则应减小。

引导问题10　什么是可变配气相位?可变配气相位的形式有哪些?

由于发动机对配气相位变化的要求,因此现代发动机上广泛采用进、排气门的开启和关闭时间可根据发动机转速变化进行调节的可变的配气相位装置。当发动机转速高时,增大进气门的升程,提前开启和延迟关闭进气门,提高发动机的功率;当发动机转速低时,减少进气门的升程,延迟开启和提前关闭进气门,提高发动机的转矩,以满足发动机对经济性、稳定性和减少排放污染物的要求。

1 大众车系可变配气相位机构

奥迪 A6、上海帕萨特 B5 轿车装备的 ANQ5 发动机可变配气相位机构的结构如图 4-26 所示。它有 3 个进气门,排列位置错开,打开的时间也不同(中间的气门先打开),使发动机吸入的新鲜空气产生旋涡,加速和优化混合气的雾化,提高发动机的功率和转矩。

(1)结构。可变气门正时调节器的结构如图 4-27 所示。曲轴通过齿形带首先驱动排气凸轮轴旋转,排气凸轮轴通过链条驱动进气凸轮轴旋转,在两轴之间设置一个凸轮轴调整器,在内部液压缸的作用下,调节器可以上升和下降,由于排气凸轮轴的位置是不可以调节的,因此,调节器的上升和下降就可以调节发动机进气凸轮轴的位置。液压缸的油路与汽缸盖上的油路连通,工作压力由可变气门正时电磁阀控制,可变气门正时电磁阀由 ECU 进行控制。

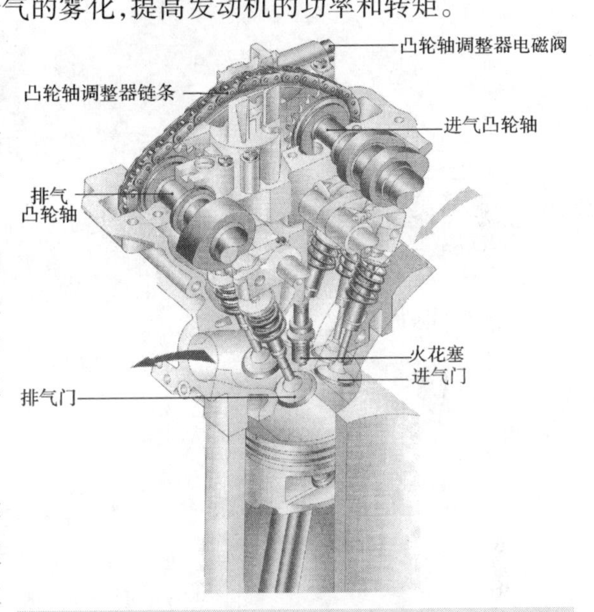

图 4-26　ANQ5 发动机配气机构

(2)工作原理。可变气门调整器工作原理示意图如图 4-28 所示。当发动机高速状态时(为了充分利用进气流的惯性,要求增大进气迟后关闭角度),正时调节器向上运动,使链条的上部被张紧,下部被放松。排气凸轮轴首先要拉紧下部链条成为紧边,进气凸轮轴才能被排气凸轮轴带动。就在下部链条由松变紧的过程中,排气凸轮轴已转过了一个角度,进气凸轮才开始动作,进气门关闭得较迟,从而使发动机在高速时产生高功率。

当发动机转速较低时(要求进气门迟后关闭角度减小),正时调节器向下运动,使上部链条被放松,下部链条被张紧。由于排气凸轮轴受到正时齿形带的制约不能转动,从而使进气凸轮轴偏转一个角度,较早关闭进气门,使发动机在中速和低速范围内能产生高转矩。

2 本田车系可变配气相位和气门升程机构(VTEC)

本田汽车公司研制的"可变气门配气相位和气门升程电子控制系统",英文缩写为"VTEC",它是同时控制气门开闭时间及升程两种不同情况的气门控制系统。与普通发动机相比,VTEC 发动机同样有 4 气门(2 进 2 排)、凸轮轴和摇臂等,不同的是凸轮与摇臂的数目及控制方法。

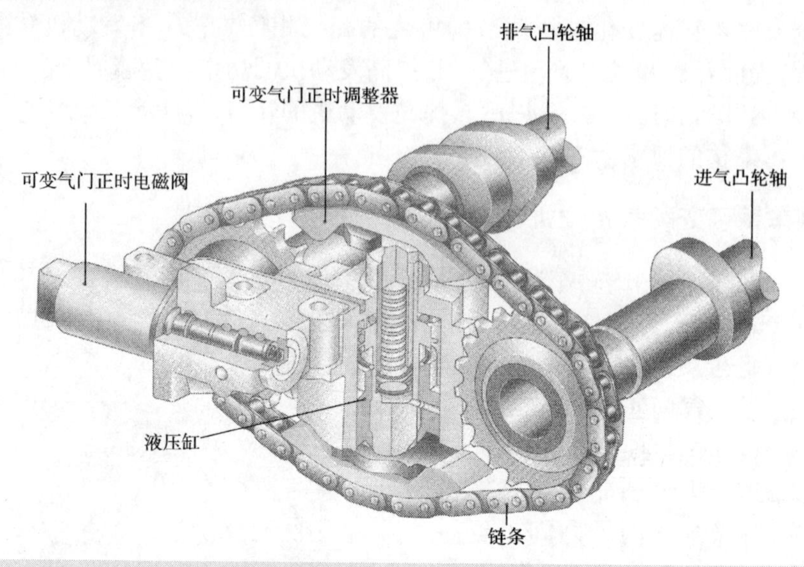

图 4-27　ANQ5 发动机可变气门正时调整器结构

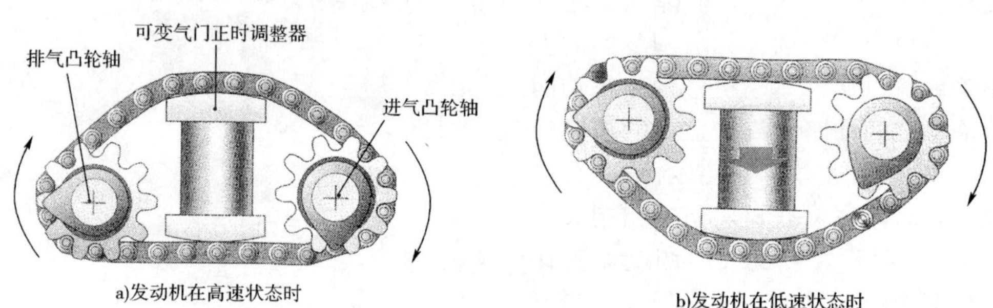

图 4-28　可变气门调整器工作原理示意图

(1) VTEC 机构的结构。VTEC 机构的组成如图 4-29 所示。同一缸的 2 个进气门有主、次之分,即主进气门和次进气门。每个进气门通过单独的摇臂驱动,驱动主进气门的摇臂称为主摇臂,驱动次进气门的摇臂称为次摇臂,在主摇臂和次摇臂之间装有一个中间摇臂,中间摇臂不与任何气门直接接触,3 个摇臂并列在一起组成进气摇臂总成。凸轮轴上相应有 3 个不同升程的凸轮分别驱动主摇臂、中间摇臂和次摇臂,凸轮轴上的凸轮也相应分为主凸轮、中间凸轮和次凸轮。在凸轮形状设计上,中间凸轮的升程最大,次凸轮的升程最小。主凸轮的形状适合发动机低速时主进气门单独工作时的配气相位要求,中间凸轮的形状适合发动机高速时主进气门和次进气门同时工作时的配气相位要求。

正时板的功用是正时活塞处于初始位置和工作位置时,靠复位弹簧使正时板插入正时活塞相应的槽中,使正时活塞定位。

进气摇臂总成如图 4-30 所示,在 3 个摇臂靠近气门的一端均设有油缸孔,油缸孔中装有靠液压控制的正时活塞、同步活塞、阻挡活塞及弹簧。正时活塞一端的油缸孔与发动机的润滑油道连通,ECU 通过电磁阀控制油道的通与断。

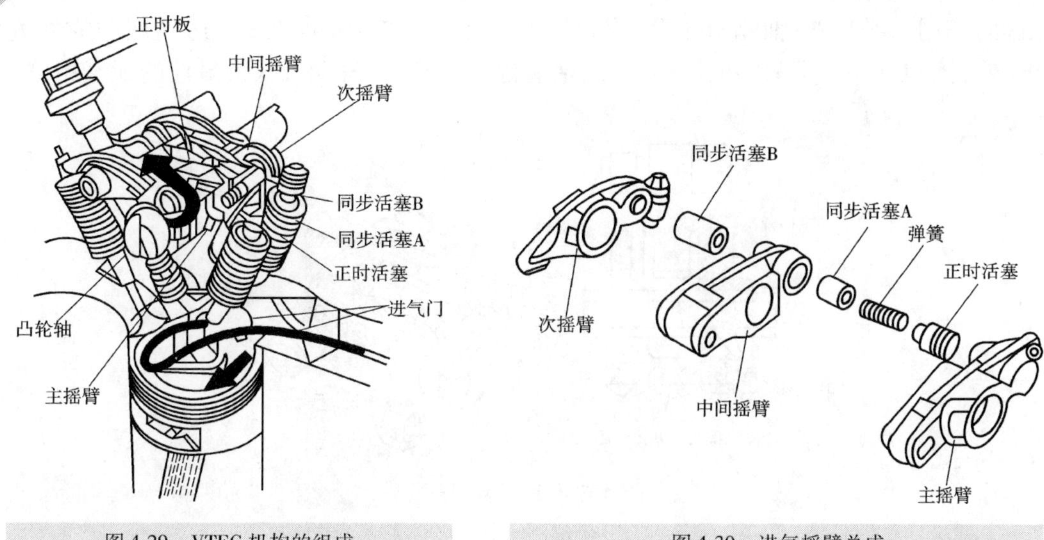

图 4-29 VTEC 机构的组成

图 4-30 进气摇臂总成

VTEC 配气机构与普通配气机构相比,在结构上的主要区别是凸轮轴上的凸轮较多,且升程不等,进气摇臂总成的结构复杂。排气门的工作情况与普通配气机构相同。

(2) VTEC 机构的工作原理。VTEC 机构的工作原理如图 4-31 所示,VTEC 机构根据发动机转速、负荷等变化来改变驱动同一汽缸两进气门工作的凸轮,以调整进气门的配气相位及升程,并实现单进气门工作和双进气门工作的切换。

发动机低速运转时,VTEC 机构使 3 个摇臂彼此分离,如图 4-31a)所示。此时,主凸轮通过主摇臂驱动主进气门,中间凸轮驱动中间摇臂空摆;次凸轮的升程非常小,通过次摇臂驱动次进气门微量开启,其目的是防止次进气门附近积聚燃油。配气机构处于单进、双排气门工作状态,单进气门由主凸轮驱动。

当发动机高速运转,且发动机转速、负荷、冷却液温度及车速达到设定值时,计算机控制 VTEC 机构将主摇臂与中间摇臂、次摇臂与中间摇臂插接成一体,成为一个同步工作的组合摇臂,如图 4-31b)所示。此时,由于中间凸轮升程最大,组合摇臂受中间凸轮驱动,2 个进气门同步工作,进气门的配气相位和升程与发动机低速时相比,其升程、提前开启角度和迟后关闭角度均增大。当发动机转速下降到设定值时,计算机控制电路切断 VTEC 机构电磁阀电流,正时活塞一侧的机油压力降低,各摇臂油缸孔内的活塞在复位弹簧作用下复位,3 个摇臂又彼此分离而独立工作。

3 丰田车系可变配气相位机构(VVT-i)

丰田车系可变配气相位机构的组成如图 4-32 所示,主要由 VVT-i 控制器、凸轮轴正时控制阀、传感器(曲轴位置传感器和 VVT 传感器)3 部分组成。其控制原理是通过 VVT-i 控制器改变凸轮轴与凸轮轴正时齿轮的相对位置来实现配气相位的变化。

VVT-i 控制器的结构如图 4-33 所示,它包括由正时齿形带驱动的外齿轮、与进气凸轮轴刚性连接的内齿轮和连接内外齿轮的可动活塞等组成。当发动机转速发生变化时,发动机电脑控制压力润滑油进入可动活塞的左侧或右侧,使活塞产生位移,由于可动活塞上的螺旋

形花键的作用,会使凸轮轴相对于凸轮轴正时齿轮转过一定的角度,当达到理想的配气正时,电脑会控制可动活塞两侧的压力平衡,活塞停止移动,使发动机获得最佳的配气相位。

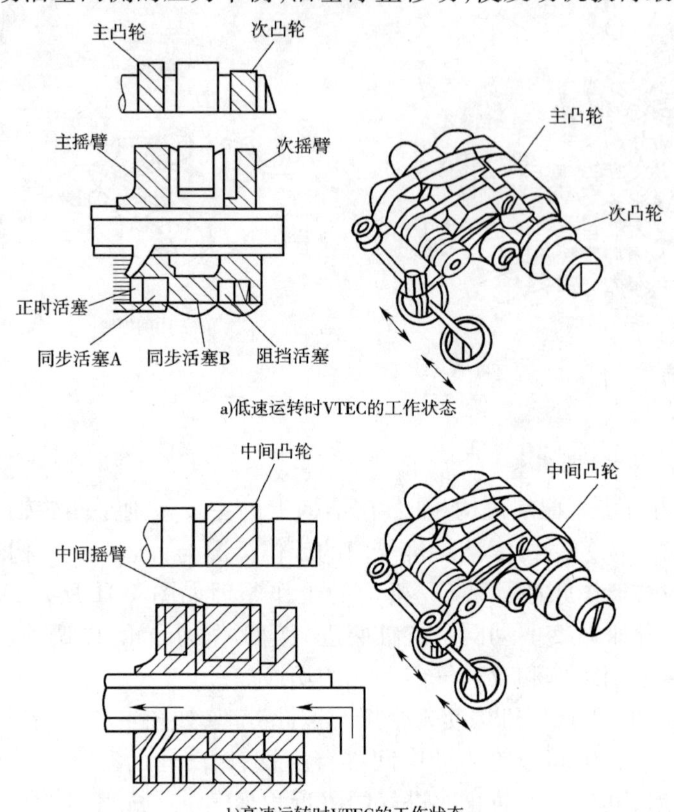

图 4-31　VTEC 的工作原理

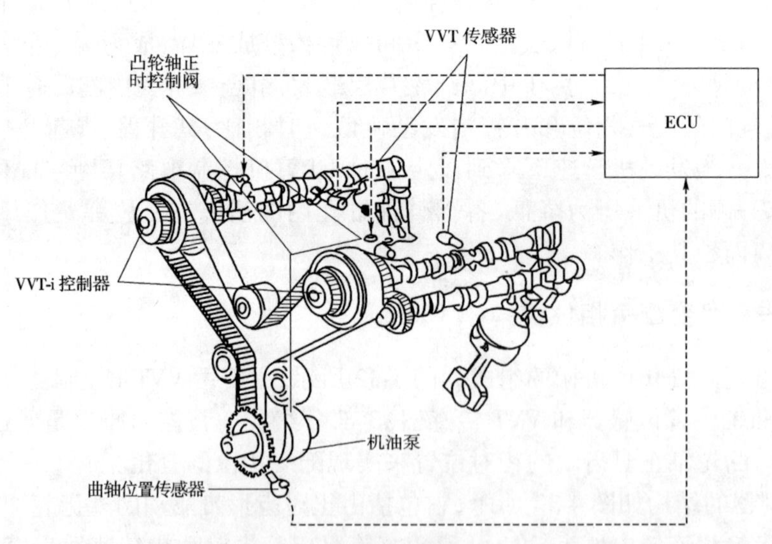

图 4-32　丰田车系可变配气相位机构(VVT-i)的组成

目前,在发动机的进气凸轮和排气凸轮侧都装有VVT-i控制器,能使进气凸轮轴和排气凸轮轴分别在40°和35°(曲轴角度)范围内,提供更适合发动机运行状态的配气正时。能改善所有转速范围内的转矩,提高了动力性和燃油经济性。

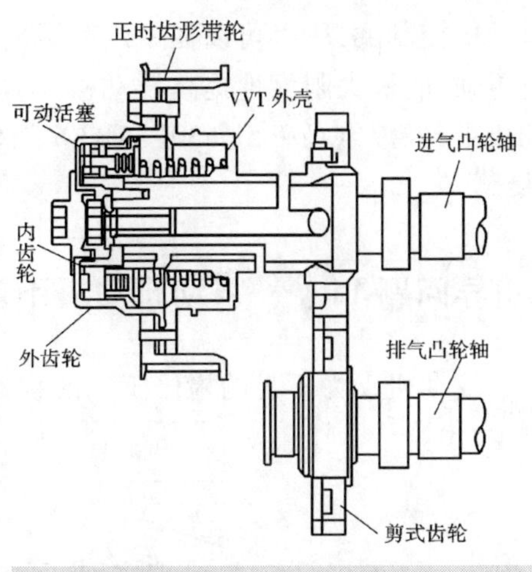

图4-33　VVT控制器的结构

4 奔驰车系可变配气相位机构

德国奔驰车系发动机装用的可变配气相位控制机构如图4-34所示,该发动机共有两根进气凸轮轴和两根排气凸轮轴,采用链传动,它是通过改变进气凸轮轴与曲轴相对位置,来实现配气相位调节的。

进气凸轮轴链轮与凸轮轴连接凸缘之间装有调节活塞,使链轮与凸轮轴之间形成非刚性连接;ECU根据发动机转速信号、车速信号和挡位信号,通过电磁线圈和衔铁分别对左右两根进气凸轮轴配气相位进行控制;发动机工作中,ECU控制电路使线圈通电时,线圈产生的电磁力通过衔铁对调节活塞施加转动力矩,使进气凸轮轴沿其旋转方向相对其驱动链轮转过一定角度,该凸轮轴驱动的进气门配气相位提前;反之,线圈断电时,则使配气相位推迟。

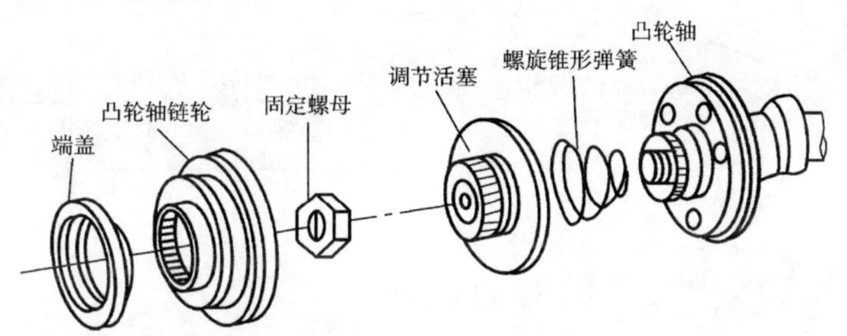

图4-34　奔驰车系的可变配气相位机构

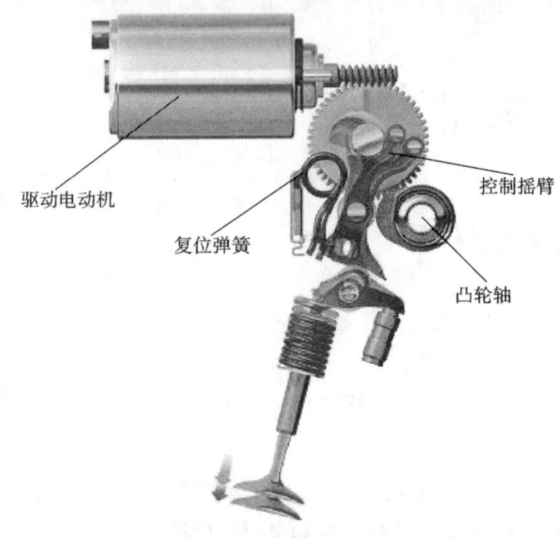

图4-35　宝马车系的可变配气相位和气门升程机构

5 宝马车系可变配气相位和气门升程机构

宝马车系可变配气相位和气门升程机构如图4-35所示,该机构是通过改变摇臂的角度来实现配气相位和气门升程的改变的。该控制机构是由电动机驱动的,电动机通过蜗杆传动齿轮,然后由齿轮上的凸轮带动摇臂运动来改变摇臂的控制角度,然后在凸轮轴的驱动下由摇臂带动气门运动。由于是通过

电动机控制的,所以可以在一定区域内做无级调节气门开度,配气机构在各转速下的适应性也更强,能最大限度地提高发动机充气效率。目前已经把这套系统装备到了宝马的主流发动机上,像以宝马745i、530i和330i为代表的直列6缸发动机和V形8缸发动机都装备了该系统。

引导问题11　发动机动力不足的检修工艺流程如何?

发动机动力不足的检修工艺流程如图4-36所示。

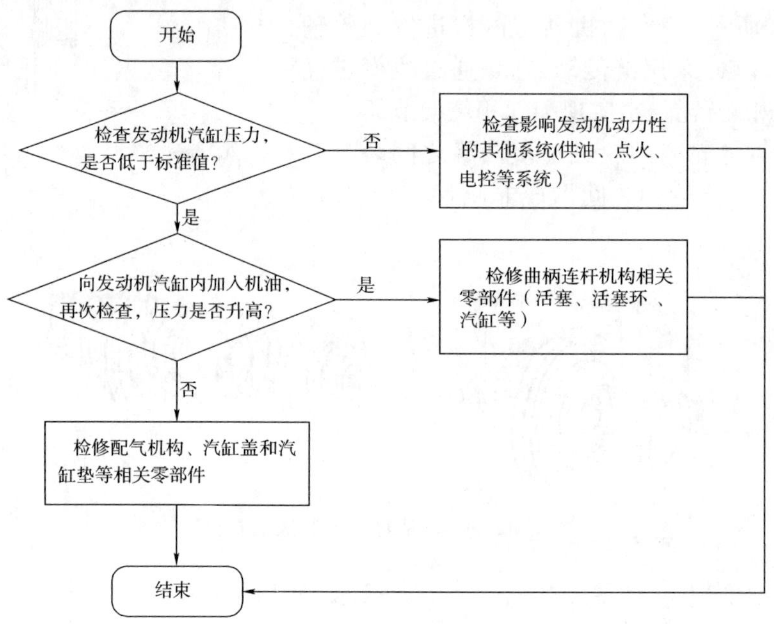

图4-36　发动机动力不足的检修工艺流程

二、实施作业

引导问题12　作业需要哪些工具、设备和材料?

(1)普通工具:组合扳手、螺丝刀、钳子、扭力扳手、木块、尖嘴钳、磁棒、衬垫刮刀、气门座铰刀、发动机台架和V形块等。

(2)专用工具:SST09213-58013曲轴带轮固定工具、SST09330-00021接合法兰固定工具、SST09051-1C110塑料锤420g、SST09268-21010燃油软管拉出器、SST09950-50013拉出器C组件、"TORX"套筒扳手(E8)、SST09205-16010汽缸盖螺栓扳手、SST09202-70020气门弹簧压缩工具、SST09202-00010连接件、SST09201-41020气门杆油封拆装工具和SST09276-75010气门挺杆工具。

(3)检测工具:百分表、塑料间隙规、游标卡尺、钢角尺和外径千分尺等。

(4)磁力护裙(图1-15)、转向盘护套、变速杆手柄套、脚垫和座椅套。

(5)举升机、卡罗拉(1.6L)轿车(图1-16)。

(6)研磨剂、丰田原厂黑密封胶、丰田原厂黏合剂和丰田专用机油等。

(7)卡罗拉(1.6L)轿车维修手册。

引导问题13 通过查询和查找,填写以下信息。

生产年份____________,车牌号码____________,行驶里程____________,发动机型号及排量____________,车辆识别代码(VIN)____________。

相关引导问题 以下"实施作业"的详细内容参见"学习任务三"。

(1)作业前的准备工作;

(2)汽缸压力测试;

(3)活塞连杆组的检修。

引导问题14 如何检查气门传动组零部件?

1 拆卸气门传动组零部件

拆卸凸轮轴正时齿轮、凸轮轴、气门摇臂、气门间隙调节器等气门传动组零部件的具体过程参见"学习任务三"的相关内容。

2 检查气门传动组零部件

1 检查气门间隙调节器总成

(1)将气门间隙调节器放入装有机油的容器中。

(2)如图4-37所示,将SST顶端插入气门间隙调节器的柱塞中,并用顶端挤压柱塞中的单向球。

(3)将SST和气门间隙调节器压在一起,上下移动柱塞5~6次。

(4)检查柱塞的运动情况并放气。正常:柱塞上下移动。

注意:从高压室放气时,确保SST的端部已压住单向球(图4-37)。如果没有压住单向球,空气不会从高压室排出。

(5)放气后,拆下SST。然后用手指迅速且用力地按压柱塞。正常:柱塞很难移动。如果结果不符合规定,则更换气门间隙调节器。

注意:使气门间隙调节器远离灰尘和异物;要使用干净的机油。

2 检查气门摇臂分总成

如图4-38所示,用手转动滚针,检查转动是否平稳。

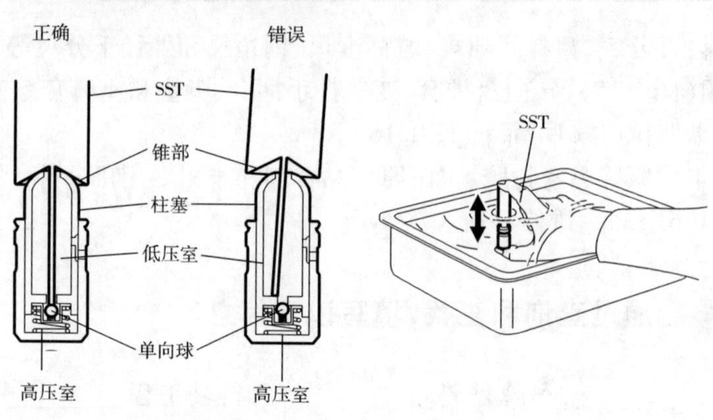

图 4-37　检查气门间隙调节器总成

注意:如果滚针转动不平稳,则更换气门摇臂分总成。

❸ 检查进气凸轮轴正时齿轮总成

(1)安装进气凸轮轴正时齿轮。

(2)检查进气凸轮轴正时齿轮的锁止情况。确认凸轮轴正时齿轮锁止。

(3)松开锁销。

①如图 4-39 所示,用塑料带盖住凸轮轴颈上的 4 个通道。

注意:凸轮轴凹槽内有 4 个通道。用橡胶块塞住其中 3 个通道。

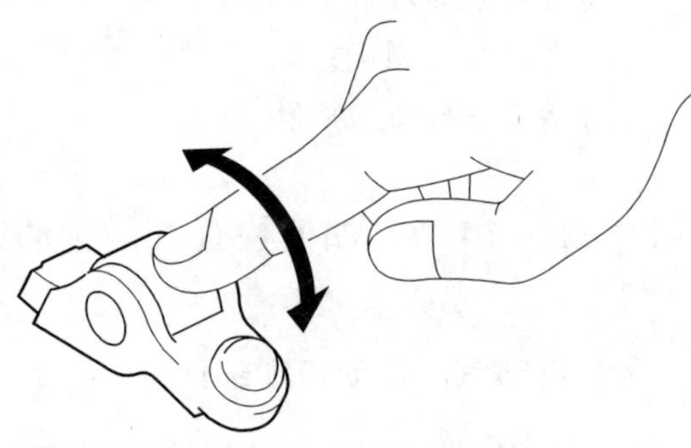

图 4-38　检查 1 号气门摇臂分总成

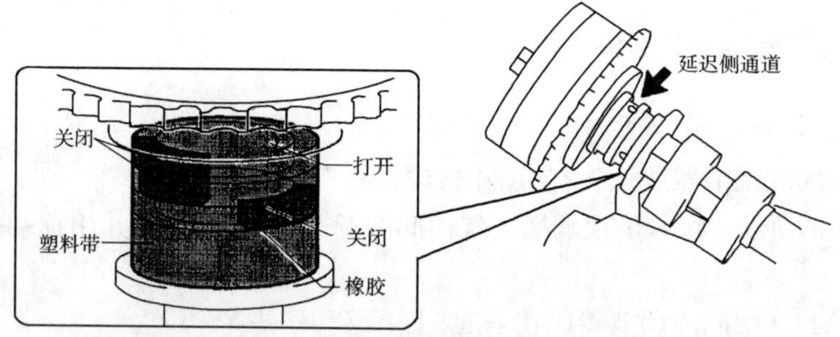

图 4-39　检查凸轮轴正时齿轮总成(1)

②在提前侧通道的胶带上刺一个孔,在延迟侧通道的胶带(即提前侧通道胶带的相对一侧)上刺一个孔。

③如图 4-40 所示,向油道施加约 150kPa 的空气压力时,向提前方向(逆时针)用力转动凸轮轴正时齿轮总成。

注意:施加压力时用布盖住通道,以防止机油飞溅。不要锁止凸轮轴正时齿轮总成。如果已锁止,则重新松开锁销。在没有施加力的情况下,凸轮轴正时齿轮总成可能朝提前方向转动。如果由于孔口漏气而难以施加足够的空气压力，锁销可能难以松开。

(4)检查转动是否顺畅。在可移动范围(26.5°～28.5°)内旋转凸轮轴正时齿轮2～3次，但不要将其转到最大延迟位置。确保齿轮转动顺畅。

注意：不要锁止凸轮轴正时齿轮总成。如果已锁止，则重新松开锁销。

4 检查排气凸轮轴正时齿轮总成

(1)安装凸轮轴正时齿轮。

(2)检查排气凸轮轴正时齿轮的锁止情况，确保排气凸轮轴正时齿轮已锁止。

(3)松开锁销。

①如图4-41所示，用塑料带盖住凸轮轴颈上的4个通道。

注意：凸轮轴凹槽内有4个通道。用橡胶块塞住2个通道。

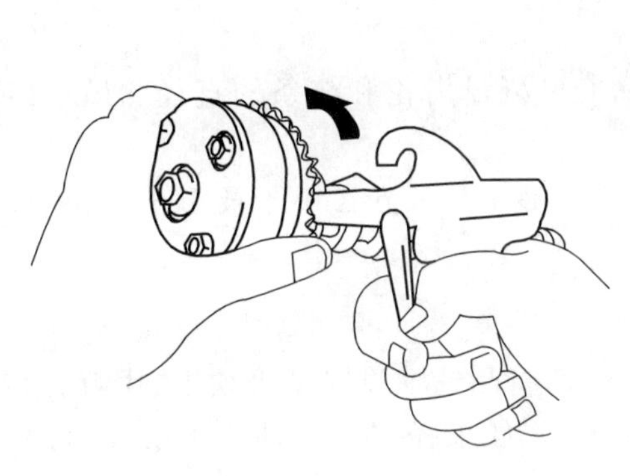

图4-40 检查凸轮轴正时齿轮总成(2)

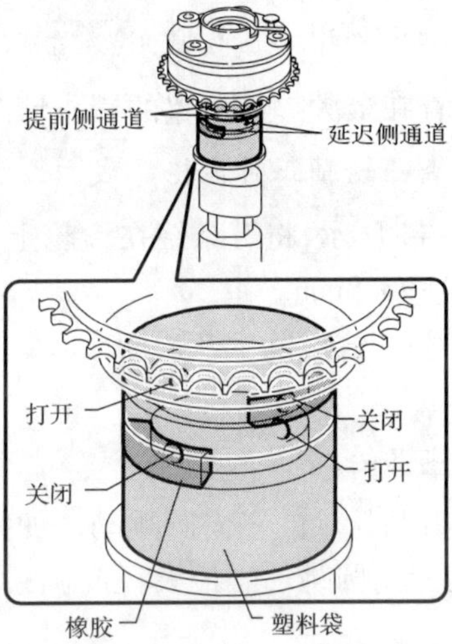

图4-41 检查排气凸轮轴正时齿轮总成(1)

②在提前侧通道的胶带上刺一个孔，在延迟侧通道的胶带(即提前侧通道胶带的相对一侧)上刺一个孔。

③如图4-42所示，向这2个穿透的通道(提前侧通道和延迟侧通道)施加大约200kPa的空气压力。

注意：施加压力时用布盖住通道，以防止机油飞溅。

④如图4-43所示，降低施加到提前侧通道的空气压力时，确保排气凸轮轴正时齿轮朝延迟方向旋转。

注意：锁销松开并且排气凸轮轴正时齿轮朝延迟方向转动。

⑤排气凸轮轴正时齿轮移动到最大延迟位置时，先释放提前侧通道的空气压力，然后释放延迟侧通道的空气压力。

注意：一定要先释放提前侧通道的空气压力。如果先释放延迟侧通道的空气压力，则排气凸轮轴正时齿轮可能会突然转到提前方向，并且损坏锁销或其他零件。

(4)检查转动是否顺畅。在可移动范围(19°～21°)内转动排气凸轮轴正时齿轮2～3

次,但不要将其转到最大提前位置。确保齿轮转动顺畅。

注意:先释放提前侧通道的空气压力,然后释放延迟侧通道的空气压力时,由于提前辅助弹簧的作用,齿轮将自动回到最大提前位置并锁止。检查转动是否顺畅前,逐渐释放延迟侧通道的空气压力。

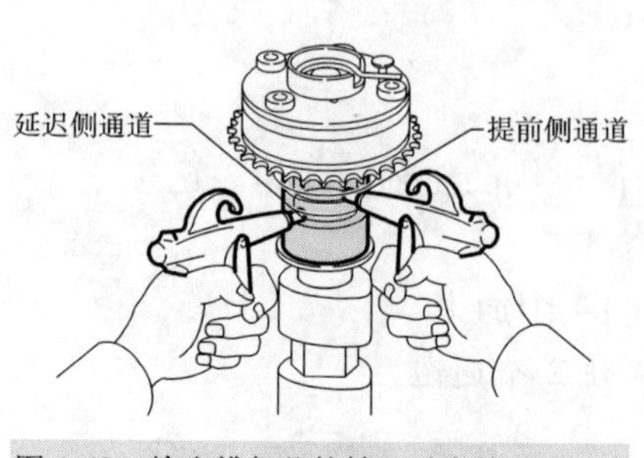

图 4-42　检查排气凸轮轴正时齿轮总成(2)

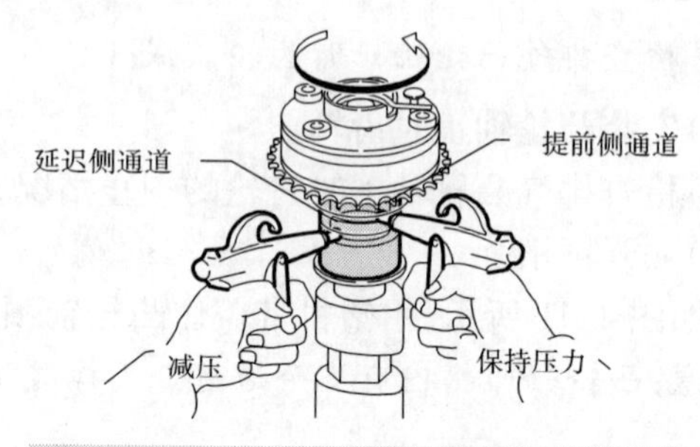

图 4-43　检查排气凸轮轴正时齿轮总成(3)

(5)检查在最大提前位置的锁止情况。确保排气凸轮轴正时齿轮在最大提前位置锁止。

5 检查凸轮轴正时齿轮总成

如图 4-44 所示,将链条绕在齿轮上,用游标卡尺测量齿轮和链条的直径。最小齿轮直径(带链条):96.8mm。

注意:测量时,游标卡尺的测量爪必须与链轮接触。如果直径小于最小值,则更换链条和齿轮。

6 检查凸轮轴

(1)检查凸轮轴的径向圆跳动。如图 4-45 所示,将凸轮轴放在 V 形块上,用百分表测量中心轴颈的径向圆跳动。最大径向圆跳动:0.04mm。如果径向圆跳动大于最大值,则更换凸轮轴。

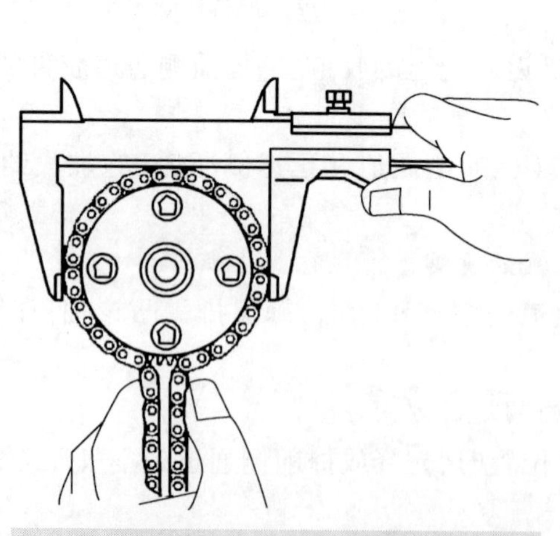

图 4-44　检查凸轮轴正时齿轮总成

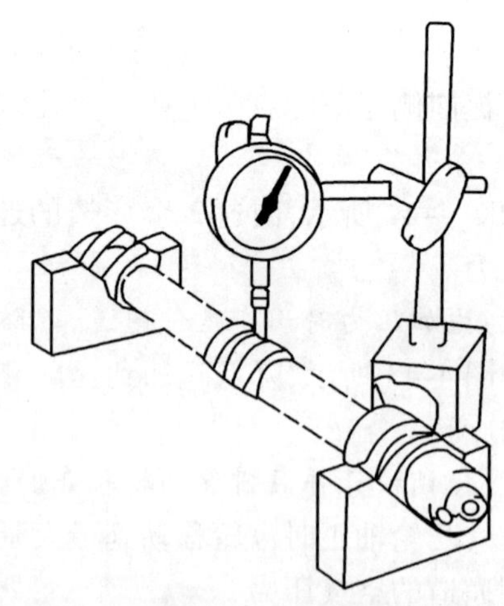

图 4-45　检查凸轮轴的径向圆跳动

(2)检查凸轮凸角。如图 4-46 所示,用外径千分尺测量凸轮凸角的高度。标准进气凸轮凸角高度:42.816 ~ 42.916mm,最小凸轮凸角高度:42.666mm;标准排气凸轮凸角高度:

44.336~44.436mm,最小凸轮凸角高度:44.186mm。如果凸轮凸角高度小于最小值,则更换凸轮轴。

(3)检查凸轮轴轴颈。如图4-47所示,用外径千分尺测量轴颈的直径。1号轴颈标准值:34.449~34.465mm;其他轴颈标准直径:22.949~22.965mm。如果轴颈直径不符合规定,则检查凸轮轴径向间隙。

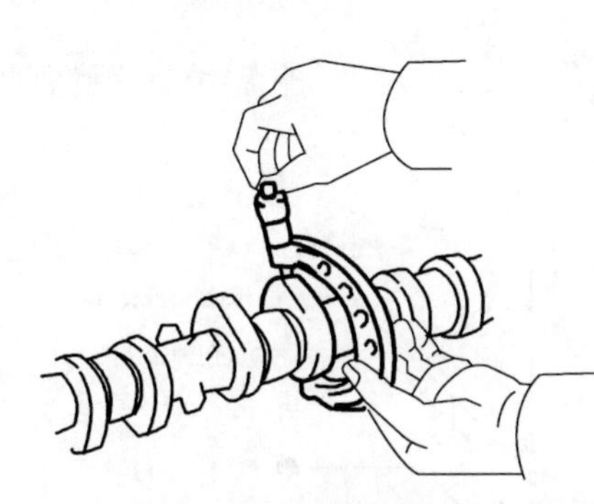

图4-46　检查凸轮凸角

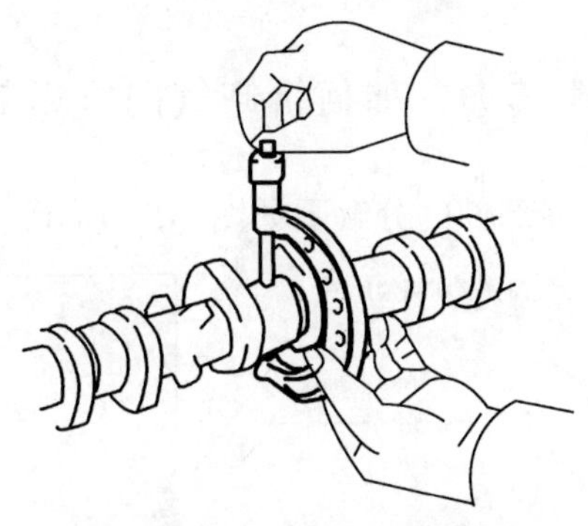

图4-47　检查凸轮轴轴颈

(4)检查凸轮轴轴向间隙。

①安装凸轮轴。

②如图4-48所示,来回移动凸轮轴的同时,用百分表测量轴向间隙。进排气凸轮轴的标准轴向间隙:0.06~0.155mm,最大轴向间隙:0.17mm。如果轴向间隙大于最大值,则更换凸轮轴壳。如果止推面损坏,则更换凸轮轴。

(5)检查凸轮轴径向间隙。

①清洁轴承盖和凸轮轴轴颈。

②将凸轮轴放到凸轮轴壳上。

③如图4-49所示,将塑料间隙规摆放在各凸轮轴轴颈上。

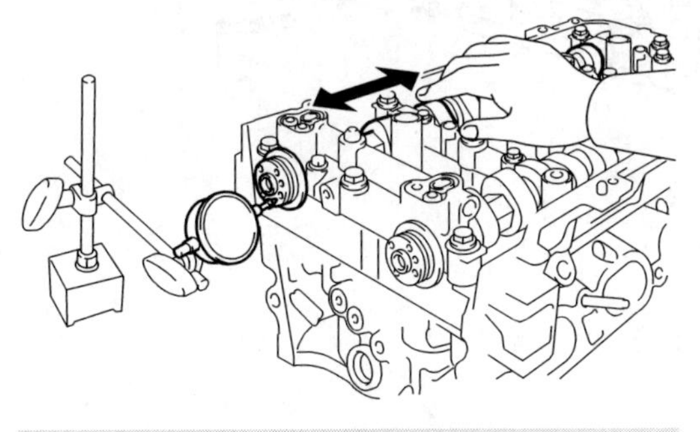

图4-48　检查凸轮轴轴向间隙

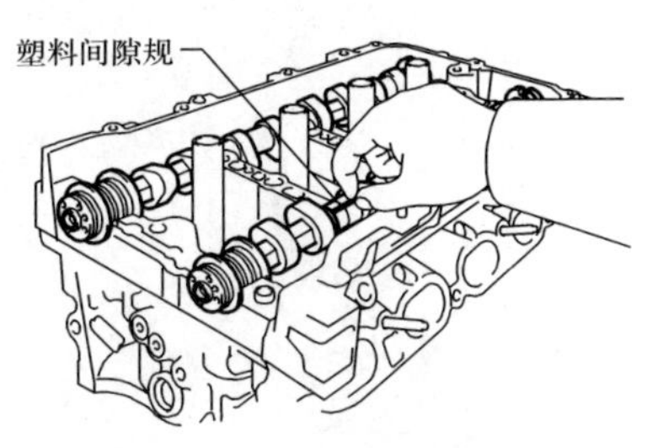

图4-49　检查凸轮轴径向间隙(1)

④安装轴承盖。

注意:不要转动凸轮轴。

⑤拆下轴承盖。

⑥如图4-50所示,测量塑料间隙规最宽处。凸轮轴1号轴颈的标准径向间隙:0.030~

0.063mm,最大径向间隙:0.085mm;凸轮轴其他轴颈的标准径向间隙:0.035～0.072mm,最大径向间隙:0.09mm。如果径向间隙大于最大值,则更换凸轮轴。如有必要,则更换汽缸盖。

注意:检查后完全清除塑料间隙规。

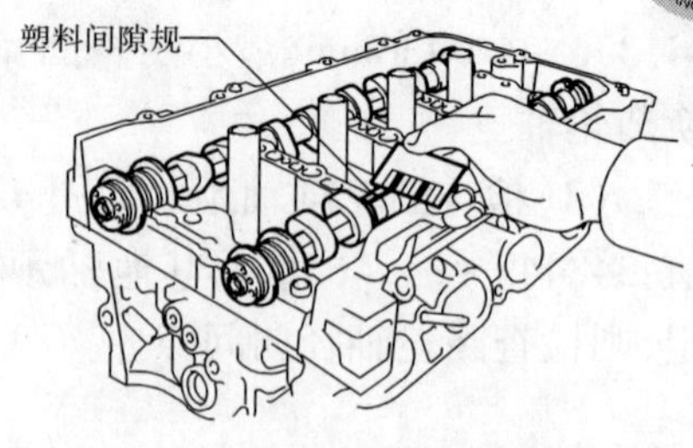

图4-50　检查凸轮轴径向间隙(2)

引导问题15　如何拆卸气门组零部件?

气门组零部件的分解图如图4-51所示。

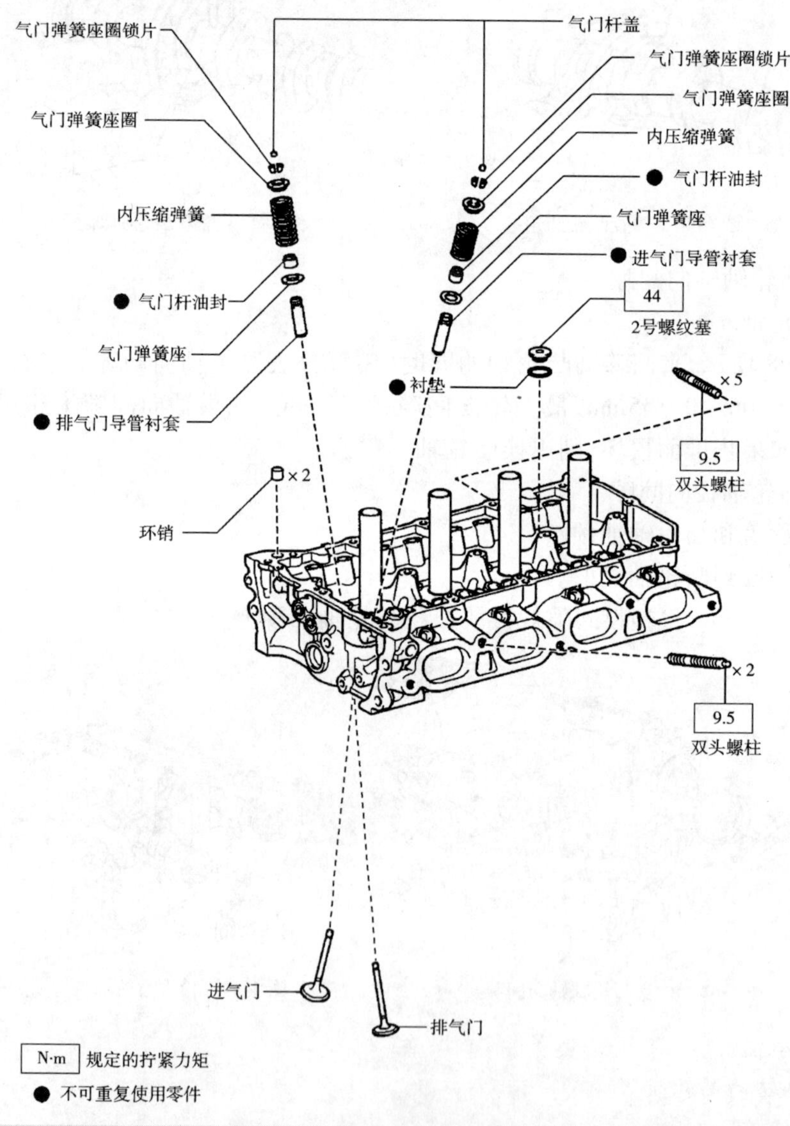

图4-51　气门组件的分解图

气门组零部件的拆卸步骤如下。

(1)拆卸气门杆盖。如图 4-52 所示,从汽缸盖上拆下气门杆盖。

注意:按正确的顺序摆放拆下的零件。

(2)拆卸气门。如图 4-53 所示,用 SST 和木块压缩并拆下气门座圈锁片。拆下弹簧座圈、气门弹簧和气门。

注意:按正确的顺序摆放拆下的零件。

(3)拆卸气门杆油封。如图 4-54 所示,用尖嘴钳拆下油封。

(4)拆卸气门弹簧座。如图 4-55 所示,用压缩空气和磁棒,吹入空气以拆下气门弹簧座。

(5)拆卸 2 号螺塞。如图 4-56 所示,用 10mm 六角扳手拆下 3 个螺塞和 3 个衬垫。

注意:如果螺塞漏水或螺塞腐蚀,则将其更换。

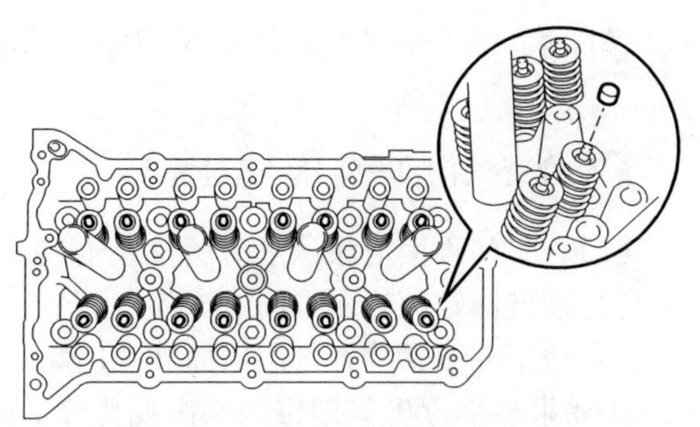

图 4-52 气门组件的拆卸(1)

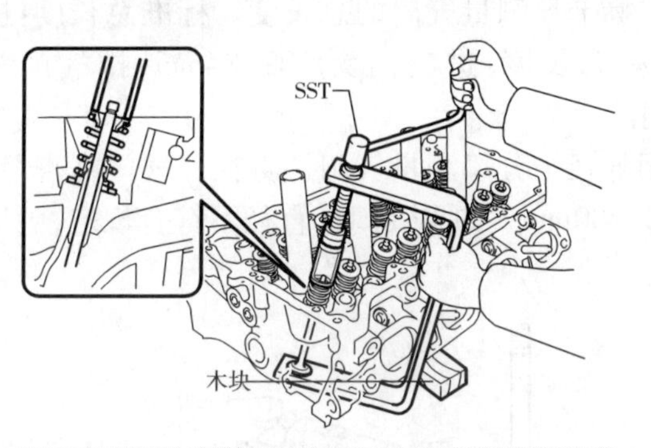

图 4-53 气门组件的拆卸(2)

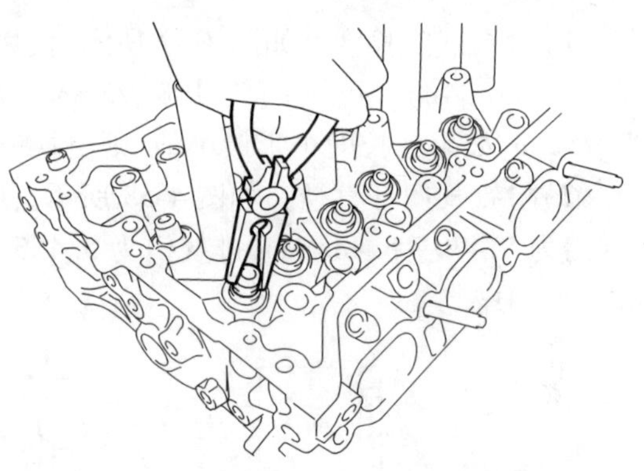

图 4-54 气门组件的拆卸(3)

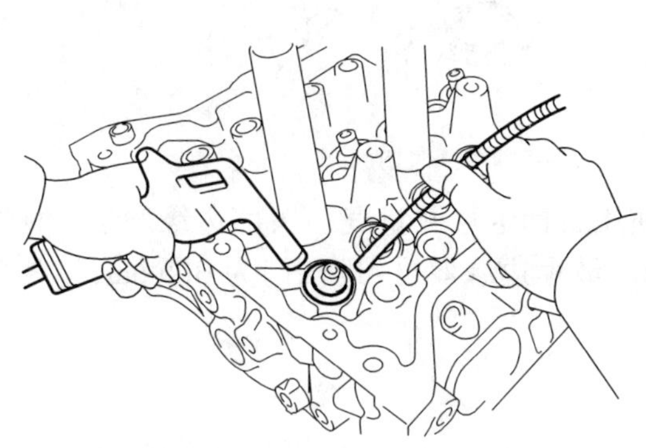

图 4-55 气门组件的拆卸(4)

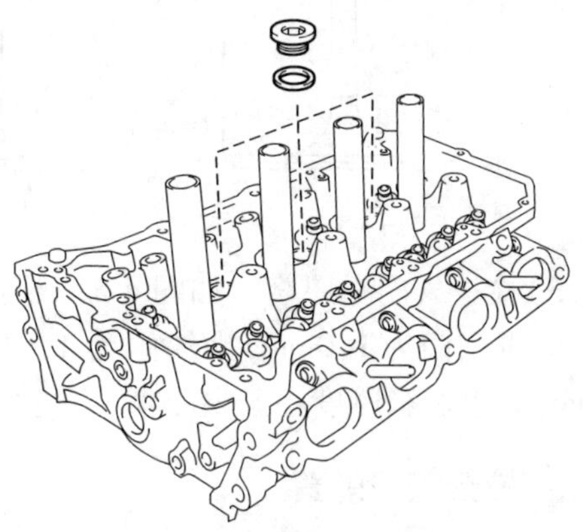

图 4-56 气门组件的拆卸(5)

引导问题16　如何检查气门组各零部件?

1 检查气门和气门座密封情况

(1)在气门锥面上涂抹一薄层普鲁士蓝。

(2)使气门锥面轻压气门座。

(3)按下列步骤检查气门锥面和气门座。

①如果整个360°气门锥面均出现普鲁士蓝,则气门锥面是同心的。否则,更换气门。

②如果整个360°气门座均出现普鲁士蓝,则气门导管和气门锥面是同心的。否则,重修气门座表面。

③检查并确认进气门座接触面在气门锥面的中部,进气门座宽度在1.0~1.4mm。

④检查并确认排气门座接触面在气门锥面的中部,排气门座宽度在1.0~1.4mm。

2 检查气门

(1)检查气门长度。如图4-57所示,使用游标卡尺测量气门的总长度。标准总长度:进气门为109.34mm,排气门为108.25mm。最小总长度:进气门为108.84mm,排气门为107.75mm。如果总长度小于最小值,则更换气门。

(2)检查气门杆直径。如图4-58所示,使用外径千分尺测量气门杆直径。气门杆直径:进气门为5.470~5.485mm,排气门为5.465~5.480mm。如果气门杆直径不符合规定,则检查径向间隙。

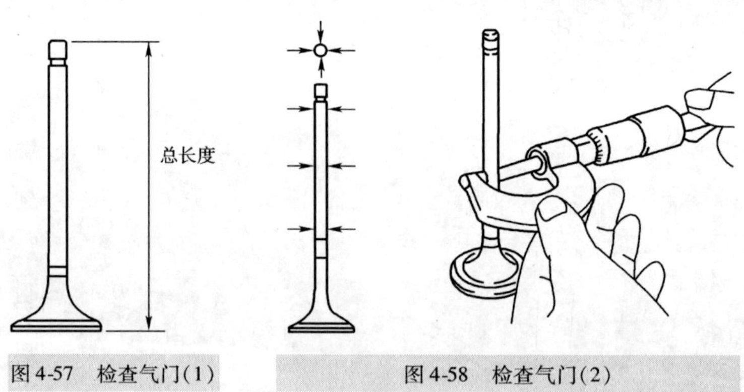

图4-57　检查气门(1)

图4-58　检查气门(2)

(3)检查气门头厚度。如图4-59所示,使用游标卡尺测量气门头部边缘厚度。标准边缘厚度:进气门为1.0mm,排气门为1.01mm。最小边缘厚度:进气门为0.5mm,排气门为0.5mm。如果边缘厚度小于最小值,则更换气门。

3 检查气门弹簧

(1)检查气门弹簧的自由长度。如图4-60所示,使用游标卡尺测量气门弹簧的自由长度。自由长度:53.36mm。如果自由长度不符合规定,则更换气门弹簧。

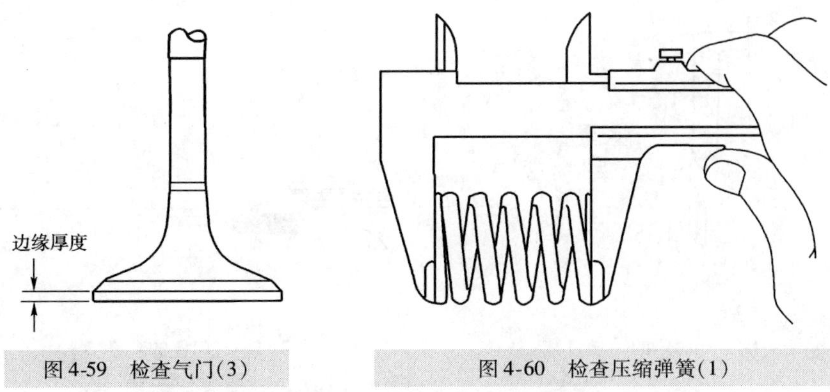

图 4-59　检查气门(3)　　图 4-60　检查压缩弹簧(1)

(2)检查气门弹簧的偏移量。如图 4-61 所示,使用钢角尺测量气门弹簧的偏移量。最大偏移量:1.0mm。如果偏移量大于最大值,则更换气门弹簧。

4 检查气门导管衬套径向间隙

(1)如图 4-62 所示,使用测径规测量气门导管衬套内径。衬套内径:5.510 ~5.530mm。

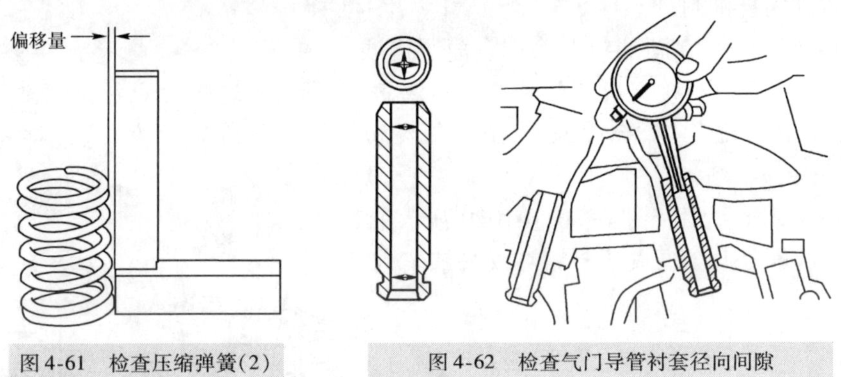

图 4-61　检查压缩弹簧(2)　　图 4-62　检查气门导管衬套径向间隙

(2)用导管衬套内径测量值减去气门杆直径测量值。进气门导管标准径向间隙:0.025 ~0.060mm,最大径向间隙:0.080mm;排气门导管标准径向间隙:0.030 ~0.065mm,最大径向间隙:0.085mm。如果间隙大于最大值,则更换气门和导管衬套。

引导问题 17　如何维修气门座?

注意:检查气门落座位置的同时维修气门座。使唇口远离异物。

(1)如图 4-63 所示,用 45°铰刀修整气门座表面,使气门座宽度大于规定值。

(2)如图 4-64 所示,用 30°和 75°铰刀修整气门座,使气门可以接触到气门座的整个圆周。应在气门座的中心接触,且气门座宽度应保持在气门座整个圆周的规定范围内。进排气门座宽度:1.0 ~1.4mm。

(3)用研磨剂对气门和气门座进行手工研磨。

(4)检查气门落座位置。

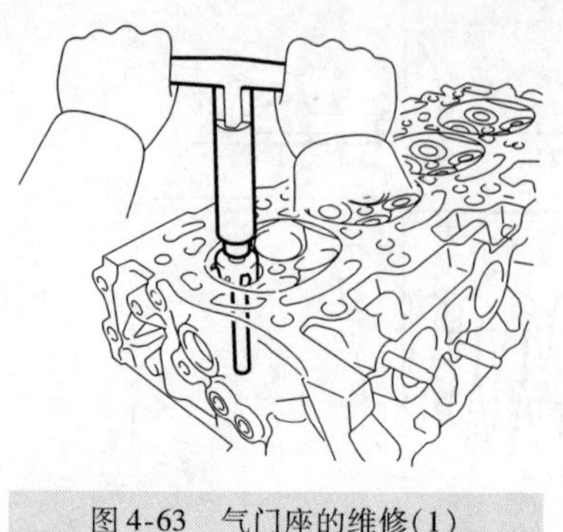

图 4-63　气门座的维修(1)

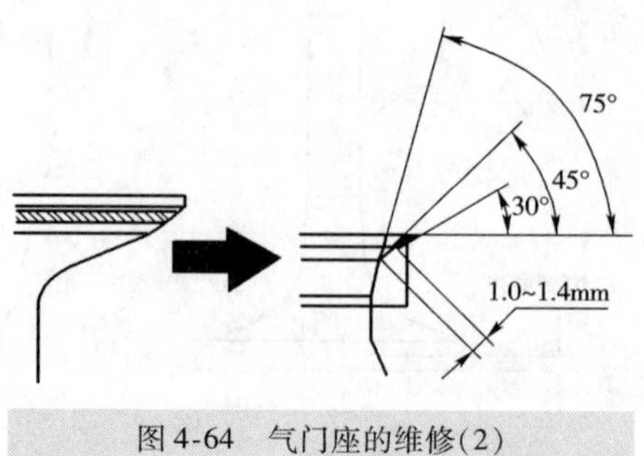

图 4-64　气门座的维修(2)

引导问题 18　如何重新装配气门组零部件?

(1)安装 2 号螺塞(图 4-56)。用 10mm 六角扳手安装 3 个新衬垫和 3 个螺塞。

(2)将气门弹簧座安装到汽缸盖上。

(3)安装气门杆油封。

①如图 4-65 所示,在新油封上涂抹一薄层机油。

注意:安装进气门和排气门油封时应特别注意。例如,将进气门油封安装至排气侧或将排气门油封安装至进气侧,会导致以后的安装故障。进气门油封为灰色,排气门油封为黑色。

②如图 4-66 所示,用 SST 09201-41020 压入油封。

注意:若不用 SST 会造成油封损坏或安装不到位。

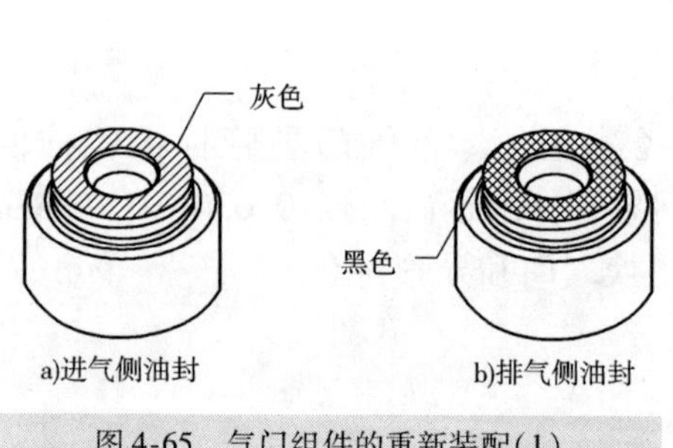

图 4-65　气门组件的重新装配(1)

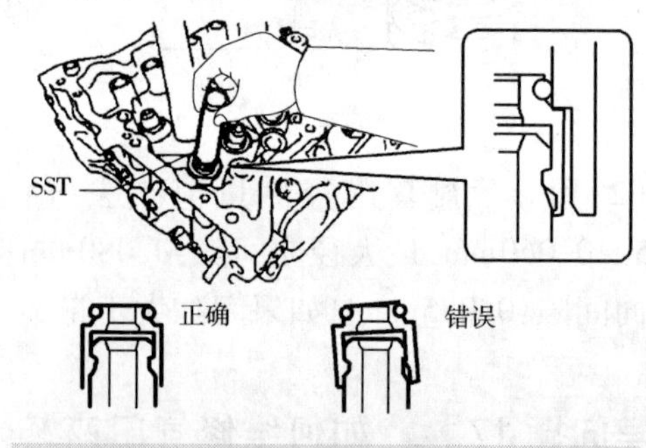

图 4-66　气门组件的重新装配(2)

(4)安装气门。

①如图 4-67 所示,在气门的顶部涂抹足量机油。将气门、压缩弹簧和弹簧座圈安装到汽缸盖上。

注意:将原来的零件按照原来的组合安装到原位。

②用 SST 和木块压缩弹簧并安装 2 个座圈锁片(图 4-53)。

③如图 4-68 所示,用塑料锤轻敲气门杆顶部以确保安装到位。

注意:不要损坏气门杆顶部,不要损坏座圈。

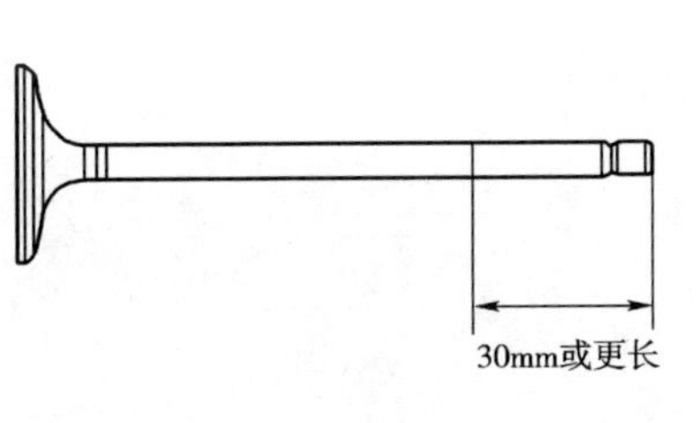

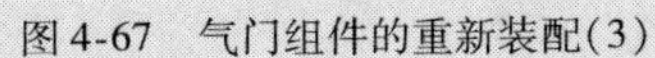

图 4-67 气门组件的重新装配(3)

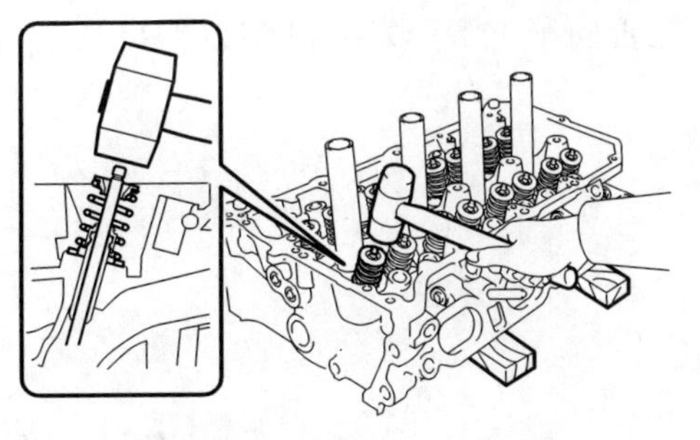

图 4-68 气门组件的重新装配(4)

三、评价与反馈

1. 对本学习任务进行评价,见表 4-1。

评 分 表 表 4-1

考核项目	评分标准	分数	学生自评	小组评价	教师评价	小计
团队合作	是否协调	5				
活动参与	是否积极主动	5				
安全生产	有无安全隐患	10				
现场 5S	是否做到	10				
任务方案	是否正确、合理	15				
操作过程	拆卸配气机构零部件; 检修气门组和气门传动组零部件; 安装配气机构零部件	30				
任务完成情况	是否圆满完成	5				
工具和设备使用	是否规范、标准	10				
劳动纪律	是否能严格遵守	5				
工单填写	是否完整、规范	5				
总分		100				
教师签名:			年 月 日		得分	

2. 在实施作业时每一个安全事项都注意到了吗?如果没有,找出忽略的地方和原因。

3. 能否向车主解释发动机动力不足与配气机构的关系？如果不能，分析原因并提出改进措施。

四、学习拓展

1. 查阅凯越(1.6L)轿车维修手册，比较凯越(1.6L)轿车与卡罗拉(1.6L)轿车在配气机构的布置和结构上有什么区别。

2. 查阅相关资料，说明什么是“双排不进”气门间隙调整法。

学习任务五

冷却液的检查和更换

学习目标

完成本学习任务后,你应当能:

1. 叙述发动机冷却系统的功用、组成和工作原理;
2. 明确冷却液的作用、选用原则和更换周期;
3. 正确地使用工具和设备;
4. 规范地检查冷却液液面高度和添加冷却液;
5. 正确地检查冷却液品质;
6. 规范地更换冷却液。

建议完成本学习任务的时间为 4 课时。

学习任务描述

一辆卡罗拉(1.6L)轿车,到维修站检查,车主反映很久没有更换冷却液了,要求维修人员按照“维护标准和要求”对冷却液进行检查和更换。

学习内容

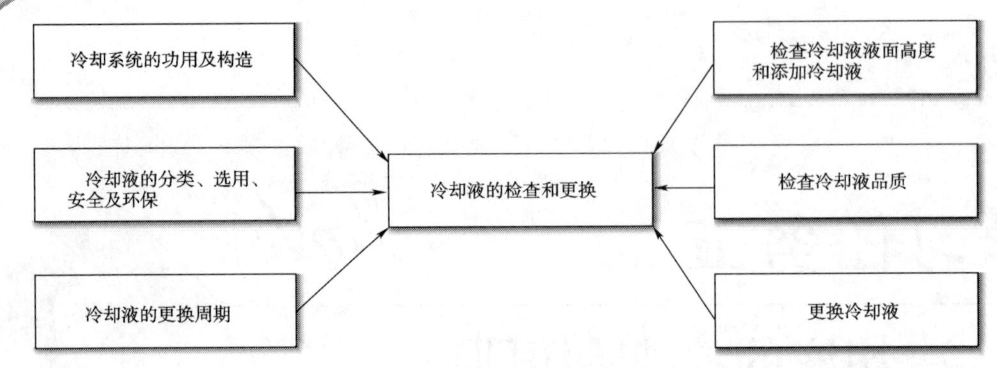

一、资 料 收 集

引导问题 1　冷却系统的功用如何？由哪些零件组成？

发动机冷却系统的功用就是使工作中的发动机得到适度的冷却，从而保持发动机在最适宜的温度(80～90℃)范围内工作。另外，冷却系统还为暖风系统提供热源。

现代汽车多采用封闭式强制循环水冷却系统，即用水泵强制地使冷却液在冷却系统中进行循环流动，使发动机中高温零件的热量先传给冷却液，然后散发到大气中。

水冷却系统一般由水泵、散热器、节温器、冷却风扇、风扇控制机构、水套、膨胀水箱、温度指示器及报警灯等组成，如图 5-1 所示。

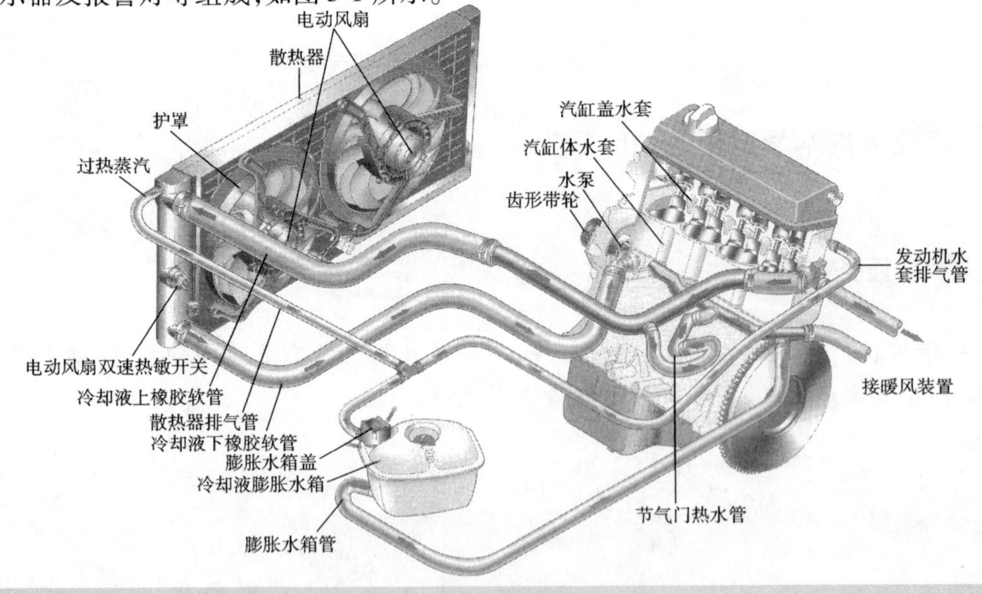

图 5-1　发动机水冷却系统布置示意图

(1)水泵。水泵是冷却系统动力源,其作用是对冷却液施加一定的压力,使冷却液在整个冷却系统中循环流动。

(2)散热器。散热器的作用是储存冷却液并增大散热面积,加速冷却液的冷却速度。

(3)节温器。节温器的作用是控制冷却液的循环路线及流量,自动调节冷却强度,保持冷却液正常的工作温度(95~105℃)。

(4)风扇。风扇的作用是提高通过散热器芯的空气流速,增加散热效果,加速冷却液的冷却速度。

引导问题2 冷却液的循环路径如何?

发动机工作时,水泵将冷却液压入发动机汽缸体水套,然后流入汽缸盖水套吸收机体的热量。此后冷却液分两路循环,如图5-2所示,循环路径框图如图5-3所示。一路为小循环,即冷却液直接进入节温器后的水泵进水口,当冷却液的温度低于85℃时,进行小循环;另一路为大循环,即冷却液流经散热器冷却后,进入装在机体水泵进口处的节温器,流向水泵进水口。当冷却液高于85℃时,部分冷却液进行大循环,当冷却液温度达到(102±3)℃时,流经散热器的冷却液全都参加大循环,而小循环是常开的,这样可使冷却系统的温度提高到一个较高的水平,改善发动机的热效率,同时可以确保冷却系统始终有冷却液在循环,保持发动机在最佳温度下工作。

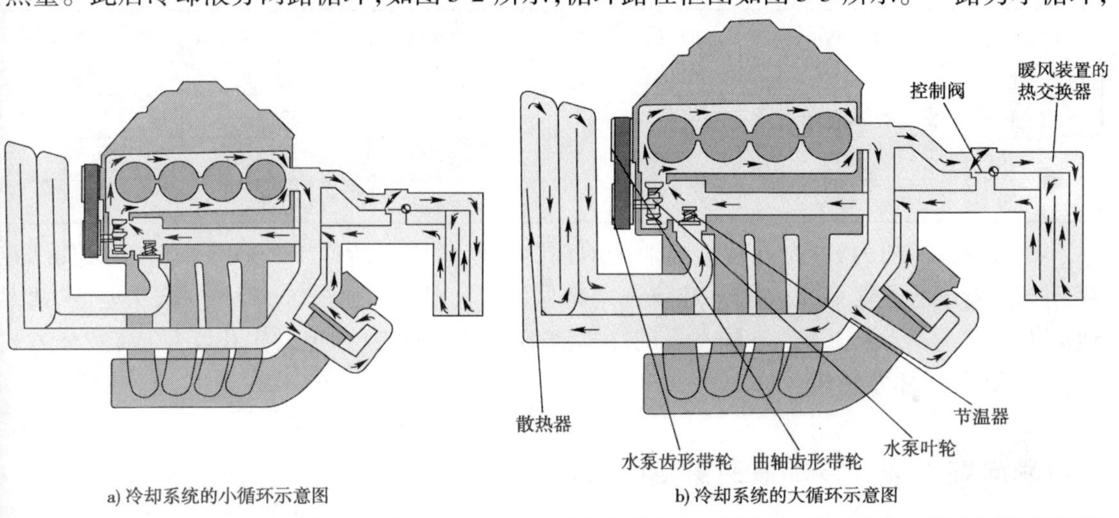

图5-2 冷却系统循环路径图

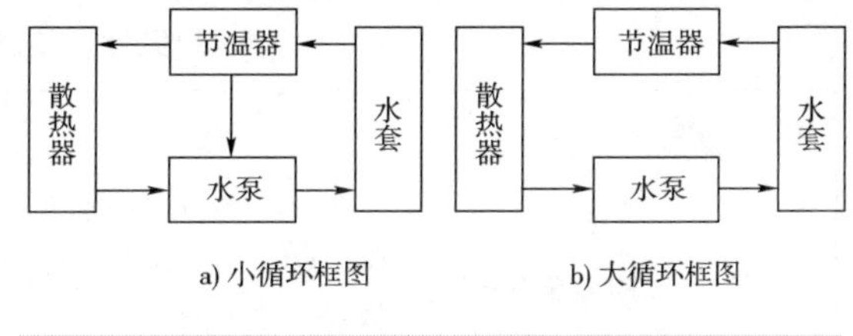

图5-3 冷却系统循环路径框图

引导问题3 冷却液的类型有哪些?如何选用?

冷却液是发动机冷却系统中最重要的工作介质,冷却液由水、防冻剂、添加剂3部分组

成，按防冻剂成分的不同可分为酒精型、甘油型和乙二醇型等冷却液。

酒精型冷却液是用乙醇作防冻剂，价格便宜，流动性好，配制工艺简单，但沸点较低、易挥发损失、冰点易升高、易燃等，现已逐渐被淘汰；甘油型冷却液沸点高、挥发性小、不易着火、无毒、腐蚀性小，但降低冰点效果不佳、成本高、价格昂贵，用户难以接受，只有少数北欧国家仍在使用；乙二醇型冷却液是用乙二醇作防冻剂，并添加少量抗泡沫、防腐蚀等综合添加剂配制而成。

由于乙二醇易溶于水，可以任意配成各种冰点的冷却液，其最低冰点可达 -68℃，这种冷却液具有沸点高、泡沫倾向低、黏温性能好、防腐和防垢等特点，是一种较为理想的冷却液，目前国内外发动机所使用的和市场上所出售的冷却液几乎都是乙二醇型冷却液。冷却液中水与乙二醇的比例不同，其冰点也不同（表 5-1）。

冷却液的冰点与乙二醇质量分数的关系　　表 5-1

冷却液冰点（℃）	乙二醇的质量分数（%）	水的质量分数（%）	冷却液冰点（℃）	乙二醇的质量分数（%）	水的质量分数（%）
-10	26.4	73.6	-40	52.3	47.7
-20	36.2	63.8	-50	58.0	42.0
-30	45.6	54.4	-60	63.1	36.9

冷却液牌号即为其冰点值，不同地区的选购参考值应有所区别，选用冷却液时，其冰点要低于环境最低温度 10℃左右。建议选用牌号为：长江以北地区为 -25 号；东北地区、西北地区为 -35 号。不同厂家、不同牌号的冷却液不能混合使用，以免发生化学反应，破坏各自的性能，甚至损坏发动机。

引导问题 4　冷却液的更换周期如何？

冷却液在高温状态下长期使用后，必然会导致变质，从而使其性能下降。为此，应定期更换冷却液。应按汽车使用说明书的规定要求选用和定期更换防冻冷却液（表 5-2）。

注意：不同牌号的防冻冷却液不可混用。

常见发动机冷却液更换周期　　表 5-2

发动机型号	冷却液牌号	容量（L）	更换周期
卡罗拉（1.6L）轿车发动机	Toyota Super Long Life Coolant（丰田高级长效冷却液）或类似的优质乙二烯乙醇型冷却液	5.6（手动变速器车型）或 5.5（自动变速器车型）	第一次行驶 16 万 km，然后每行驶 8 万 km 更换一次
凯越（1.6L）轿车发动机	DEX-COOL®	7.2	每 24 万 km 或 5 年
桑塔纳 2000GSi 轿车 AJR 发动机	NO52 774 BO 或改进型冷却液 NO52 774 CO	6.0	行驶 6 万 km 或 2 年

注：行驶里程和年数，以先达到者为准。

引导问题5 对冷却液的环保和安全措施有哪些?

1 环境保护

(1)冷却液是一种对水有污染的液体,属于对水有轻微污染的物质,因此不允许将冷却液排入地表水域和下水道,作业时只能在防渗的地面上进行。

(2)废弃的冷却液必须单独盛装,并妥善保管和回收利用。

(3)沾上冷却液的抹布或物品,不得作为生活垃圾处理。

2 安全措施

(1)冷却液对人皮肤有损害,作业时应戴上个人防护装备。

(2)沾上冷却液的衣服或鞋,必须立即脱下并更换。

(3)皮肤接触到冷却液,立即用水和肥皂清洗并彻底冲洗。

(4)眼睛接触到冷却液,应翻开眼皮并用流水冲洗眼睛几分钟。

(5)吸入冷却液,立即漱口并喝下大量清水,然后尽快去医院治疗。

引导问题6 散热器的结构如何?

散热器的功用是使水套中出来的热水得到迅速冷却,以保持发动机的正常冷却液温度。散热器的主要组成为上储水室、下储水室、散热器芯(包括冷却管和散热带)和散热器盖等,如图5-4所示。

(1)上储水室和下储水室。上储水室顶部有加水口,平时用散热器盖盖住,并装有进水软管,与发动机上出水管相连。下储水室有出水管,用软管与水泵进水口相连。

(2)散热器芯。散热器芯由许多扁圆形的冷却管和散热片组成,如图5-5所示。冷却管焊接在上、下储水室之间,作为冷却液的通道。空气吹过管的外表面,从而使管内流动的水得到冷却。冷却管周围布置了很多散热片,用来增加散热面积,同时增加整个散热器的刚度和强度。

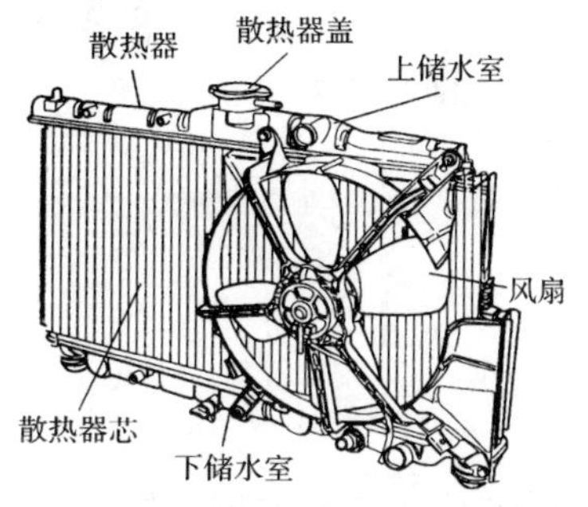

图5-4 散热器的组成

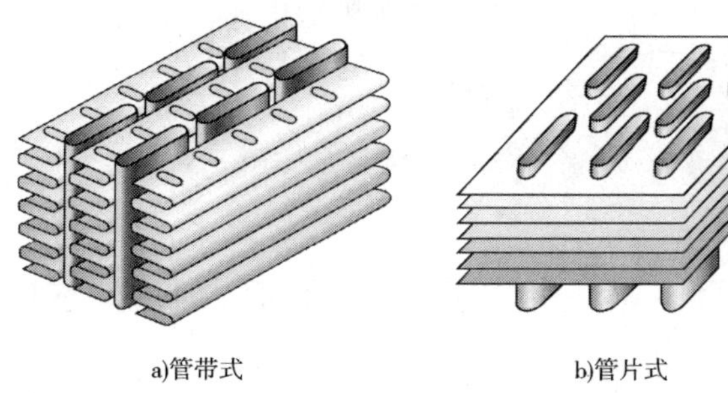

图5-5 散热器芯的结构

(3)散热器盖。现代汽车发动机多采用封闭式水冷却系统,这种冷却系统的散热器盖装有一个空气阀和一个蒸汽阀,对冷却系统有密封加压作用。其工作过程如图5-6所示,当散热器中压力升高到一定压力时,蒸汽阀便开启,使水蒸气从通气孔排出,以防热膨胀压坏散热器芯管;当水温降低,冷却系统中蒸汽凝结为水,散热器内形成一定真空时,空气阀开启,空气从通气孔进入冷却系统,避免压力差将散热器芯管压瘪。

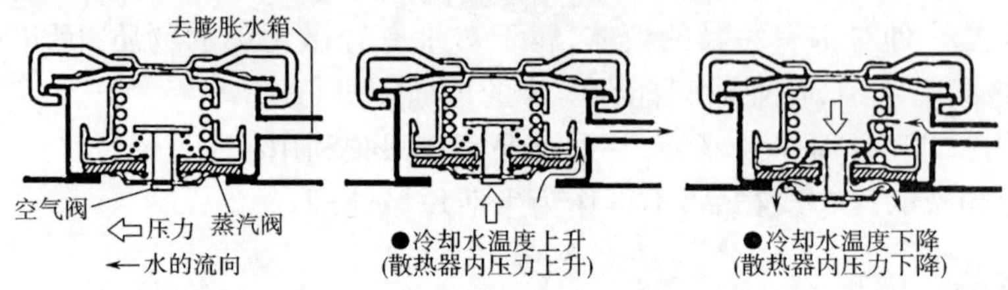

图5-6　具有空气阀和蒸汽阀的散热器盖

引导问题7　膨胀水箱的结构及作用如何?

现代轿车发动机冷却系统都装有膨胀水箱,它利用水管与散热器盖上的蒸汽放出口相连,如图5-7所示。当冷却液受热膨胀时,散热器内多余的冷却液经水管流入膨胀水箱;当冷却液温度下降,缺少冷却液时,散热器内产生一定的真空,膨胀水箱内的冷却液又被吸回散热器内。因此,膨胀水箱的主要作用是将冷却系统形成了一个完全封闭的系统,减少冷却系统的内部氧化腐蚀及冷却液的耗损,保持冷却系统内冷却液液位稳定。同时,膨胀水箱要将冷却系统内的水汽分离,提高水泵的泵水量,减少水泵及水套的气穴腐蚀。

膨胀水箱多用半透明材料(如塑料)制成,透过箱体可直接观察到冷却液的液面高度,膨胀水箱上有“MAX”(高)和“MIN”(低)标记刻线,在使用和添加冷却液时,应使冷却液的液位保持在两刻线之间,如图5-8所示。

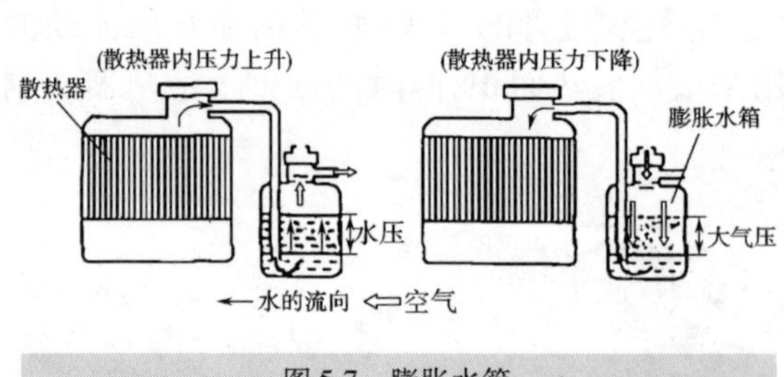

图5-7　膨胀水箱

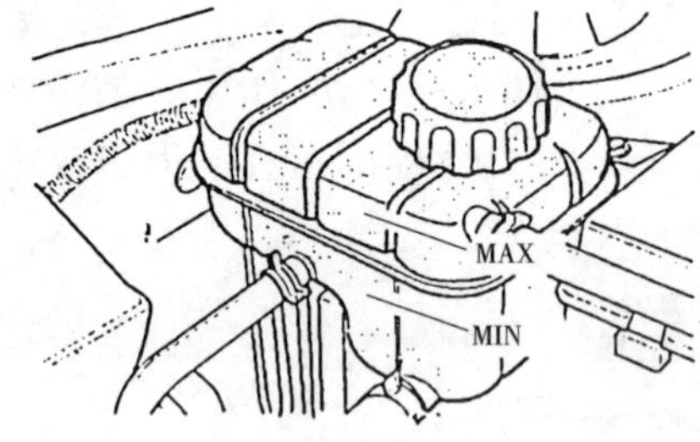

图5-8　冷却液的液面高度刻线

引导问题8　冷却液的排放和添加位置在哪?

在拆卸发动机零部件时,有时经常要排放和添加冷却液,在排放和添加冷却液时一定要找到正确的位置,否则会给工作带来诸多不便。冷却液的排放位置如图5-9所示,冷却液的添加位置如图 5-10 所示。

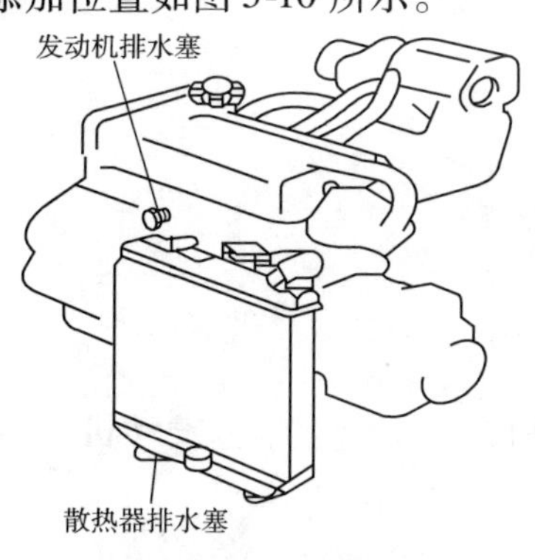

图 5-9 冷却液的排放位置

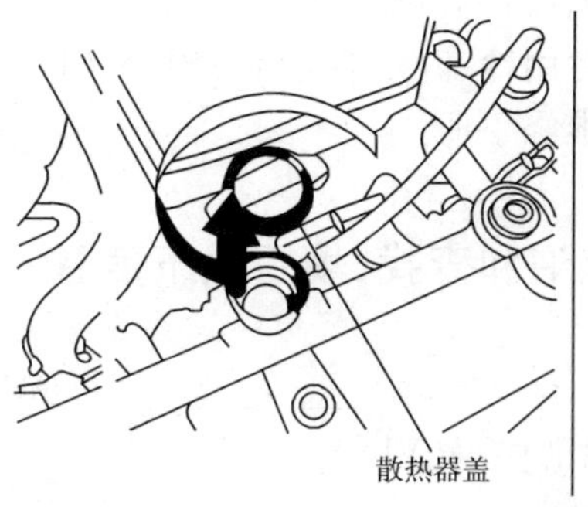

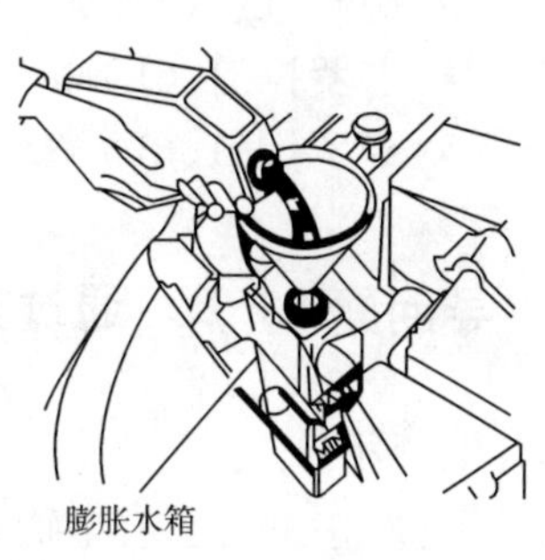

图 5-10 冷却液的添加位置

引导问题 9 如何正确使用冷却液？

正确使用冷却液，可起到防腐蚀、防穴蚀渗漏、防散热器开锅、防水垢和防冻结等作用，能够使冷却系统始终处于最佳的工作状态，保证发动机的正常工作温度。如果使用中不注意，将严重影响发动机的正常工作性能和寿命，因此，在使用中应注意以下方面：

（1）要坚持常年使用冷却液。冷却液不但具有防冻功能，而且还具有防腐、防沸和防垢等作用，因此要坚持连续使用冷却液。

（2）正确选用冷却液。选用冷却液时，其冰点要低于环境最低温度 10℃左右，要根据厂家的要求选择规定的冷却液。

（3）定期更换冷却液。冷却液在高温状态下长期使用后，必然会导致变质，从而使其性能下降。为此，应按规定的周期定期更换冷却液。

（4）防止冷却液中毒。冷却液多为工业乙二醇水基型，对人体有一定的毒副作用。禁止采用嘴吸操作法，一旦沾到手上或身上等处时，应及时用水清洗干净。另外，这种冷却液中的防腐添加剂具有致癌性，废液不要乱倒，以免污染环境。

（5）正确加注冷却液。加注冷却液时应适量，加注量不足将导致冷却效果不够；也不能过量，由于工业乙二醇型冷却液膨胀系数较大，因此必须留出 5% 左右的膨胀空间，以免冷却液溢出。

（6）注意经常检查冷却液的液面高度和冷却系统的密封性。防止冷却液的渗漏，渗漏的结果不但会造成冷却液的损失，严重的会稀释机油，造成润滑系统故障。

二、实 施 作 业

引导问题 10 作业需要哪些工具、设备和材料？

（1）组合工具、螺丝刀、钳子、扭力扳手、冷却液回收盆、漏斗和冷却液冰点仪。

(2)磁力护裙(图 1-15)、转向盘护套、变速杆手柄套、脚垫和座椅套。

(3)举升机、卡罗拉(1.6L)轿车(图 1-16)。

(4)卡罗拉(1.6L)轿车专用冷却液,容量不少于 5.6L。

(5)卡罗拉(1.6L)轿车维修手册。

引导问题 11　通过查询和查找,填写以下信息。

生产年份＿＿＿＿＿＿,车牌号码＿＿＿＿＿＿,行驶里程＿＿＿＿＿＿,发动机型号及排量＿＿＿＿＿＿,车辆识别代码(VIN)＿＿＿＿＿＿。

引导问题 12　作业前的准备工作有哪些?

(1)汽车进入工位前,将工位清理干净,准备好相关的器材。

(2)将汽车停驻在举升机中央位置。

(3)拉紧驻车制动器操纵杆,并将变速杆置于空挡或驻车挡(P 位)位置,如图 1-17 所示。

(4)套上转向盘护套、变速杆手柄套和座椅套,铺设脚垫,如图 1-18 所示。

(5)在车内拉动发动机罩手柄,在车外打开并支撑发动机罩,如图 1-19 所示。

(6)粘贴翼子板和前格栅磁力护裙,如图 1-20 所示。

引导问题 13　如何正确检查冷却液液面高度及添加冷却液?

将车辆可靠地停在平坦的路面上,发动机在冷机状态时,检查膨胀水箱内的冷却液液面高度。冷却液液面高度应在 LOW 和 FULL 刻度线之间(图 5-11),如果液面低于 LOW 刻度线,检查冷却系统管路是否有冷却液泄漏情况,如果没有,则添加丰田超长效冷却液(SLLC)到 FULL 刻度线。

注意:靠近电动冷却风扇或散热器格栅工作时,确保点火开关置于 OFF 位置。点火开关置于 ON 位置时,如果发动机冷却液温度变高或打开空调,冷却风扇可能自动开始运转。

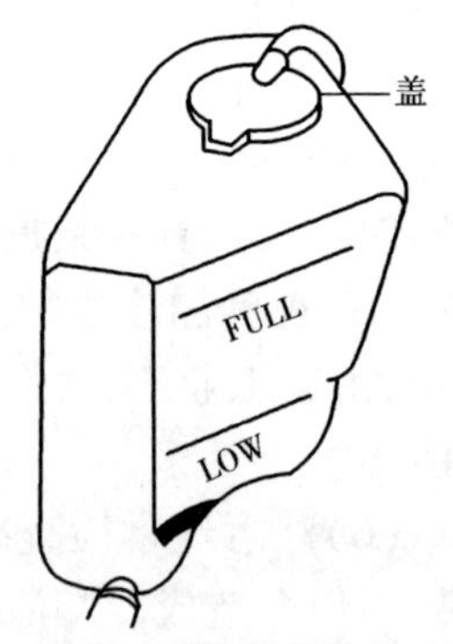

图 5-11　检查冷却液液面高度

引导问题 14　如何检查冷却液的品质?

(1)检查发动机冷却液质量。拆下散热器盖分总成,检查散热器盖分总成和散热器注水口周围是否有过多积锈或水垢,发动机冷却液中应没有机油。如果过脏,则更换发动机冷却液。优质冷却液颜色醒目、清亮透明且无异味。

注意:为避免烫伤,不要在发动机和散热器总成仍然很烫时拆下散热器盖分总成。

(2)检查冷却液冰点。冷却液变质或失效会导致其冰点降低,在寒冷的冬天会造成冷却液结冰,发生冻裂散热器、甚至冻坏发动机汽缸体等严重事故。可通过冷却液冰点仪测量冷却液的冰点,来进一步判断冷却液的质量。具体方操作方法如下:

①如图 5-12 所示,打开散热器盖,用吸管吸取小量冷却液。

②如图 5-13 所示,将冷却液滴到冷却液冰点仪上检查冷却液冰点,应符合厂家规定的冷却液冰点。如不符合,则更换冷却液。

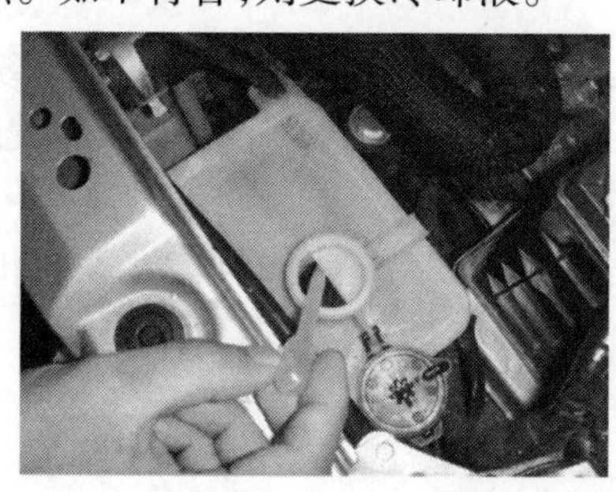
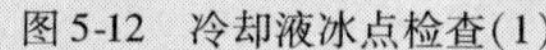
图 5-12　冷却液冰点检查(1)

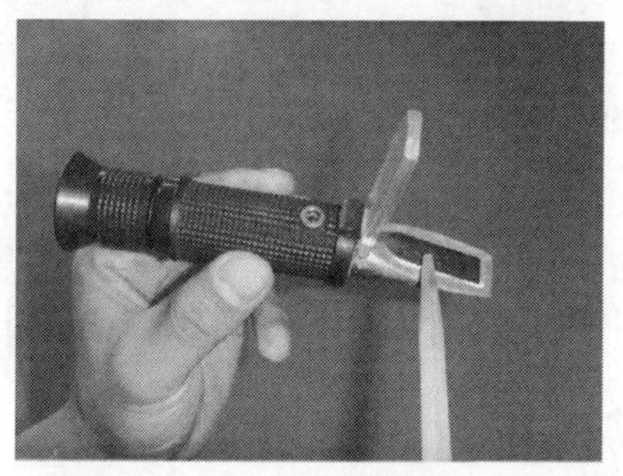
图 5-13　冷却液冰点检查(2)

引导问题 15　如何规范地更换冷却液?

1 排净发动机冷却液

(1)松开散热器放水螺塞(图 5-14),将冷却液收集到容器中。

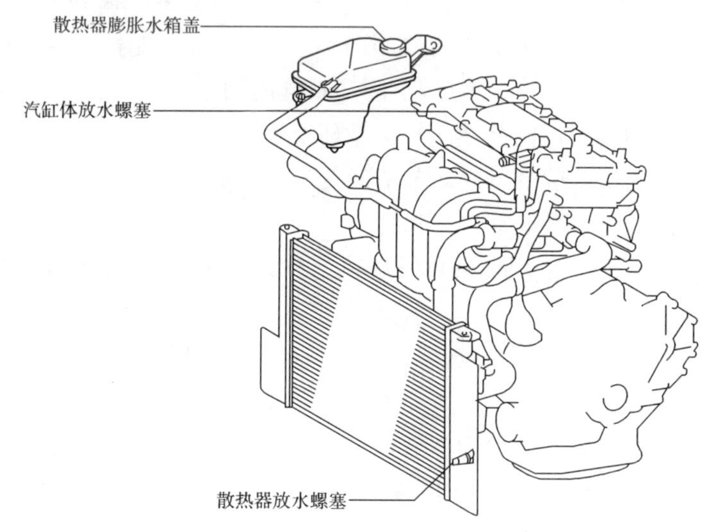

图 5-14　冷却液更换(1)

(2)拆下散热器膨胀水箱盖。

注意:在发动机和散热器还没有冷却下来时,不要拆下散热器膨胀水箱盖,发动机冷却

液和蒸汽可能会释放出来并导致严重烫伤。

(3)松开发电机后面的汽缸体放水螺塞。

2 清洗冷却系统

如果排放出的冷却液比较脏或伴有杂物,应对冷却系统进行清洗后再添加新的冷却液,具体操作方法如下:

(1)让发动机完全冷却并放净冷却液,将配有清洗剂的清洗液加入到冷却系统中。

(2)起动发动机,使发动机达到正常工作温度并怠速运转 20～30min,然后关闭发动机,排掉清洗液。

(3)用清洁的水将散热器注满,起动发动机运转 10min 后排放即可。如果排出的液体较脏,应继续用清水反复清洗直到排出清水为止。

3 添加发动机冷却液

(1)紧固散热器和汽缸体的放水螺塞,规定力矩为 13N·m。

(2)从膨胀水箱加注口添加丰田超长效冷却液(SLLC),标准容量为 5.6L。

(3)拆下散热器盖并将冷却液添加至膨胀水箱 B 刻度线,如图 5-15 所示。

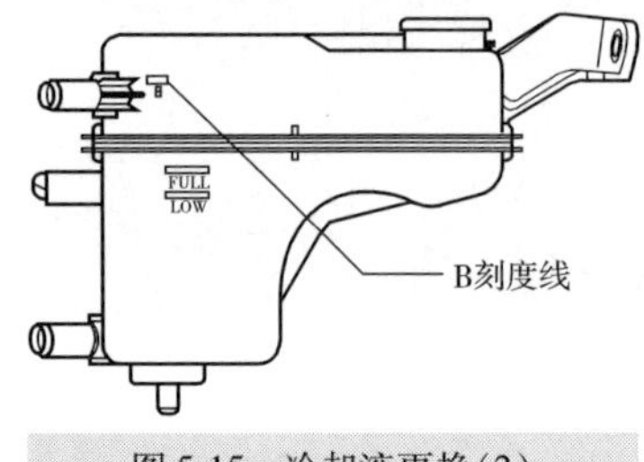

图 5-15　冷却液更换(2)

(4)用手按压散热器进水软管和出水软管数次,检查冷却液液位。如果冷却液液位过低,添加冷却液。

(5)安装盖子和阀门,起动发动机,使发动机充分暖机。

注意:起动发动机前,要关闭空调开关,将空调的温度调整为 MAX(HOT),将空调鼓风机设置调整为 Lo。

(6)排空冷却系统内的空气。

①发动机暖机至节温器打开,并使冷却液循环至少 5min。

注意:按压散热器进水软管可以确认节温器是否已经打开,并感觉发动机冷却液从何时开始流入软管。

②发动机暖机后,按照以下周期运行发动机至少 7min:以 3000r/min 的转速运转 5s,怠速运转 45s。

③用手按压散热器进水软管和出水软管数次,以排空系统内空气。

注意:按压散热器软管时需戴保护手套并远离散热器风扇。

④发动机冷却后,检查并确认冷却液液位在 FULL 和 LOW 刻度线之间。如果冷却液液位低,则向膨胀水箱内添加冷却液至 FULL 刻度线。

三、评价与反馈

1. 对本学习任务进行评价,见表 5-3。

评 分 表

表5-3

考核项目	评分标准	分数	学生自评	小组评价	教师评价	小计
团队合作	是否协调	5				
活动参与	是否积极主动	5				
安全生产	有无安全隐患	10				
现场5S	是否做到	10				
任务方案	是否正确、合理	15				
操作过程	检查冷却液液面高度； 检查冷却液品质； 更换冷却液	30				
任务完成情况	是否圆满完成	5				
工具和设备使用	是否规范、标准	10				
劳动纪律	是否能严格遵守	5				
工单填写	是否完整、规范	5				
总分		100				
教师签名：			年 月 日		得分	

2. 在实施作业时每一个安全事项都注意到了吗？如果没有，找出忽略的地方和原因。

3. 能否向车主解释冷却液的检查和更换过程？如果不能，分析原因并提出改进措施。

四、学 习 拓 展

1. 查阅凯越(1.6L)轿车维修手册，比较凯越(1.6L)轿车与卡罗拉(1.6L)轿车在冷却系统的组成及布置形式上有什么不同。

2. 查阅相关资料，说明目前发动机冷却液有哪些品牌，各品牌的冷却液有何区别。

学习任务六

冷却液温度表指示发动机过热的检修

学习目标

完成本学习任务后，你应当能：

1. 叙述发动机冷却系统的功用、组成及循环路径；
2. 明确冷却系统各组成部件的结构及工作原理；
3. 读懂给定的"检修工艺流程"，并按"检修工艺流程"进行检修；
4. 正确地使用工具和设备；
5. 正确检查冷却液液面高度并诊断冷却系统的密封状况；
6. 规范地更换发动机冷却液；
7. 规范、安全地检修冷却风扇线路故障；
8. 掌握冷却系统主要零部件的检修及更换方法。

建议完成本学习任务的时间为8课时。

学习任务描述

一辆卡罗拉(1.6L)轿车，行驶80000km，到维修站检查。车主反映最近发动机温度总是过高，冷却液温度表总是指在高温区，要求维修人员对发动机进行检查，找出原因，并进行修复。

学习内容

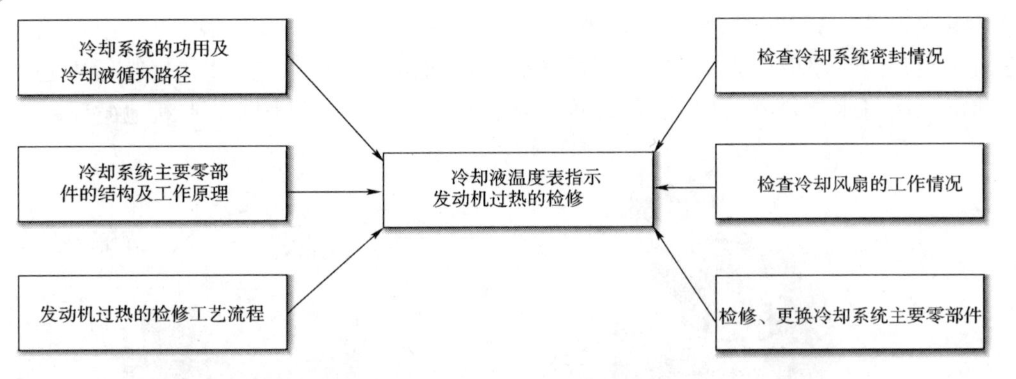

一、资料收集

引导问题1 冷却系统的功用、组成及冷却液的循环路径如何?

发动机冷却系统能保证发动机在最适宜的温度(80～90℃)范围内工作,从而保持发动机的最佳工作性能。冷却系统一般由水泵、散热器、节温器和冷却风扇等组成,冷却系统的构成及循环路径如图6-1所示。其中节温器可根据发动机冷却液的温度将冷却液循环路径分为大循环和小循环。

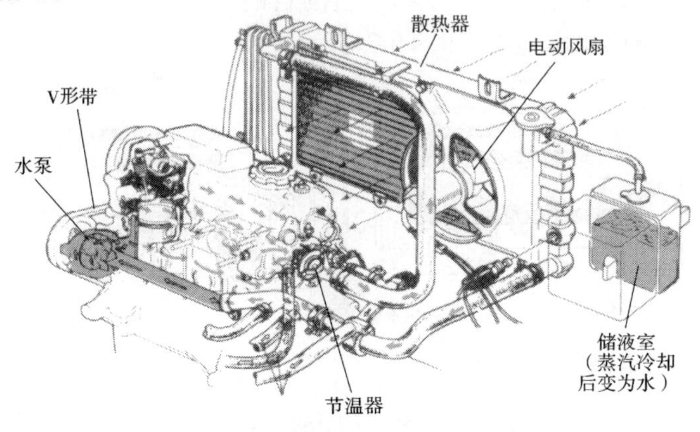

图6-1 冷却系统的组成及循环路径

引导问题2 水泵的结构及工作原理如何?

水泵的作用是对冷却液加压,强制冷却液在冷却系统中循环流动。水泵一般通过曲轴

传动带轮通过传动带驱动，现代汽车通常采用离心式水泵。

离心式水泵的结构各工作原理如图 6-2 所示，其主要由泵壳、水泵轴、叶轮、支承轴承和水封等组成，当叶轮旋转时，水泵中的水被叶轮带动一起旋转，并在离心力作用下向叶轮边缘甩出，经与叶轮成切线方向的出水管压送到发动机的水套内。与此同时，叶轮中心处造成一定的负压而将水从进水管吸入，如此连续地作用，使冷却液在水路中不断地循环。

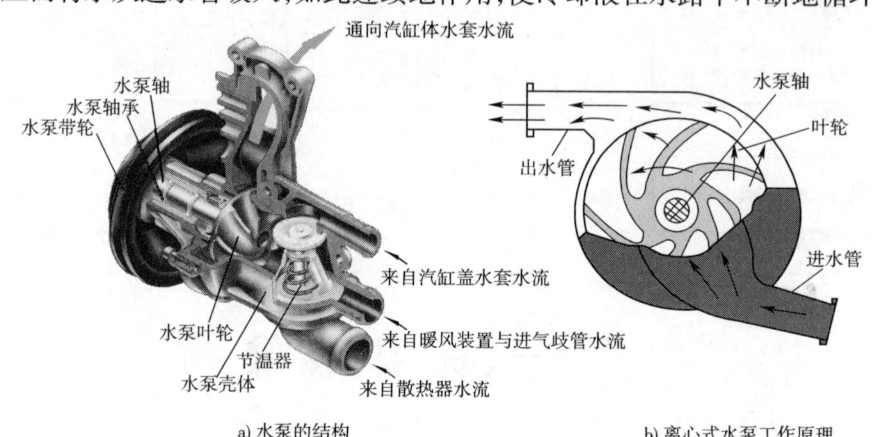

图 6-2　水泵的结构及工作原理

引导问题 3　节温器的结构及工作过程如何？

节温器安装在冷却水循环的通路中，根据发动机负荷的大小和水温的高低自动改变水的循环流动路线，以达到调节冷却系统冷却强度的目的。节温器可安装在发动机的进水口处，也可以安装在发动机的出水口处，如图 6-3 所示。

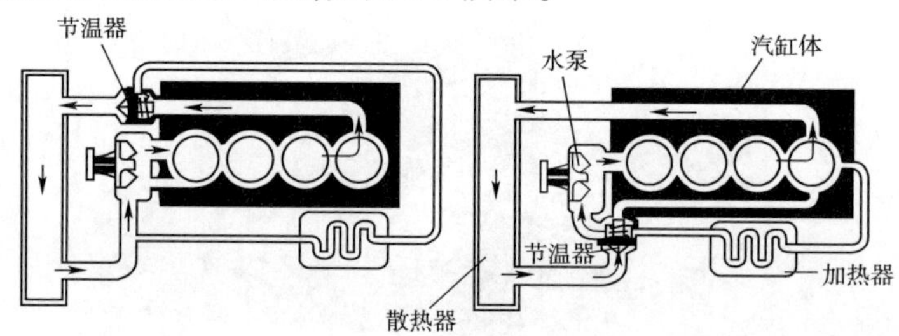

图 6-3　节温器不同的安装位置

汽车发动机广泛采用蜡式节温器，其结构和工作原理如图 6-4 所示。节温器推杆的一端固定于支架的中心处，另一端插入胶管的中心孔中。胶管与节温器外壳之间形成的腔体内装有精制石蜡。常温时，石蜡呈固态，阀门压在阀座上，这时阀门关闭了通往散热器的水路，来自发动机缸盖出水口的冷却液经水泵又流回汽缸体水套中进行小循环。当发动机冷却液温度升高时，石蜡逐渐变成液态，体积随之增大，迫使橡胶管收缩，从而对推杆上端头产生向上的推力。由于推杆上端固定,故推杆对橡胶管、感应体产生向下的反推力,阀门开启。当发动机冷却液温度达到规定温度以上时,阀门全开,来自汽缸盖出水口的冷却液流向散热器,进行大循环。

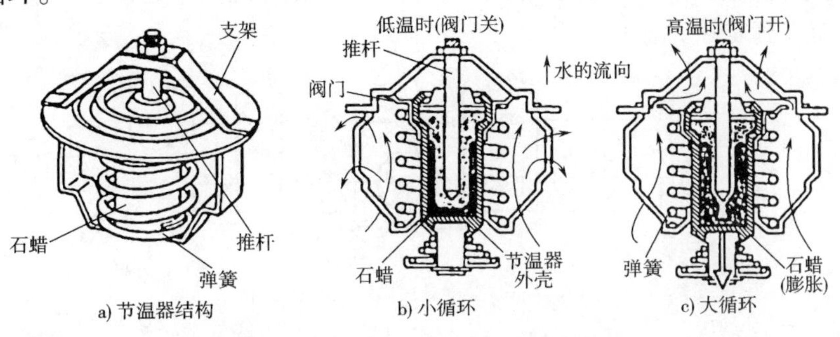

图 6-4　节温器的结构和工作原理

引导问题 4　冷却风扇的结构及工作过程如何?

冷却风扇的功用是提高流经散热器的空气流速和流量,以增强散热器的散热能力并冷却发动机附件。目前,轿车上大多采用电动冷却风扇,冷却风扇安装在散热器上,如图 6-5 所示。为提高风扇的散热效率,在散热器上装有导风罩。当风扇转动时,对空气产生轴向吸力,空气流从前到后通过散热器芯,从而使散热器芯中的冷却液加速冷却。

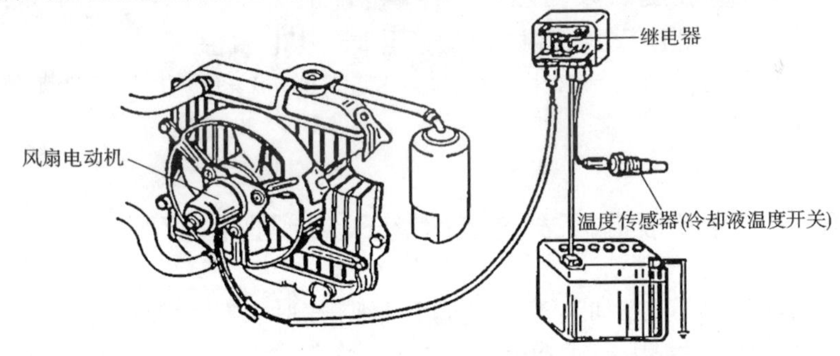

图 6-5　电动冷却风扇

风扇的扇风量与风扇的直径、转速、叶片形状、叶片安装角度以及叶片数目有关,常用风扇的结构及类型如图 6-6 所示。

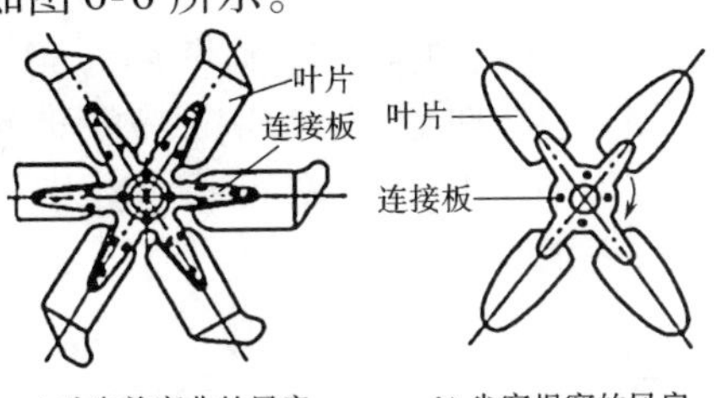

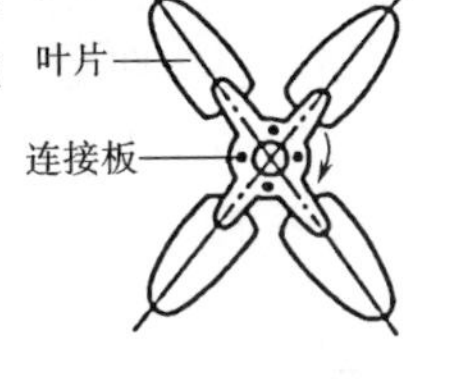

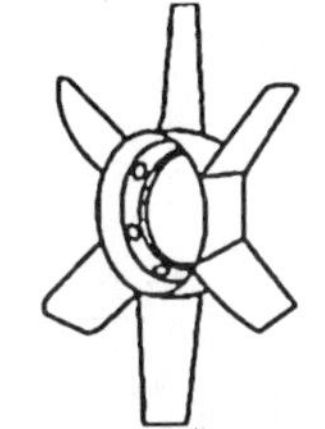

图 6-6　风扇形式

电动风扇一般由冷却液温度开关和风扇继电器控制其工作，其控制电路如图 6-7 所示。当冷却液温度达到规定值时，冷却液温度开关闭合，接通风扇继电器线圈电路，使风扇继电器工作，接通电动风扇电路，风扇电动机开始转动，带动风扇叶片旋转。风扇控制电路会因车型的不同而略有差异。

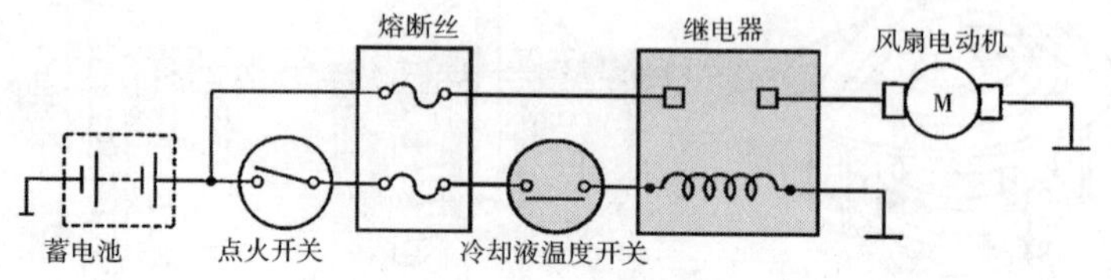

图 6-7　电动风扇控制电路

引导问题 5　冷却液温度传感器的功用及工作原理如何？

冷却液温度传感器用来检测发动机冷却液的温度，为冷却液温度表和发动机 ECU 提供冷却液温度信号，以供驾驶人了解发动机的冷却情况，同时作为发动机 ECU 控制燃油喷射和点火的修正信号。发动机冷却液温度传感器一般安装在发动机冷却液出水口处。冷却液温度传感器的结构如图 6-8 所示，其壳体内部装有一个具有负温度系数的热敏电阻（冷却液温度升高，热敏电阻阻值减小），当冷却液温度发生变化时，其电阻值也会发生变化时，冷却液温表和发动机 ECU 根据其阻值的变化来识别冷却液温度信号。

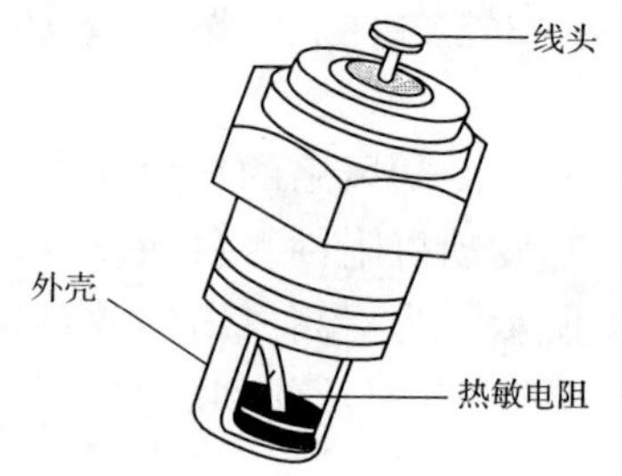

图 6-8　冷却液温度传感器的结构

引导问题 6　冷却液温度表的结构及工作原理如何？

冷却液温度表用来显示冷却液温度，通过目视，驾驶人便能及时了解发动机的工作温度。常用的冷却液温度表有热线式和电子式两种。

热线式冷却液温度表的结构和工作原理如图 6-9 所示。冷却液温度表的指针与热偶片连接在一起，当冷却液温度低时，传感器的电阻值大，通过热偶片电热线的电流小，产生热量少，热偶片弯曲量少，指针指在 C（低温）附近。当冷却液温度高时，传感器的电阻值减少，通过热偶片电热线的电流大，产生热量多，热偶片弯曲量大，指针指在 H（高温）附近。

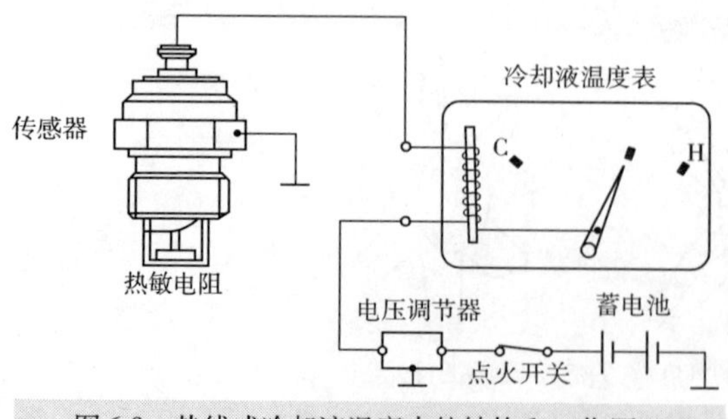

图 6-9　热线式冷却液温度表的结构和工作原理

电子式冷却液温度表是由可变电阻器（冷却液温度传感器）、处理器（计算机）及显示器组成，如图 6-10 所示。

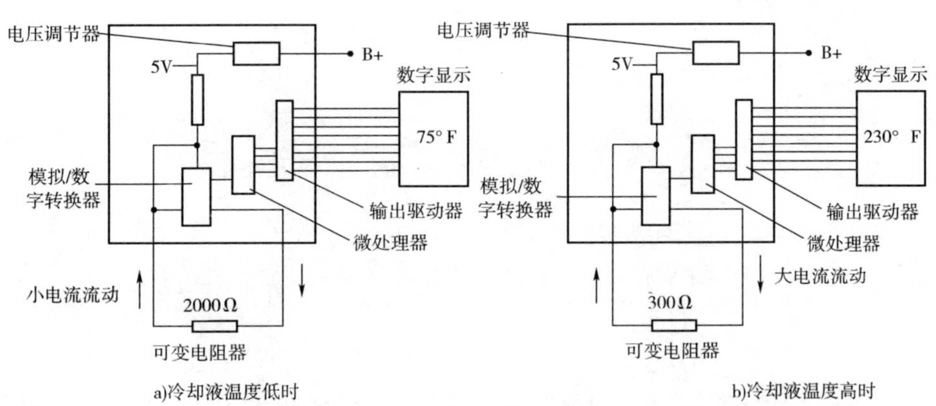

图 6-10 电子式冷却液温度表的组成

当冷却液温度低时，冷却液温度传感器阻值大，流过的电流小，传感器两端的电压高，模拟/数字转换器将高电压信号转为数字信号，传送给微处理器，微处理器再传送出信号给输出驱动器，使显示器显示出低的冷却液温度，例如：75℉(23.9℃)的冷却液温度。当冷却液温度逐渐升高时，冷却液温度传感器电阻逐渐降低，流过的电流逐渐变大，因此传感器两端电压逐渐变低，故冷却液温度表的显示会逐渐升高，例如 230℉(110℃)。

引导问题7 冷却液温度表指示发动机过热的原因有哪些？

冷却液温度表指示发动机过热的原因很多，主要是发动机冷却系统工作不良造成，例如冷却液泄漏、冷却风扇不工作、节温器损坏、冷却管路堵塞、散热器盖损坏等。此外，发动机自身工作性能不好，也会造成发动机过热，比如发动机燃烧不好、点火正时不准、长时间大负荷工作等。因此，当发动机过热时，要仔细分析，找出导致发动机过热的原因，及时维修。

引导问题8 冷却液温度表指示发动机过热的检修流程如何？

当出现冷却液温度表指示发动机过热时，应按照图 6-11 所示的检修工艺流程排除故障。

二、实 施 作 业

引导问题9 作业需要哪些工具、设备和材料？

(1)组合工具、螺丝刀、钳子、扭力扳手、冷却液回收盆、燃烧器、温度计、漏斗、汽车专用万用表和冷却系统压力检测器等。

(2)磁力护裙(图 1-15)、转向盘护套、变速杆手柄套、脚垫和座位套。

(3)举升机、卡罗拉(1.6L)轿车(图 1-16)。

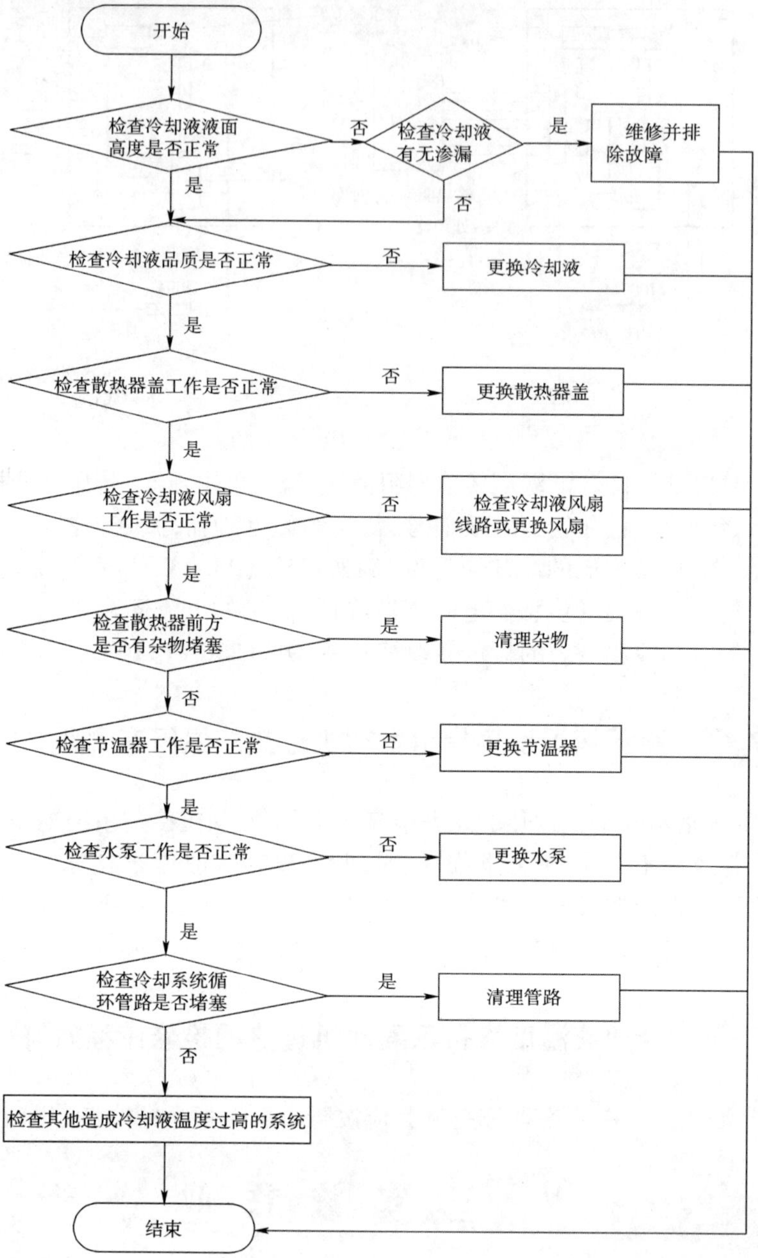

图 6-11　发动机过热的检修工艺流程

(4)卡罗拉(1.6L)轿车专用冷却液,容量不少于 5.6L。

(5)卡罗拉(1.6L)轿车维修手册。

引导问题 10　通过查询和查找,填写以下信息。

生产年份____________,车牌号码____________,行驶里程____________,发动机型号

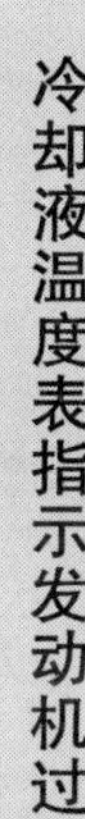

及排量____________,车辆识别代码(VIN)____________。

相关引导问题 以下“实施作业”的详细内容参见“学习任务五”。

(1)作业前的准备工作;

(2)检查冷却液液面高度;

(3)检查冷却液品质;

(4)更换冷却液。

引导问题11 如何检查冷却液是否泄漏?

在检查冷却液液面时,如果发现液面过低,一定要查明液面过低的原因,检查是否冷却系统存在泄漏,导致冷却液缺失。

首先,可通过目视检查管路接头处和散热器盖处是否有明显的漏痕,如果没有,可通过检测仪向冷却系统加压的方法来进一步检查冷却液是否泄漏,具体方法如下:

(1)向散热器总成中注满发动机冷却液,然后连接散热器检测仪,如图6-12所示。

(2)通过检测仪的加压泵加压至108kPa,保持5min,然后检查并确认压力是否降低。

如果压力下降,则说明冷却系统存在泄漏。应检查软管、散热器总成和水泵总成是否泄漏。如果发动机外部没有冷却液泄漏痕迹,则检查加热器芯、汽缸体和汽缸盖是否有泄漏。

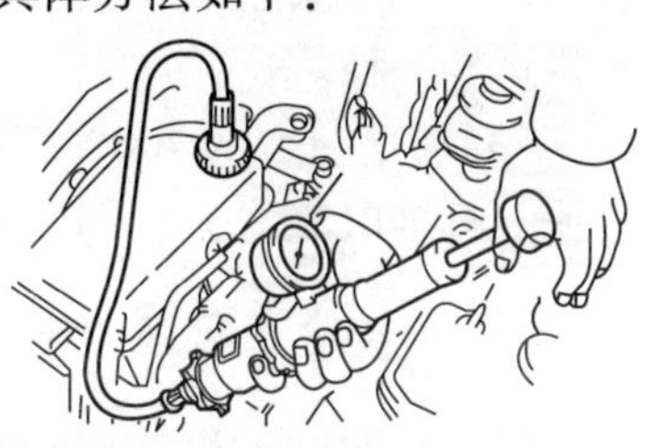

图6-12 冷却液泄漏检查

注意:为避免烫伤,不要在发动机和散热器总成仍然很烫时拆下散热器盖分总成。热膨胀会导致热的发动机冷却液和蒸汽从散热器总成中溢出。

引导问题12 如何检查膨胀水箱盖?

膨胀水箱盖能够保持合适的冷却系统压力,提高冷却液的沸点,通过打开压力阀,避免冷却系统压力过高;通过打开真空阀,防止冷却液软管因真空而塌陷。膨胀水箱盖的检查方法如下:

(1)冲洗膨胀水箱盖和膨胀水箱盖真空阀阀座中的尘渣。

(2)检查膨胀水箱盖真空压力阀是否损坏或变形。如果损坏或变形,更换膨胀水箱盖。

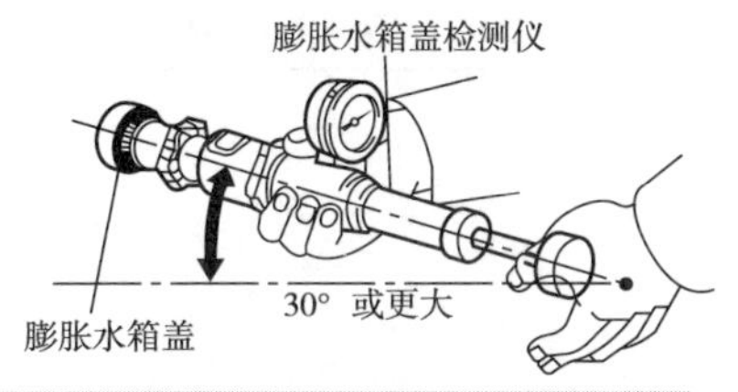

图6-13 膨胀水箱盖测试

(3)检查并确认O形圈没有变形、开裂或膨胀。如果发现变形或损坏,更换O形圈。

(4)在O形圈和橡胶密封件上涂抹发动机冷却液。

(5)如图6-13所示,将冷却系统压力检测器连接到膨胀水箱盖上。

(6)泵压膨胀水箱盖检测仪,给膨胀水箱盖加压,检查膨胀水箱盖的最大开启压力。标准压力值:90.3~122.7kPa;最小压力值:78.5kPa。如果膨胀水箱盖的最大开启压力小于最小值,更换膨胀水箱盖。

引导问题13　如何检查电动风扇电动机及线路?

1 检查电动风扇电动机(就车检查)

起动发动机,将空调开关打开,当空调压缩机工作时,检查电动风扇是否工作,如果电动风扇工作,则说明风扇电动机完好;如果不工作,则可能是风扇电动机损坏或控制线路故障,可按如下方法检查:

(1)断开电动风扇插接器,如图6-14所示。

(2)将蓄电池正、负极分别连接到风扇电动机的M+、M-插接器端子上,检查并确认电动机运转平稳。

(3)将电流表的400A探针连接到冷却风扇电动机的端子M+上,测量电动机运转时的电流。标准电流为7.9~10.9A,如果结果不符合规定,则更换冷却风扇电动机。

2 检查冷却风扇继电器

(1)将继电器从发动机室继电器盒上拆下,如图6-15所示。

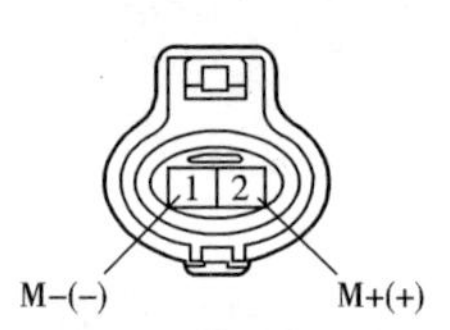

图6-14　风扇电动机插接器端子图

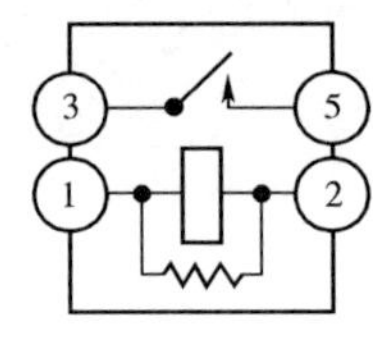

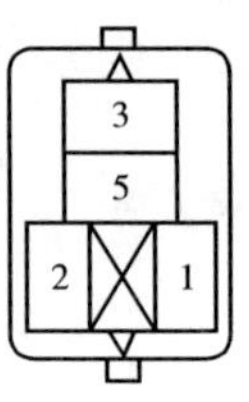

图6-15　风扇继电器端子图

(2)根据表6-1所示内容,用万用表检查继电器端子3和5之间的电阻,如果检查结果与规定状态不相符,则更换冷却风扇继电器。

风扇继电器检查表　　表6-1

测量端子	测量条件	规定状态
3和5		10kΩ或更大
3和5	蓄电池电压加在端子1和2上	小于1Ω

3 更换电动风扇电动机

风扇电动机的分解图,如图6-16所示。

(1)拆卸散热器总成。

(2)拆卸风扇罩。如图6-17所示,将2个螺栓和风扇罩从散热器总成上拆下。

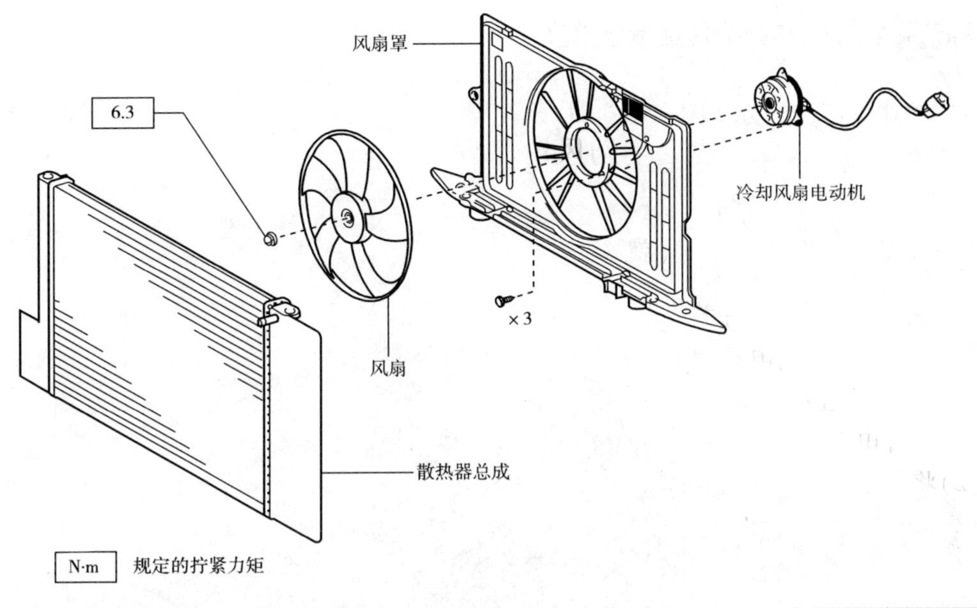

图 6-16　风扇电动机的分解图

(3)拆卸风扇。如图 6-18 所示,拆下螺母,然后拆下风扇。

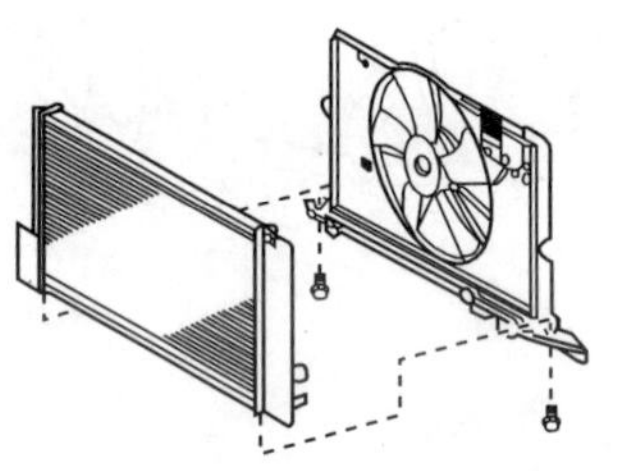

图 6-17　风扇电动机的更换(1)

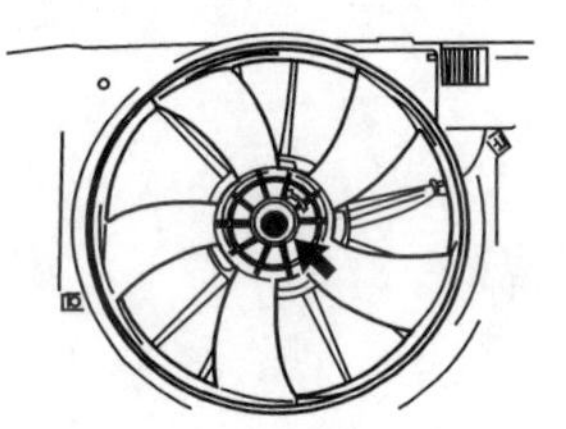

图 6-18　风扇电动机的更换(2)

(4)拆卸冷却风扇电动机。

①如图 6-19 所示,从风扇罩上断开插接器和 2 个卡夹。

②如图 6-20 所示,拆下 3 个螺钉,然后拆下冷却风扇电动机。

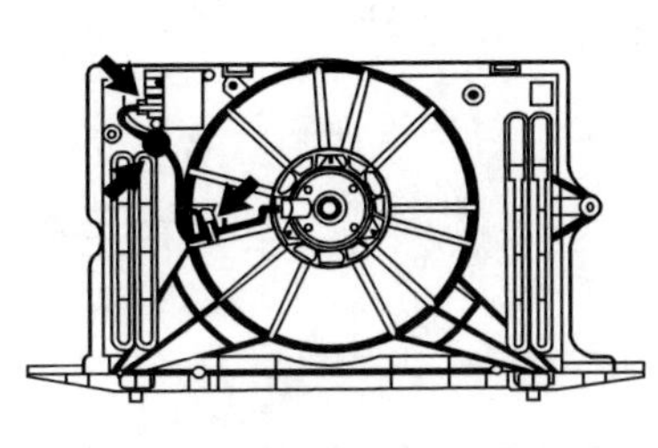

图 6-19　风扇电动机的更换(3)

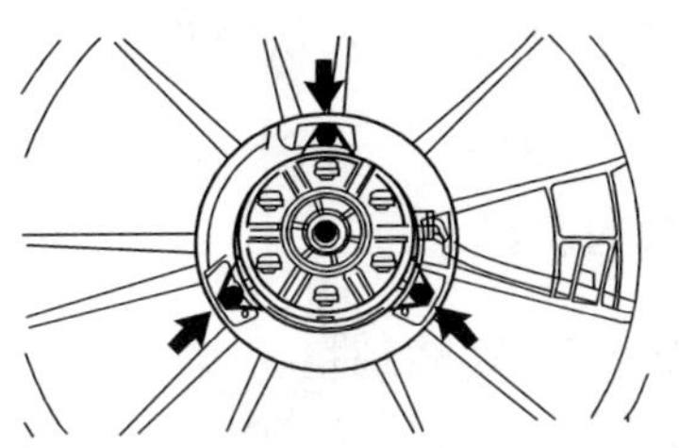

图 6-20　风扇电动机的更换(4)

(5)按与拆卸相反的顺序安装风扇电动机。

引导问题 14　如何检查节温器?

节温器相关部件的分解图如图 6-21 所示。

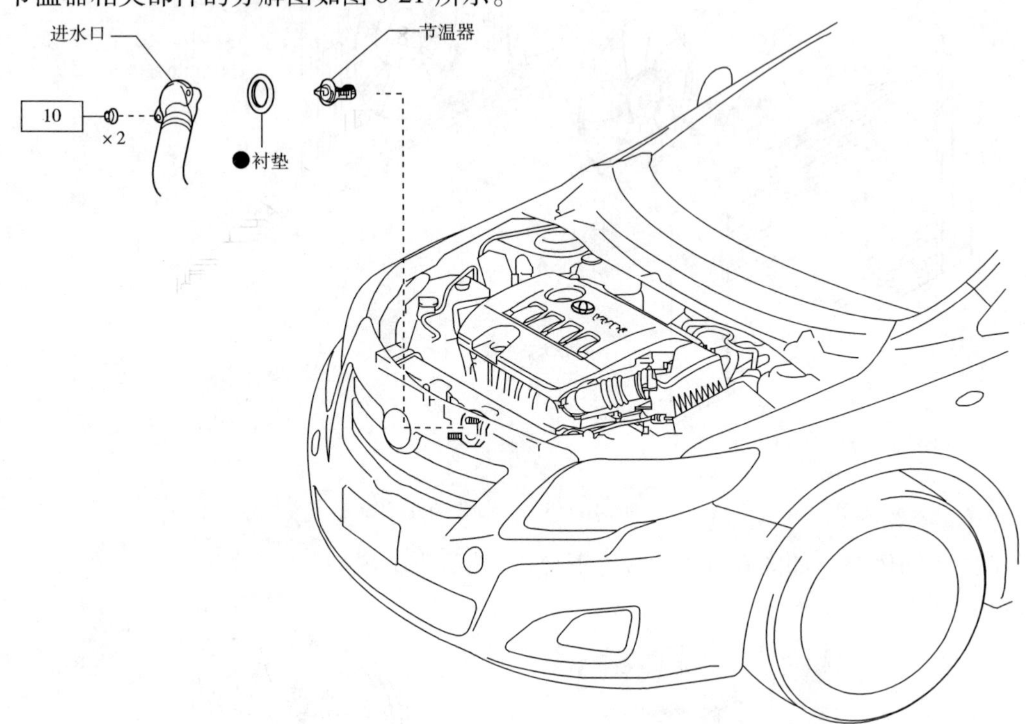

图 6-21　节温器的分解图

1 节温器的拆卸

(1)排净发动机冷却液。

(2)拆下 2 个螺母和进水管,如图 2-42 所示。

(3)拆下节温器和衬垫,从节温器上拆下密封圈,如图 2-43 所示。

2 节温器的测试

(1)从汽车上拆卸节温器。

(2)检查阀门处是否有异物。

(3)确保节温器全闭时,阀门弹簧压紧。如果弹簧不紧,更换节温器。

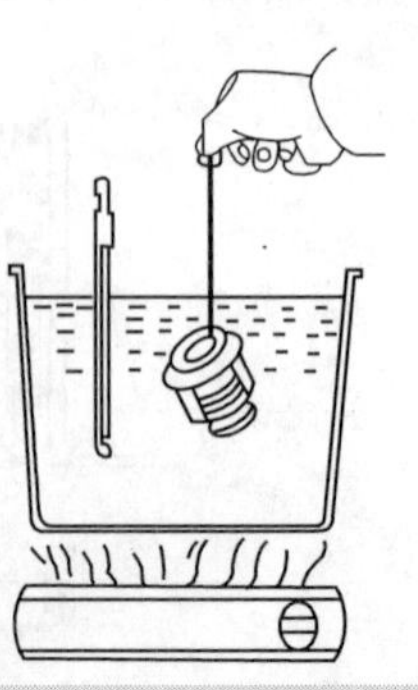

图 6-22　节温器开启温度检查

(4)如图 6-22 所示,将节温器和温度计吊入装有 50∶50 的乙二醇和水混合液的容器中。勿使节温器或温度计接触容器底部,否则由于容器底部受热不均匀,将使温度计测量的读数不准确。

(5)用燃烧器对容器进行加热。

(6)用温度计测量受热混合液的温度。

(7)检查节温器的开启温度。节温器开启温度为82℃,此温度标在节温器上,如图6-23所示。如果阀门开启温度不符合规定,更换节温器。

(8)检查节温器的升程。当温度为95℃时,节温器阀门开启10mm以上,如图6-24所示。如果节温器阀门开度不符合规定,更换节温器。

图6-23 节温器开启温度标记位置

图6-24 节温器升程检查

3 节温器的安装

(1)清理节温器壳体配合面。

(2)将新O形密封圈安装在节温器上。

(3)将节温器安装到进水口上。

注意:钩阀设置在规定位置两侧10°范围内,如图2-79所示。

(4)安装进水口,将2个螺母拧紧至10N·m规定的拧紧力矩。

(5)添加发动机冷却液。

(6)检查冷却液是否泄漏。

引导问题15 如何检查和更换水泵?

拆卸水泵相关部件的分解图如图6-25所示。

1 水泵的就车上检查

(1)拆卸散热器上空气导流板。

(2)拆卸发动机后部右侧底罩。

(3)拆卸多楔形带。

(4)检查水泵总成。

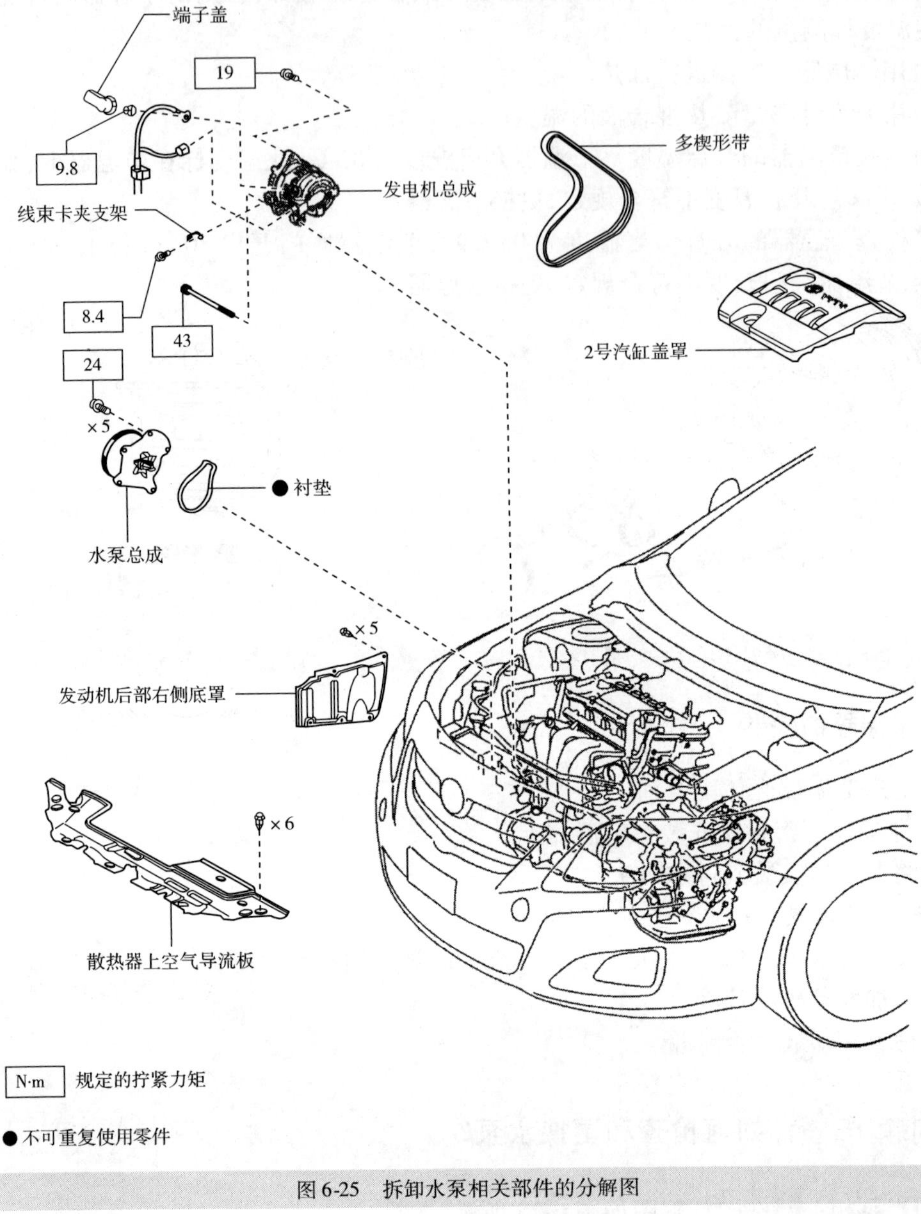

端子盖
19
9.8
多楔形带
发电机总成
线束卡夹支架
8.4
43
2号汽缸盖罩
24
×5
衬垫
水泵总成
×5
发动机后部右侧底罩
×6
散热器上空气导流板

N·m　规定的拧紧力矩

● 不可重复使用零件

图 6-25　拆卸水泵相关部件的分解图

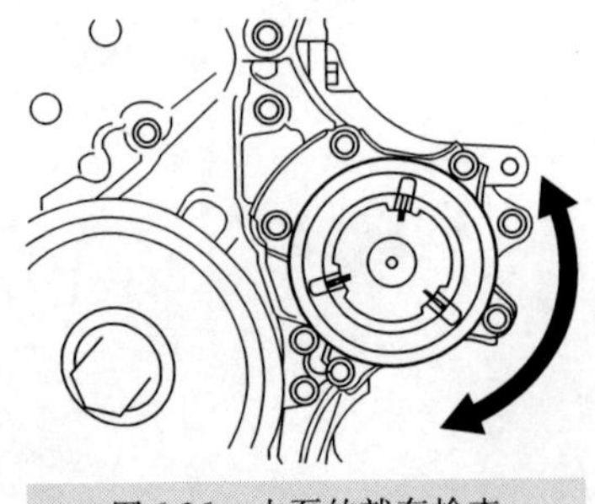

图 6-26　水泵的就车检查

①如图 6-26 所示，转动水泵带轮，检查并确认水泵轴承运转平稳且无噪声。如有必要，更换水泵总成。

②检查水泵壳体是否开裂和泄漏，确保水泵壳体上没有冷却液。如有必要，则更换水泵总成。

(5)安装多楔形带，调整和检查多楔形带。

(6)安装发动机后部右侧底罩。

(7)安装散热器上空气导流板。

2 水泵的更换

1 拆卸

(1)拆卸散热器上空气导流板。

(2)拆卸2号汽缸盖罩。

(3)拆卸发动机后部右侧底罩。

(4)从蓄电池负极端子上断开电缆。

(5)排净发动机冷却液。

(6)拆卸多楔形带。

(7)拆卸发电机总成。

(8)拆卸水泵总成。

①如图6-27所示,从正时链条盖上拆下5个螺栓和水泵总成。

②如图6-28所示,从正时链条盖上拆下水泵衬垫。

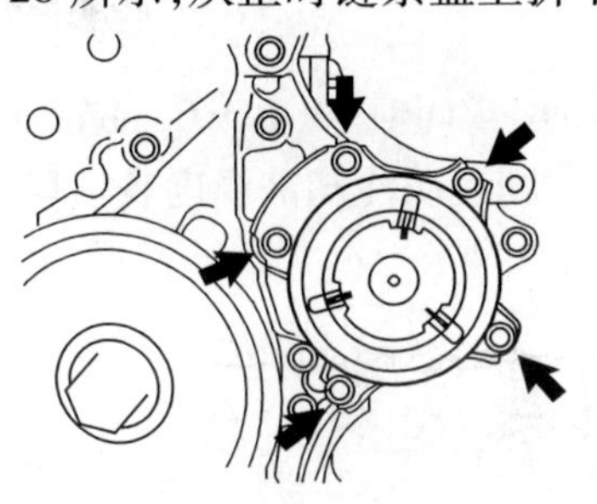

图6-27 水泵的拆卸(1)

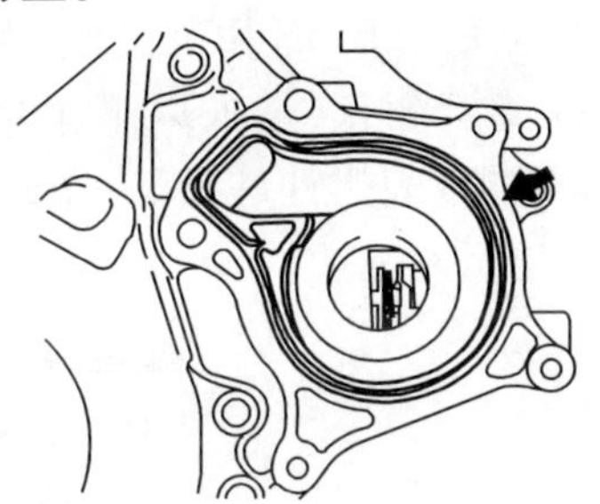

图6-28 水泵的拆卸(2)

2 安装

(1)安装水泵总成。

①如图6-29所示,将一个新水泵衬垫的凸出部分与正时链条盖上的切口对齐,并将衬垫安装到正时链条盖的凹槽中。

注意:确保接触表面清洁。

②用5个螺栓将水泵总成安装到正时链条盖上(图6-27),规定的拧紧力矩:24N·m。

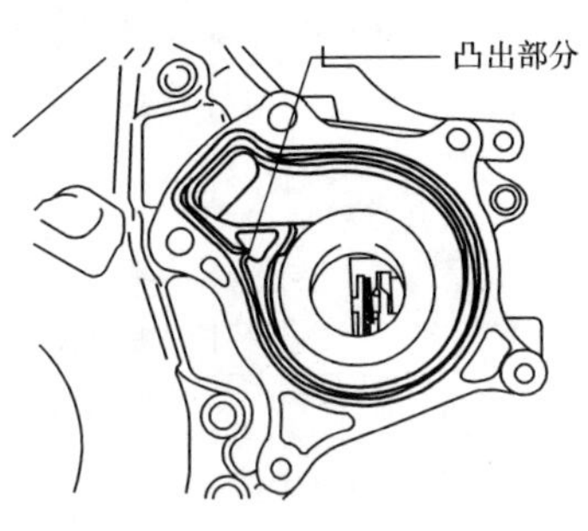

图6-29 安装水泵衬垫

(2)安装发电机总成。

(3)安装多楔形带,检查和调整多楔形带。

(4)将电缆连接到蓄电池负极端子上,规定的拧紧力矩:5.4N·m。

(5)添加发动机冷却液并检查冷却液是否泄漏。

(6)安装发动机后部右侧底罩。

(7)安装2号汽缸盖罩。

(8)安装散热器上空气导流板。

汽车发动机机械维修

引导问题 16　如何检查冷却液温度传感器及冷却液温度表?

1 检查冷却液温度传感器

如图 6-30 所示,将冷却液温度传感器置于加热的容器内,用万用表测量冷却液温度传感器在不同温度下的电阻值。如果测量电阻值与标准电阻值不相符,说明传感器损坏,更换传感器。传感器标准电阻值:20℃时,2.32～2.59Ω;80℃时,310～326Ω。

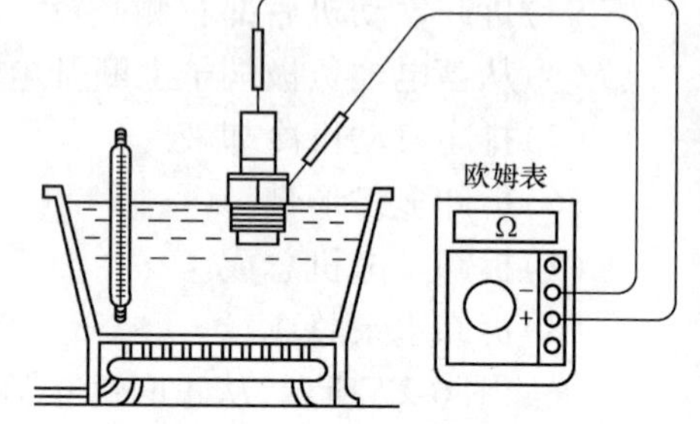

图 6-30　冷却液温度传感器的检查

2 检查冷却液温度表

冷却液温度表的好坏可通过发动机智能检测仪的主动测试功能进行检查,具体步骤如下:

(1)将智能检测仪连接到诊断接口(DLC3)。

(2)将点火开关置于 ON(IG)位置。

(3)打开智能检测仪,进入以下菜单项:Diagnosis/OBD/MOBD/Combination Meter/Active Test。观察冷却液温度表指针是否正常,如果不正常,则说明冷却液温度表损坏,需要更换组合仪表。

三、评价与反馈

1. 对本学习任务进行评价,见表 6-2。

评　分　表　　　　表 6-2

考核项目	评分标准	分数	学生自评	小组评价	教师评价	小计
团队合作	是否协调	5				
活动参与	是否积极主动	5				
安全生产	有无安全隐患	10				
现场 5S	是否做到	10				
任务方案	是否正确、合理	15				
操作过程	检查冷却系统是否泄漏; 检查冷却风扇电动机及线路; 检查、更换节温器和水泵; 检查冷却液温度传感器和冷却液温度表	30				
任务完成情况	是否圆满完成	5				
工具和设备使用	是否规范、标准	10				
劳动纪律	是否能严格遵守	5				
工单填写	是否完整、规范	5				
总分		100				
教师签名:			年　月　日		得分	

2. 在实施作业时,每一个安全事项都注意到了吗? 如果没有,找出忽略的地方和原因。

3. 能否向车主解释冷却系统故障造成发动机过热的原因? 如果不能,分析原因并提出改进措施。

四、学 习 拓 展

1. 查阅相关资料,说明造成发动机过热的非冷却系统的其他原因,并进行解释。

2. 查阅相关资料,说明节温器在冷却系统中两种安装位置各自的特点有哪些,你认为哪种更合理。

学习任务七

机油及机油滤清器的检查和更换

完成本学习任务后，你应当能：

1. 叙述发动机润滑系统的功用、组成和工作原理；
2. 明确机油的分类、选用、环保及安全措施；
3. 正确地使用工具和设备；
4. 规范地检查机油液面高度和添加机油；
5. 规范、安全地更换机油及机油滤清器。

建议完成本学习任务的时间为 4 课时。

学习任务描述

一辆桑塔纳 2000GSi 轿车，行驶 20000km，到维修站进行维护。需要维修人员按照“维护标准和要求”对机油及机油滤清器进行检查和更换。

学习内容

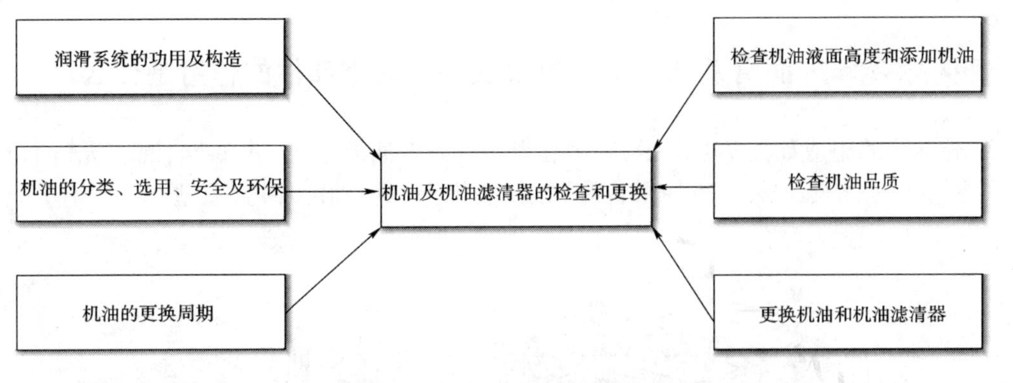

一、资料收集

引导问题1 润滑系统的功用及润滑方式有哪些?

1 润滑系统的功用

当发动机工作时,各运动部件都必须用发动机润滑油(又称机油)来润滑。润滑系统的功用就是将机油输送到发动机各个需要润滑的部位,以达到提高发动机工作可靠性和耐久性的目的。润滑系统除了最基本的润滑作用外,还具有冷却、清洁、缓冲、密封和防锈等功能。

2 润滑方式

由于发动机各运动部件的工作条件不同,对润滑的强度的要求也不同,因此对不同的运动部件应采用不同的润滑方式。润滑系统的润滑方式可分压力润滑、飞溅润滑和润滑脂润滑三种方式。

(1)压力润滑。压力润滑是利用机油泵建立起一定的压力后,通过油道将机油供入运动部件摩擦表面的间隙中,形成油膜以保证润滑的润滑方式。此种润滑方式润滑可靠,但结构较为复杂。主要用于曲轴主轴承、连杆轴承及凸轮轴轴承等负荷较大的摩擦表面的润滑。

(2)飞溅润滑。飞溅润滑是利用发动机工作时运转零件撞击机油溅起来的油滴或油雾润滑运动部件摩擦表面的润滑方式。该润滑方式结构简单,但可靠性较差。主要用于负荷较轻的汽缸壁面和配气机构的凸轮、挺柱、气门杆和摇臂等零件的工作表面。

(3)润滑脂润滑。润滑脂润滑是通过定期加注润滑脂来润滑零件工作表面的方式。

此种润滑方式主要用于发动机上一些辅助装置和比较分散的部位(如水泵及发电机轴承等)。

引导问题2　润滑系统的基本组成及各组成零部件的作用是什么?

润滑系统的组成如图7-1所示,主要由机油泵、机油滤清器、集滤器、油底壳、油道等组成,另外包括机油压力开关、机油警告灯(在仪表板上)、机油冷却器(有些车型没有)等。

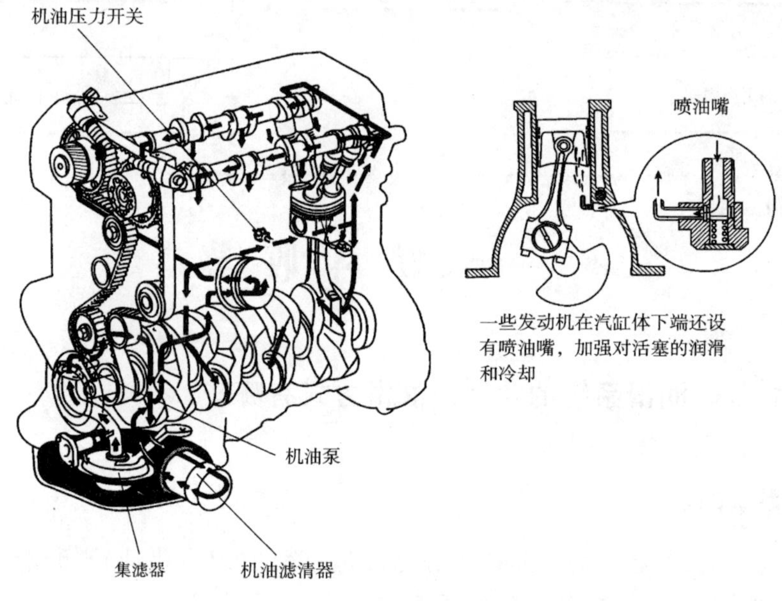

图7-1　润滑系统的组成

(1)油底壳。油底壳的主要功用是储存机油。

(2)机油泵。机油泵的主要功用是建立压力润滑和机油循环所必须的油压。

(3)油道。油道的主要功用是将机油泵输出的压力机油输送到各运动零部件的摩擦表面;油道在汽缸体与汽缸盖上直接铸出或加工在一些零件内部,可分为主油道和分油道,主油道一般是指铸造在汽缸体侧壁内、沿发动机纵向布置的油道,其他油道均为分油道。

(4)集滤器和滤清器。集滤器和滤清器的主要功用是滤除机油中的杂质和胶质。

(5)机油冷却器。用于冷却机油(正常机油工作温度为70~90℃),防止因机油温度过高导致机油黏度降低而失去润滑作用。

(6)机油压力开关和机油警告灯。机油压力开关和机油警告灯是监控润滑系统工作是否正常的安全监控装置。

引导问题3　机油的润滑路径如何?

图7-2和图7-3分别为润滑系统示意图和框图。机油泵由发动机驱动,将油底壳内的机

油经集滤器、机油冷却器、机油滤清器、经过汽缸体、汽缸盖上的油道,输送到曲轴轴颈、连杆轴颈、凸轮轴轴颈等处,使油浮在轴承(轴瓦)上旋转,润滑后的机油流回到油底壳中。旋转的曲轴曲柄飞溅起来的机油,在汽缸壁等金属表面形成油膜,使摩擦减小。

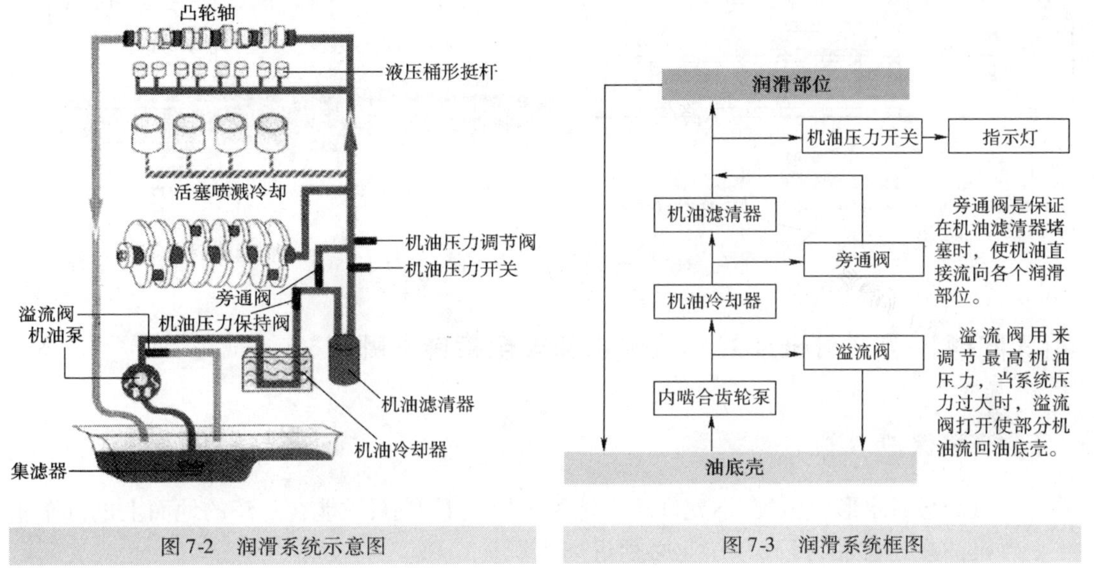

图 7-2 润滑系统示意图

图 7-3 润滑系统框图

引导问题 4 机油是如何分类的?

国际上广泛采用 SAE(美国工程师学会)黏度分类法和 API(美国石油学会)使用性能分类法对机油进行分类。

SAE 按照不同的黏度等级,将机油分为冬季用机油和非冬季用机油两类。冬季用机油有 6 种牌号:SAE0W、SAE5W、SAE10W、SAE15W、SAE20W 和 SAE25W;非冬季用机油有 4 种牌号:SAE20、SAE30、SAE40 和 SAE50。

如果使用上述牌号的单级机油,需要根据季节和气温的变化经常更换机油。目前普遍使用多级机油,例如桑塔纳 2000GSi 轿车 AJR 发动机常用 SAE5W-30 机油,在低温下使用时黏度与 SAE5W 一样,在高温下使用时黏度又与 SAE30 相同,因此可以冬夏通用。可根据车辆所在地气温选择适当黏度的机油,如图 7-4 所示。

API 根据机油的性能及其适合使用的场合,将机油分为 S 系列和 C 系列两类。S 系列为汽油机机油,目前有 SA ~ SH、SJ、SL 和 SM 共 11 个级别;例如桑塔纳 2000GSi 轿车 AJR 发动机使用 SG 级或 SG 以上级机油;卡罗拉轿车采用 SL 或 SM 级机油;凯越轿车采用 SM 级机油。C 系列为柴油机机油,目前有 CA ~ CD、CD-Ⅱ、CE、CF-4、CF、CF-Ⅱ和 CG-4 共 10 个级别。级号越靠后,使用性能越好。目前常用的 API 等级机油,如图 7-5 所示。

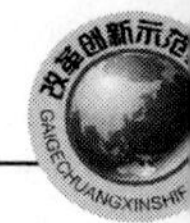

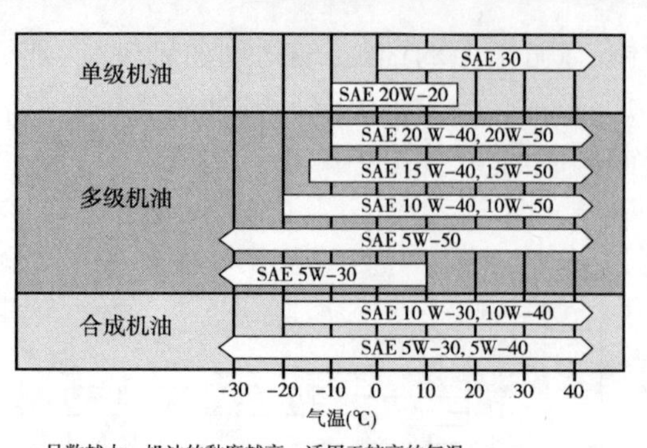

单级机油
SAE 30
SAE 20W–20
多级机油
SAE 20 W–40, 20W–50
SAE 15 W–40, 15W–50
SAE 10 W–40, 10W–50
SAE 5W–50
SAE 5W–30
合成机油
SAE 10 W–30, 10W–40
SAE 5W–30, 5W–40
–30 –20 –10 0 10 20 30 40
气温(℃)
· 号数越大，机油的黏度越高，适用于较高的气温。
· 合成机油可以减小发动机运动部件的摩擦，因此能够节省燃油。

图 7-4　机油的选择

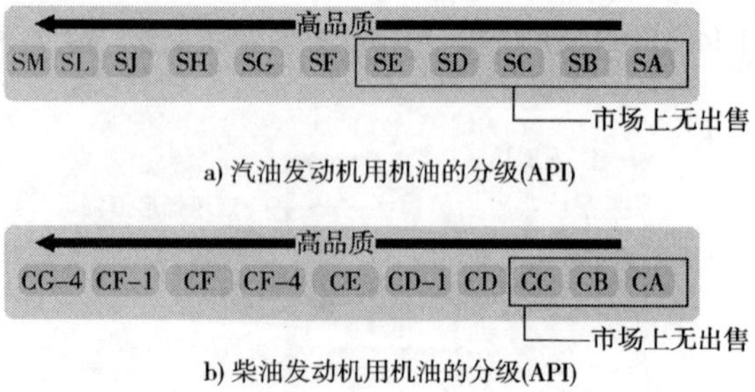

高品质
SM SL SJ SH SG SF SE SD SC SB SA
市场上无出售
a) 汽油发动机用机油的分级(API)
高品质
CG–4 CF–1 CF CF–4 CE CD–1 CD CC CB CA
市场上无出售
b) 柴油发动机用机油的分级(API)

图 7-5　机油的 API 等级

引导问题 5　对机油的环境保护和安全措施有哪些?

1 环境保护

(1)机油会对水形成污染,不允许排入地表水域和下水道,只能在防渗的地面上进行作业。
(2)机油是易燃品,存放和作业必须远离火源。
(3)废弃的机油要单独盛装,并妥善保管和回收。
(4)沾上机油的抹布或物品,不得作为生活垃圾处理。

2 安全措施

(1)机油对人皮肤有损害,作业时应戴上防护手套和防护服。
(2)沾上机油的衣服或鞋,必须立即更换。
(3)皮肤上撒上机油,立即用水和肥皂清洗,勿用汽油或溶剂作为清洁品。
(4)眼睛接触到机油,用水认真冲洗,然后尽快去医院治疗。

引导问题 6　机油的更换周期如何确定?

机油在使用过程中,由于高温氧化及燃烧物混入等原因影响,将劣化变质,润滑性能下降。因此,机油应适时更换,机油滤清器也同时更换。

机油的更换周期因车型和行驶环境而不同(表 7-1)。如果汽车经常频繁起步、短距离行驶或在多尘地区使用,机油的更换周期应相应缩短。

引导问题 7　机油滤清器的结构及工作原理是怎样的?

机油滤清器要滤除掉机油中的金属粉末、机油氧化物和燃烧物。为了防止滤清器堵塞失效,必须定期进行更换,一般在更换机油的同时也更换机油滤清器。

常见机油的更换周期　　表 7-1

发动机型号	机油更换周期	
	行驶里程(km)	月数
卡罗拉 1RZ	5000	6
凯越 L91 或 L71	10000	6
桑塔纳 2000GSi 轿车 AJR	7500	12

注:行驶里程和月数,以先达到者为准。

机油滤清器的结构及工作原理如图 7-6 所示,由机油泵加压后的机油从进油口流入滤清器,经过纸质滤芯过滤后,由出油口流出,当滤清器没有及时更换或其他原因造成滤芯堵塞时,油压升高使旁通阀开启,机油将不通过滤芯直接进入汽缸体油道。

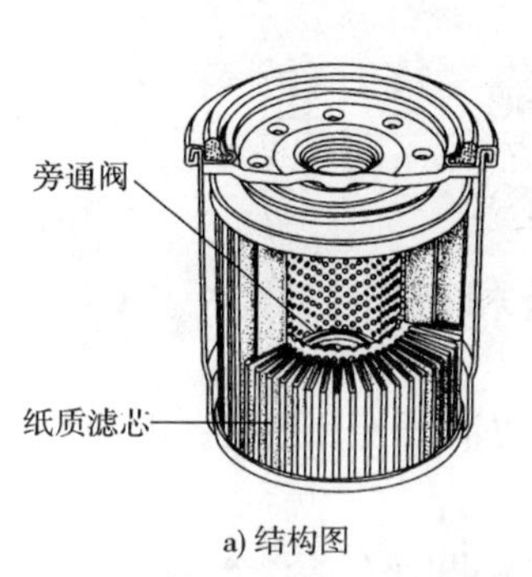

a) 结构图

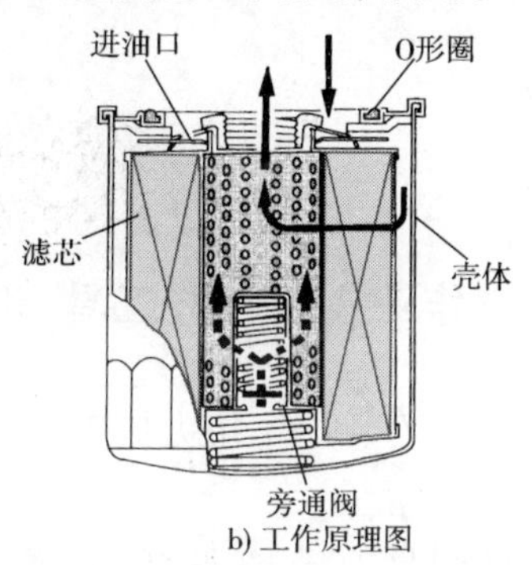

b) 工作原理图

图 7-6　机油滤清器

引导问题 8　油底壳的结构是怎样的?

油底壳(又称下曲轴箱),主要用于储存机油并密封曲轴箱。一般用薄钢板冲压而成,内有挡油板和放油螺塞,如图 7-7 所示。放油螺塞是磁性的,可以吸附机油中的金属屑。

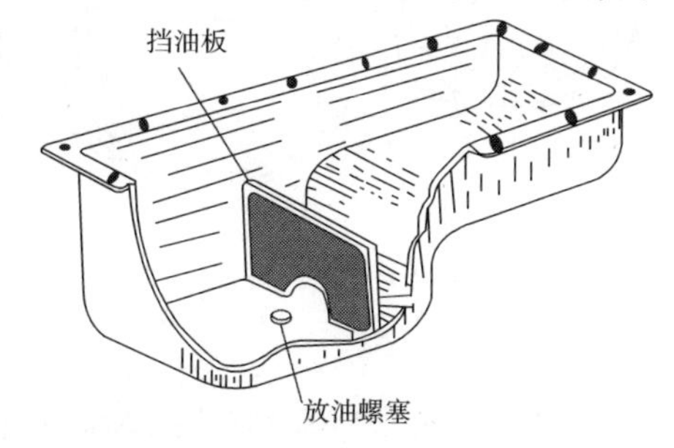

图 7-7　油底壳

引导问题 9　如何使用机油尺?

保持发动机规定量的机油,是润滑系统正常工作的前提。因此,在日常检查和定期维护中,都要通过机油尺检查机油液面高度,机油尺安装位置和结构如图 7-8 所示。

当需要检查机油液面高度时,要将汽车停放在平坦的地面上,起动发动机预热 3 ~ 5min(冷却液温度达到 60 ~ 70℃),停止发动机,等待 2 ~ 3min 后,拔出机油尺观察。如果机油处于上限(MAX 或 F 标记)与下限(MIN 或 L 标记)之间,说明不缺少机油。

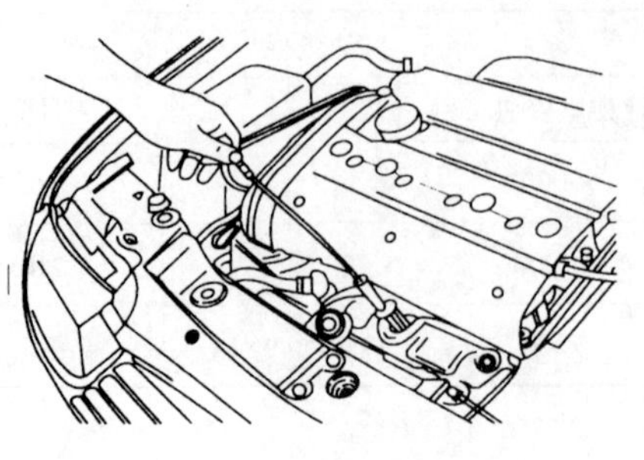

a)机油尺安装位置

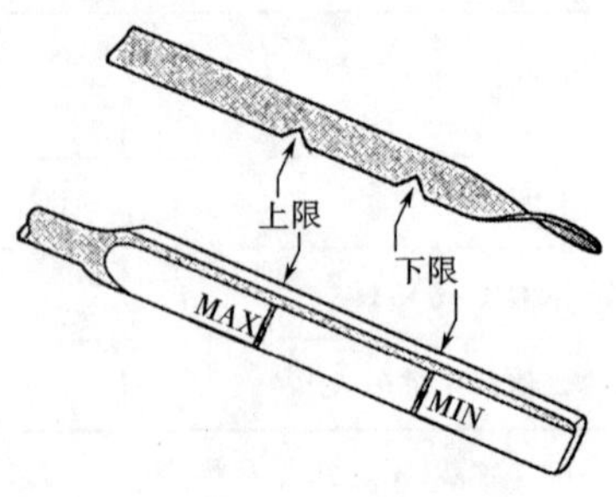

b)机油尺结构

图 7-8　机油尺的安装位置及结构

二、实 施 作 业

引导问题 10　作业需要哪些工具、设备和材料？

（1）组合工具、螺丝刀、钳子、扭力扳手、机油滤清器专用扳手、机油回收盆和漏斗等，如图 7-9 所示。

（2）磁力护裙、转向盘护套、变速杆手柄套、脚垫和座位套。

（3）举升机、桑塔纳 2000GSi 轿车。

（4）容量不少于 3.0L、牌号为 SAE 5W/30、API SG 级或 SG 级以上的机油及滤清器（图 7-10），密封剂。

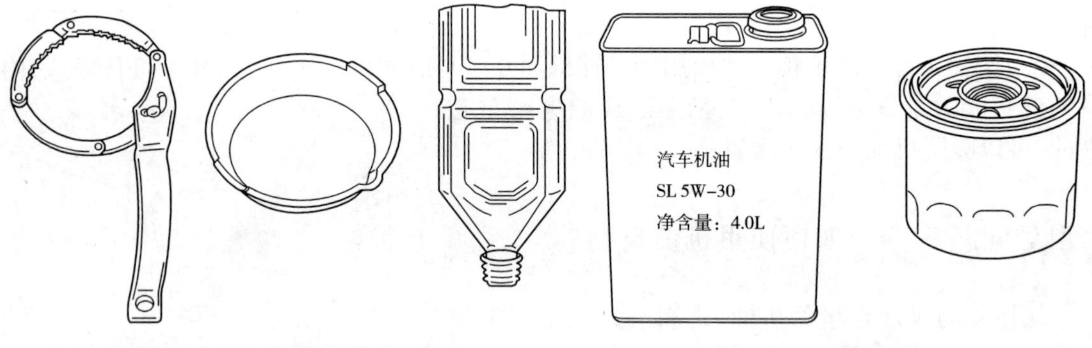

图 7-9　机油滤清器专用扳手、机油回收盆、漏斗

图 7-10　机油和机油滤清器

（5）桑塔纳 2000GSi 轿车维修手册。

引导问题 11　通过查询和查找，填写以下信息。

生产年份＿＿＿＿＿＿，车牌号码＿＿＿＿＿＿，行驶里程＿＿＿＿＿＿，发动机型号

及排量____________,车辆识别代码(VIN)____________。

引导问题 12 作业前的准备工作有哪些?

(1)汽车进入工位前,将工位清理干净,准备好相关的器材。

(2)将汽车停驻在举升机中央位置。

(3)拉紧驻车制动器操纵杆,并将变速杆置于空挡或驻车挡(P 位)位置,如图 1-17 所示。

(4)套上转向盘护套、变速杆手柄套和座位套,铺设脚垫,如图 1-18 所示。

(5)在车内拉动发动机罩手柄,在车外打开并支撑发动机罩,如图 1-19 所示。

(6)粘贴翼子板和前格栅磁力护裙,如图 1-20 所示。

引导问题 13 怎样规范地检查机油液面高度和添加机油?

(1)起动发动机(图 7-11)并怠速运转 3 ~ 5min(冷却液温度达到 60 ~ 70℃),停止发动机,等待 2 ~ 3min。

(2)拔出机油尺,用抹布擦拭后,重新将机油尺完全插入,再次拔出机油尺观察,如图 7-12所示。如果机油处于上限(MAX 或 F 标记)和下限(MIN 或 L 标记)之间,说明不缺少机油;如果机油在下限左右,应添加机油接近上限。

(3)用棉纱擦净机油加注口盖周围,旋下加注口盖,利用漏斗加注机油,如图 7-13 所示。

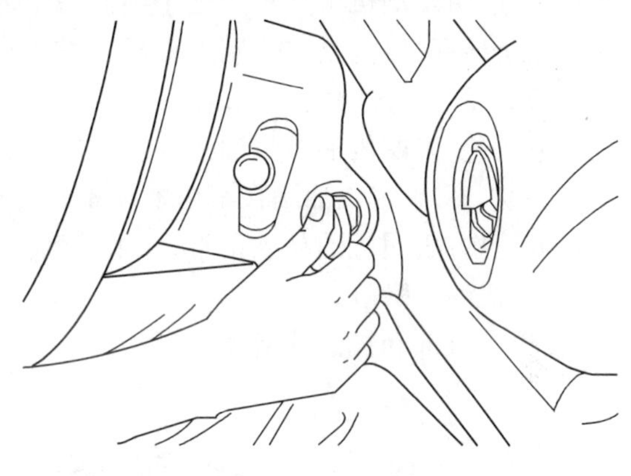

图 7-11 起动发动机

(4)当加注量接近油桶容量(4L)的 3/4 时,停止加注机油。2 ~ 3min 后,拔出机油尺,擦净机油尺后重新将其插入到位,再次拔出机油尺,机油液面高度应位于机油尺上限、下限之间。边检查液面高度,边加注机油,但不允许液面高于机油尺上限。

(5)按照第(1)、(2)步骤的程序检查机油液面高度,液面偏上限为正常(图 7-14),偏下

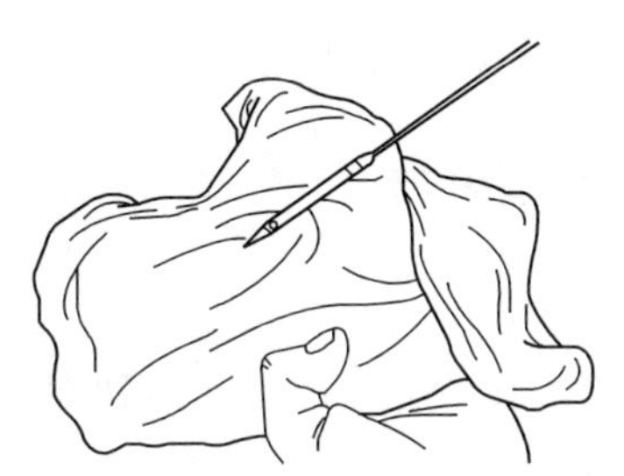

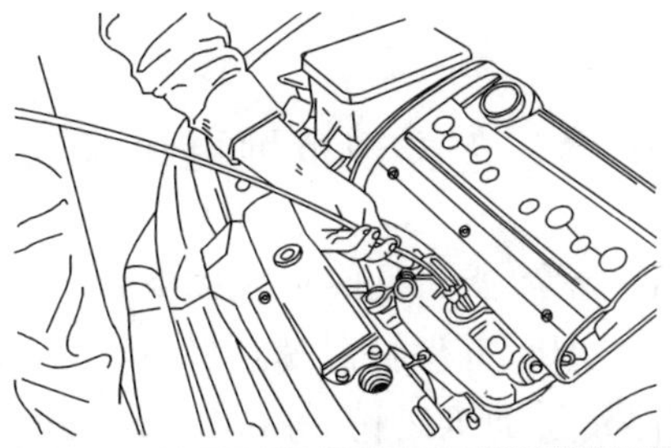

图 7-12 检查机油液面高度

限应添加适量机油，高于上限应放出适量机油。

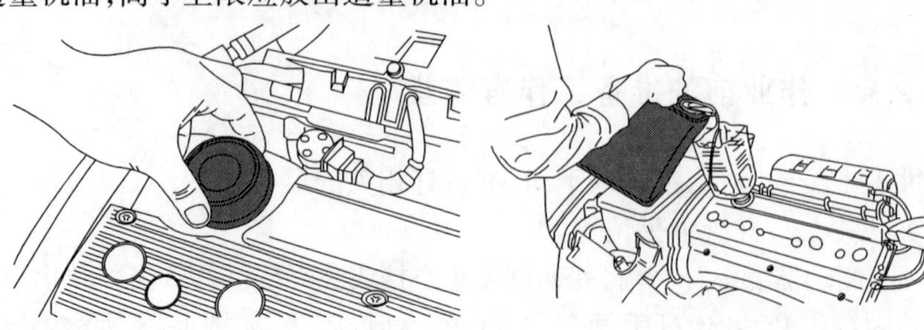

图 7-13　加注机油

引导问题 14　怎样检查机油品质?

机油品质的检查可通过“闻”、“看”、“试”等简单方法进行检查。

(1)“闻”。拔出机油尺，闻机油的气味。如果机油有严重的刺激性气味，表明机油被高温氧化，说明发动机可能长期处于高温下运转；如果机油有很重的燃油味，表明机油被大量的燃油所稀释，可能是有个别汽缸不工作。

(2)“看”。拔出机油尺，观察机油的颜色。如果机油呈乳白色，表明机油进水了；如果机油呈灰色，表明机油被汽油污染；如果机油呈黑色，表明机油被不完全燃烧物氧化变质。

(3)“试”。将机油滴在纸巾上观察斑点的变化情况(图 7-15)。如果油滴迅速扩散，中间无沉积物，表明机油品质正常；如果油滴扩散慢，中心有沉积物，但周围扩散的机油呈透明色，表明机油已变脏，但可以继续使用。如果油滴整体混有沉积物并呈深黑色，说明机油变质，应更换机油和机油滤清器。

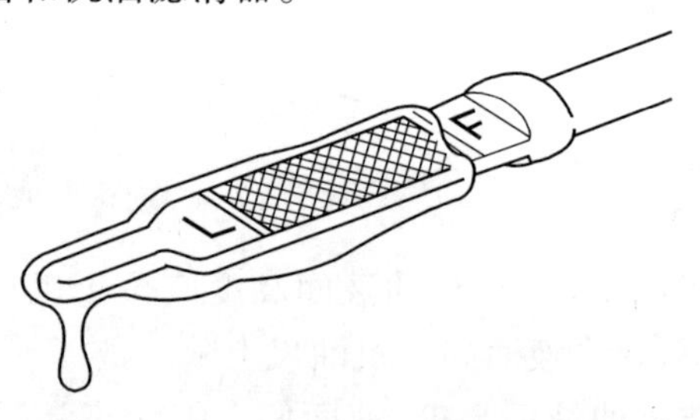

图 7-14　液面接近上限

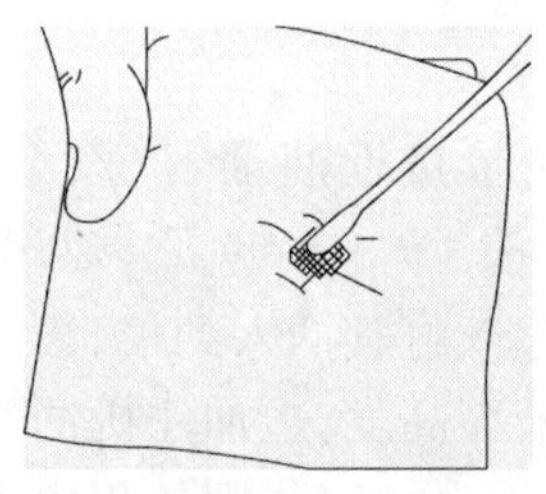

图 7-15　检查机油品质

引导问题 15　怎样规范地更换机油和机油滤清器?

机油及机油滤清器的更换步骤如下：

(1)起动发动机，并保持怠速运转 3 ~ 5min。当冷却液温度表指示达到 60 ~ 70℃时，关闭点火开关，停止发动机运转，等待 2 ~ 3min。

(2)打开机油加注口盖。

(3)调整举升机提升臂的角度和长度,操纵举升机,将汽车升到适当高度。确认汽车可靠固定在提升臂上后,方可进入车下作业。

注意:汽车举升前,卸下承载物;汽车举升时,车内不得有乘员,并关闭好车门;汽车举升中,严禁车下站人或穿梭,不得晃动车辆。

(4)将机油回收盆放在油底壳放油螺塞的正下方,拧松放油螺塞,然后用手缓缓旋出放油螺塞,让废机油流入回收盆,如图7-16所示。

注意:不要让机油溅出回收盆,并小心不要被烫伤。

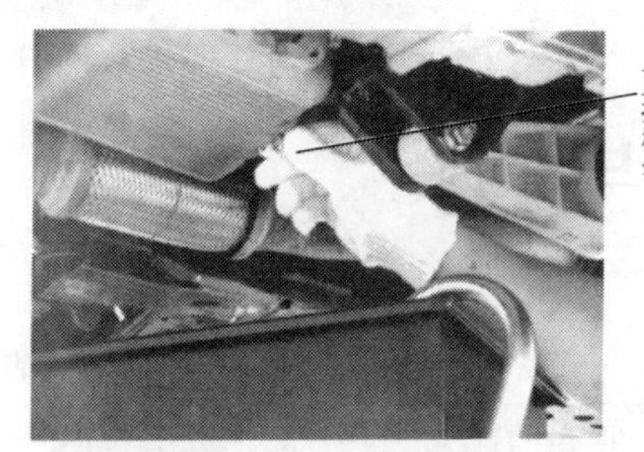

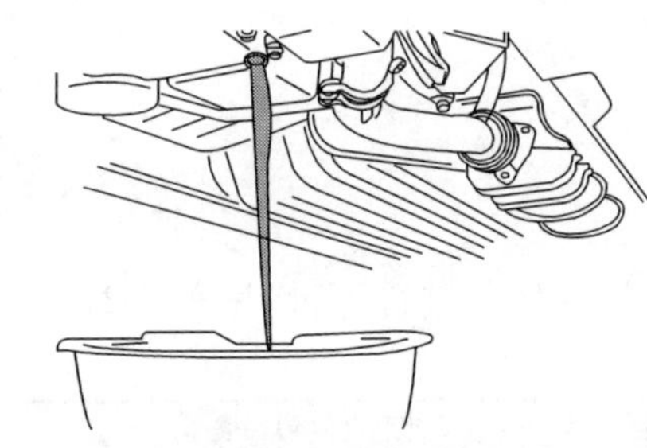

图7-16　排放机油

(5)用机油滤清器专用扳手拆下机油滤清器,将残存在机油滤清器里的机油倒入回收盆中,如图7-17所示。

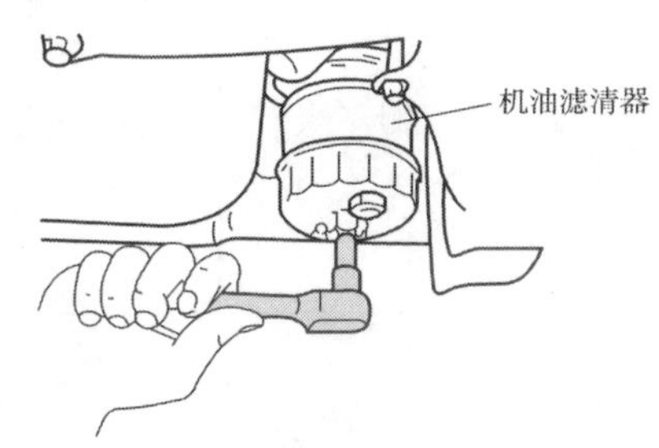

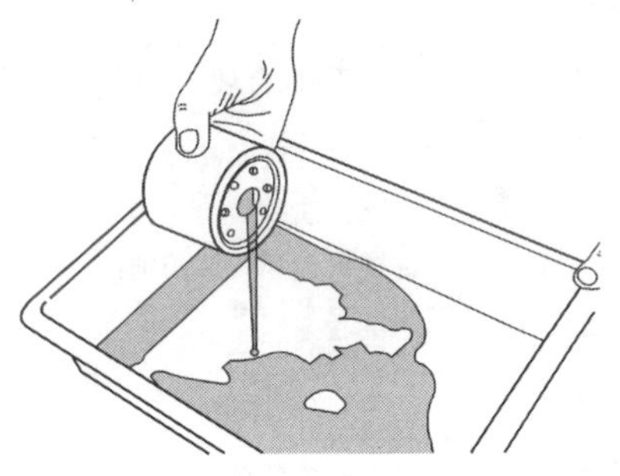

图7-17　拆下机油滤清器

(6)检查并清洁机油滤清器的安装面,在新的机油滤清器O形圈上涂抹一薄层干净的机油,如图7-18所示。先用手拧入机油滤清器,然后用专用扳手将机油滤清器拧至规定的拧紧力矩20N·m。

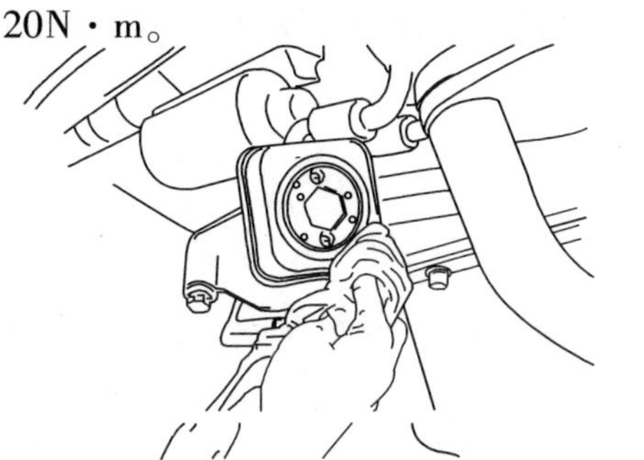

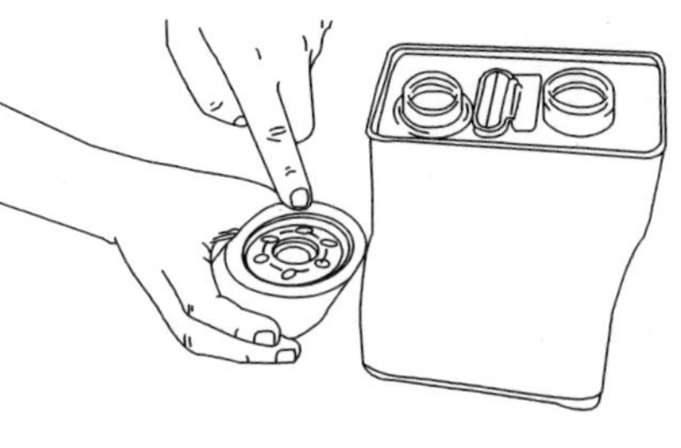

图7-18　安装新的机油滤清器

(7)检查放油螺塞垫片是否损坏(图7-19),如有断裂应进行更换。用棉纱擦净放油螺塞上吸附的金属屑。先用手拧入放油螺塞,然后将放油螺塞拧至规定的拧紧力矩30N·m。

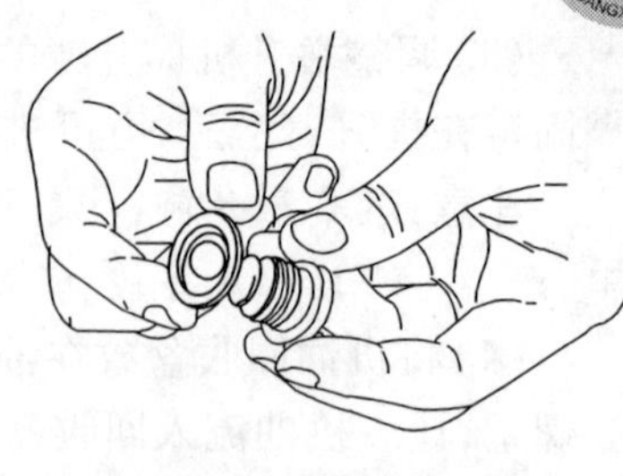

图7-19　检查放油螺塞的垫片

(8)操纵举升机,将汽车平稳降至地面。

(9)按照“引导问题13”中第(3)~(5)步骤的程序加注机油。

(10)拆下磁力护裙,关闭发动机罩,清理器材,清洁地面卫生。

三、评价与反馈

1. 对本学习任务进行评价,见表7-2。

评　分　表　　　　表7-2

考核项目	评分标准	分数	学生自评	小组评价	教师评价	小计
团队合作	是否协调	5				
活动参与	是否积极主动	5				
安全生产	有无安全隐患	10				
现场5S	是否做到	10				
任务方案	是否正确、合理	15				
操作过程	检查机油液面高度; 检查机油品质; 更换机油和机油滤清器	30				
任务完成情况	是否圆满完成	5				
工具和设备使用	是否规范、标准	10				
劳动纪律	是否能严格遵守	5				
工单填写	是否完整、规范	5				
总分		100				
教师签名:			年　月	日	得分	

2. 在实施作业时每一个安全事项都注意到了吗?如果没有,找出忽略的地方和原因。

3. 能否向车主解释检查和添加机油的过程?如果不能,分析原因并提出改进措施。

四、学 习 拓 展

1. 更换机油前,发动机为什么要预热?

2. 查阅资料,进一步了解更换机油和机油滤清器时怎样进行双人作业配合。

汽车发动机机械维修

学习任务八

机油压力警告灯点亮的检修

Task 8

学习目标

完成本学习任务后,你应当能:

1. 叙述机油的流动路线;
2. 明确机油泵的类型、结构和工作原理;
3. 读懂给定的"机油压力警告灯点亮的检测工艺流程",并能按照"检测工艺流程"进行检修;
4. 正确地使用工具和设备;
5. 规范地检测机油压力、检查机油压力开关;
6. 规范地更换机油集滤器和机油泵。

建议完成本学习任务的时间为 8 课时。

学习任务描述

一辆桑塔纳 2000GSi 轿车,车主反映在发动机正常温度和转速时,机油压力警告灯点亮,到维修站检查维修,技术人员检查后分析,可能是润滑系统存在故障,需要对润滑系统进行检测,以确定故障部位并进行修理。

学习内容

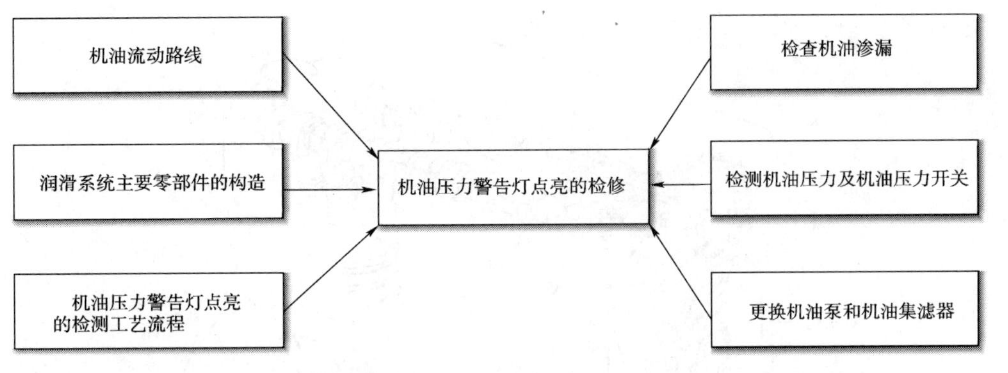

一、资料收集

引导问题1　润滑系统各部件的安装位置在哪？机油的流动路线是怎样的？

润滑系统的功用就是将机油不断地输送到发动机各零件的摩擦表面，减少零件间的摩擦和磨损。润滑系统主要由油底壳、集滤器、机油泵、油道、机油滤清器和机油压力开关等组成，各部件的安装位置如图8-1所示。

图8-2为机油的流动路径示意图，机油泵（由发动机驱动）将油底壳内的机油泵出，流经集滤器、机油滤清器、润滑油道输送到各润滑部位，润滑结束后的机油流回到油底壳中。

引导问题2　机油压力警告灯什么时候点亮？

机油压力警告灯安装在仪表板上，当安装在润滑系统油道上的机油压力开关检测到润滑系统中的机油压力低于规定值时（表8-1），仪表板上的机油压力警告灯就会点亮，向驾驶人报警，如图8-3所示。

常见发动机润滑系统的机油压力　　表8-1

发动机型号	条　件	机油压力（kPa）
丰田5A或8A	怠速	49
	转速3000r/min	294～539
凯越L91或L71	怠速、冷却液温度80℃	不小于30
桑塔纳AJR	转速2000r/min，机油温度80℃	200

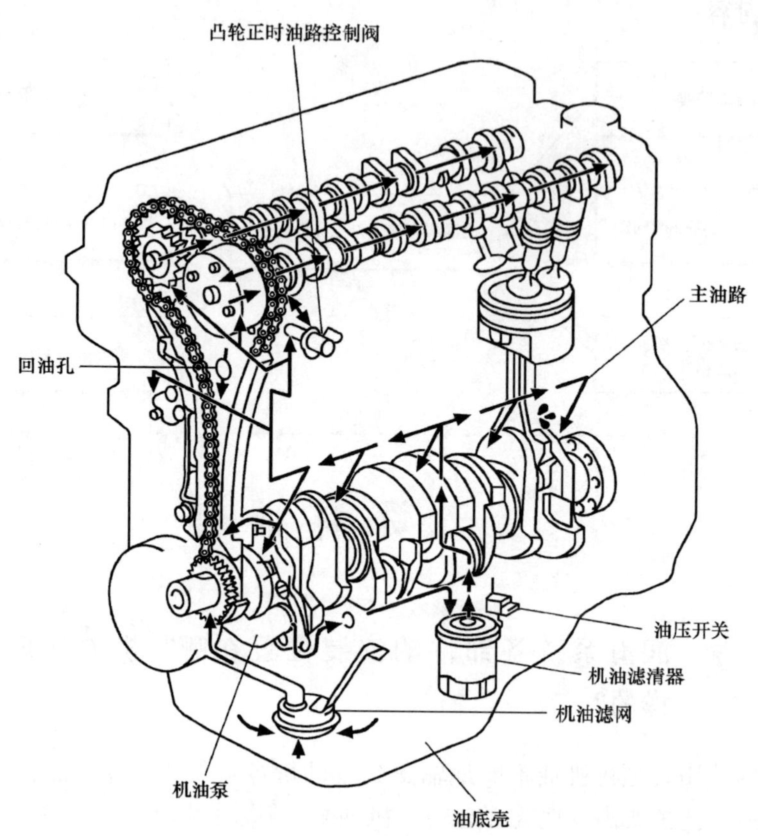

图 8-1　润滑系统的组成

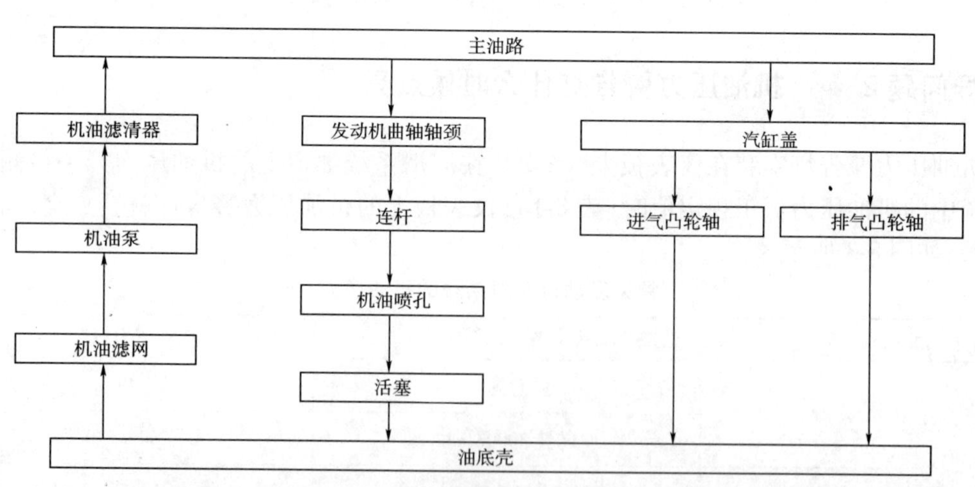

图 8-2　机油流动路径示意图

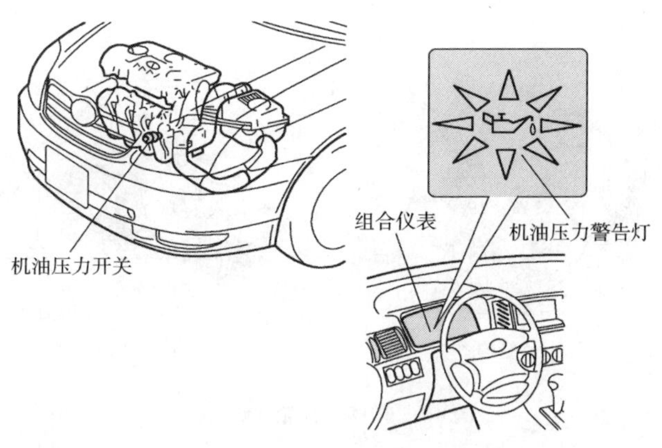

图 8-3　机油压力开关和机油压力警告灯

引导问题 3　机油泵常见的结构有几种?

机油泵一般安装在汽缸体的下部,由发动机曲轴直接驱动,将机油输送到发动机各运动部件接触面。机油泵常见的结构形式有外啮合齿轮式机油泵、内啮合齿轮式机油泵和转子式机油泵三种。

1 外啮合齿轮式机油泵

如图 8-4 所示,2 个互相啮合的齿轮高速旋转,机油通过进油口被吸入进油腔,随后被轮齿压入出油腔,机油经出油口被压入发动机的润滑油道中。与其他类型的机油泵相比,这种机油泵由于驱动阻力最小,因此工作效率也最高。桑塔纳 AFE 发动机的机油泵采用外啮合齿轮式机油泵。

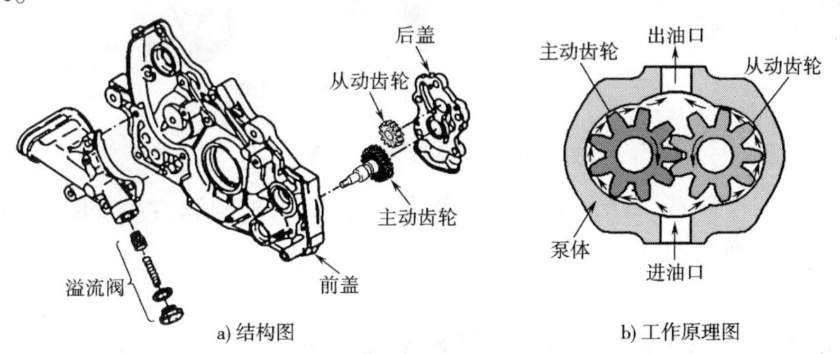

图 8-4　外啮合齿轮式机油泵

2 内啮合齿轮式机油泵

如图 8-5 所示,内啮合齿轮式机油泵的内齿轮套在曲轴前端,为主动齿轮,机油通过月牙形隔板左、右的间隙进行输送。由于这种机油泵内、外齿轮之间有多余空间,因此工作效率较低。凯越 L91 或 L79 发动机的机油泵采用内啮合齿轮式。

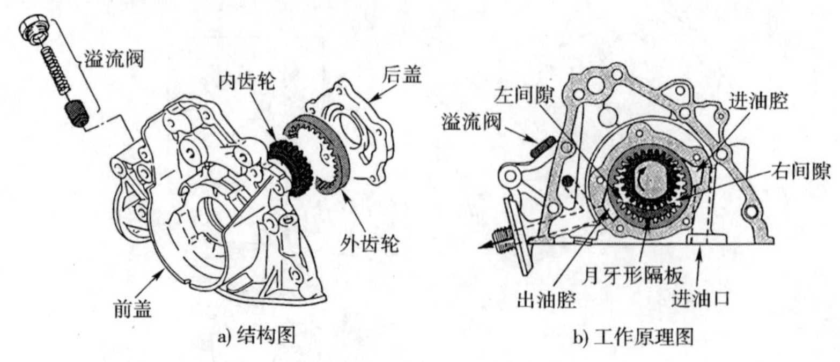

图 8-5　内啮合齿轮式机油泵

3 转子式机油泵

如图 8-6 所示，转子式机油泵的内转子为主动转子，内转子和外转子之间有一定的偏心距。内转子的凸齿比外转子的凹齿少 1 个，旋转时两转子之间的工作腔容积不断变化，机油经进油口被吸入，油压升高后经出油口被压出。这种机油泵供油压力高、噪声比较小。丰田 5A 或 8A 发动机、桑塔纳 AJR 发动机的机油泵均采用转子式。

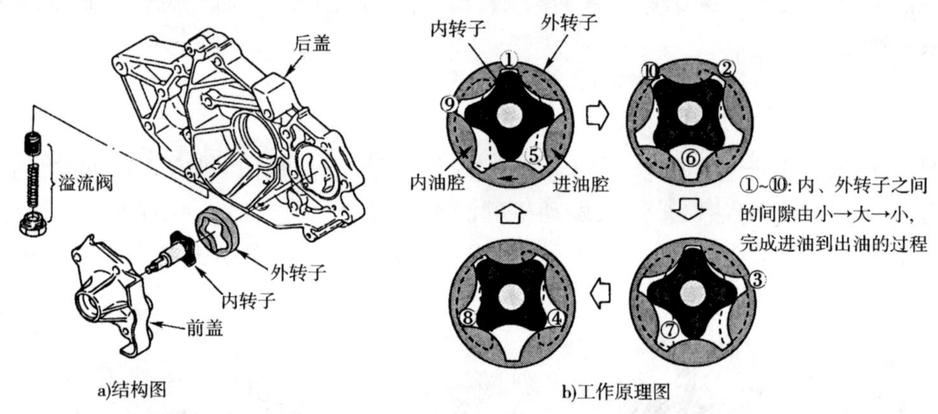

图 8-6　转子式机油泵

溢流阀（又称安全阀或限压阀）安装在机油泵壳体上，控制润滑系统的最高油压，当油压达到规定值时，溢流阀自动开启，使多余的机油流回油底壳。

引导问题 4　机油集滤器的类型和结构如何？

机油集滤器装在机油泵之前的吸油口端，多采用滤网式，防止粒度大的杂质进入机油泵。汽车发动机使用的集滤器有浮式集滤器和固定式集滤器两种。

（1）浮式集滤器。浮式集滤器（图 8-7）工作时漂浮于机油油面上，以保证机油泵总是吸入最上层较清洁的机油，但油面上的泡沫易被吸入，造成机油压力降低，润滑可靠性差。

当机油泵工作时，机油从罩的边缘被吸入，经过滤网滤除较大的杂质后进入机油泵。如果滤网堵塞时，滤网上部产生真空，从而克服滤网弹性将滤网吸起，滤网中心处的环口离开罩，机油便不经过滤网而从环口直接被吸入机油泵，保证润滑不致中断。

(2)固定式集滤器。固定式集滤器(图8-8)装在油面下面，吸入的机油清洁度比浮式集滤器稍差，但可防止泡沫吸入，润滑可靠，结构简单，使用广泛。

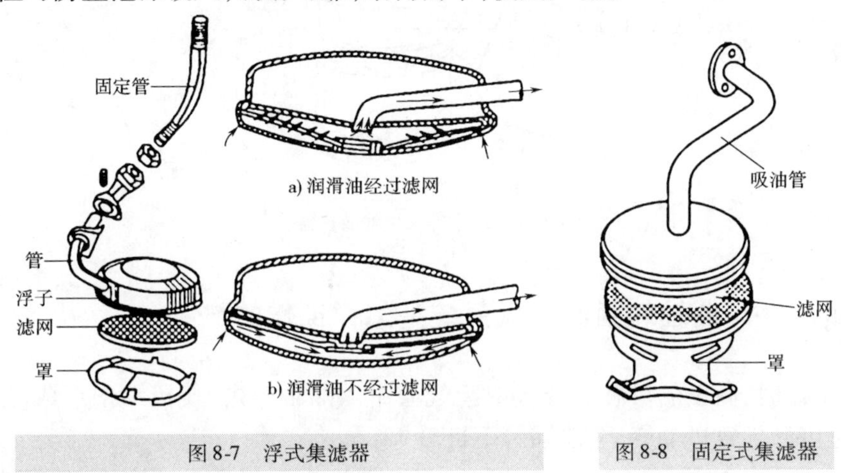

图8-7 浮式集滤器

图8-8 固定式集滤器

引导问题5 机油散热器的类型和结构如何？

在高性能大功率的发动机上，由于热负荷大，必须安装机油散热器，以对机油进行强制冷却。机油散热器布置在润滑油路中，有风冷式和水冷式两种形式。

(1)风冷式机油散热器。风冷式机油散热器(图8-9)一般安装在发动机冷却系统散热器前面，利用冷却风扇的风力使机油冷却。

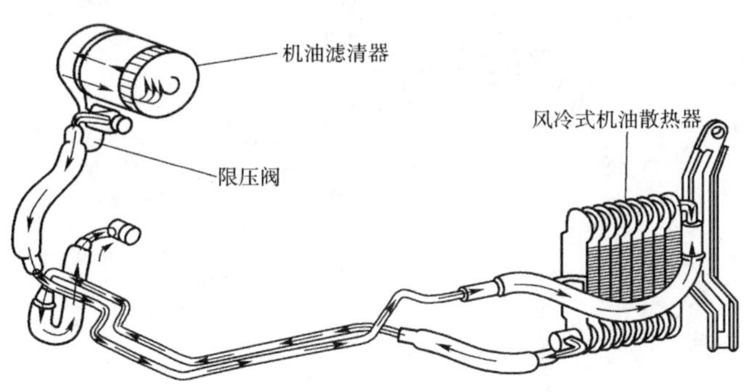

图8-9 风冷式机油散热器

(2)水冷式机油散热器。水冷式机油散热器也被称为机油冷却器(图8-10)，装在发动机冷却水路中，当机油温度较高时，靠冷却液降温；而起动暖车期间油温较低时，则从冷却液吸热迅速提高机油温度。

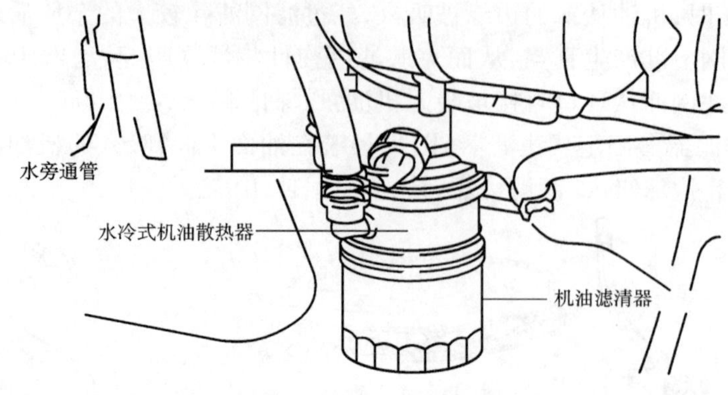

图 8-10　水冷式机油散热器

引导问题 6　曲轴箱强制通风系统是怎样工作的？

发动机工作时，高压的可燃混合气或废气会窜入曲轴箱内，使机油中形成泡沫，破坏机油的供给，也可能导致机油变质、泄漏等不良后果。

如图 8-11 所示，曲轴箱强制通风就是利用发动机进气管道的真空度，使窜入曲轴箱内的可燃混合气或废气通过曲轴箱通气软管和 PCV 阀（止回阀）被吸入到进气歧管并进入汽缸燃烧。新鲜空气经滤网和空气软管进入到曲轴箱内，形成不断的对流。在曲轴箱通气软管上装有 PCV 阀是为了防止在发动机低速小负荷时进气管的真空度太大而将机油从曲轴箱内吸出。

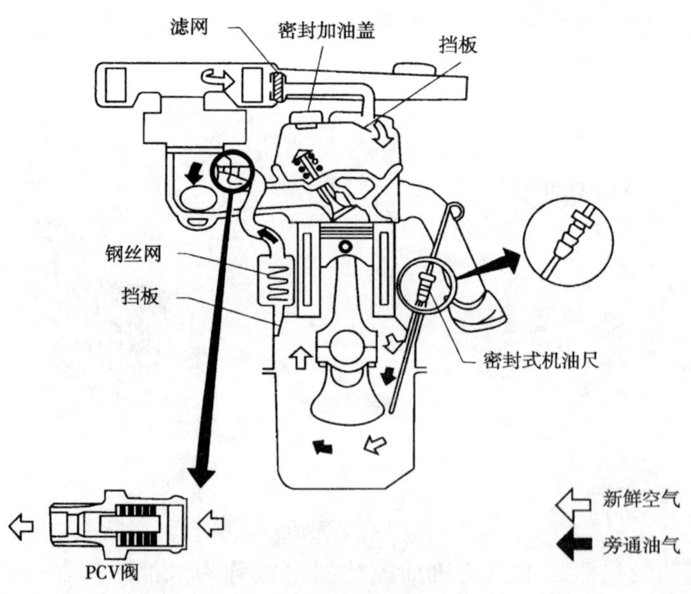

图 8-11　曲轴箱强制通风系统

引导问题 7 机油压力警告灯点亮的检修工艺流程是怎样的?

机油压力警告灯点亮,说明润滑系统的机油压力低于规定值,应按照规定的检修工艺流程(图 8-12)进行故障检修。

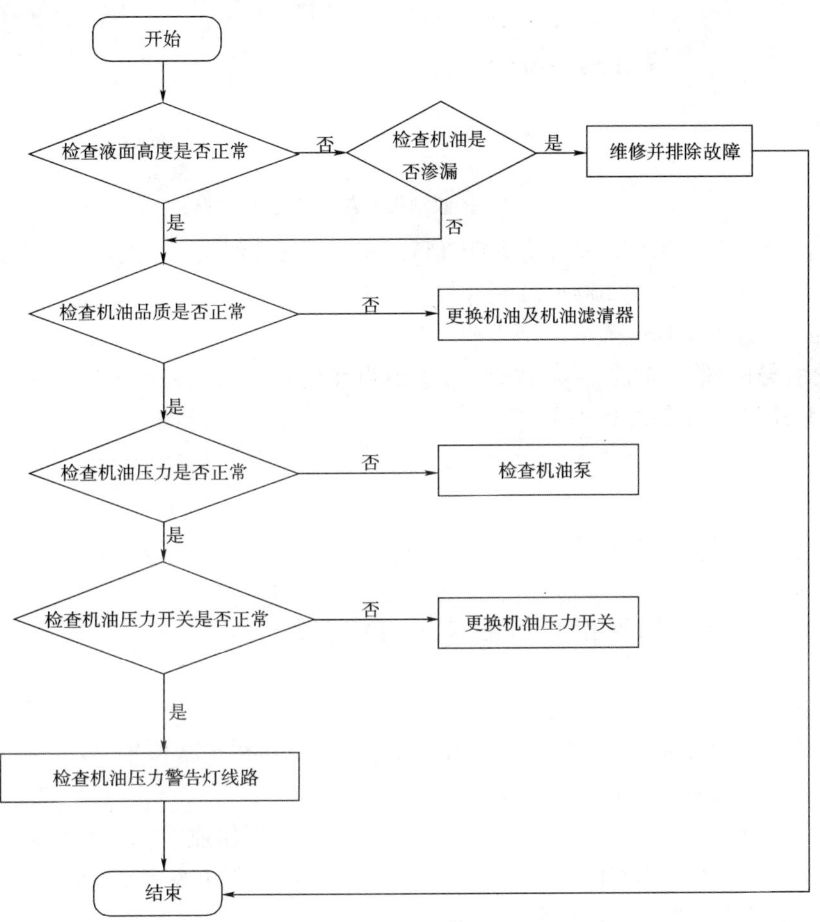

图 8-12 机油压力警告灯点亮的检修工艺流程

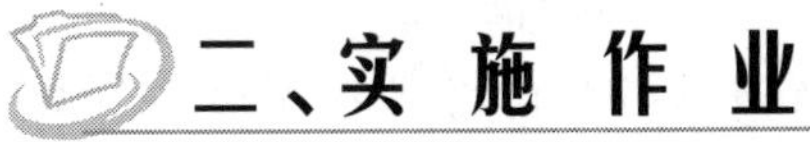

二、实 施 作 业

引导问题 8 作业需要哪些工具、设备和材料?

(1)组合工具、机油回收盆、漏斗、机油滤清器扳手和橡胶锤。

(2)磁力护裙、转向盘护套、变速杆手柄套、脚垫和座椅套和干净抹布。

(3)机油开关测试仪 V. A. G1342、二极管测试灯 V. A. G1527、机油压力表,如图 8-13 所示。

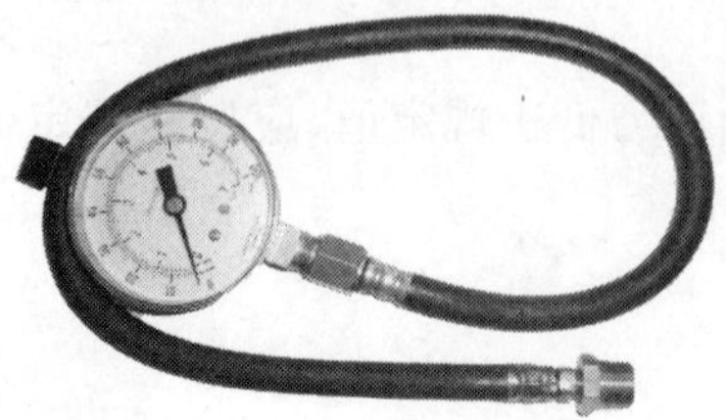

a) 机油压力表

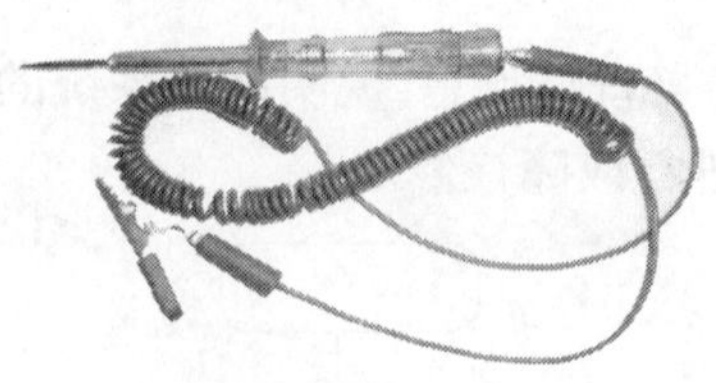

b) 二极管测试灯

图 8-13 机油压力表、二极管测试灯

(4)容量不少于 3.0L、牌号为 SAE 15W/30、API SG 级或 SG 级以上的机油,密封剂。

(5)举升机和桑塔纳 2000GSi 轿车。

(6)桑塔纳 2000GSi 轿车维修手册。

相关引导问题 以下"实施作业"的详细内容参见"学习任务七"。

(1)作业前的准备工作;

(2)检查机油液面高度和添加机油;

(3)检查机油品质;

(4)更换机油和机油滤清器。

引导问题 9 如何检查机油是否有渗漏?

机油渗漏常用目视法检查:

(1)检查机油液面高度,必要时进行添加,保证液面在正常位置。

(2)操纵举升机,将汽车升到适当高度。

(3)确认汽车可靠固定在提升臂上后,方可进入车下作业。

注意:汽车举升前,卸下承载物;汽车举升时,车内不得有乘员,并关闭好车门;汽车举升中,严禁车下站人或穿梭,不得晃动车辆。

(4)检查气门室罩盖垫,凸轮轴前、后油封,曲轴前、后油封,放油螺塞、油底壳衬垫等处是否的机油泄漏现象,油底壳是否存在变形现象。

(5)操纵举升机,将汽车平稳降至地面。

(6)起动发动机并怠速运转几分钟,待冷却水温度达到 60 ~ 70℃后熄火。在油底壳下面铺上浅色的纸,观察几分钟。如果有渗漏,根据油滴在纸上的位置,就可以找到泄漏的部位,并做相应的处理。

引导问题 10 如何检查机油压力?

在不同的状况下(发动机转速、机油温度、机油黏度、机油滤清器污染程度等),机油压力

值会有所不同。

机油压力测试步骤如下：

(1)在机油液面高度正常情况下，从机油压力开关上拆开机油压力开关的插接器。

(2)拆卸机油压力开关。

(3)将机油压力表接头连接到机油压力开关位置，并且让读数位置朝上放置，如图8-14所示。

(4)测量机油压力。在机油温度为80℃时测量机油压力。规定值为：怠速运转时，机油压力不应低于0.0194MPa；发动机转数为2000r/mim时，机油压力应不低于0.2MPa。

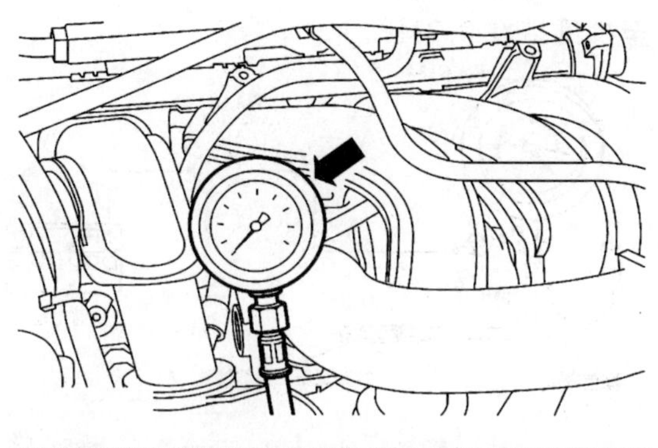
图8-14　机油压力检查

(5)卸下机油压力表，安装机油压力开关，连接机油压力开关的插接器。

引导问题11　如何检查机油压力开关？

1 检测条件

(1)机油液面高度正常。

(2)机油温度约为80℃。

2 低压开关的检测

(1)如图8-15所示，拔下低压开关(0.025MPa，棕色绝缘层)插接器，拧下低压开关并将其拧到机油开关测试仪V.A.G1342上。

(2)将测试仪拧到机油滤清器支架低压开关的位置上。

(3)将测试仪的棕色导线搭铁。

(4)将二极管测试灯V.A.G1527连接到机油压力开关和蓄电池正极上，发光二极管应发亮。

(5)起动发动机，并缓慢提高发动机转速。

(6)当机油压力为0.015~0.045MPa时，测试灯应熄灭，否则更换低压开关。

3 高压开关的检测

(1)拔下高压开关(0.18MPa，白色绝缘层)插接器，拧下高压开关并将其拧到机油开关测试仪V.A.G1342上。

(2)按图8-16所示，连接机油压力开关测试仪V.A.G1342和二极管测试灯V.A.G1527。

(3)起动发动机，并逐渐提高发动机转速。

(4)当机油压力为0.16～0.2MPa时,测试灯应发亮,否则更换机油压力开关。

(5)继续提高发动机转速,发动机转速在2000r/min和80℃的机油温度下,机油压力应至少维持在0.2MPa。

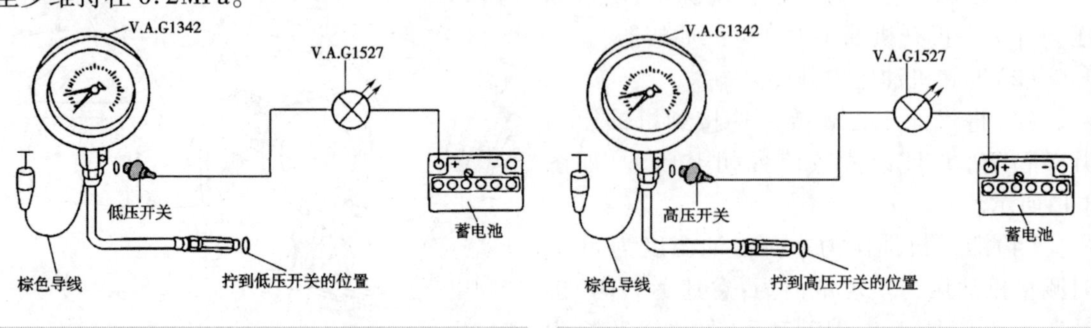

图8-15　低压开关的检测

图8-16　高压开关的检测

引导问题12　如何拆卸油底壳?

1 油底壳的拆卸

(1)放出机油。

(2)拆卸离合器防尘罩板。

(3)如图8-17中箭头所示,旋下副梁螺栓和发动机橡胶支承,缓缓放下副梁。

(4)如图8-18所示,旋下油底壳上的所有螺栓。拆卸油底壳,必要时用橡胶锤轻轻敲击。

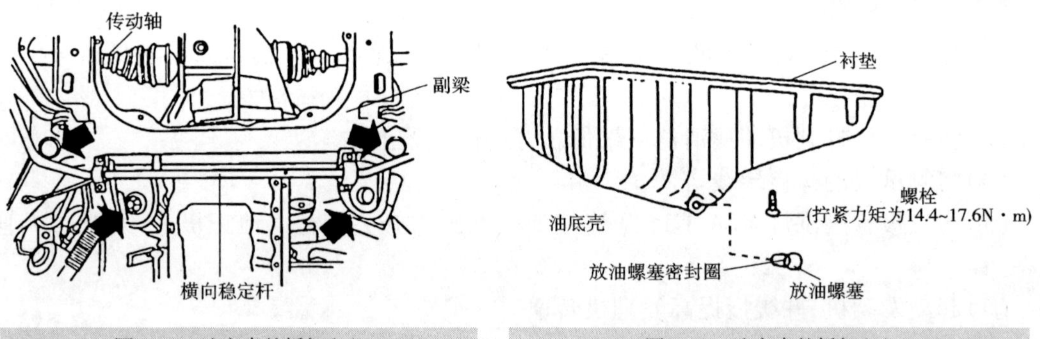

图8-17　油底壳的拆卸(1)

图8-18　油底壳的拆卸(2)

2 油底壳的安装

(1)更换油底壳衬垫。

(2)交替对角拧紧油底壳与汽缸体的紧固螺栓。

(3)安装好副梁。

(4)拧紧发动机橡胶支承。

(5)主要部件螺栓拧紧力矩:发动机支承与副梁紧固螺栓拧紧力矩为(40±5)N·m,发

动机支承与支架紧固螺栓拧紧力矩为(40 ±5)N·m,扭力臂与发动机紧固螺栓拧紧力矩为(23 ±3)N·m。

引导问题 13 如何更换机油泵?

机油泵的分解图如图 8-19 所示。

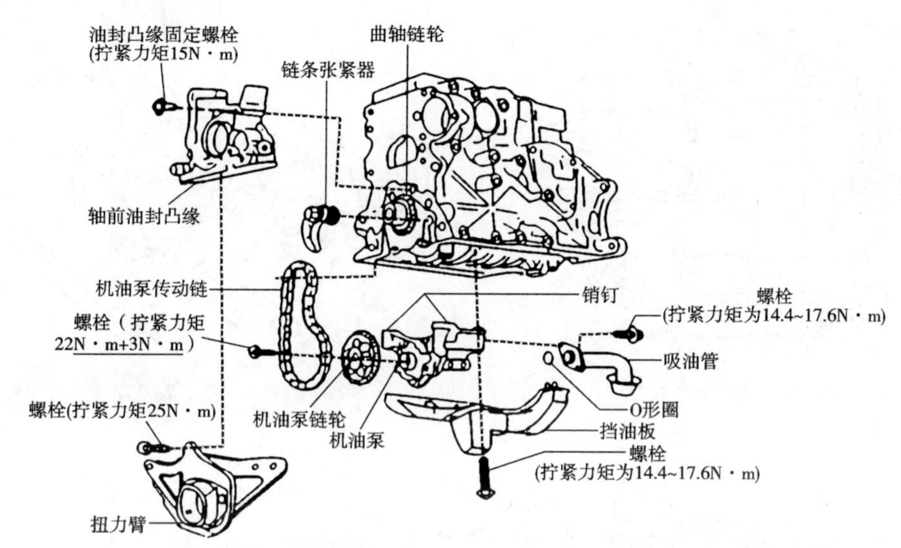

图 8-19　机油泵的分解图

1 机油泵的拆卸

(1)拆下油底壳。

(2)如图 8-20 中箭头所示,旋下螺栓。

(3)将链轮和机油泵一起拆下。

2 机油泵的检查

(1)检查机油泵转子。

①如图 8-21 所示,用塞尺测量主动转子和从动转子的顶部间隙。标准顶部间隙:0.08 ~0.160mm;最大顶部间隙:0.35mm。如果顶部间隙大于最大值,则更换机油泵。

②如图 8-22 所示,用塞尺和精密直尺,测量 2 个转子和精密直尺间的间隙。标准间隙:0.030 ~0.080mm;最大间隙:0.16mm。如果间隙大于最大值,则更换机油泵。

③如图 8-23 所示,用塞尺测量从动转子和机油泵体间的间隙。标准间隙:0.12 ~0.19mm;最大间隙:0.325mm。如果间隙大于最大值,则更换机油泵。

(2)检查机油泵限压阀。如图 8-24 所示,在机油泵限压阀上涂抹一层机油,检查并确认该阀能依靠自身重力顺畅地滑入阀孔中。如果情况不是这样,则更换机油泵。

3 机油泵的安装

(1)将销钉插入到机油泵上端,机泵轴与链轮只能有一个安装位置。

(2)如图 8-25 所示,安装机油泵,安装油底壳。

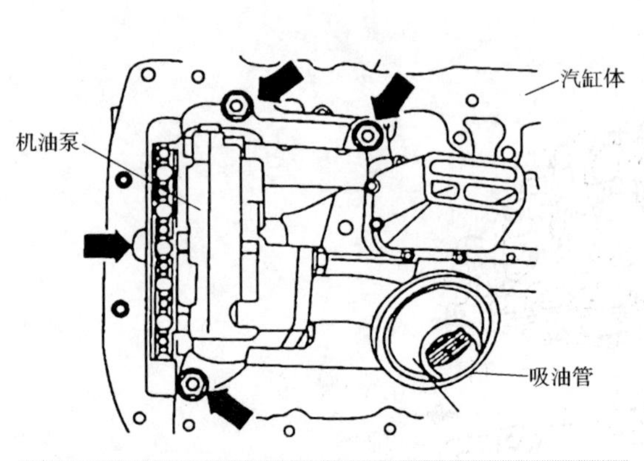

图 8-20　机油泵的拆卸

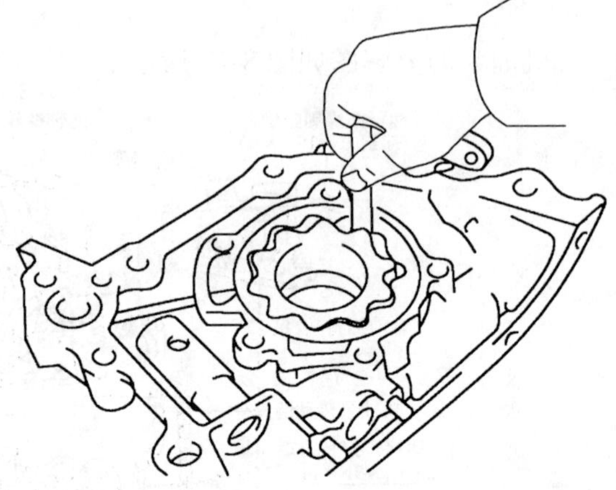

图 8-21　检查主动转子与从动转子的顶部间隙

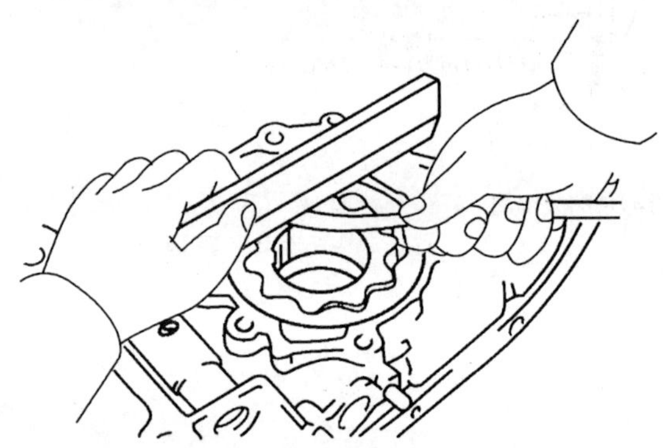

图 8-22　检查机油泵端面间隙

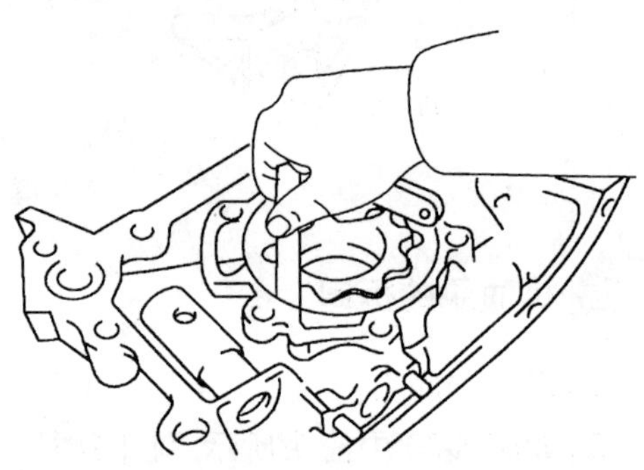

图 8-23　检查机油泵转子与泵体间的间隙

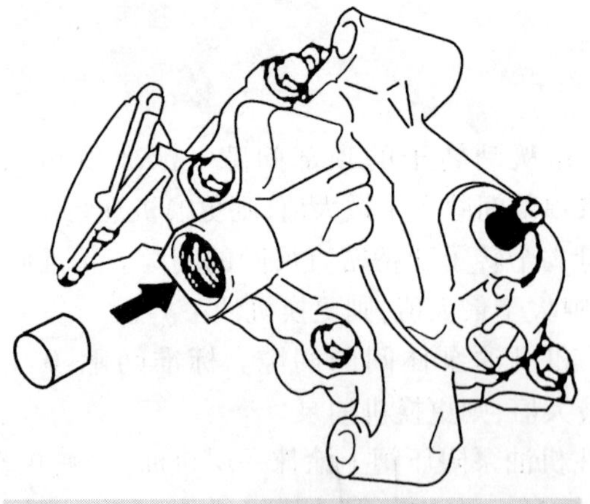

图 8-24　检查机油泵限压阀

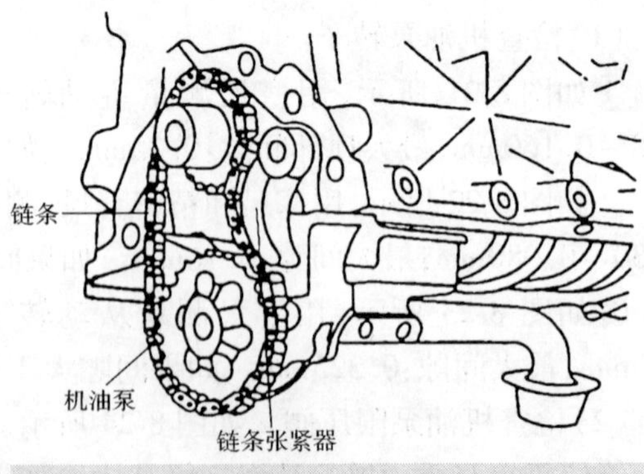

图 8-25　机油泵的安装

(3)拧紧链轮与机油泵的紧固螺栓,拧紧机油泵与汽缸体的紧固螺栓。

三、评价与反馈

1. 对本学习任务进行评价,见表8-2。

评　分　表　　表8-2

考核项目	评分标准	分数	学生自评	小组评价	教师评价	小计
团队合作	是否协调	5				
活动参与	是否积极主动	5				
安全生产	有无安全隐患	10				
现场5S	是否做到	10				
任务方案	是否正确、合理	15				
操作过程	检查机油液面高度及机油品质; 检查润滑系统渗漏情况; 检查润滑系统压力; 检查机油压力开关; 更换机油泵	30				
任务完成情况	是否圆满完成	5				
工具和设备使用	是否规范、标准	10				
劳动纪律	是否能严格遵守	5				
工单填写	是否完整、规范	5				
总分		100				
教师签名:			年　月　日		得分	

2. 在实施作业时每一个安全事项都注意到了吗?如果没有,找出忽略的地方和原因。

3. 能否向车主解释故障诊断及排除的过程?如果不能,分析原因并提出改进措施。

四、学 习 拓 展

1. 曲轴箱强制通风系统的 PCV 阀是怎样进行检测的？

2. 查阅资料，说明卡罗拉（1.6L）轿车与桑塔纳 2000GSi 轿车机油泵的更换过程有何不同。

学习任务九

空气滤清器的清洁和更换

学习目标

完成本学习任务后，你应当能：

1. 叙述空气供给系统的组成、工作原理及各部件的作用；
2. 叙述可变进气系统和进气增压系统的组成及工作原理；
3. 明确空气滤清器的更换周期；
4. 正确地使用工具和设备；
5. 正确地检查进气系统是否泄漏；
6. 规范地检查、更换空气滤清器。

建议完成本学习任务的时间为 4 课时。

学习任务描述

一辆卡罗拉(1.6L)轿车，行驶 40000km，到维修站检查，车主反映空气滤清器一直没有检查过，要求维修人员按照“维护标准和要求”对空气滤清器进行检查并更换。

学习内容

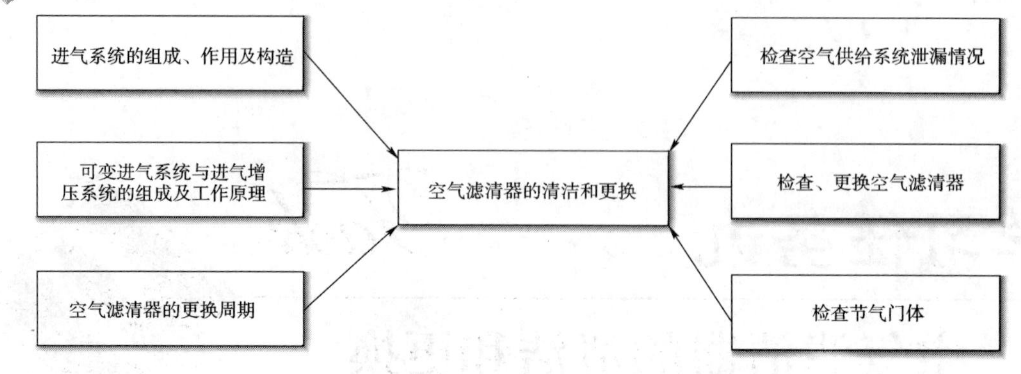

一、资 料 收 集

引导问题1　进气系统的组成及作用如何？

进气系统的作用是为发动机可燃混合气的形成提供必要的空气，并计量和控制燃油燃烧时所需要的空气量，空气供给系统的组成如图9-1所示。空气经空气滤清器、空气流量计、节气门体进入进气总管，再分配到各汽缸进气歧管，在进气歧管内（或进气门处），空气与喷油器喷出的燃油混合后被吸入汽缸内燃烧。按照测量进气量方式的不同，进气系统可分为直接测量方式（L型）和间接测量方式（D型），两种测量方式的工作原理框图如图9-2所示。怠速控制阀用来控制发动怠速的进气量。

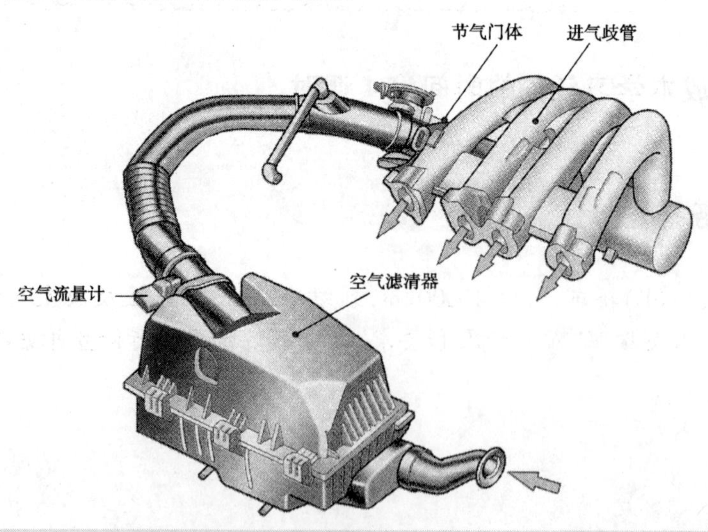

图9-1　空气供给系统的组成

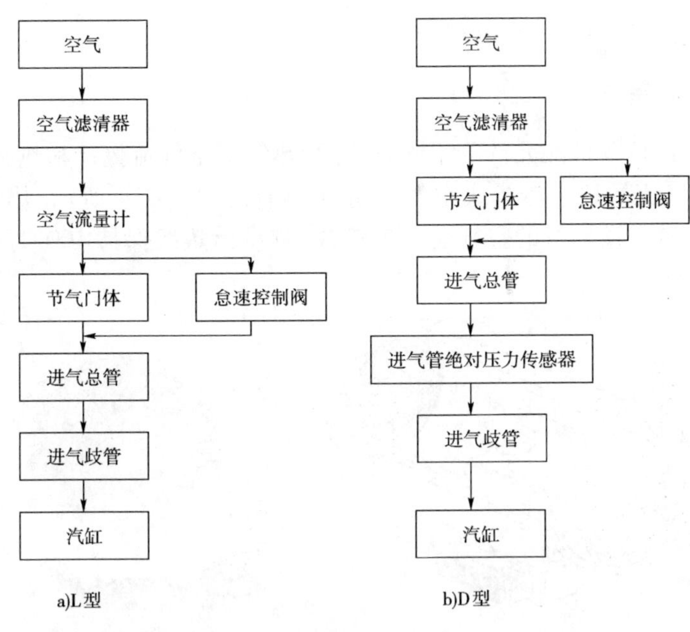

图9-2　L型和D型空气供给系统框图

引导问题2　空气滤清器的功用和结构如何?

空气滤清器是用来滤清空气中所含的尘土,以减少汽缸、活塞和活塞环等零件的磨损,延长发动机的使用寿命。

目前汽车上多用纸质干式空气滤清器,它是通过用树脂处理的纸质滤芯对空气进行过滤,其结构如图9-3所示。纸质干式滤清器质量轻、结构简单、安装及维护方便、滤清效果好。纸质滤芯的寿命取决于纸面大小(通常成波折状以提高过滤面积)及空气本身的清洁程度,一般可连续使用10000～50000km。纸质滤芯不能清洗,脏污时可用压缩空气吹去灰尘,严重时必须更换。

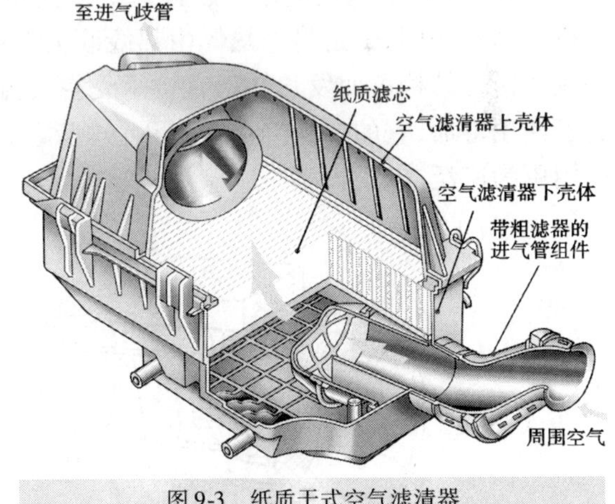

图9-3　纸质干式空气滤清器

引导问题3　空气流量计的结构及工作原理如何?

空气流量计的作用是测量发动机进气量,然后将进气量信号传给发动机控制电脑(ECU),是确定基本喷油量的主要依据之一。空气流量计安装在空气滤清器与节气门体之间,也有的安装在空气滤清器上,还有将空气流量计与节气门体作成一体安装在发动机上。

目前常用的是热式空气流计和卡门旋涡式空气流计。

1 热式空气流量计

热式空气流量计按其检测元件的不同,可分为热线式空气流量计和热膜式空气流量计。

(1)热线式空气流量计。热线式空气流量计的结构如图 9-4 所示,热线是圆筒内保持 100℃的导线,由于进入发动机的空气会冷却热线,测量出热线保持 100℃所需的电流,就可以算出空气流量。

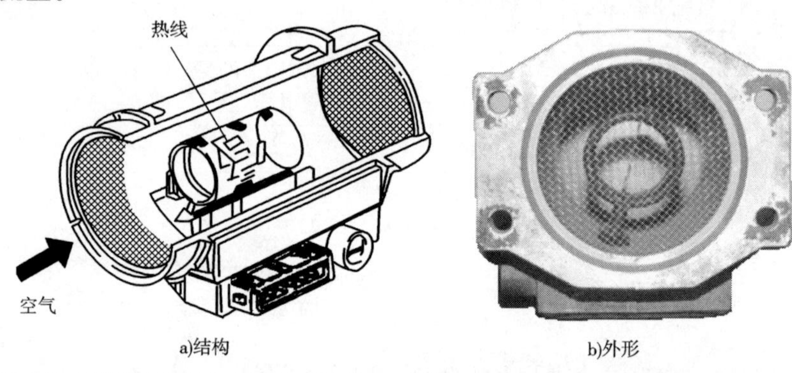

a)结构　b)外形

图 9-4　热线式空气流量计

这种空气流量计可以直接测量进入空气的质量流量,无需进行进气温度和大气压力的修正,无运动部件,进气阻力小,响应特性较好,可正确测出急减速时的空气进入量。

(2)热膜式空气流量计。热膜式空气流量计(图 9-5)的结构和工作原理与热线式空气流量计基本相同,只是将发热体由热线改为热膜,热膜是由发热金属铂固定在薄的树脂膜上构成。这种结构可使发热体不直接承受空气流动所产生的作用力,增加了发热体的强度,提高了使用寿命,它的金属网用于产生微观紊流,以使测量信号稳定。由于这些优点,使它的应用更为广泛。

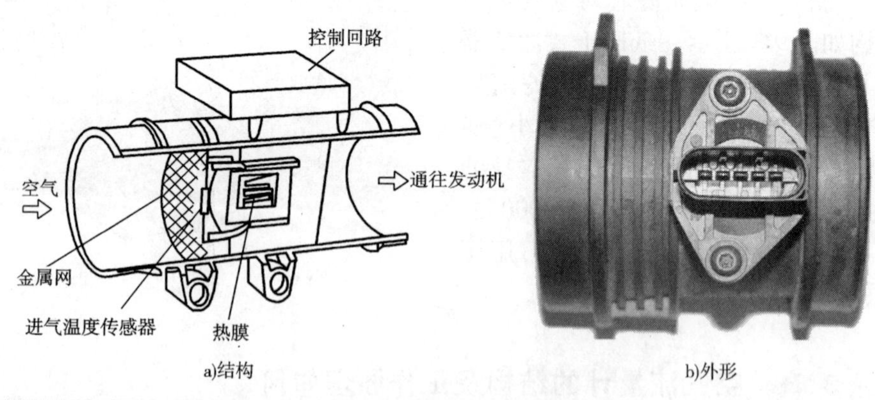

a)结构　b)外形

图 9-5　热膜式空气流量计

2 卡门旋涡式空气流量计

卡门旋涡式空气流量计在进气道内设置一个锥形旋涡发生器,当空气流经旋涡发生器

时，会在其后部产生有规律的空气旋涡，这些旋涡移动的速度与空气流速成正比。通过测量单位时间内旋涡的数量就可以算出空气流速和流量。卡门旋涡空气流量计具有响应速度快、测量精度高、进气阻力小、无磨损等优点，但其成本较高。按检测方式不同，卡门旋涡式空气流量计可分为光学检测方式和超声波检测方式两种类型。

（1）光学检测方式卡门旋涡空气流量计。光学检测方式卡门旋涡空气流量计的外形、结构和工作原理如图9-6所示。在流量计内设置一对发光二极管和光敏晶体管。发光二极管发出的光束被一个反光镜反射到光敏晶体管上，使光敏晶体管导通，反光镜安装在一个很薄的钢板弹簧上，进气涡流的压力经导压孔作用在钢板弹簧上的反光镜表面，使反光镜产生振动，其振动频率与单位时间内产生的旋涡数量相同。由此，反光镜反射的光束方向也以相同的频率变化，致使光敏晶体管也随光束的变化以同样的频率导通和截止。ECU根据光敏晶体管导通和截止的频率即可计算出进气量。

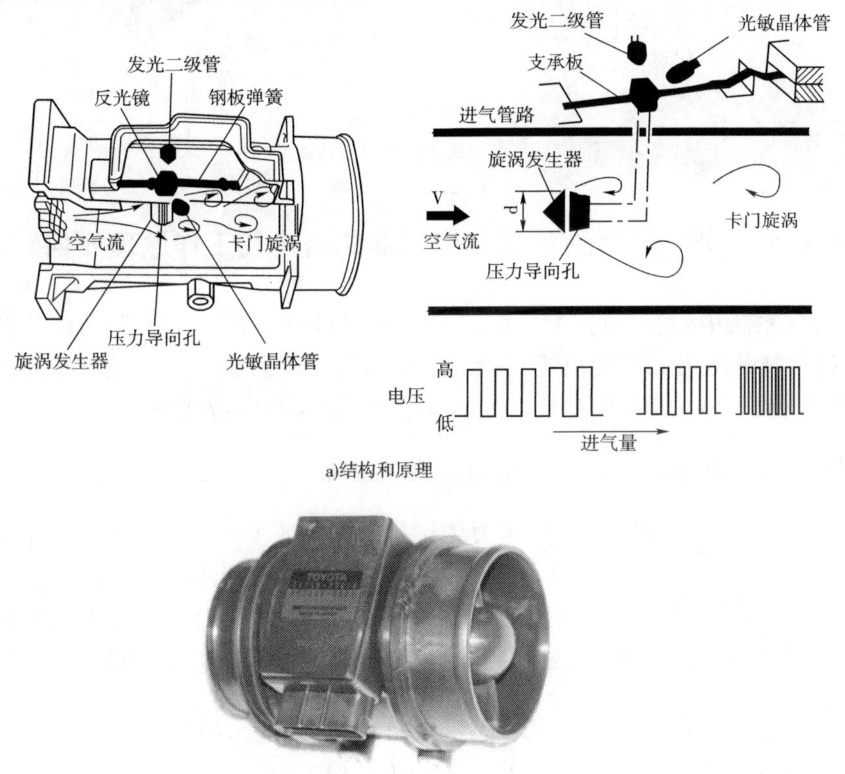

图9-6　光学式卡门旋涡空气流量计

（2）超生波检测方式卡门旋涡式空气流量计。超声波式卡门旋涡空气流量计如图9-7所示。在空气流量计的后半部的两侧设置一对超声波发生器和接收器。发动机工作中，超声波发生器不断地向接收器发出一定频率的超声波。当进气气流到达接收器时，由于受到气流中旋涡的影响，使超声波频率的相位发生变化，接收器测出这一相位的变化，将其整形、放大成矩形波，矩形波的脉冲频率即为卡门旋涡的频率。进气量大时，信号频率高；进气量

小时，信号频率低。信号被输送给 ECU，ECU 根据相位变化的规律计算出单位时间内产生的旋涡数量，从而计算出空气流速和流量。

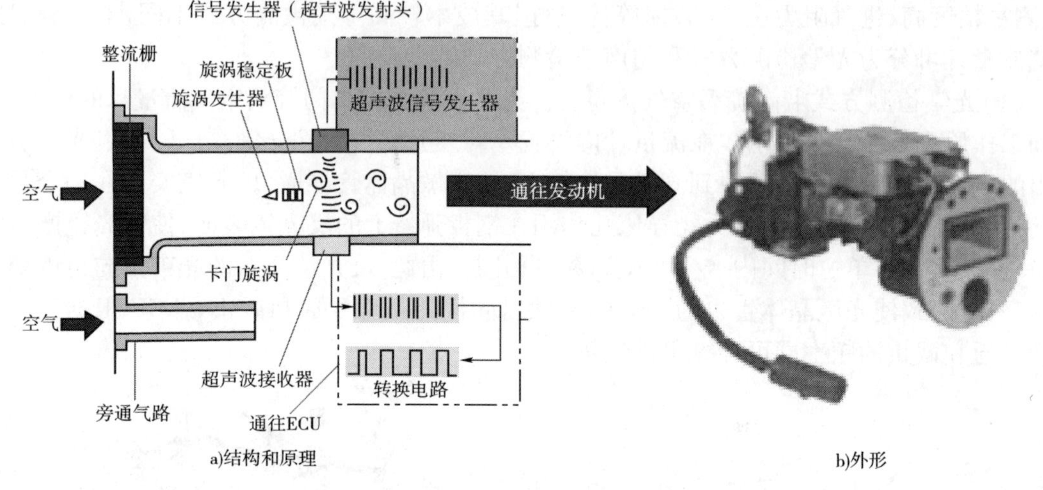

图 9-7　超声波式卡门旋涡空气流量计

引导问题 4　进气歧管绝对压力传感器的结构及工作原理如何？

在 D 型进气系统中，发动机控制电脑（ECU）通过进气歧管压力和发动机转速推算发动机进气量。进气歧管压力的测定由进气管绝对压力传感器完成。进气歧管绝对压力传感器种类较多，按其信号产生的原理可分为半导体压敏电阻式和电容式等。

1 半导体压敏电阻式进气歧管绝对压力传感器

半导体压敏电阻式进气歧管绝对压力传感器如图 9-8 所示，它是利用半导体的压电效应原理制成的，这种传感器是将硅片的周边固定在基座上，再将整体封入一壳体内，并在壳体内形成真空，当通道口与进气管相连接时，进气管内的压力就会使传感器内的膜片产生压力，此时由应变电阻组成的电桥电路就会输出与进气管内压力成比例的电压。由于基准压

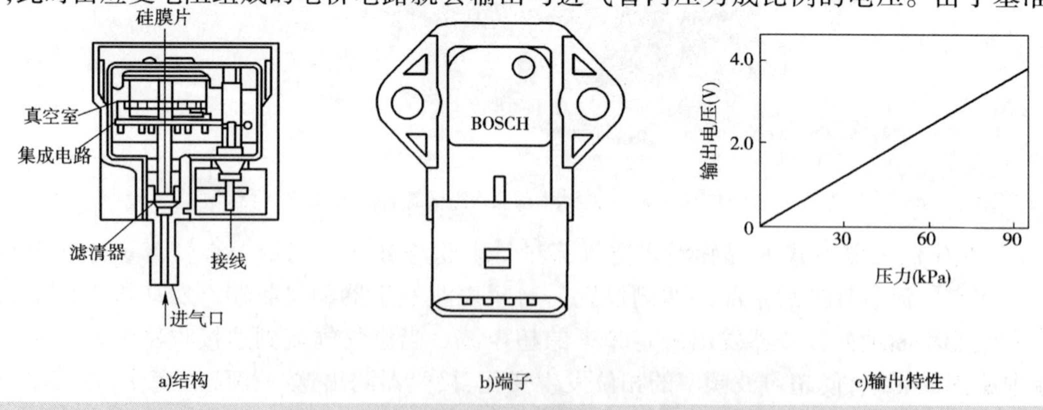

图 9-8　半导体压敏电阻式进气歧管绝对压力传感器

力是真空的压力，使用这种压力传感器可以测定出绝对压力。该传感器具有体积小、精度高、成本低和可靠性、抗振性好等特点，在现代汽车上得到了广泛应用。

由于压力传感器结构和测量原理的要求，压力传感器安装在振动较小的车身处，用一根橡胶管作为取气管与进气总管相连。

2 电容式进气歧管绝对压力传感器

电容式进气歧管绝对压力传感器的结构如图 9-9 所示，位于传感器壳体内腔的弹性膜片用金属制成，弹性膜片上、下 2 个凹玻璃的表面也均有金属涂层，这样在弹性膜片的 2 个金属涂层之间形成 2 个串联的电容。

发动机工作时，进气管内的空气压力作用于弹性膜片上，使弹性膜片产生位移，弹性膜片与 2 个金属涂层之间的距离发生变化，一个距离减小，而另一个距离增大，在弹性膜片与 2 个金属涂层之间形成的 2 个电容的电容量也是一个增加，另一个减小。电容量的变化量与弹性膜片的位移成正比，而弹性膜片的位移取决于上、下 2 个空腔的气体压力，只要弹性膜片上部的空腔为绝对真空，下部空腔通进气管，则可通过检测电容量的变化来检测进气管的绝对压力。

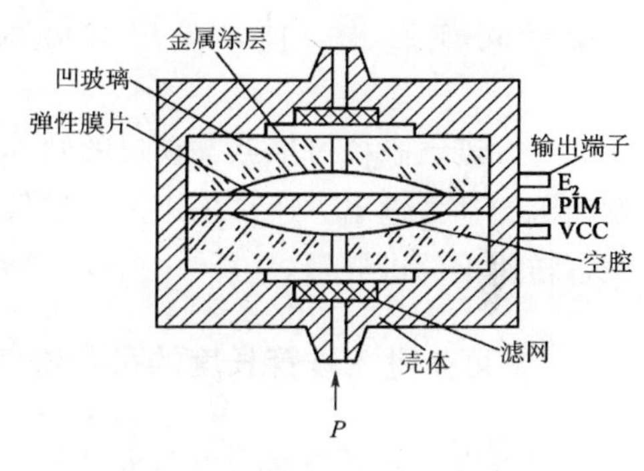

图 9-9　电容式进气歧管绝对压力传感器

引导问题 5　节气门体的作用及结构如何？

节气门体（图 9-10）是调节控制吸入发动机空气的节气门部件，节气门体主要由节气门、用于检测节气门开闭状态的节气门位置传感器、节气门定位电位计、节气门定位器（电动机）、节气门电位片和怠速开关等组成。汽车在正常行驶时，空气流量由节气门控制，而节气门则是驾驶人通过加速踏板操纵。

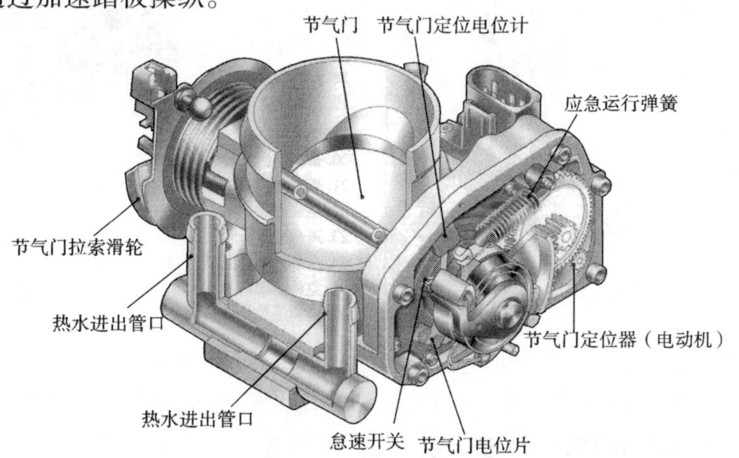

图 9-10　节气门体

引导问题6　进气歧管的作用及结构如何?

进气歧管的功用是将空气或可燃混合气引入汽缸,并保证进气充分及各缸进气量均匀一致,其结构如图9-11所示。进气歧管多用铝合金或铸铁制造,有些也采用复合塑料制作。有些轿车进气歧管前还设有稳压箱(又称共鸣腔、谐振腔),稳压箱的功用是消除进气压力脉动,保证各缸混合气分配均匀。

引导问题7　什么是可变进气系统?其工作原理如何?

可变进气系统可根据发动机的转速变化来改变进气系统进气量,以提高进气效率,增加发动机的动力输出。通常采用改变进气歧管的长度和进气歧管截面积的方法来改变发动机在各转速下的进气量。

1 可变进气歧管长度的可变进气系统

可变进气歧管长度的可变进气系统结构如图9-12所示,其工作原理如图9-13所示。

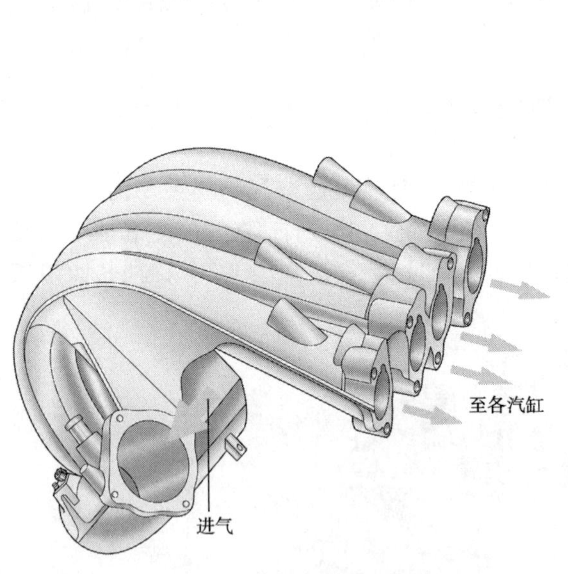

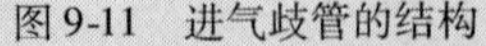

图9-11　进气歧管的结构

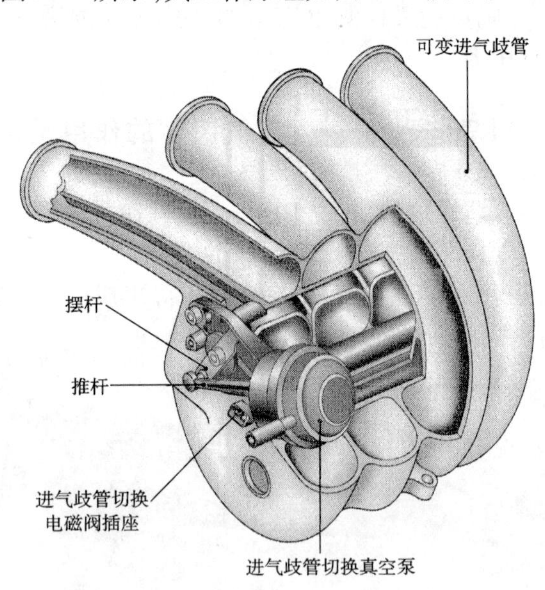

图9-12　可变进气歧管长度的可变进气系统的结构

发动机在低转速时,进气控制阀门关闭,气流需经过较长的进气歧管进入汽缸,这样可利用进气的流动惯性来提高进气效率,使发动机在低转速下获得较大的转矩;而在高转速时,则是通过打开控制阀门来减小进气阻力,气流经过较短的进气歧管进入汽缸,从而提高进气效率,可获得较高的最大输出功率。

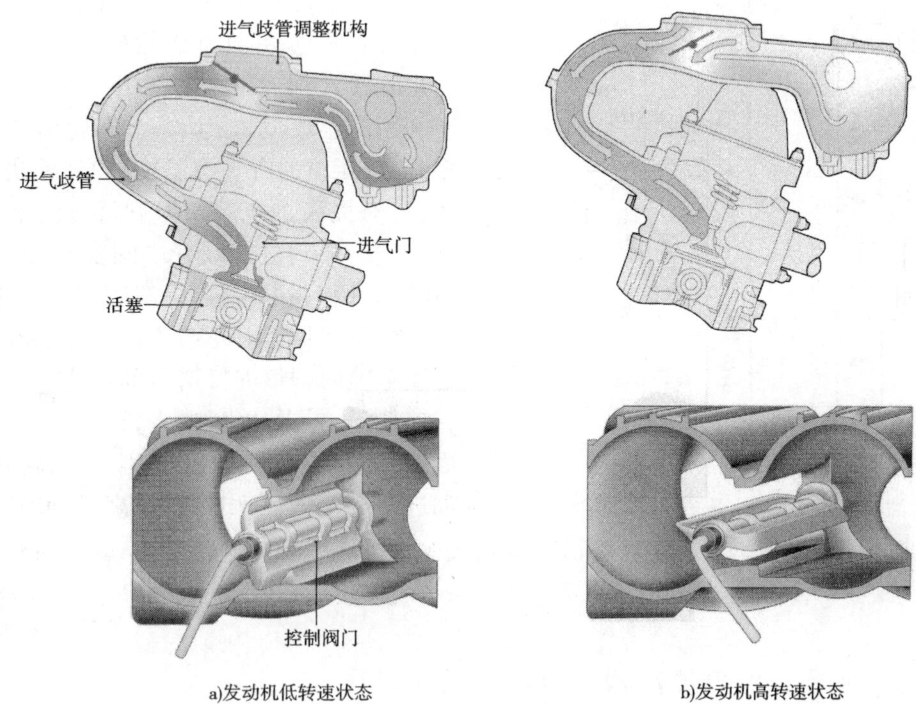

a)发动机低转速状态　　b)发动机高转速状态

图 9-13　可变进气歧管长度的可变进气系统的工作原理

2 可变进气歧管截面积的可变进气系统

可变进气歧管截面积的可变进气系统的结构和工作原理如图 9-14 所示。

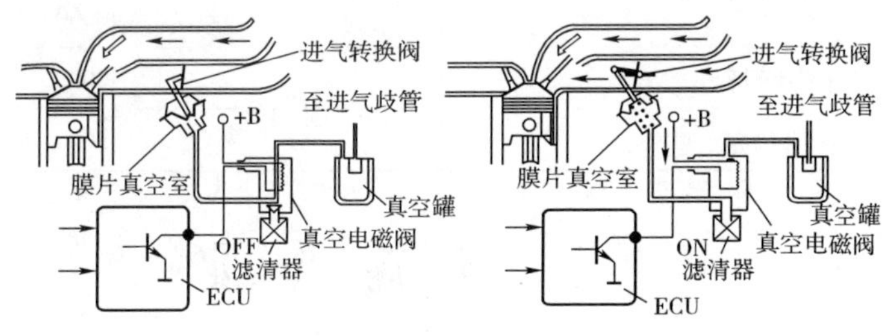

图 9-14　可变进气歧管截面积的可变进气系统的结构和工作原理

引导问题 8　什么是废气涡轮增压系统？其工作原理如何？

废气涡轮增压是指利用发动机排出的高温高压废气能量，驱动涡轮作高速旋转，带动同轴上的压气机，对燃烧所需的空气进行预压缩，这样，在发动机排量和转速不变的情况下，增加了流入发动机的空气量，提高了进气效率，因而可提高发动机的功率。

可调叶片式涡轮增压系统如图 9-15 所示，它包括同轴的涡轮与压气机叶轮。涡轮与压

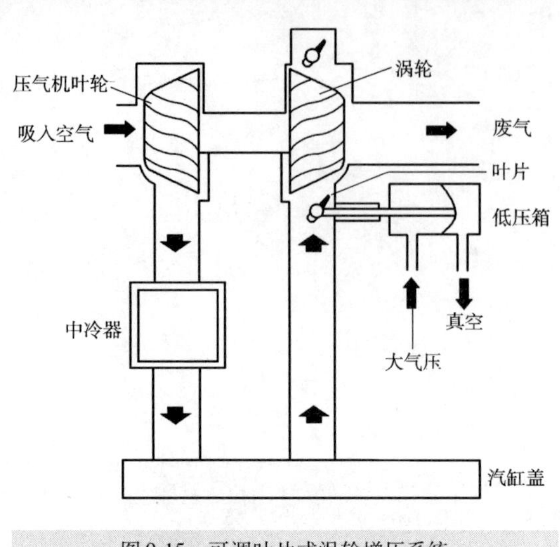

图9-15　可调叶片式涡轮增压系统

气机叶轮上有很多叶片，从汽缸排出的废气直接进入涡轮，并推动涡轮旋转，带动压气机叶轮旋转，把吸入的空气增压，送入汽缸。由于利用高温废气进行增压，涡轮增压器温度较高，经压缩的空气也温度较高，使进气密度减少，对提高进气效率不利，因此，需要在压缩空气出口到进气歧管之间安装冷却器（中冷器），冷却压缩空气，提高压缩空气的密度。

可调叶片式涡轮增压系统能够在发动机整个范围内调整进气增压的压力。当发动机转速低时，叶片开度减少，减少废气流通截面，使废气流速增加，提高废气涡轮转速，增加进气压力；当发动机转速高时，叶片开度增大，增加废气流通截面，使废气流速降低，维持废气涡轮转速在正常范围内，保证进气压力的稳定。

引导问题9　空气滤清器的更换周期如何？

车辆每行驶10000km应检查一次空气滤清器，必要时进行更换。车型不同，空气滤清器的更换周期也不同，更换空气滤清器时应根据车辆说明书上的更换周期进行更换，见表9-1。

常见发动机的空气滤清器的更换周期　　表9-1

发动机型号	更换周期(km)
卡罗拉1RZ	40000
凯越L91或L71	40000
桑塔纳2000GSi 轿车 AJR	15000

二、实施作业

引导问题10　作业需要哪些工具、设备和材料？

（1）组合工具、螺丝刀、钳子、扭力扳手和智能检测仪。

（2）磁力护裙（图1-15）、转向盘护套、变速杆手柄套、脚垫和座椅套。

（3）举升机、卡罗拉（1.6L）轿车（图1-16）。

（4）卡罗拉（1.6L）轿车空气滤清器。

（5）卡罗拉（1.6L）轿车维修手册。

引导问题 11　作业前的准备工作有哪些？

(1)汽车进入工位前,将工位清理干净,准备好相关的器材。

(2)将汽车停驻在举升机中央位置。

(3)拉紧驻车制动器操纵杆,并将变速杆置于空挡或驻车挡(P 位)位置,如图 1-17 所示。

(4)套上转向盘护套、变速杆手柄套和座椅套,铺设脚垫,如图 1-18 所示。

(5)在车内拉动发动机罩手柄,在车外打开并支撑发动机罩,如图 1-19 所示。

(6)粘贴翼子板和前格栅磁力护裙,如图 1-20 所示。

引导问题 12　如何就车检查进气系统？

检查并确认图 9-16 所示位置没有吸气。

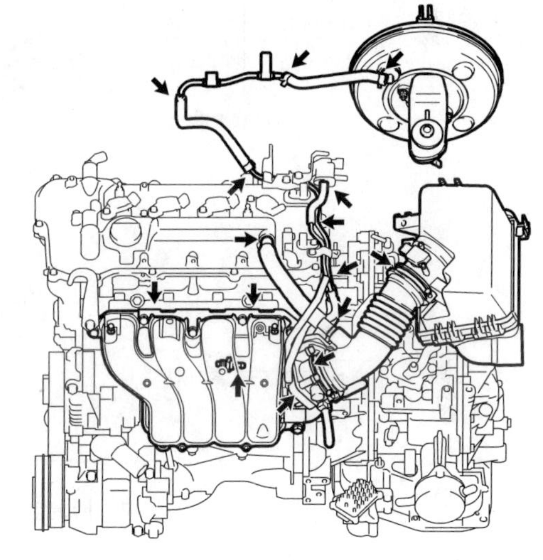

图 9-16　检查进气系统(车上检查)

引导问题 13　如何检查和更换空气滤清器？

拆卸空气滤清器相关部件的分解图如图9-17所示。

1 空气滤清器的拆卸

(1)拆卸 2 号汽缸盖罩。

(2)拆卸空气滤清器盖分总成。

①断开质量空气流量计插接器。

②如图 9-18 所示,断开 2 个卡夹。

③如图 9-19 所示,断开箍带和通风软管,并拆下空气滤清器盖分总成,断开箍带和空气滤清器软管。

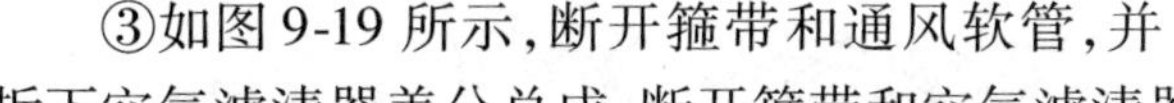

(3)拆卸空气滤清器壳分总成。如图 9-20 所示,从空气滤清器上分离空气滤清器滤芯,将线束卡夹从空气滤清器壳上断开,从空气滤清器壳上拆下 3 个螺栓。

2 安装空气滤清器

(1)安装空气滤清器壳分总成。使用 3 个螺栓安装空气滤清器壳(图 9-20),拧紧力矩:7.0N·m;将线束卡夹连接至空气滤清器壳;安装空气滤清器滤芯。

(2)安装空气滤清器盖分总成。

①用箍带连接通风软管。用箍带连接空气滤清器软管(图 9-19);安装空气滤清器盖分总成;用箍带连接通风软管。

②连接 2 个卡夹，连接质量空气流量计插接器（图 9-18）。

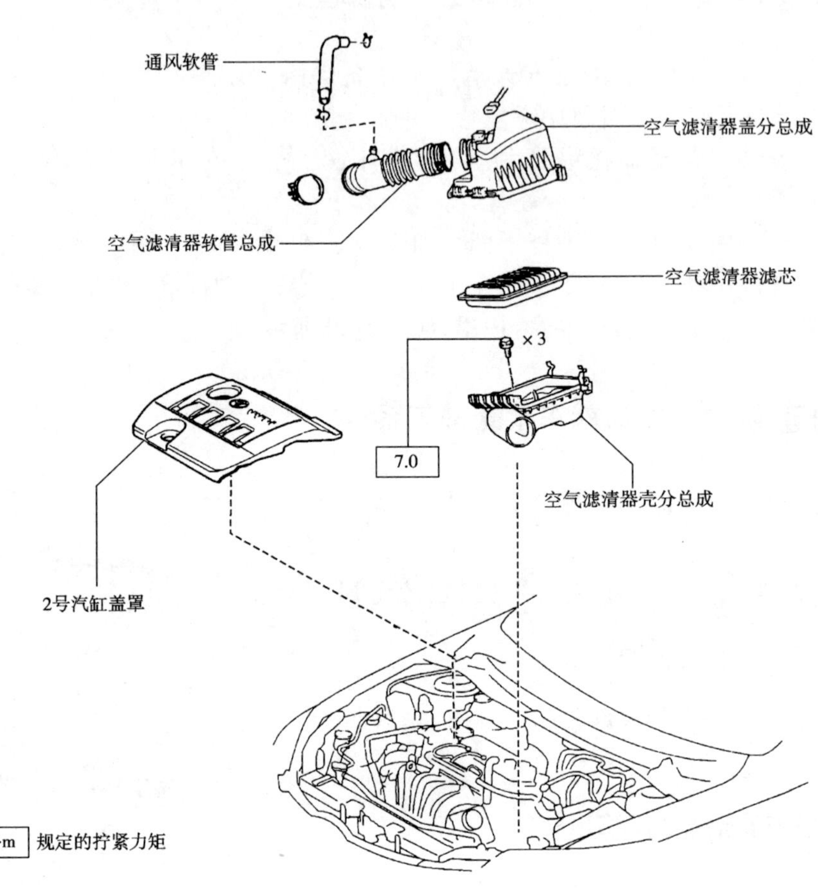

图 9-17　拆装空气滤清器和软管相关部件分解图

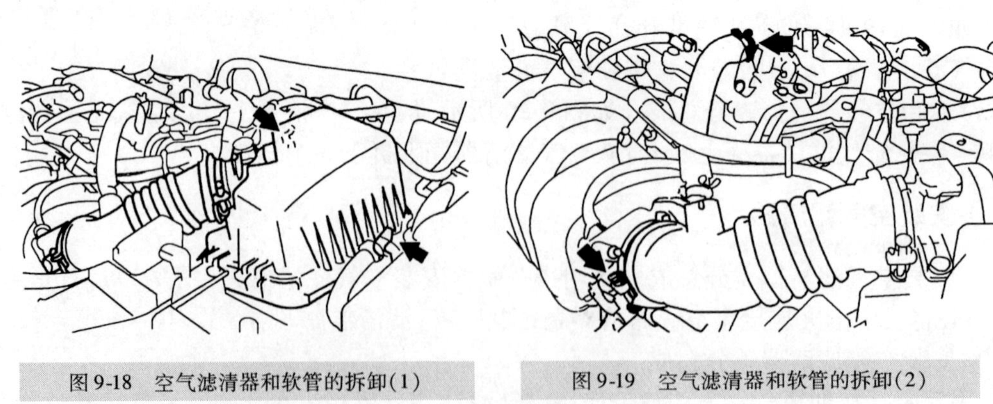

图 9-18　空气滤清器和软管的拆卸(1)

图 9-19　空气滤清器和软管的拆卸(2)

(3)安装 2 号汽缸盖罩。

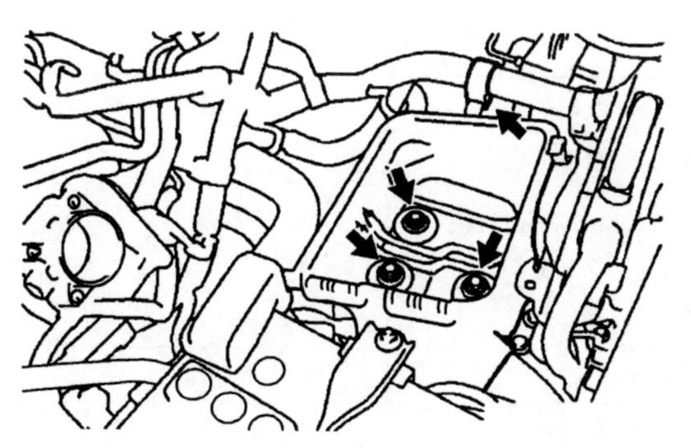

图 9-20 空气滤清器和软管的拆卸(3)

引导问题 14 如何就车检查节气门体总成?

1 检查节气门控制电动机

将点火开关置于 ON 位置,踩下加速踏板时,检查电动机是否有异常声音。确保电动机没有摩擦噪声。如果有摩擦噪声,则更换节气门体。

2 检查节气门位置传感器

可通过智能检测仪对节气门位置传感器进行检查,具体过程如下:

(1)将智能检测仪连接到诊断接器(DLC3)。

(2)将点火开关置于 ON 位置并开启检测仪。

(3)选择以下菜单项:Powertrain/Engine and ECT/Data List/Throttle Position。

(4)节气门全开时,检查并确认"Throttle Position"值在规定范围内。标准节气门开度百分比:60%或更高。

注意:检查标准节气门开度百分比时,变速杆应在 N 位置,如果百分比小于 60%,则更换节气门体。

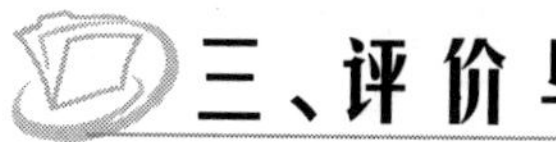

三、评价与反馈

1. 对本学习任务进行评价,见表 9-2。

评 分 表　　表 9-2

考核项目	评分标准	分数	学生自评	小组评价	教师评价	小计
团队合作	是否协调	5				
活动参与	是否积极主动	5				
安全生产	有无安全隐患	10				
现场 5S	是否做到	10				

续上表

考核项目	评分标准	分数	学生自评	小组评价	教师评价	小计
任务方案	是否正确、合理	15				
操作过程	检查进气系统泄漏情况； 检查、更换空气滤清器； 检查节气门体	30				
任务完成情况	是否圆满完成	5				
工具和设备使用	是否规范、标准	10				
劳动纪律	是否能严格遵守	5				
工单填写	是否完整、规范	5				
总分		100				
教师签名：			年　月　日		得分	

2. 在实施作业时每一个安全事项都注意到了吗？如果没有，找出忽略的地方和原因。

3. 能否向车主解释更换空气滤清器的过程？如果不能，分析原因并提出改进措施。

四、学习拓展

1. 查阅资料，说明凯越（1.6L）轿车与卡罗拉（1.6L）轿车进气系统在结构和布置形式上有哪些不同。

2. 查阅资料，说明帕萨特（1.8T）轿车废气涡轮增压系统的结构及工作原理。

学习任务十

燃油滤清器的更换

学习目标

完成本学习任务后，你应当能：

1. 叙述燃油供给系统的组成、工作原理及各部件的功用；
2. 明确汽油环保和安全措施；
3. 明确燃油滤清器的更换周期；
4. 正确地使用工具和设备；
5. 正确释放燃油系统压力；
6. 规范地更换燃油滤清器。

建议完成本学习任务的时间为6课时。

学习任务描述

一辆卡罗拉(1.6L)轿车，行驶80000km到维修站维修，要求维修人员按照"维护标准和要求"更换燃油滤清器及对燃油系统进行检查。

学习内容

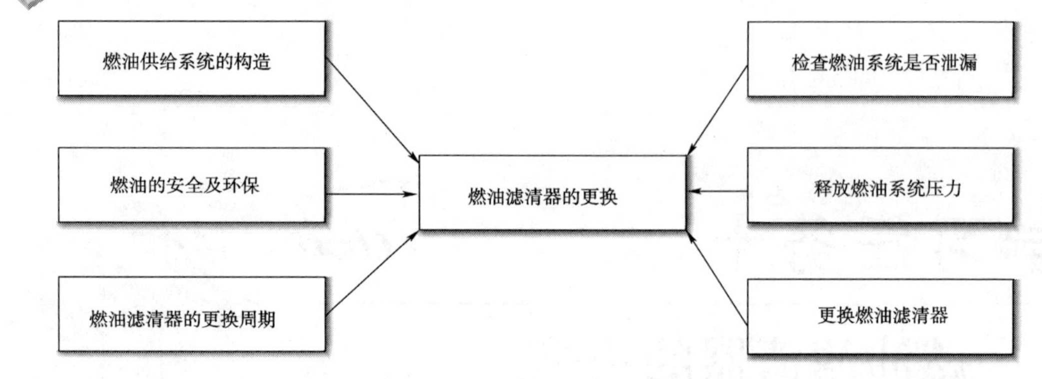

一、资 料 收 集

引导问题 1　燃油供给系统的功用、组成及工作过程如何?

燃油供给系统的作用是供给发动机燃烧过程所需的燃油。燃油供给系统的结构如图10-1 所示,主要由燃油泵、燃油滤清器、油压脉动阻尼器、燃油压力调节器和喷油器等组成。

燃油从燃油箱中被燃油泵吸出,先由燃油滤清器将杂质滤除后再通过输油管送到各个

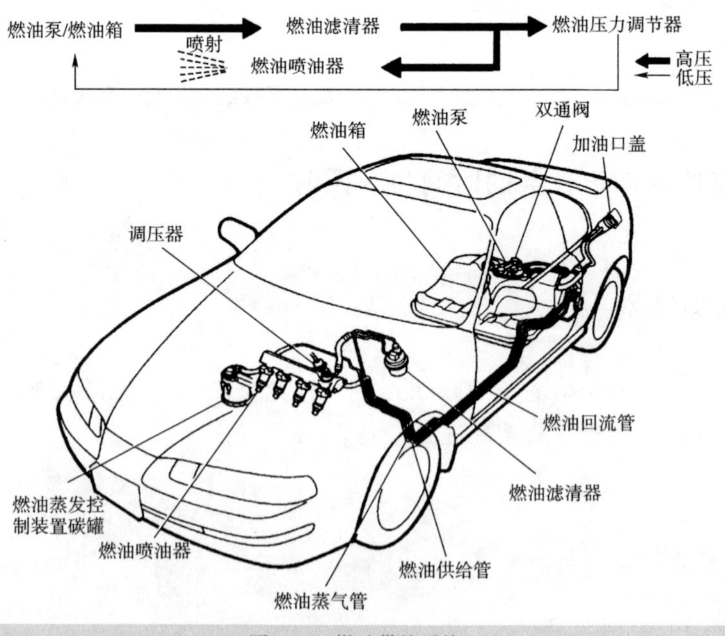

图 10-1　燃油供给系统

喷油器。喷油器则根据 ECU 发出的指令,将计量后的燃油喷入各进气歧管并与流入发动机内的空气进行混合,形成可燃混合气。利用燃油压力调节器可将喷油压力控制在一定的范围内,发动机在正常工况的喷油量只取决于各喷油器通电时间的长短,而多余的燃油从燃油压力调节器经回油管送回燃油箱。

引导问题 2 燃油箱的功用和结构如何?

燃油箱(图 10-2)是用来储存燃油的,其容积大小与车型和发动机排量有关,其形状随车型不同而异,这主要是为了适应在车上的布置和安装。

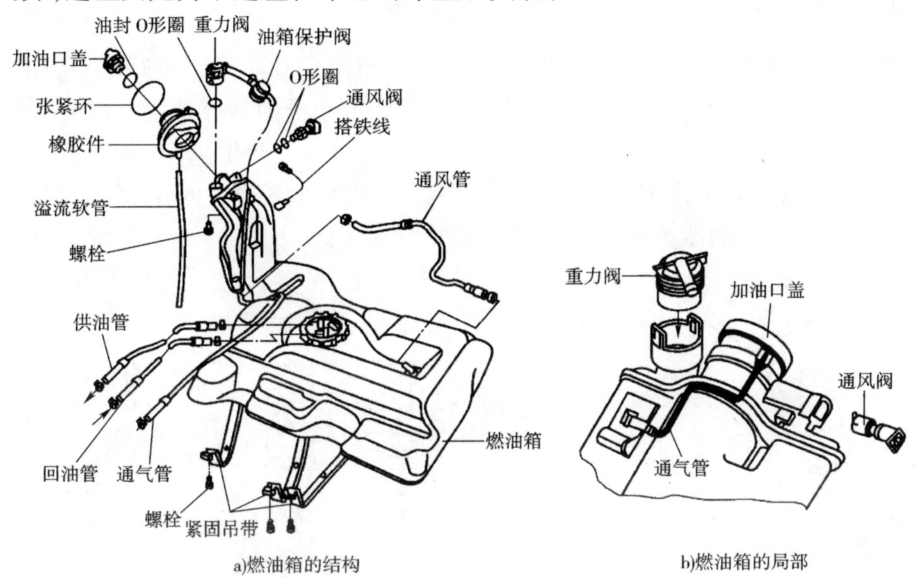

图 10-2 带附件的燃油箱

挥发性好的汽油在燃油箱内挥发,直接将挥发的汽油蒸气排到大气中会污染环境,为此设置了燃油箱蒸发排放控制装置(图 10-3),将活性炭罐与燃油箱相连接,挥发的汽油蒸气被

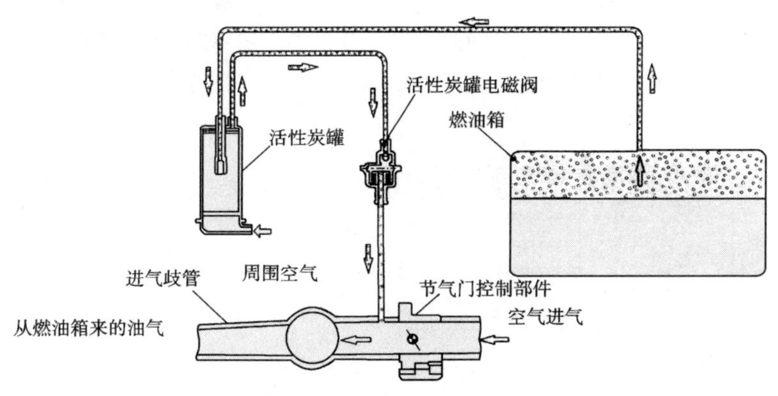

图 10-3 燃油箱蒸发排放控制装置

吸附在活性炭上。发动机工作时,活性炭罐电磁阀通电打开,被吸附在活性炭上的汽油蒸气即可被吸入汽缸并燃烧。

引导问题 3　电动燃油泵的功用和结构如何?

电动燃油泵的作用是把燃油从油箱内吸出并通过喷油器供给发动机各汽缸。

现在车上的燃油泵多安装在燃油箱内(内置式燃油泵),内置式燃油泵不易发生气阻和漏油现象。内置式燃油泵主要有叶片式和滚柱式两种。

1 叶片式电动燃油泵

叶片式电动燃油泵的结构和工作原理如图 10-4 所示。叶轮是一个圆平板,在平板的圆周上加工有小槽,形成泵油叶片。当叶轮旋转时,圆周上小槽内的燃油随同叶轮一同高速旋转。由于离心力的作用,使出油口处压力增高,而在进油口处产生真空,从而使燃油在进油口处被吸入,在出油口处被排出,这样周而复始地完成燃油的输送。叶片式电动燃油泵运转噪声小,油压脉动小,泵油压力高,叶片磨损小,使用寿命长。

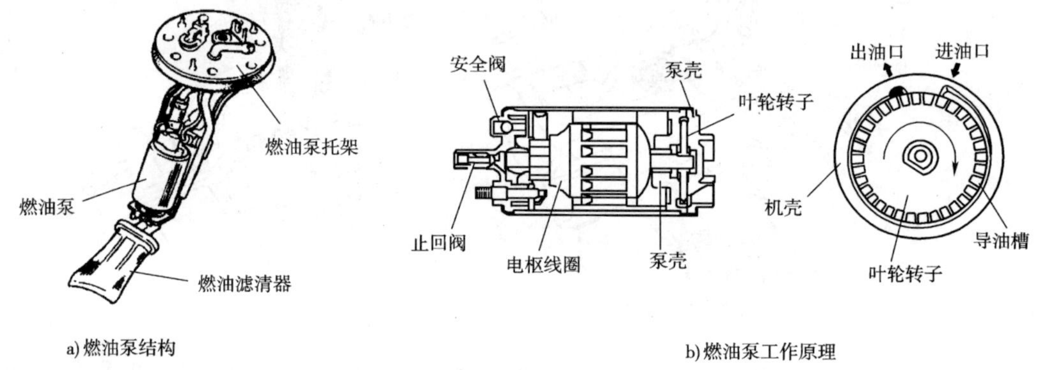

图 10-4　叶片式电动燃油泵

2 滚柱式电动燃油泵

滚柱式电动燃油泵的结构和工作原理如图 10-5 所示。转子偏心地安装在泵体内,滚柱装在转子的凹槽中。在永磁电动机的驱动下,当转子旋转时,滚柱在离心力的作用下紧压在

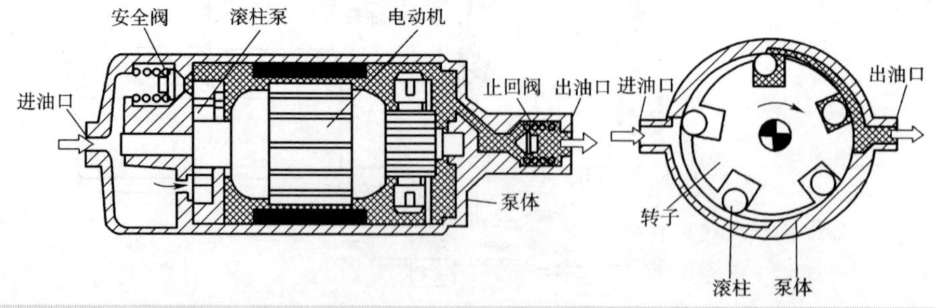

图 10-5　滚柱式电动燃油泵

泵体的内表面上，同时在惯性力的作用下，滚柱总是与转子凹槽的一个侧面贴紧，从而形成若干个封闭的工作腔。

在燃油泵工作过程中，进油口一侧的工作腔容积增大，成为低压吸油腔，燃油经进油口被吸入工作腔内。在出油口一侧的工作腔容积减小，成为高压压油腔，高压燃油从压油腔经出油口流出。油泵转子每转一圈，其排出的燃油就要产生与滚柱数目相同的压力脉动，故在出口处装有油压缓冲器，以减小出口处的油压脉动和运转噪声。

止回阀的作用主要用于防止燃油倒流，并可保持管路残余压力，以便发动机下次容易起动，并可防止由于温度较高时，油路产生气阻现象。若油泵输出压力超过 400kPa 时，安全阀会自动打开，高压燃油可回至油泵的进油室，并在油泵和电动机内循环，以此可避免由于油路堵塞而引起管路油压过高造成管路破裂或燃油泵损坏等现象。

引导问题 4 燃油滤清器的功用、结构及更换周期如何？

燃油滤清器（图 10-6）可清除燃油中的杂质，防止堵塞喷油器等部件，减少运动部件的磨损。

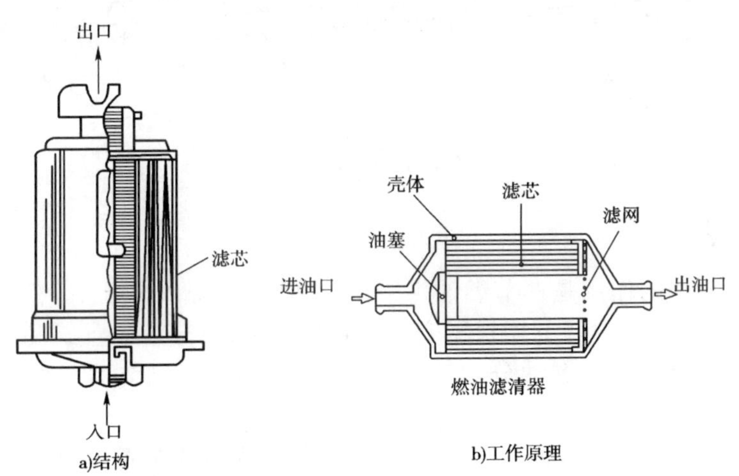

图 10-6 燃油滤清器

燃油滤清器一般采用纸滤芯，燃油滤清器的滤芯应根据车辆行驶里程、使用的燃油质量情况及时更换，以确保发动机稳定行驶，提高可靠性。不同车型燃油滤清器的更换周期不同，应根据车辆说明书上的更换周期进行更换，常见发动机的燃油滤清器的更换周期见表 10-1。

常见发动机的燃油滤清器更换周期 表 10-1

发动机型号	更换周期（km）
卡罗拉 1RZ	80000
凯越 L91 或 L71	40000
桑塔纳 2000GSi 轿车 AJR	60000

引导问题5 燃油分配管和燃油压力调节器的功用及结构如何？

1 燃油分配管

燃油分配管的功用是将燃油均匀、等压地输送给各缸喷油器。由于它的容积较大，故有储油蓄压、减缓油压脉动的作用。燃油分配管的结构如图10-7所示，在其上装有油压调节器。

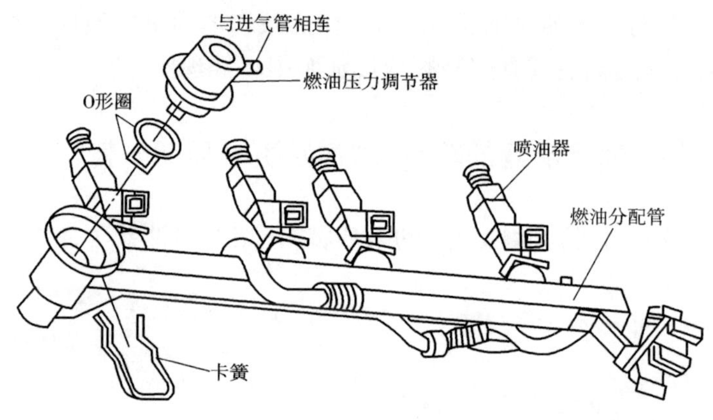

图10-7 燃油分配管

2 燃油压力调节器

燃油压力调节器的作用是调节燃油供给系统油压，保持系统压差(燃油压力与进气歧管压力)或压力恒定。压力调节器根据安装位置的不同，可分为外置式和内置式两种。外置式燃油压力调节器安装在燃油分配管上，内置式燃油压力调节器与燃油泵一起装在油箱里。

(1)外置式燃油压力调节器。外置式燃油压力调节器的布置及结构如图10-8所示，其内部由橡胶膜片分为弹簧室和燃油室两部分。弹簧室内有一个带预紧力的螺旋弹簧，它作用在膜片上。在膜片上安装一个阀，控制回油。另外，还通过一根真空管与进气歧管

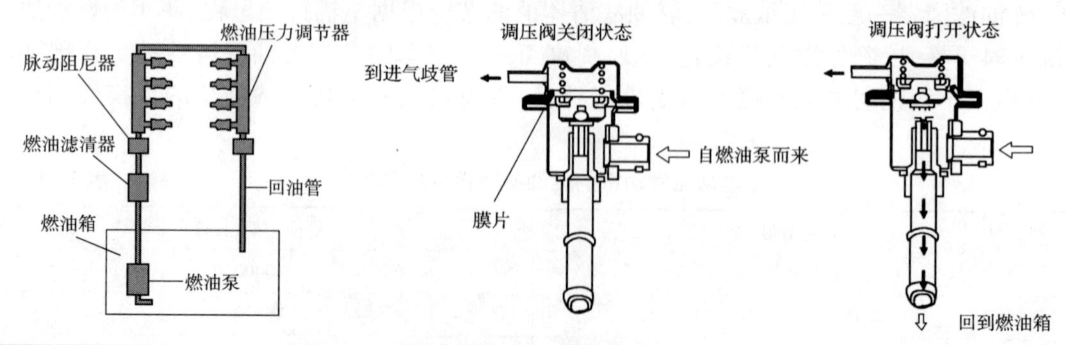

图10-8 燃油压力调节器

相连。

当系统油压超过规定值时,燃油压力克服弹簧压力,将膜片向上压,打开阀门,与回油通道接通,燃油流回燃油箱,系统压力降低,系统油压又回到规定值。

如果进气歧管真空度变大,为了维持燃油分配管内部与进气歧管内部的压力差恒定,就必须降低系统油压。把进气歧管真空度引入弹簧室,能够减少膜片上方螺旋弹簧的作用力,进而减少打开阀门的压力,使系统油压下降到规定值。

当电动燃油泵停止工作时,在膜片和螺旋弹簧力的作用下使阀门关闭,保持油路中的残余压力。

(2)内置式燃油压力调节器。内置式燃油压力调节器的布置及结构如图 10-9 所示,当系统油压超过规定值时,燃油压力便将压力调节器的回油阀打开,一部分燃油经回油阀流回到燃油箱,系统压力降低;当系统油压下降到规定值时,压力调节器的回油阀关闭,以保持系统油压恒定。内置式燃油压力调节器与外置式燃油压力调节器相比不仅缩短了回油管,而且还可以降低燃油的温度,减小发生气阻的可能性。

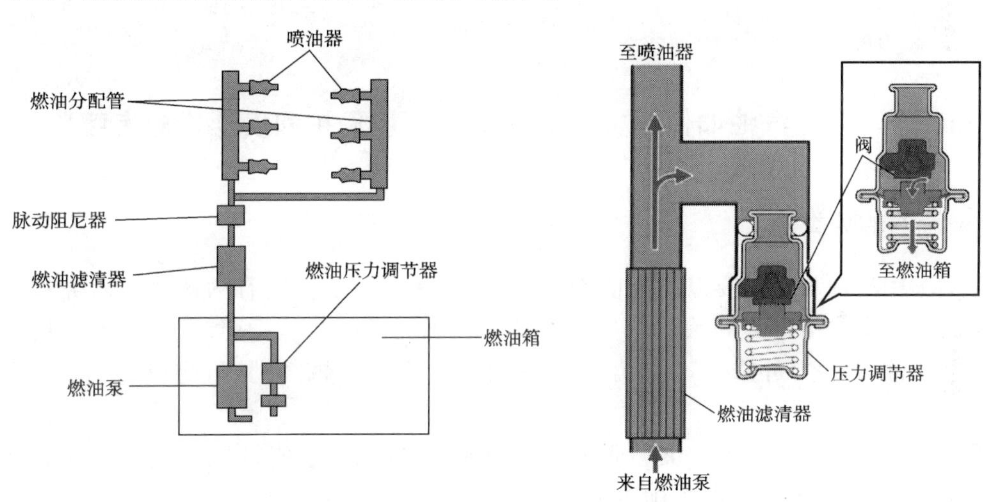

图 10-9 内置式燃油压力调节器

引导问题 6 喷油器的功用和结构如何?

喷油器是发动机电控燃油喷射系统的一个重要执行元件,它接收 ECU 传送来的喷油脉冲信号,准确地计量燃油喷射量,同时,将燃油喷射后雾化。

轴针式电磁喷油器的结构如图 10-10 所示,主要由轴针、针阀、衔铁、复位弹簧及电磁线圈等组成。针阀与衔铁制成整体结构,针阀上端安装一复位弹簧。当电磁喷油器停止工作时,弹簧弹力使针阀复位,阀针关闭,轴针压靠在阀座上起到密封作用,防止燃油泄漏。当电磁线圈通电时,电磁吸力使针阀克服复位弹簧的弹力,针阀与轴针上移,阀门打开,燃油便从喷孔喷出。

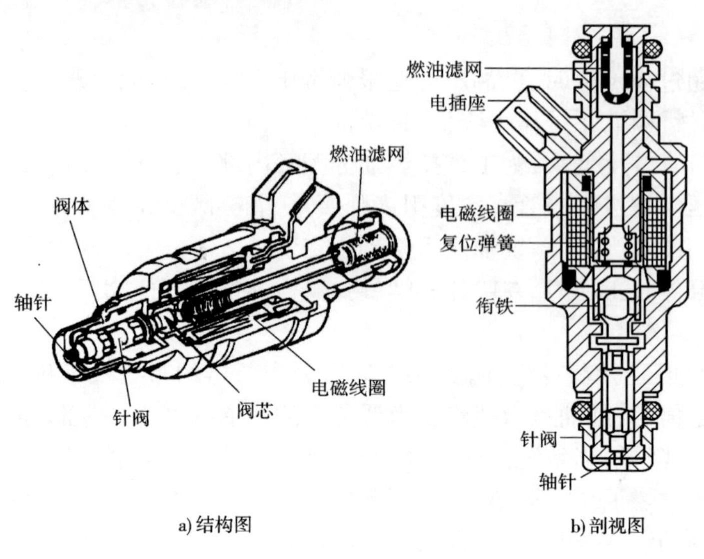

图 10-10　轴针式电磁喷油器

引导问题 7　汽油如何分类？对汽油的环境保护和安全措施有哪些？

1 汽油的分类

我国车用汽油分类主要以辛烷值为基础，测定辛烷值的方法有马达法和研究法。目前我国用研究法辛烷值（RON）表示汽油的牌号，如 90、93 和 97 号。压缩比高的发动机选用辛烷值高的汽油，反之，可选用辛烷值低的汽油。汽油牌号越高，其抗爆性越好，但价格也越高。

桑塔纳 2000GSi 型轿车要求必须使用 RON90（研究法辛烷值）以上汽油；卡罗拉（1.6L）轿车要求选择 93 号或更高级的优质无铅汽油。

2 汽油的环境保护

（1）汽油是对水有污染的物质，不能让汽油流入下水道，作业时只能在防渗的地面上进行。

（2）汽油非常易燃，会引起火灾和爆炸，进行接触汽油的工作时，必须禁止明火和吸烟，汽油存放必须远离火源。

（3）有汽油溢出时，必须立即用吸附剂进行处理。

（4）用合适的容器收集污染过的汽油和汽油滤清器，并妥善保管和回收利用。

（5）沾上汽油的抹布或物品，不得作为生活垃圾处理。

3 安全措施

（1）汽油会刺激人的皮肤，可以致癌。应避免使汽油接触到皮肤、眼睛或衣服。

(2)沾上汽油的衣服或鞋,必须立即更换。

(3)皮肤接触到汽油后,立即用水和肥皂清洗。

(4)汽油溅入眼睛后,用水彻底冲洗。

(5)汽油蒸气吸入体内后,多呼吸新鲜空气,出现呼吸困难时应尽快去医院治疗。

(6)吞食汽油后,千万不要催吐,因为液态汽油可能会进入肺部,应立即去医院治疗。

二、实 施 作 业

引导问题 8 作业需要哪些工具、设备和材料?

(1)组合工具、螺丝刀、钳子、扭力扳手、汽车专用万用表和智能检测仪。

(2)磁力护裙(图 1-15)、转向盘护套、变速杆手柄套、脚垫和座椅套。

(3)举升机、卡罗拉(1.6L)轿车(图 1-16)。

(4)卡罗拉(1.6L)轿车燃油滤清器。

(5)卡罗拉(1.6L)轿车维修手册。

引导问题 9 作业前的准备工作有哪些?

(1)汽车进入工位前,将工位清理干净,准备好相关的器材。

(2)将汽车停驻在举升机中央位置。

(3)拉紧驻车制动器操纵杆,并将变速杆置于空挡或驻车挡(P 位)位置,如图 1-17 所示。

(4)套上转向盘护套、变速杆手柄套和座椅套,铺设脚垫,如图 1-18 所示。

(5)在车内拉动发动机罩手柄,在车外打开并支撑发动机罩,如图 1-19 所示。

(6)粘贴翼子板和前格栅磁力护裙,如图 1-20 所示。

引导问题 10 如何检查燃油泵工作情况和燃油系统是否泄漏?

可以通过智能检测仪驱动电动燃油泵来检查燃油泵的工作情况,具体步骤如下:

(1)将智能检测仪连接到 DLC3。

(2)将点火开关置于 ON 位置,并接通智能检测仪的主开关。

注意:不要起动发动机。

(3)选择以下菜单:Powertrain/Engine/Active Test/Control the Fuel Pump/Speed。

(4)从燃油管路中检查燃油进油管中的压力。检查并确认能听到燃油泵在燃油箱运转的声音。如果听不到声音,则检查集成继电器、燃油泵、ECM 和配线插接器。

(5)当听到燃油泵运转声音后,检查燃油是否泄漏。如果燃油泄漏,必要时维修或更换零件。

(6)将点火开关置于 OFF 位置。

(7)从 DLC3 上断开智能检测仪。

引导问题 11　如何释放燃油系统压力?

拆下任何燃油系统零件之前,应该先释放燃油系统的压力,以防止燃油系统的压力油喷出。具体的操作过程如下:

(1)拆下后排座椅坐垫总成。

(2)拆下后地板检修孔盖。

(3)从燃油泵总成上断开线束插接器。

(4)起动发动机直到发动机自动停止运转,将点火开关置于 OFF 位置。

(5)再次起动发动机,确认发动机不起动。

(6)拆下燃油箱盖并释放燃油箱中的压力。

(7)从蓄电池负极端子上断开电缆。

(8)连接燃油泵总成线束插接器。

引导问题 12　如何更换燃油滤清器?

拆卸燃油滤清器相关部件的分解图如图 10-11 ~ 图 10-13 所示。

1 拆卸燃油滤清器

(1)拆卸后排座椅坐垫总成。

①将坐垫的 2 个前挂钩从车身上脱开。先选择一个挂钩并脱开,如图 10-14 所示将双手放在挂钩附近,然后抬起坐垫以使挂钩分离;用同样的方法脱开另一挂钩。

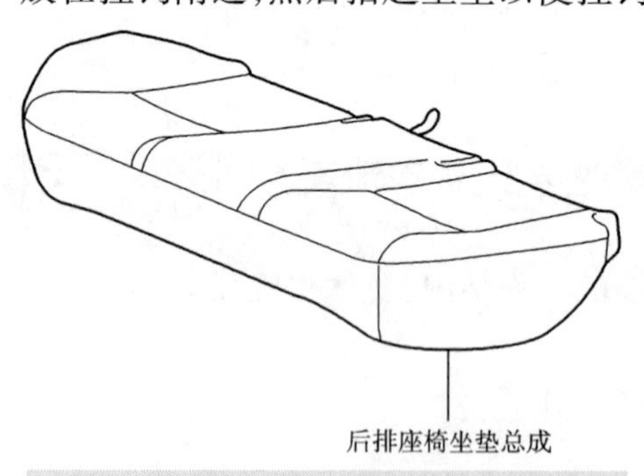

图 10-11　燃油滤清器相关部件的分解图(1)

②将坐垫的 2 个后挂钩与靠背分离。

③拆下坐垫。

(2)拆卸后地板检修孔盖。如图 10-15 所示,拆下后地板检修孔盖,将线束插接器从燃油吸油管总成上断开。

(3)燃油系统卸压。起动发动机,在发动机自动停止后,将点火开关置于 OFF 位置;再次起动发动机,确认发动机不起动;拆下燃油箱盖并释放燃油箱中的压力。

(4)从蓄电池负极端子上断开电缆。

(5)断开燃油箱主管分总成。如图 10-16 所示,拆下油管接头卡子,然后从燃油吸油管总成的螺塞上拉出燃油管接头。

注意:必须防止污垢或灰尘进入接头,如果污垢或灰尘进入接头,O 形圈可能密封不良;

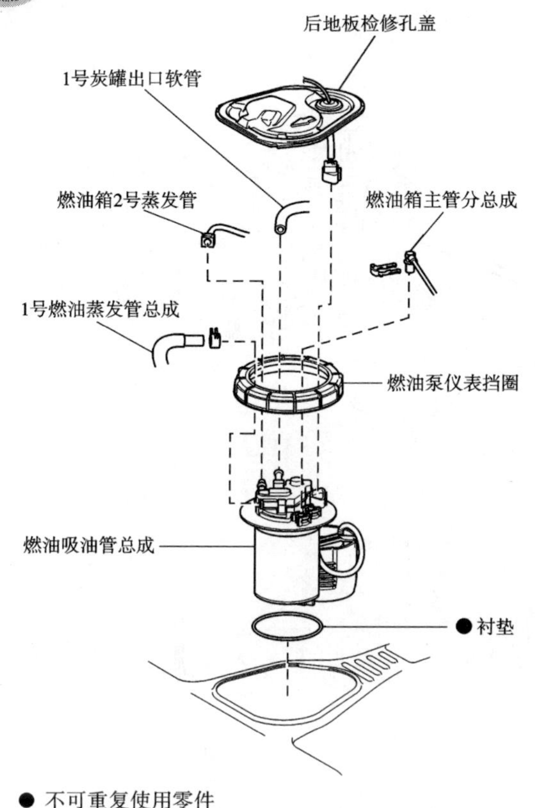

图 10-12 燃油滤清器相关部件的分解图(2)

仅用手断开接头,不要使尼龙管弯曲、打结或扭曲,盖上塑料袋以保护接头。

(6)断开1号燃油蒸发管分总成。如图10-17所示,松开卡子,并从燃油吸油管总成上拆下1号燃油蒸发管分总成。

(7)断开1号炭罐出口软管。如图10-18所示,将1号炭罐出口软管从燃油吸油管总成上断开。

(8)断开燃油箱2号蒸发管。如图10-19所示,松开挡圈,并将燃油箱2号蒸发管从燃油吸油管总成上断开。

(9)拆卸燃油泵挡圈。如图10-20所示,用6mm六角套筒扳手,将SST安装到燃油泵挡圈上,将SST槽口插入燃油泵挡圈肋片;使SST松开燃油泵挡圈;用手固定燃油吸油管总成,以拆下燃油泵挡圈。

(10)拆卸燃油吸油管总成。如图10-21所示,将燃油吸油管总成从燃油箱上拆下,确保燃油表传感器臂没有弯曲,从燃油箱上拆下衬垫。

(11)拆卸燃油表传感器总成。如图10-22所示,断开燃油表传感器总成线束插接器,从线束上拆下线束保护装置,断开3个线束卡夹,松开锁止,并滑动燃油表传感器总成以将其拆下。

(12)拆卸燃油泵。

①如图10-23所示,断开燃油泵线束插接器,断开2个线束卡夹。

②如图10-24所示,断开燃油泵滤清器软管。

③如图10-25所示,用头部缠有保护胶带的螺丝刀脱开2个卡爪,并从副燃油箱上拆下燃油滤清器和燃油泵。

④如图10-26所示,用头部缠有保护胶带的螺丝刀脱开2个卡爪,并拆下1号吸油管支架。

⑤如图10-27所示,用头部缠有保护胶带的螺丝刀脱开5个卡爪,并从燃油滤清器上拆下燃油泵滤清器和燃油泵。

注意:不要损坏燃油泵滤清器;不要拆下燃油泵滤清器,如果已从燃油泵上拆下燃油泵滤清器,则不能再使用燃油泵或燃油泵滤清器;不要断开主燃油管。

⑥如图10-28所示,断开燃油泵线束。

⑦如图10-29所示,拆下O形圈。

(13)拆卸燃油压力调节器总成。

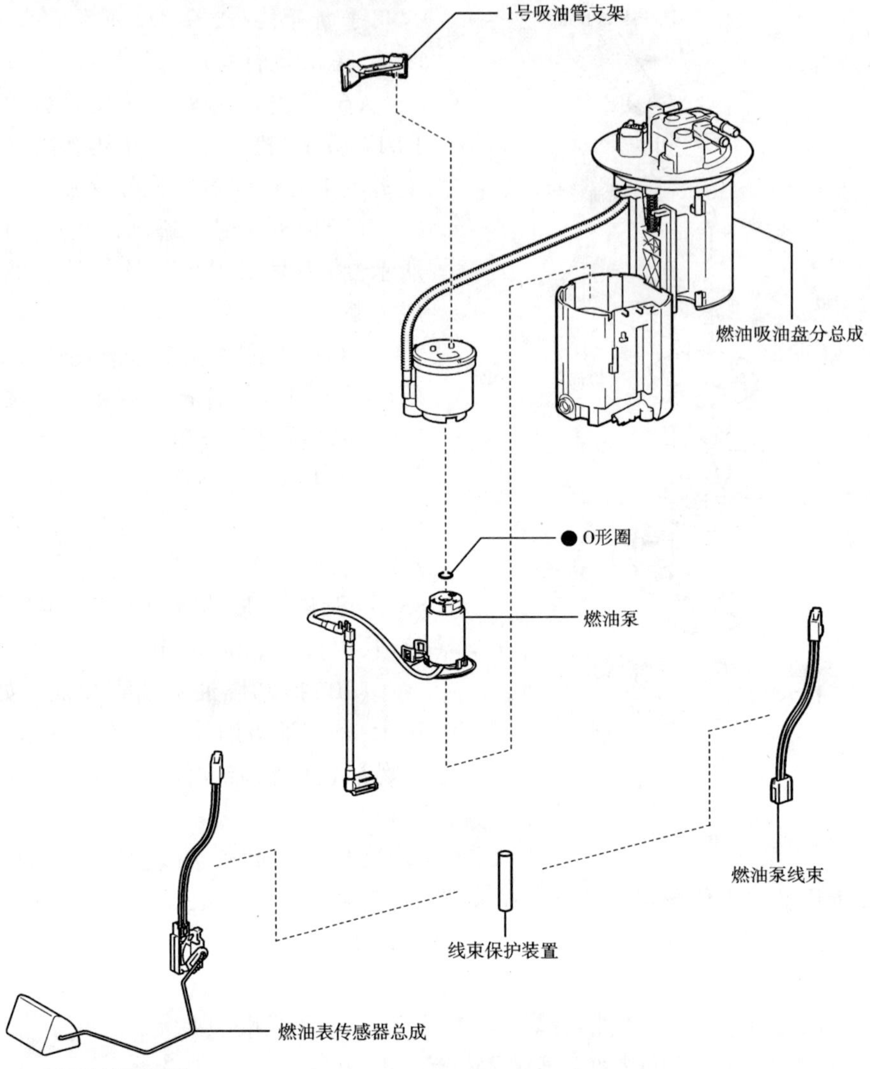

1号吸油管支架

燃油吸油盘分总成

● O形圈

燃油泵

燃油泵线束

线束保护装置

燃油表传感器总成

● 不可重复使用零件

图 10-13　燃油滤清器相关部件的分解图(3)

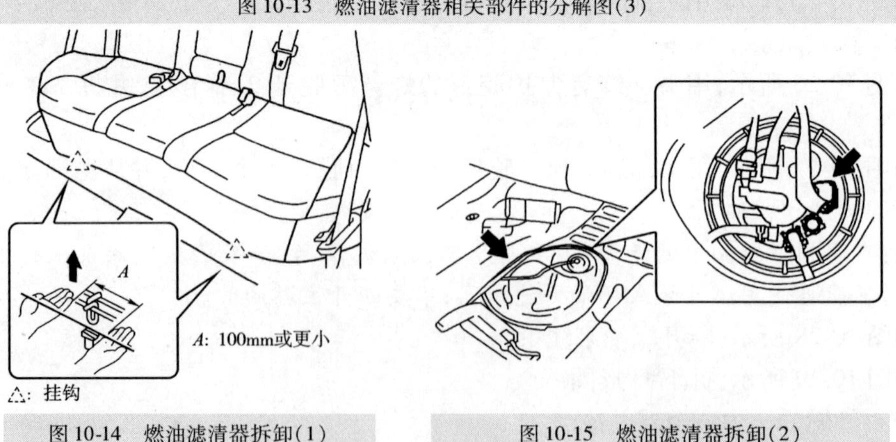

图 10-14　燃油滤清器拆卸(1)

图 10-15　燃油滤清器拆卸(2)

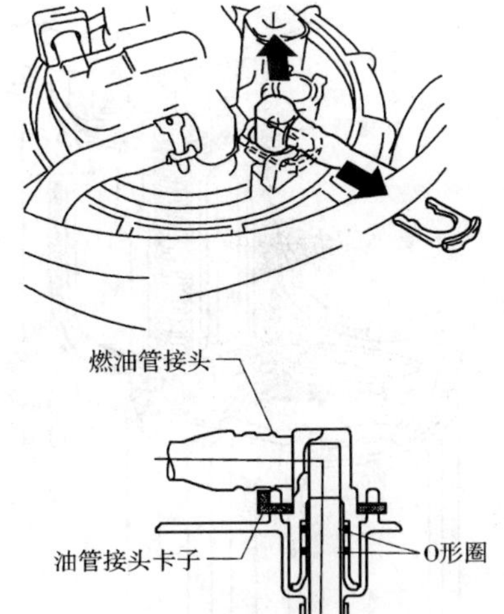

图 10-16　燃油滤清器拆卸(3)

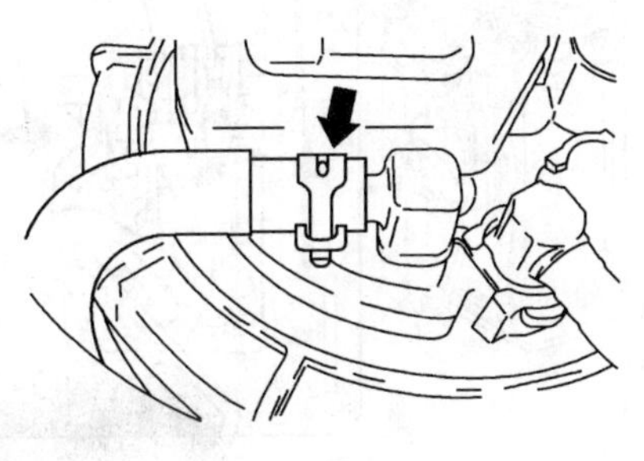

图 10-17　燃油滤清器拆卸(4)

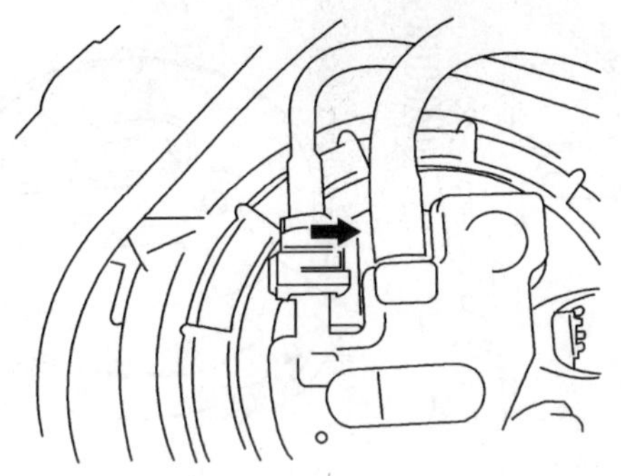

图 10-18　燃油滤清器拆卸(5)

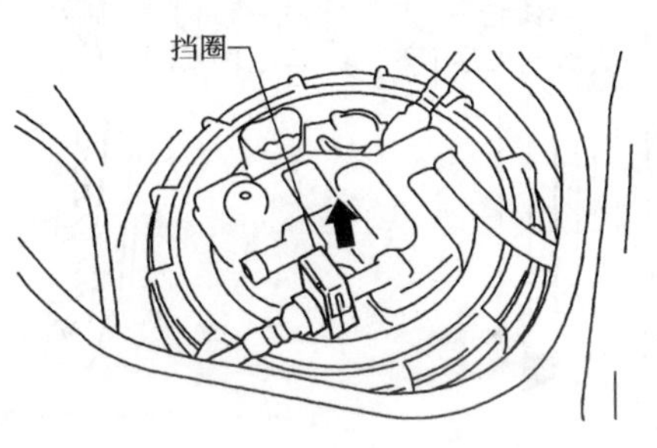

图 10-19　燃油滤清器拆卸(6)

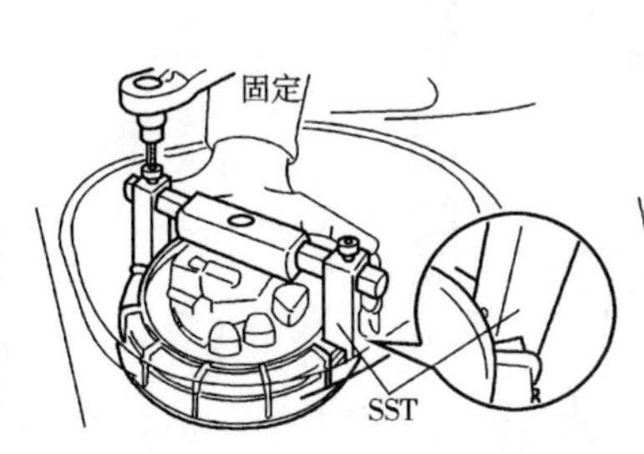

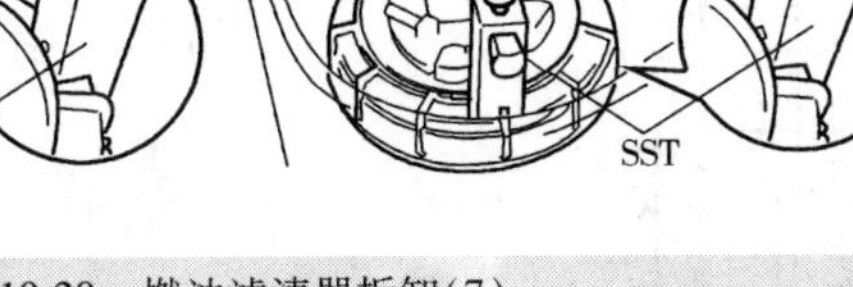

图 10-20　燃油滤清器拆卸(7)

衬垫

图 10-21　燃油滤清器拆卸(8)

①如图 10-30 所示,用头部缠有保护胶带的螺丝刀拆下燃油压力调节器总成。

注意:缓慢拉出燃油压力调节器总成,因为 O 形圈牢固地安装在调节器和燃油滤清器之间;燃油滤清器需要更换时,将其作为燃油吸油盘分总成更换。

②如图 10-31 所示,从压力调节器总成上拆下 2 个 O 形圈。

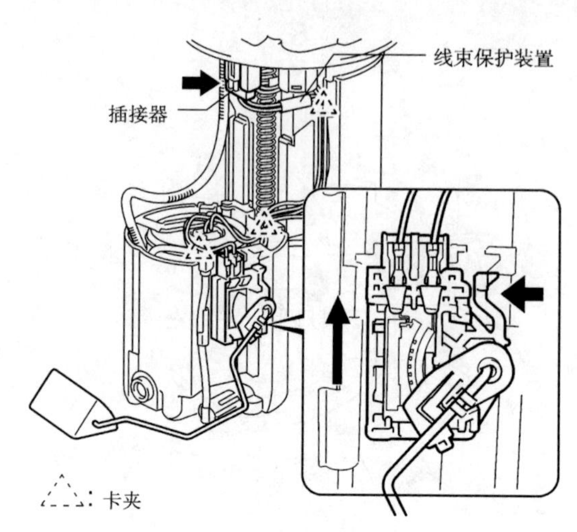

图 10-22　燃油滤清器拆卸(9)

插接器
卡夹

图 10-23　燃油滤清器拆卸(10)

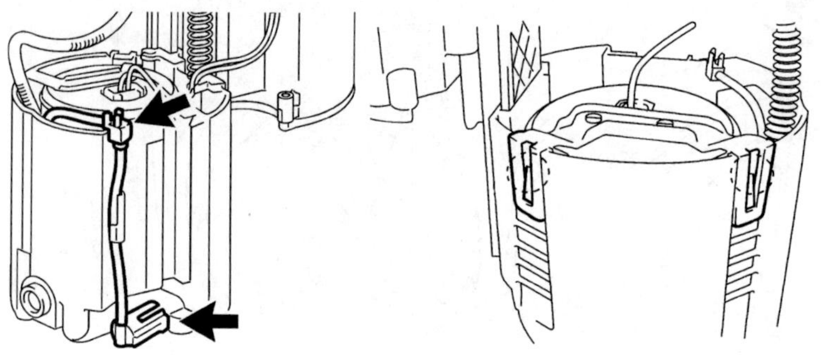

图 10-24　燃油滤清器拆卸(11)

图 10-25　燃油滤清器拆卸(12)

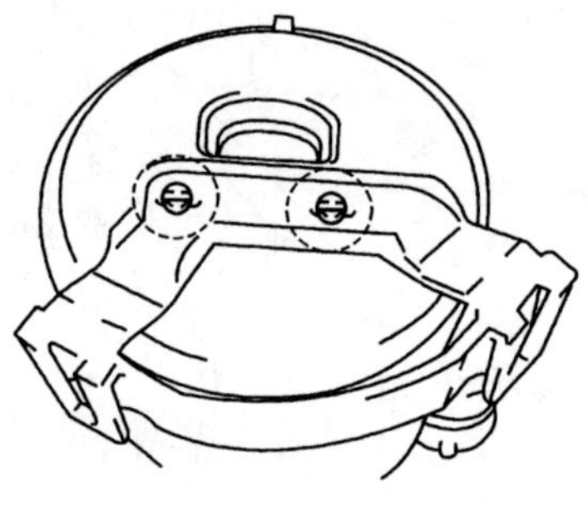

图 10-26　燃油滤清器拆卸(13)

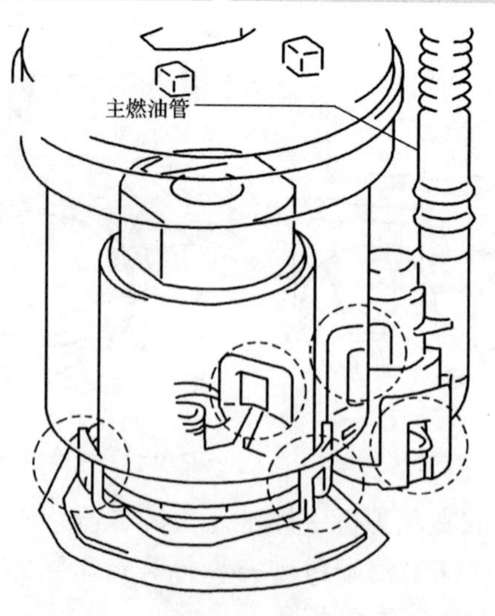

图 10-27　燃油滤清器拆卸(14)

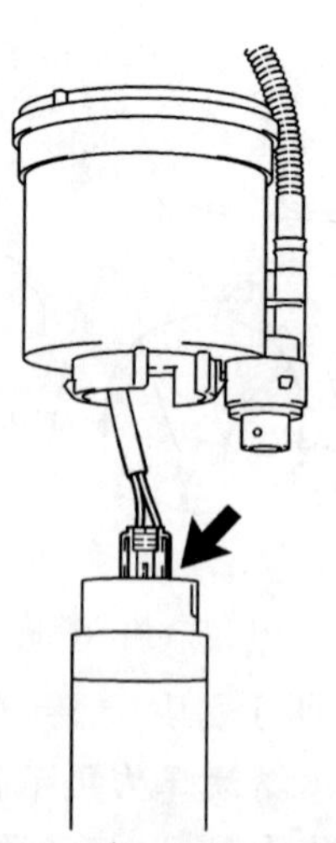

图 10-28　燃油滤清器拆卸(15)

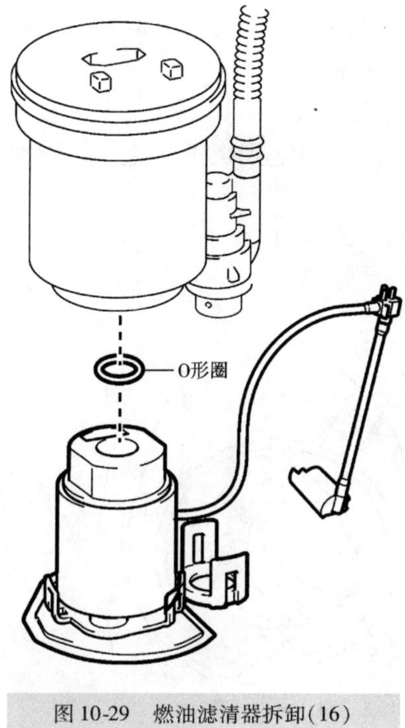

图 10-29 燃油滤清器拆卸(16)

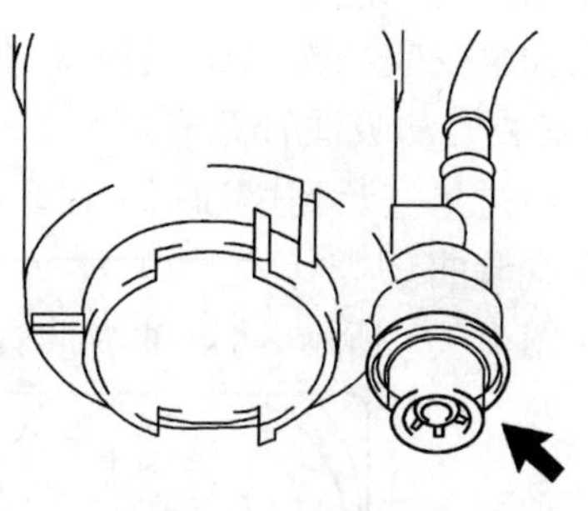

图 10-30 燃油滤清器拆卸(17)

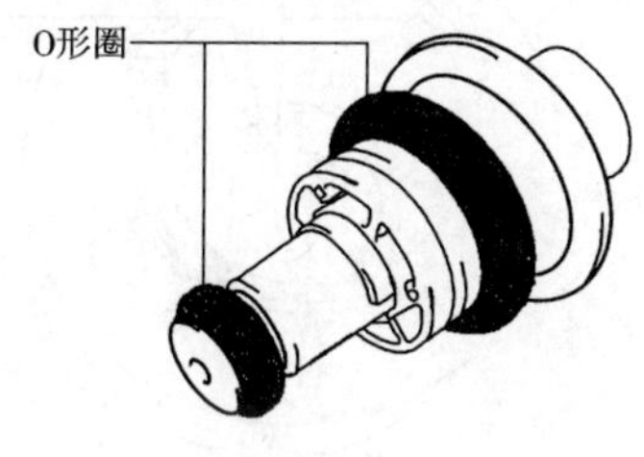

图 10-31 燃油滤清器拆卸(18)

2 燃油滤清器安装

(1)安装燃油压力调节器总成。

①在 2 个新 O 形圈上涂抹汽油,然后将它们安装到燃油压力调节器总成上,如图 10-31 所示。

②安装燃油压力调节器总成。

(2)安装燃油泵。

①如图 10-32 所示,在新 O 形圈上涂抹汽油,然后将其安装到燃油滤清器上。不要拆解燃油泵和吸油滤清器,因为它们是不可重复使用零件。

②连接燃油泵线束,如图 10-28 所示。

③接合 5 个燃油泵卡爪,如图 10-27 所示。

④接合 1 号吸油管支架的 2 个卡爪,如图 10-26 所示。

⑤接合吸油管支架的 2 个卡爪,并将燃油滤清器和燃油泵安装到副燃油箱上,如图 10-25 所示。

⑥将燃油泵滤清器软管槽对准副燃油箱的切口并安装软管,如图 10-24 所示。

⑦连接燃油泵线束插接器,连接 2 个线束卡夹,如图 10-23 所示。

(3)燃油表传感器的安装。

①安装燃油表传感器总成,如图 10-22 所示。向下滑动以安装燃油表传感器总成;连接 3 个线束卡夹;安装线束保护装置;连接燃油表传感器。

②检查燃油泵仪表挡圈的配合。在燃油吸油管总成断开时,将燃油泵仪表挡圈手动安

装至燃油箱。如果能用手转动燃油泵仪表挡圈180°或更多,可重复使用挡圈。如果不能用手转动燃油泵仪表挡圈180°或更多,使用新燃油泵仪表挡圈零件。

(4)安装燃油吸油管总成。

①将新衬垫安装到燃油箱上(图10-21),将燃油吸油管固定到燃油箱上,确保燃油表传感器臂没有弯曲。

②如图10-33所示,将燃油吸油管凸出部分对准燃油箱槽口。

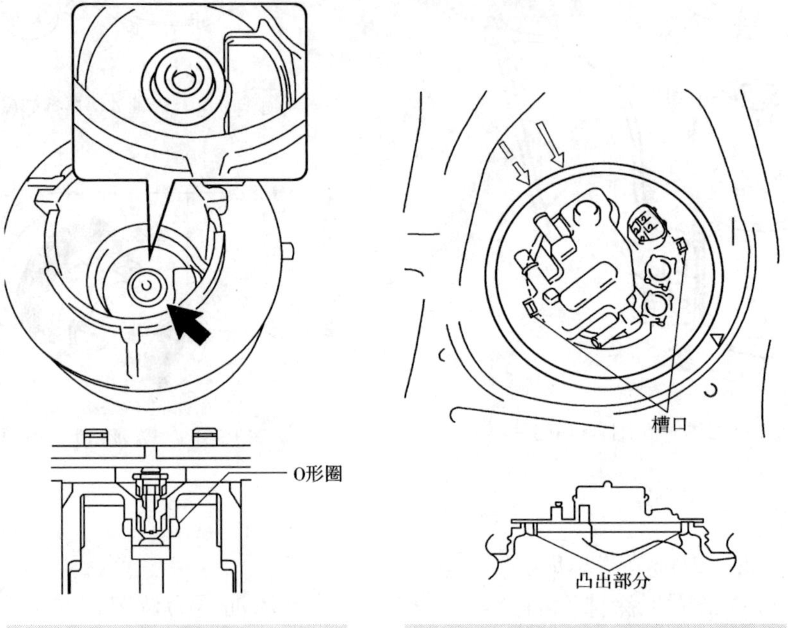

图10-32　燃油滤清器安装(1)　　图10-33　燃油滤清器安装(2)

③如图10-34所示,用手固定燃油吸油管总成以防止其倾斜,将燃油泵挡圈和燃油箱上的开始标记对准,并用手拧紧燃油泵挡圈。

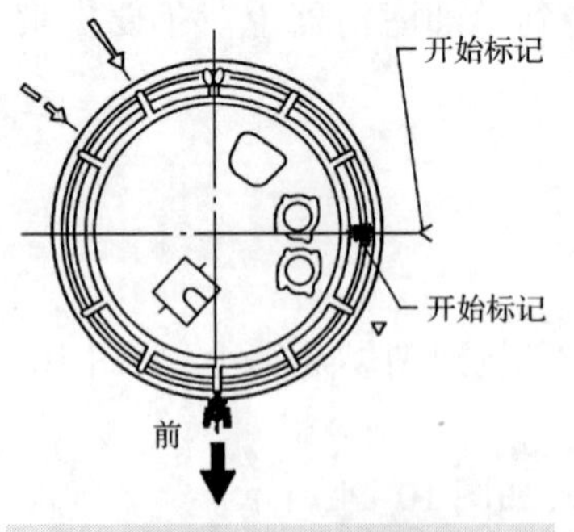

图10-34　燃油滤清器安装(3)

④如图10-35所示,用6mm六角套筒扳手,将SST安装到燃油泵挡圈上。从燃油箱上的开始标记紧固燃油泵挡圈约450°,使挡圈上的开始标记落在图10-35所示的范围内。

(5)连接燃油箱2号蒸发管,如图10-19所示。

(6)连接1号炭罐出口软管,如图10-18所示。

(7)连接1号燃油蒸发管分总成,如图10-17所示。

(8)连接燃油箱主管分总成,如图10-16所示。将燃油管接头推入燃油吸油盘的螺塞里,然后安装油管接头卡子,连接燃油泵线束插接器。

(9)将电缆连接到蓄电池负极端子上。

(10)检查燃油是否泄漏。

(11)安装后地板检修孔盖,如图10-15所示。

(12)安装后排座椅坐垫总成。

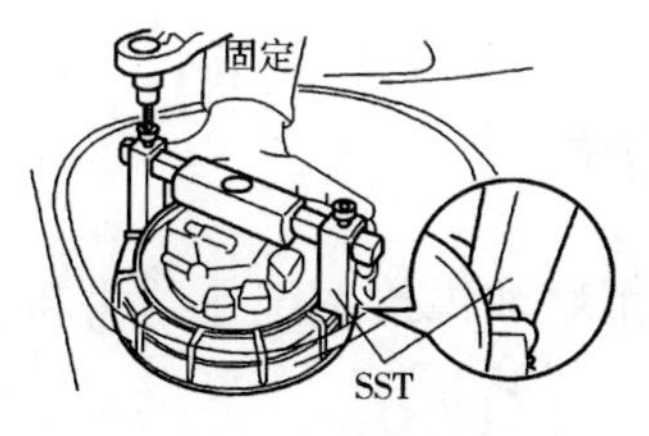

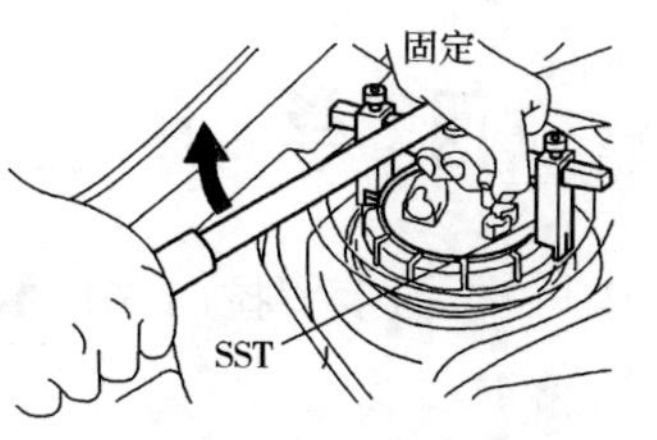

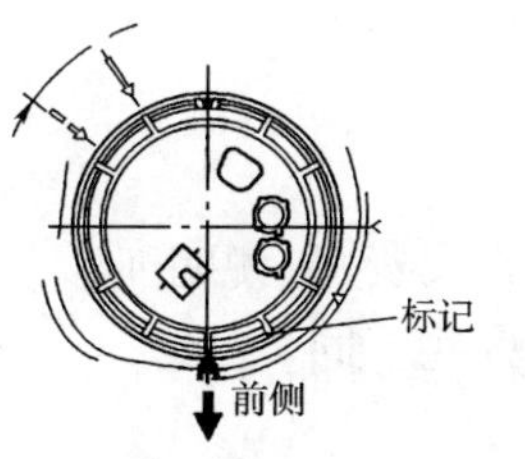

图 10-35　燃油滤清器安装(4)

三、评价与反馈

1. 对本学习任务进行评价,见表 10-2。

评　分　表　　表 10-2

考核项目	评分标准	分数	学生自评	小组评价	教师评价	小计
团队合作	是否协调	5				
活动参与	是否积极主动	5				
安全生产	有无安全隐患	10				
现场 5S	是否做到	10				
任务方案	是否正确、合理	15				
操作过程	检查燃油系统是否泄漏; 释放燃油压力; 更换燃油滤清器	30				
任务完成情况	是否圆满完成	5				
工具和设备使用	是否规范、标准	10				
劳动纪律	是否能严格遵守	5				
工单填写	是否完整、规范	5				
总分		100				
教师签名:			年　月　日		得分	

2. 在实施作业时每一个安全事项都注意到了吗?如果没有,找出忽略的地方和原因。

3. 能否向车主解释更换燃油滤清器的过程?如果不能,分析原因并提出改进措施。

四、学 习 拓 展

1. 查阅资料，说明凯越(1.6L)轿车与卡罗拉(1.6L)轿车燃油供给系统在结构和布置形式上有哪些不同。

2. 查阅资料，说明如何检查燃油供给系统的供油压力。

学习任务十一 Task 11

发动机总成的更换

学习目标

完成本学习任务后,你应当能:

1. 叙述发动机变更的相关规定;
2. 明确发动机更换的原因;
3. 正确地使用工具和设备;
4. 规范地更换发动机;
5. 规范地检查更换后的发动机工作性能。

建议完成本学习任务的时间为10课时。

学习任务描述

一辆卡罗拉(1.6L)轿车,发生严重碰撞事故,到维修站维修。经检查,发动机已严重损坏,无修复价值,要求维修人员按"相关要求"更换发动机总成。

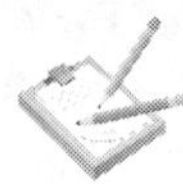

学习内容

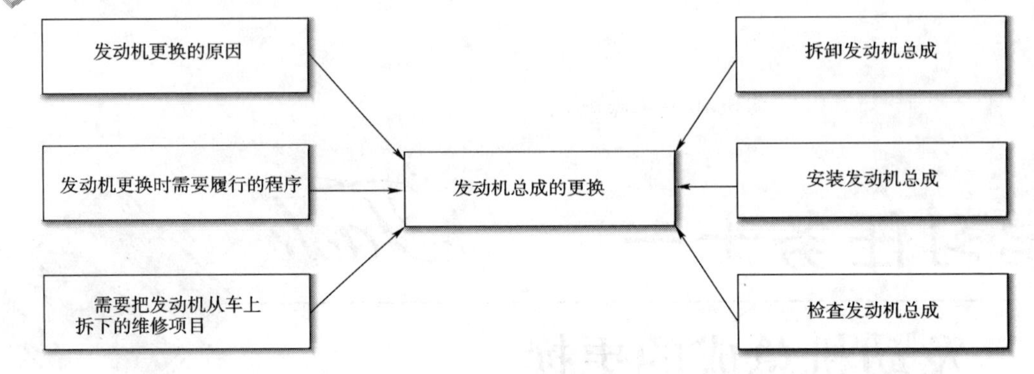

一、资料收集

引导问题1　发动机更换的原因有哪些?

一般情况下,发动机出现故障时,只需对出现故障的总成进行维修或更换,无需整体更换发动机,但出现以下情况,需要整体更换发动机。

(1)发生严重的碰撞事故,发动机严重受损,无法修复。

(2)发动机发生水损,造成汽缸体严重受损,无法修复。

(3)由于润滑系统出现故障,导致发动机汽缸、活塞和曲轴等零件严重受损,无法修复。

(4)发动机修复成本太高,无修复价值。

引导问题2　更换发动机总成需要办理哪些手续?

1 变更登记所需资料

(1)《机动车变更登记申请表》;

(2)机动车所有人的身份证及复印件;

(3)机动车登记证书;

(4)行驶证;

(5)提交变更发动机来历凭证复印件;

(6)机动车安全技术检验合格证明。

2 发动机变更登记流程

(1)流程。登记审核岗—牌证管理岗—档案管理岗。

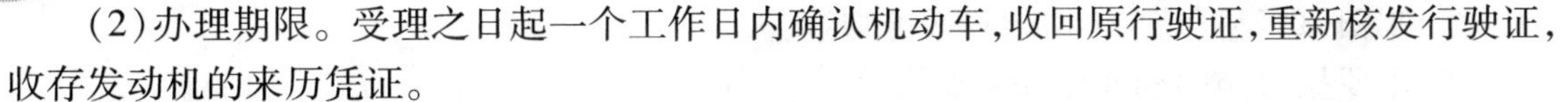

(2)办理期限。受理之日起一个工作日内确认机动车,收回原行驶证,重新核发行驶证,收存发动机的来历凭证。

3 变更登记有关规定

(1)不得同时更换发动机和车架总成。

(2)办理机动车变更登记业务(更换总成、改装)经省级车辆管理部门批准。

引导问题3 除更换发动机外还有哪些维修项目需要拆下发动机?

除了更换发动机需要将发动机从车上拆下来外,一般的维修项目不需要将发动机从车上拆下来。维修时要求能在车上完成的维修工作尽量在车上完成,但有些维修项目需要将发动机从车上拆下来进行。多数发动机的下述维修项目需要将发动机从车上拆下来进行:

(1)需要在发动机附近进行车身焊接作业;

(2)更换发动机支撑;

(3)发动机大修;

(4)拆卸曲柄连杆机构;

(5)维修汽缸体。

引导问题4 发动机大修的送修标志有哪些?

发动机型号不同,要求大修的标志也不同,但当发动机需要大修时,一般都会出现以下现象:

(1)发动机加速性能明显恶化;

(2)燃油和机油消耗明显增加;

(3)发动机出现严重异响;

(4)标定功率或汽缸压缩压力低于标准值25%以上;

(5)汽缸磨损,其圆柱度达到更换的技术要求。

二、实 施 作 业

引导问题5 作业需要哪些工具、设备和材料?

(1)普通工具:组合工具、螺丝刀、钳子、扭力扳手、汽车专用万用表和智能检测仪。

(2)专用工具:SST 09213-58013 曲轴传动带轮固定工具、09330-00021 接合法兰固定工具、SST 09301-00110 离合器导向工具、09051-1C110 塑料锤 420g、"TORX"套筒扳手(E8)。

(3)磁力护裙(图1-15)、转向盘护套、变速杆手柄套、脚垫和座椅套。

(4)举升机、卡罗拉(1.6L)轿车(图1-16)。

(5)丰田原厂黏合剂、丰田超长效冷却液(SLLC)。

(6)卡罗拉(1.6L)轿车维修手册。

引导问题6　作业前的准备工作有哪些?

(1)汽车进入工位前,将工位清理干净,准备好相关的器材。

(2)将汽车停驻在举升机中央位置。

(3)拉紧驻车制动器操纵杆,并将变速杆置于空挡或驻车挡(P位)位置,如图1-17所示。

(4)套上转向盘护套、变速杆手柄套和座椅套,铺设脚垫,如图1-18所示。

(5)在车内拉动发动机罩手柄,在车外打开并支撑发动机罩,如图1-19所示。

(6)粘贴翼子板和前格栅磁力护裙,如图1-20所示。

引导问题7　如何更换发动机?

本任务以卡罗拉(1.6L)轿车发动机总成的维修为例进行说明。

拆装发动机总成相关部件分解图如图11-1～图11-7所示。

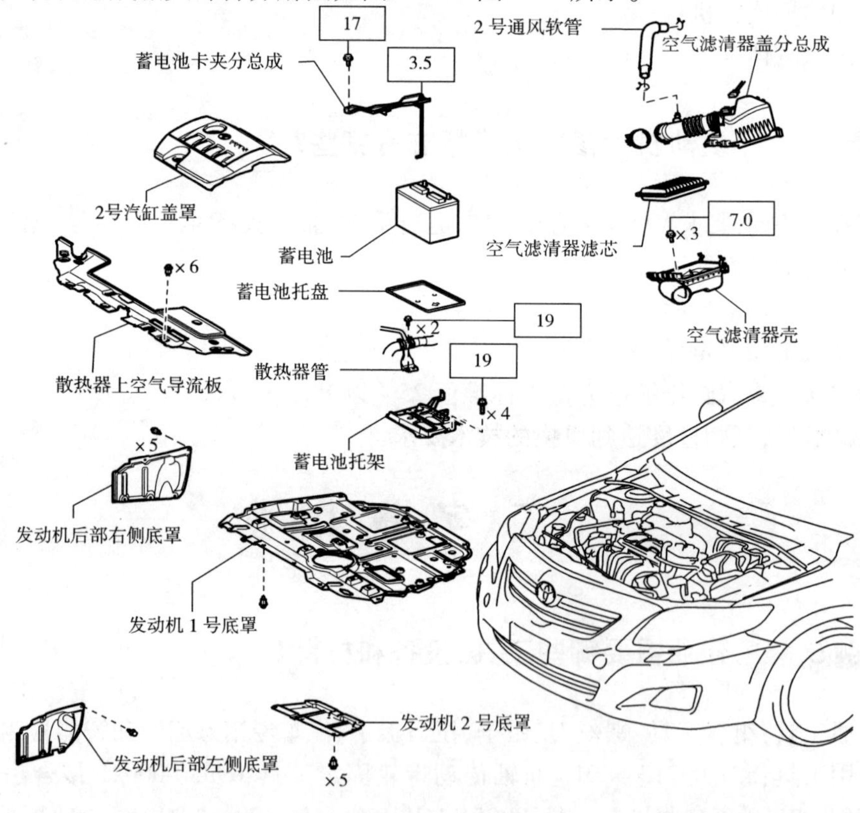

图11-1　拆装发动机总成相关部件分解图(1)

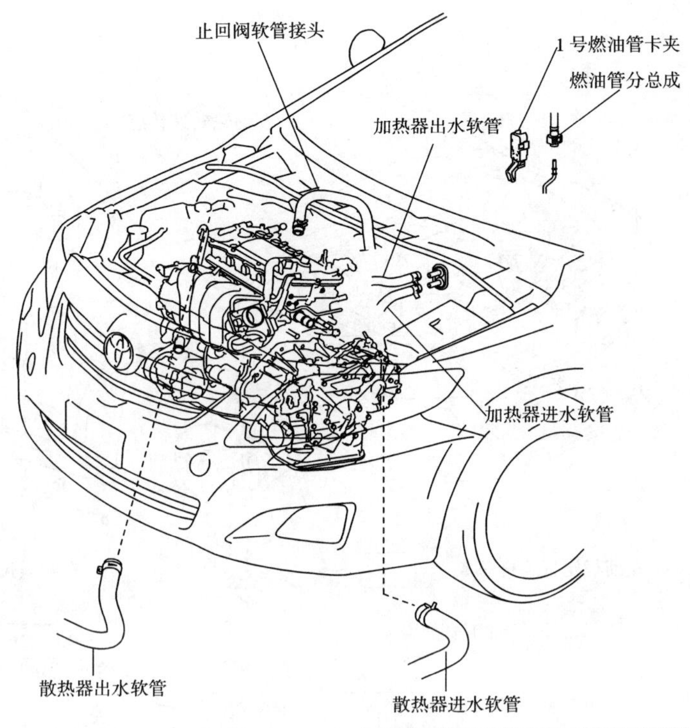

图 11-2　拆装发动机总成相关部件分解图(2)

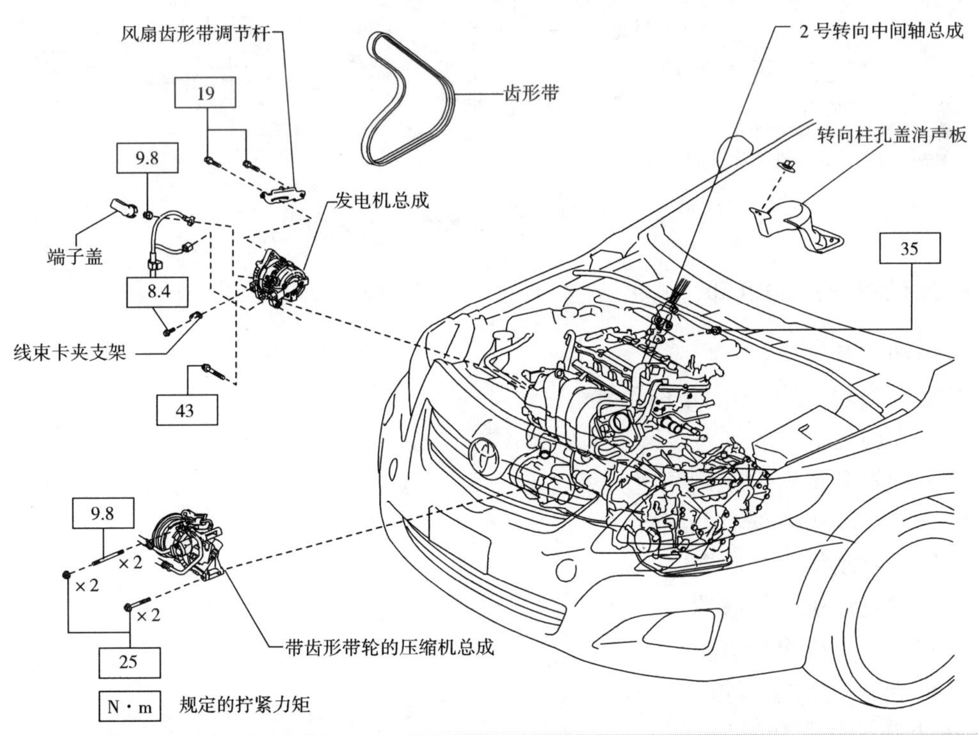

图 11-3　拆装发动机总成相关部件分解图(3)

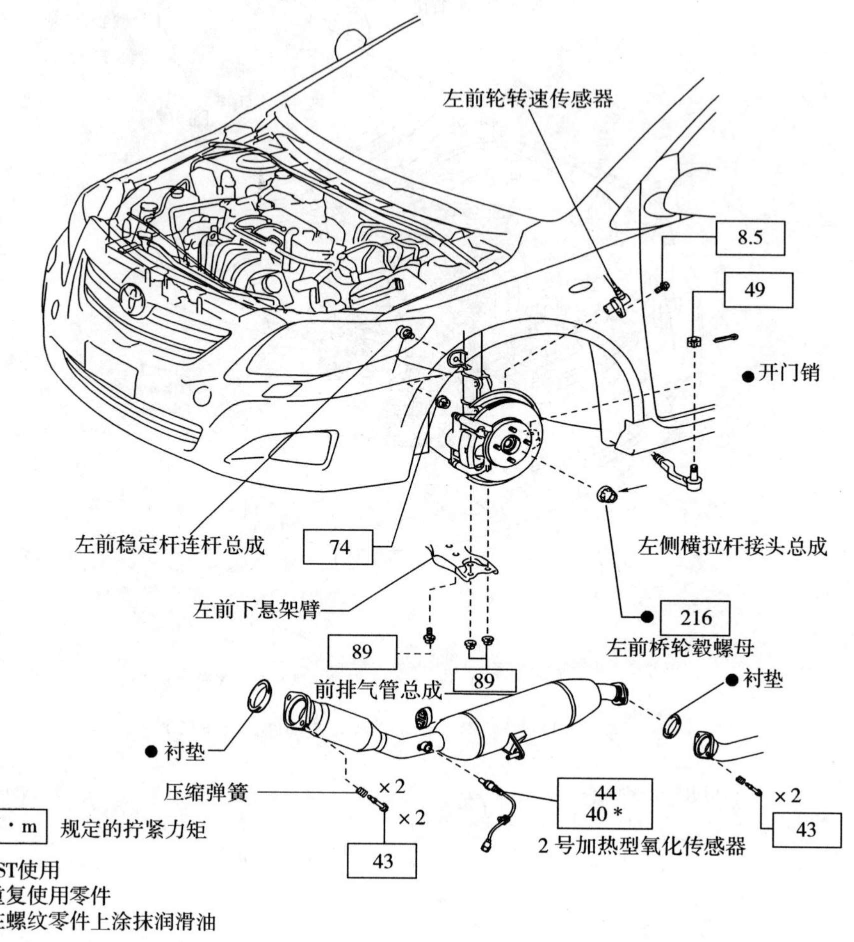

图 11-4　拆装发动机总成相关部件分解图(4)

1 发动机总成的拆卸

(1)燃油系统卸压。

(2)定位前轮,使其面向正前位置。

(3)拆卸前轮。

(4)拆卸发动机后部左侧底罩。

(5)拆卸发动机后部右侧底罩。

(6)拆卸发动机 1 号底罩。

(7)拆卸发动机 2 号底罩。

(8)排空发动机冷却液。

(9)排空手动变速器油。

①拆下注油螺塞和衬垫。

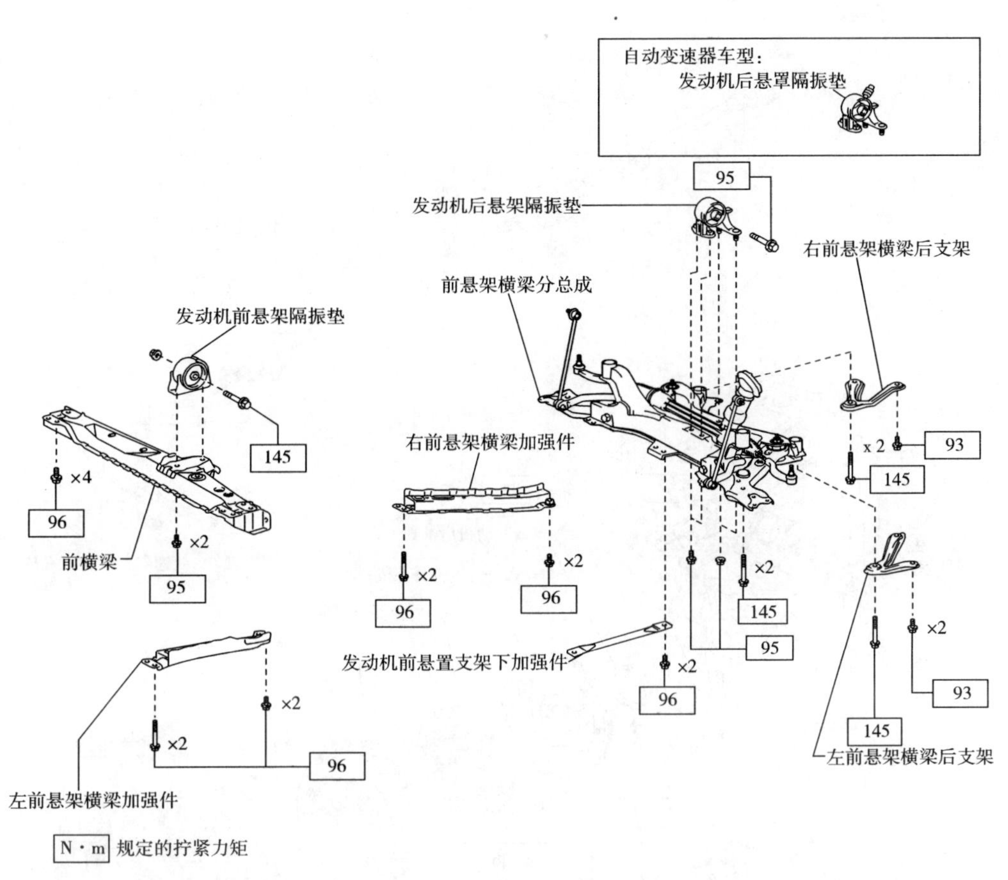

图 11-5 拆装发动机总成相关部件分解图(5)

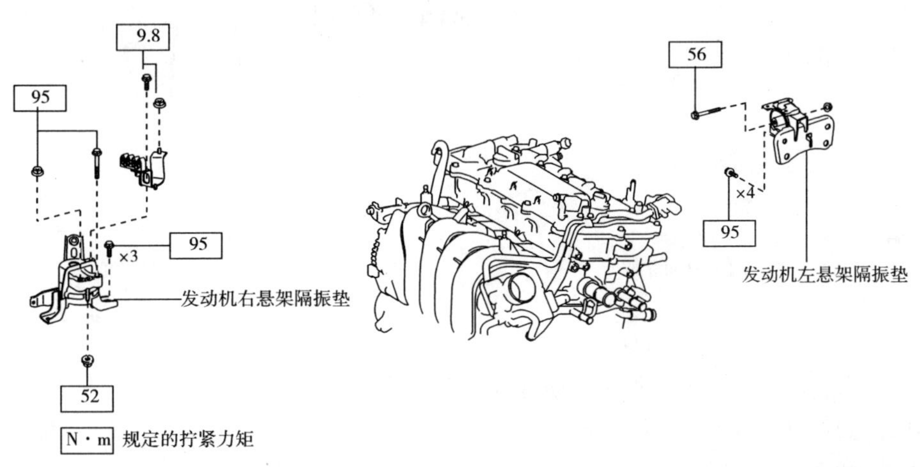

图 11-6 拆装发动机总成相关部件分解图(6)

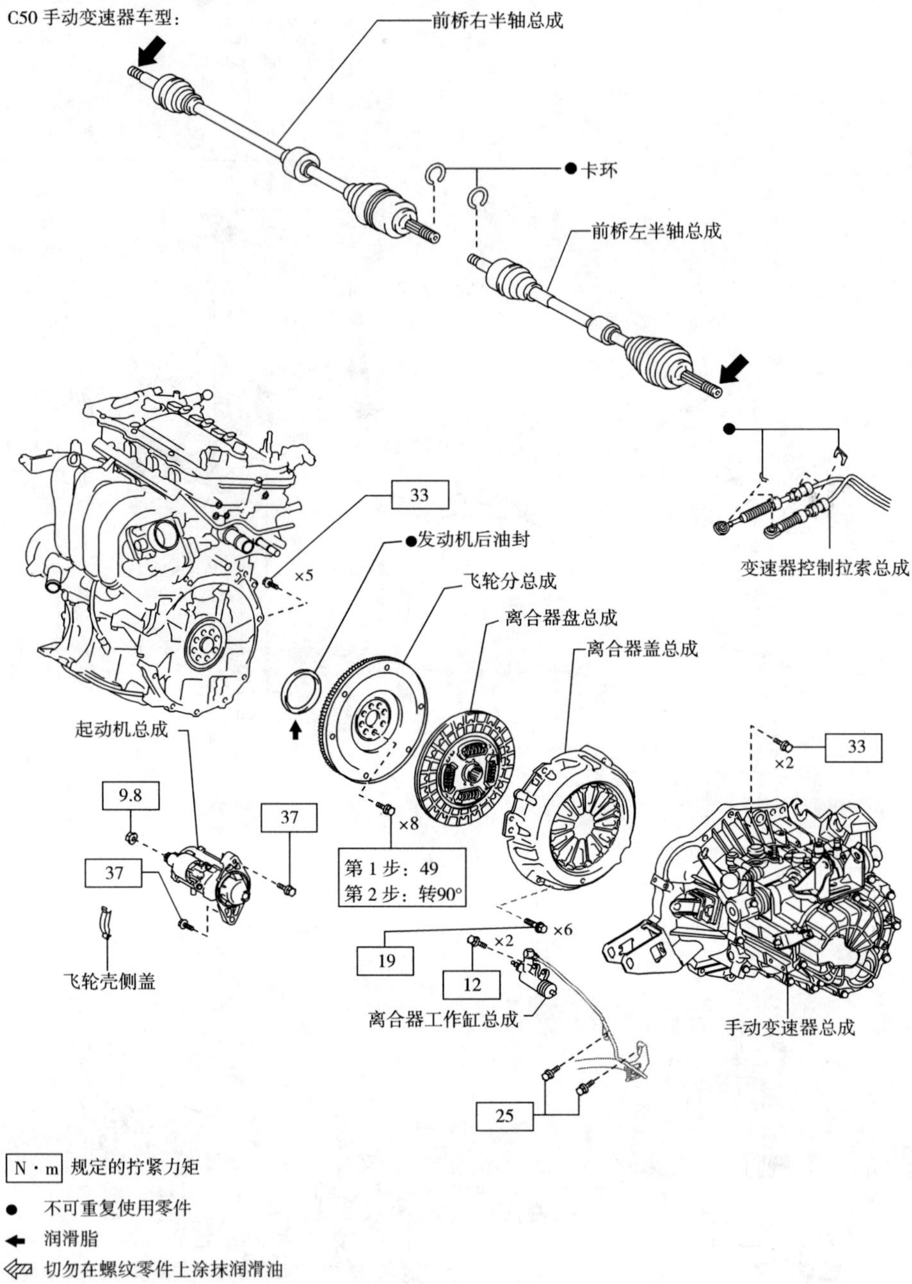

C50 手动变速器车型：

前桥右半轴总成

●卡环

前桥左半轴总成

变速器控制拉索总成

33

×5

●发动机后油封

飞轮分总成

离合器盘总成

离合器盖总成

起动机总成

33

×2

9.8

37

37

×8

第 1 步：49
第 2 步：转90°

×6

19

×2

12

离合器工作缸总成

飞轮壳侧盖

手动变速器总成

25

N·m 规定的拧紧力矩

● 不可重复使用零件

← 润滑脂

切勿在螺纹零件上涂抹润滑油

图 11-7　拆装发动机总成相关部件分解图(7)

②拆下放油螺塞和衬垫，排净手动变速器油。

(10)拆卸散热器上空气导流板。

(11)拆卸 2 号汽缸盖罩。

(12)拆卸空气滤清器盖分总成。

(13)拆卸空气滤清器壳。

①将空气滤清器滤芯从空气滤清器上分离。

②如图 11-8 所示,从空气滤清器壳上拆下 3 个螺栓。

(14)拆卸蓄电池。断开蓄电池端子,拆下螺栓并松开螺母,拆下蓄电池。

注意:断开电缆时,重新连接电缆后需要对某些系统进行初始化。

(15)拆卸蓄电池托架。

①如图 11-9 所示,从蓄电池托架上分离 2 个线束卡夹。

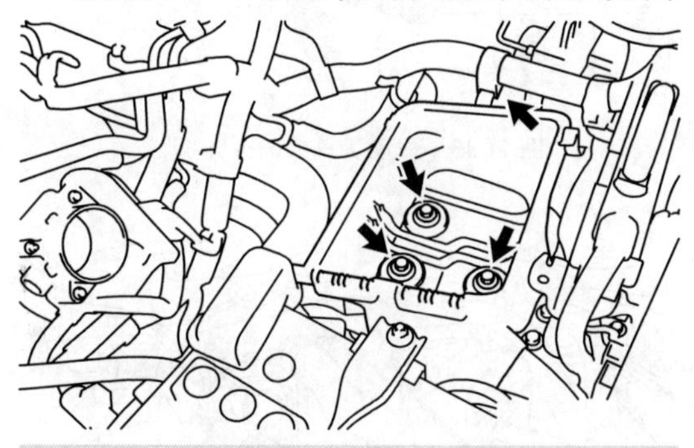

图 11-8 发动机总成的拆卸(1)

图 11-9 发动机总成的拆卸(2)

②如图 11-10 所示,拆下 2 个螺栓。

③从蓄电池托架上分离散热器管。

④拆下 4 个螺栓和蓄电池托架。

(16)分离散热器进水软管。如图 11-11 所示,将散热器进水软管从汽缸盖上分离。

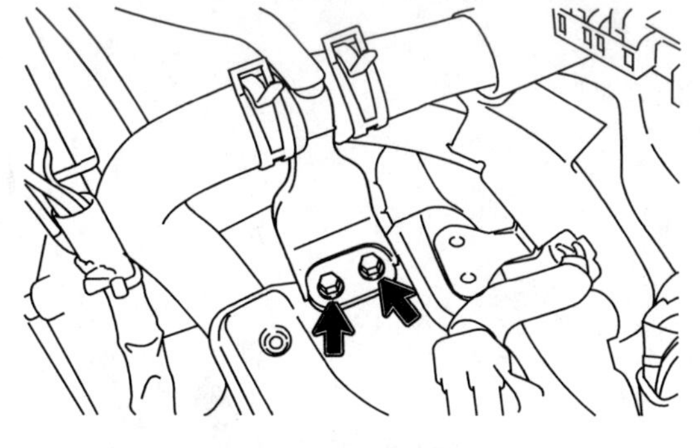

图 11-10 发动机总成的拆卸(3)

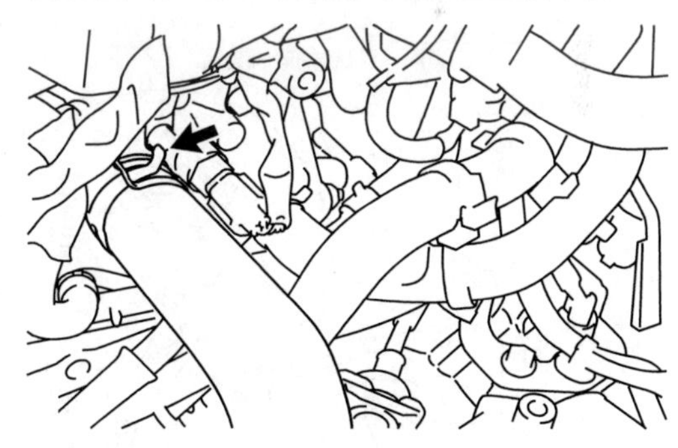

图 11-11 发动机总成的拆卸(4)

(17)分离散热器出水软管。如图 11-12 所示,将散热器出水软管从进水软管上分离。

(18)断开变速器控制拉索总成。如图 11-13 所示,拆下 2 个卡子,并从手动变速器上断开 2 条拉索。拆下 2 个卡子,并从控制拉索支架上断开 2 条拉索。

(19)断开加热器出水软管。如图 11-14 所示,从加热装置上断开加热器出水软管。

(20)断开加热器进水软管。如图 11-15 所示,从加热装置上断开加热器进水软管。

(21)断开燃油管分总成。

①如图 11-16 所示,松开卡爪并拆下 1 号燃油管卡夹。

②如图 11-17 所示，捏住挡片，然后将燃油管连接器从燃油管上拉出。

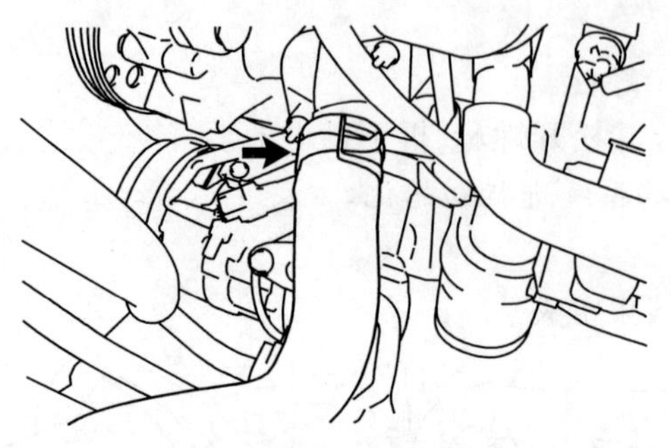

图 11-12　发动机总成的拆卸(5)

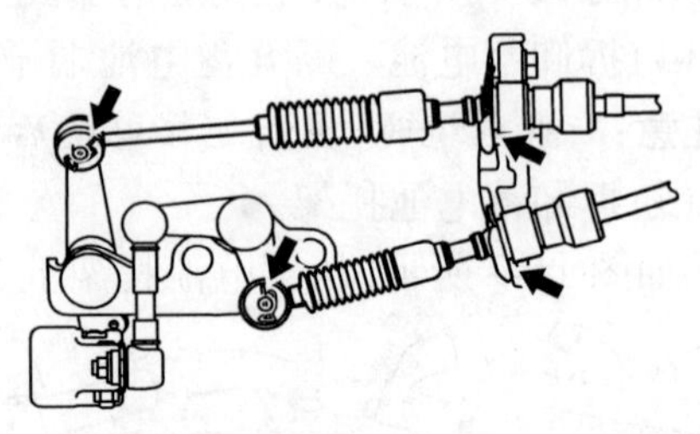

图 11-13　发动机总成的拆卸(6)

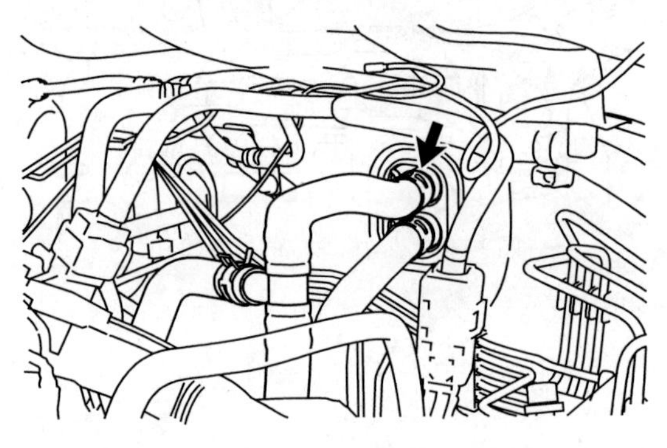

图 11-14　发动机总成的拆卸(7)

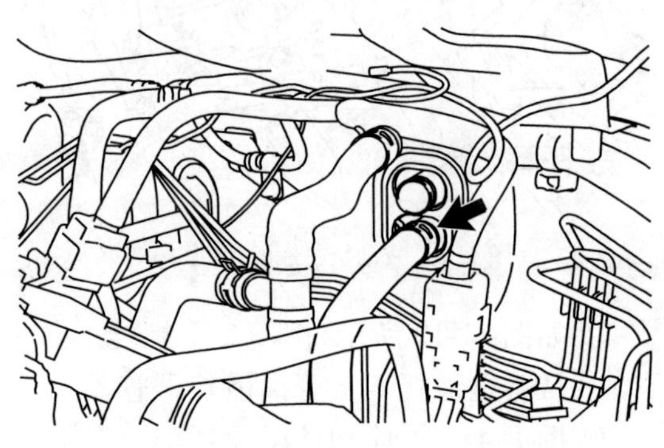

图 11-15　发动机总成的拆卸(8)

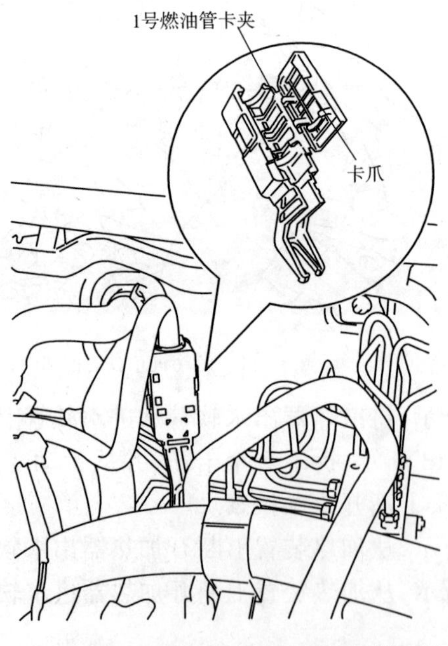

图 11-16　发动机总成的拆卸(9)

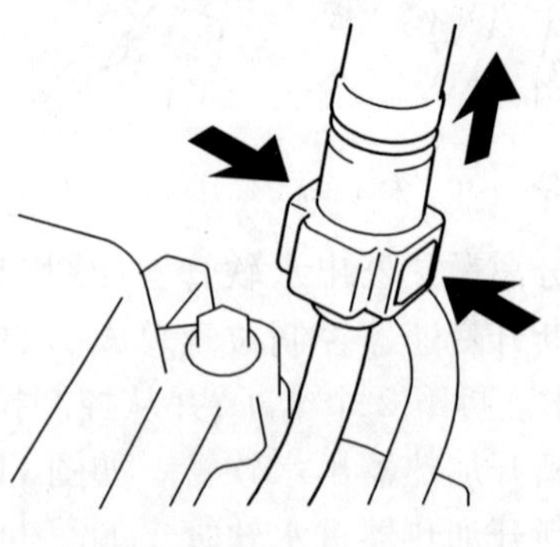

图 11-17　发动机总成的拆卸(10)

注意：进行操作前，清除燃油管连接器上的污垢和异物。由于燃油管连接器有用以密封油管的 O 形圈，所以在断开时不要刮伤零件或让任何异物进入。用手进行该操作，不要使用任何工具，不要用力使尼龙管弯曲、打结或扭曲。断开燃油管后，用塑料袋盖上断开连接的零件以对其进行保护。如果燃油管连接器和油管粘在一起，推拉使其松开。

(22)拆卸传动带（参见“学习任务一”）。

(23)拆卸发电机总成。

①如图 11-18 所示，拆下端子盖，拆下螺母并将线束从端子 B 上断开，断开插接器和线束卡夹。

②如图 11-19 所示，拆下 2 个螺栓和发电机总成。

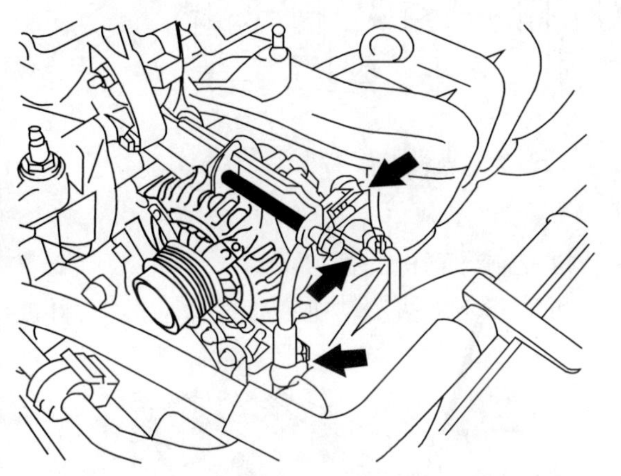

图 11-18　发动机总成的拆卸(11)

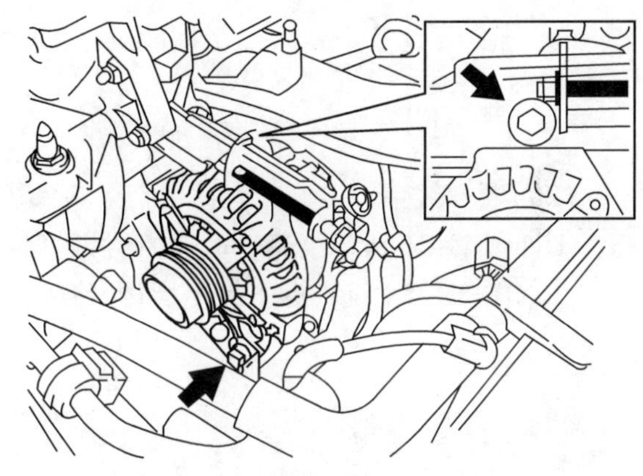

图 11-19　发动机总成的拆卸(12)

③如图 11-20 所示，拆下螺栓和线束卡夹支架。

(24)分离带齿形带轮的压缩机总成。

①断开插接器。

②如图 11-21 所示，拆下 2 个螺栓和 2 个螺母。

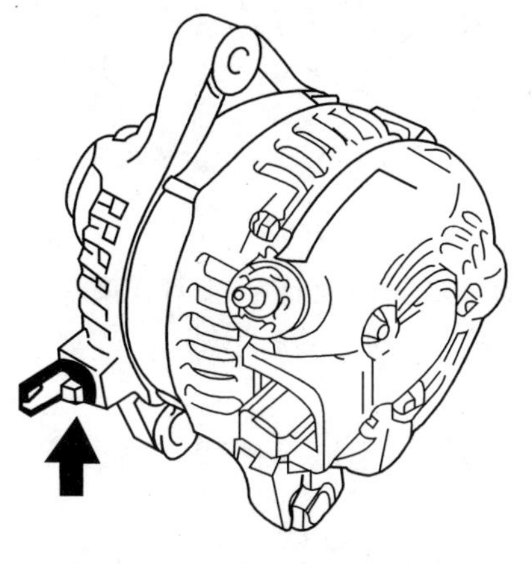

图 11-20　发动机总成的拆卸(13)

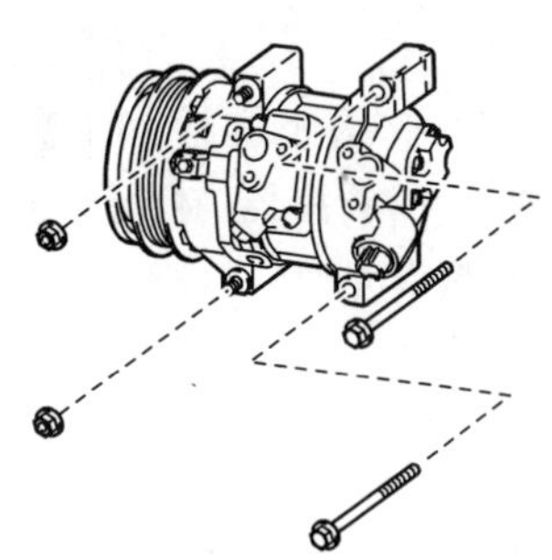

图 11-21　发动机总成的拆卸(14)

③如图 11-22 所示，用“TORX”套筒扳手（E8）拆下 2 个双头螺柱和带齿形带轮的压缩机总成。

注意：将压缩机和软管移至一旁，以避免空调系统排放。

（25）分离离合器工作缸总成。如图 11-23 所示，拆下 5 个螺栓和离合器管支架，并分离离合器工作缸总成。

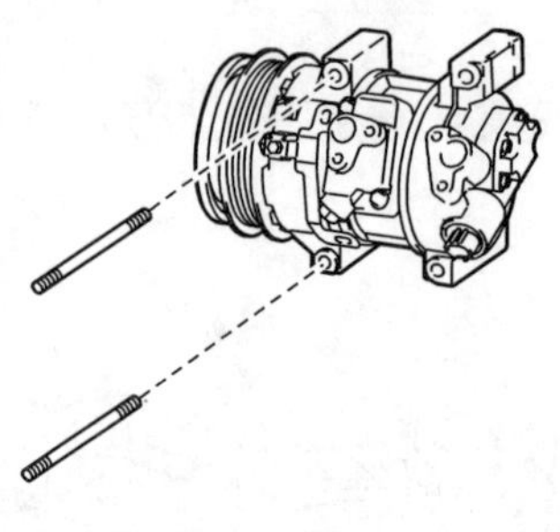

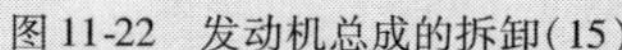

图 11-22　发动机总成的拆卸（15）

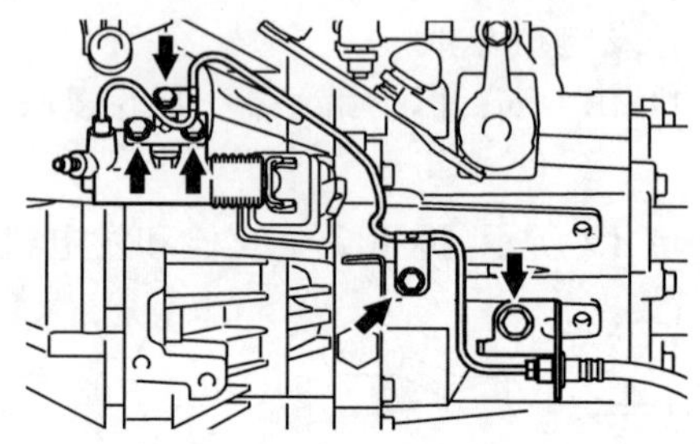

图 11-23　发动机总成的拆卸（16）

（26）断开线束。

①如图 11-24 所示，将杆向上拉，并断开发动机控制计算机的插接器。

②如图 11-25 所示，拆下 2 个螺母，将插接器和 2 个卡夹从发动机室接线盒上拆下，并断开线束。

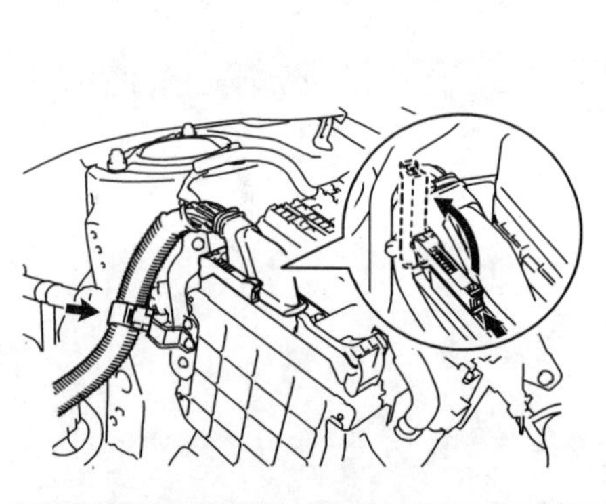

图 11-24　发动机总成的拆卸（17）

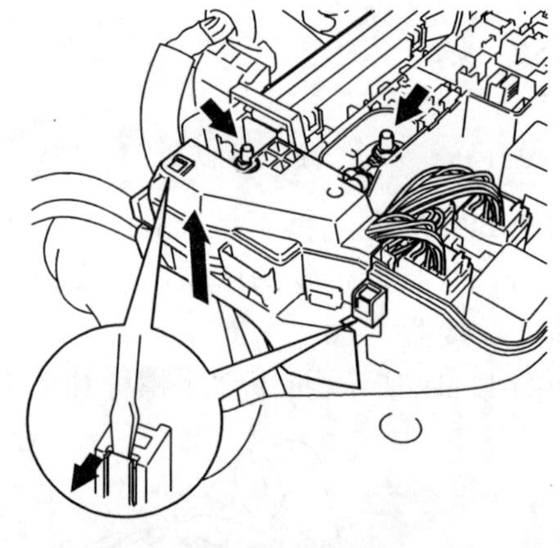

图 11-25　发动机总成的拆卸（18）

③如图 11-26 所示，拆下螺栓和卡夹。

④断开所有线束和插接器，确保车身和发动机之间没有连接任何线束。

（27）固定转向盘。如图 11-27 所示，用座椅安全带固定转向盘以防止转动，该操作有助于防止损坏螺旋电缆。

（28）拆卸转向柱孔盖消声板。如图 11-28 所示，掀起地毯，拆下 2 个卡子和转向柱孔盖消声板。

（29）分离 2 号转向中间轴总成。

①如图 11-29 所示，拆下螺栓。

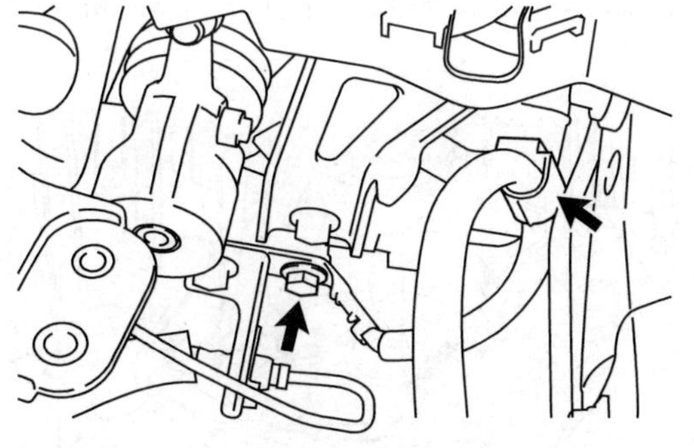

图 11-26　发动机总成的拆卸(19)

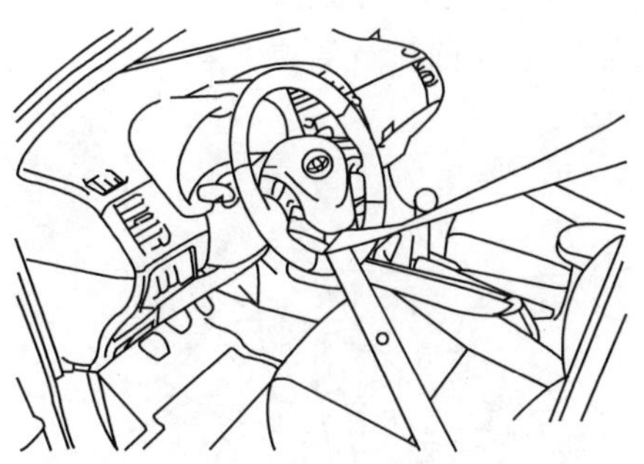

图 11-27　发动机总成的拆卸(20)

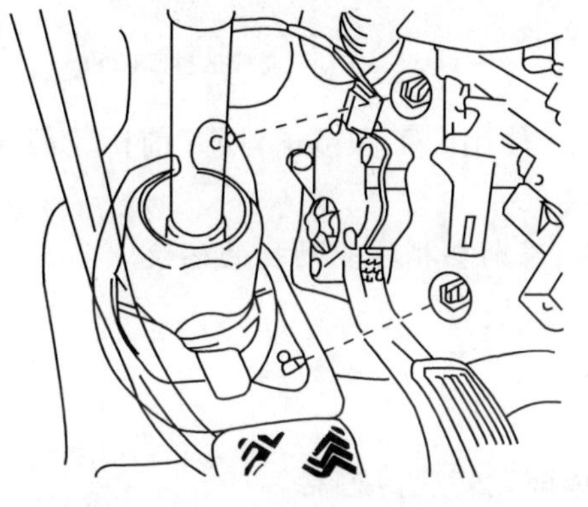

图 11-28　发动机总成的拆卸(21)

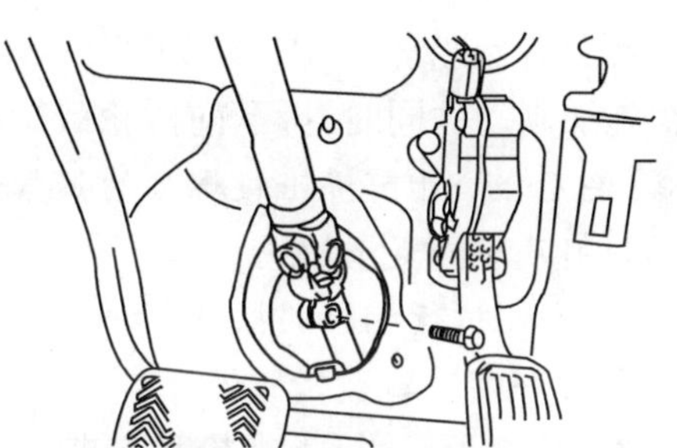

图 11-29　发动机总成的拆卸(22)

②如图 11-30 所示，在 2 号转向中间轴总成和转向中间轴上做装配标记，将 2 号转向中间轴总成从转向中间轴上分离。

(30)断开 1 号转向柱孔盖分总成。如图 11-31 所示，拆下卡子 A 和转向柱 1 号孔盖分总成，并从车身上分离卡子 B。

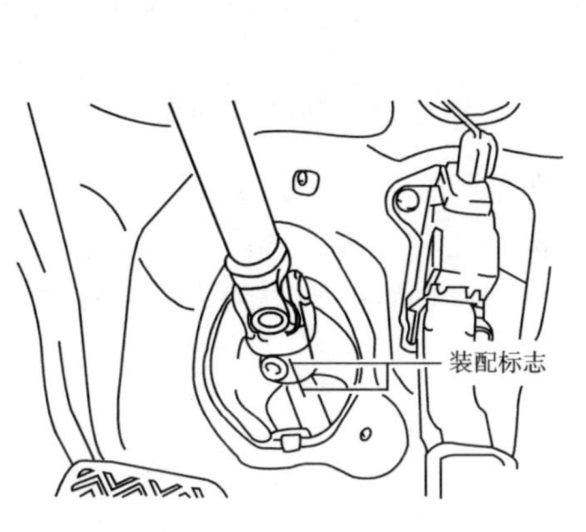

图 11-30　发动机总成的拆卸(23)

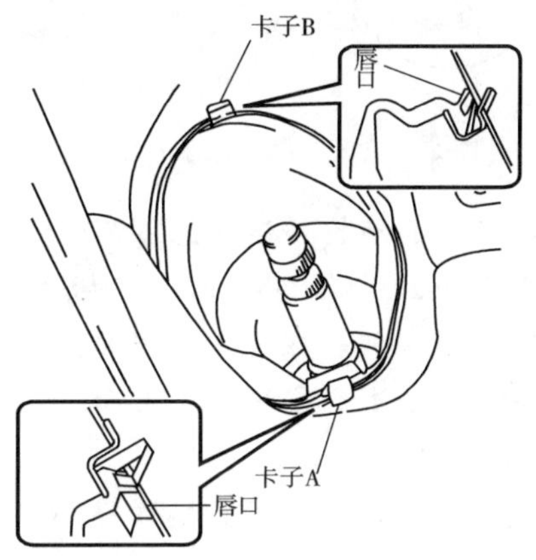

图 11-31　发动机总成的拆卸(24)

(31)断开 2 号加热型氧传感器，如图 11-32 所示。

(32)拆卸前排气管总成。如图 11-33 所示,拆下 2 个螺栓和 2 个压缩弹簧,拆下排气管支架,然后拆下前排气管总成。

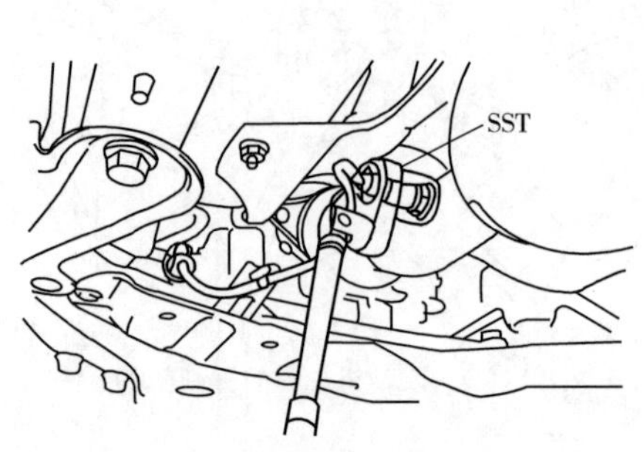

图 11-32　发动机总成的拆卸(25)

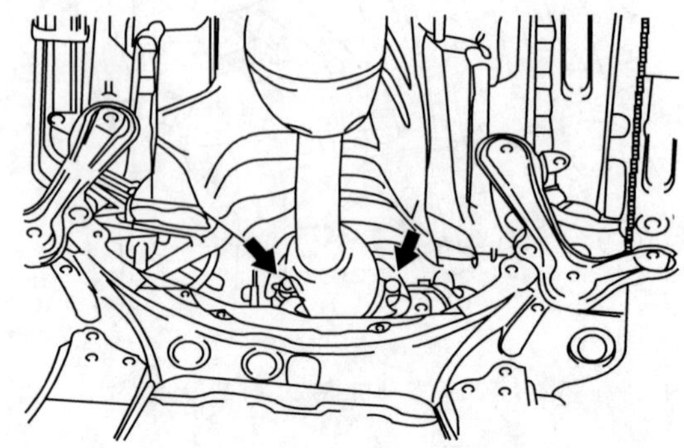

图 11-33　发动机总成的拆卸(26)

(33)拆卸左前桥轮毂螺母。如图 11-34 所示,使用 SST 和锤子,松开前桥轮毂螺母的锁紧部件。施加制动的同时,拆下前桥轮毂螺母。

注意:要完全松开前桥轮毂螺母的锁紧部分,否则会损坏驱动轴的螺纹。

(34)拆卸右前桥轮毂螺母。

注意:与左侧执行相同的操作程序。

(35)断开左前轮转速传感器。

①如图 11-35 所示,拆下螺栓和卡夹,并分离前轮转速传感器。

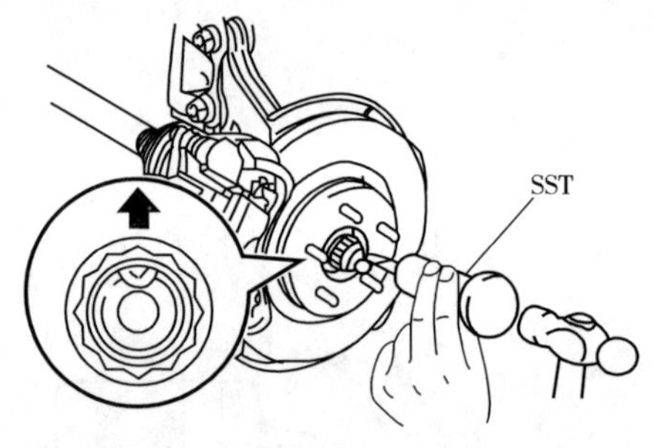

图 11-34　发动机总成的拆卸(27)

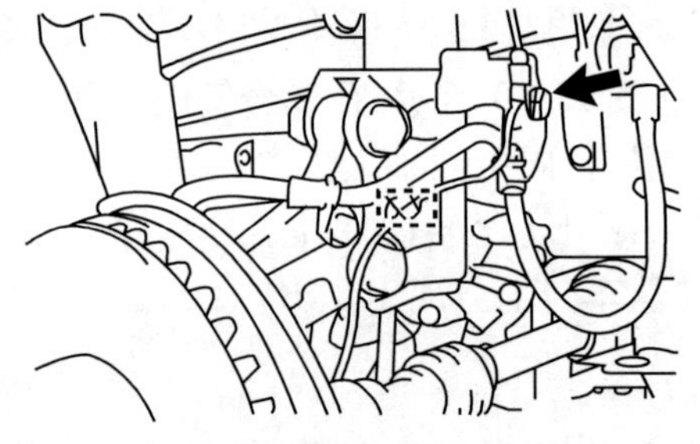

图 11-35　发动机总成的拆卸(28)

注意:确保将前轮转速传感器与带螺旋弹簧的前减振器完全分离。

②如图 11-36 所示,拆下螺栓,从转向节上分离前轮转速传感器。

注意:防止异物粘在传感器端部;小心不要损坏前轮转速传感器;每次拆下转速传感器时,清洁转速传感器的安装孔和表面。

(36)断开右前轮转速传感器。

注意:与左侧执行相同的操作程序。

(37)分离左侧横拉杆接头分总成。

①如图 11-37 所示,拆下开口销和螺母,将 SST 安装至横拉杆接头。

注意:确保横拉杆接头上端与 SST 对准。

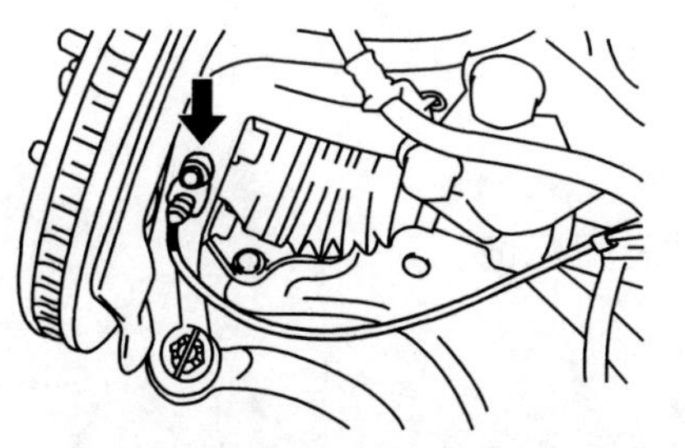
图 11-36 发动机总成的拆卸(29)

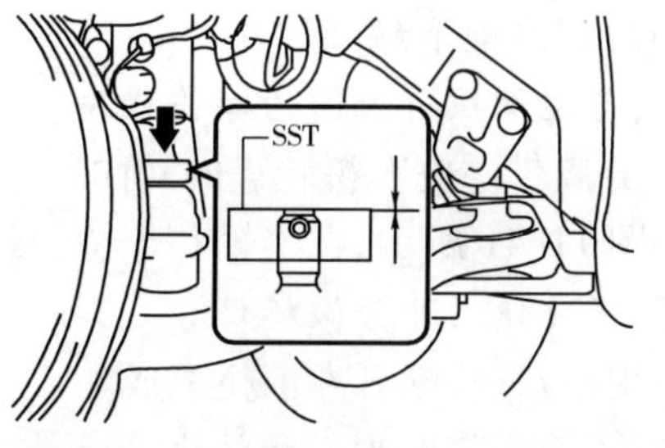

图 11-37 发动机总成的拆卸(30)

②如图 11-38 所示,用 SST 从转向节上分离横拉杆接头。

注意:将 SST 固定在转向节上时,确保要系紧 SST 的线绳,以防其掉落;安装 SST 以使 A 和 B 平行;将扳手放置在零件上,确保如图 11-38 所示;不要损坏前盘式制动器防尘罩、球节防尘罩和转向节。

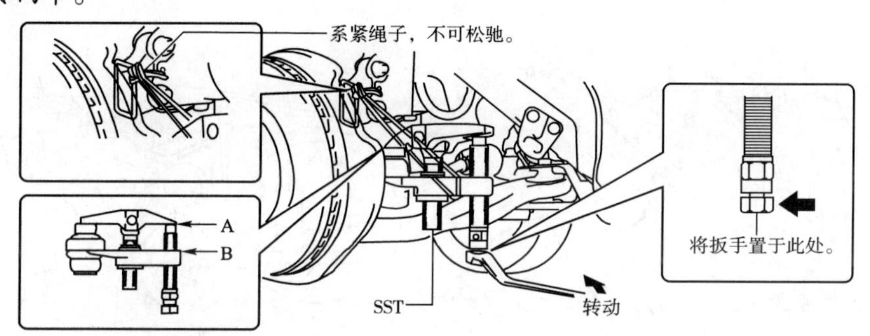

图 11-38 发动机总成的拆卸(31)

(38)分离右侧横拉杆接头分总成。

注意:与左侧执行相同的操作程序。

(39)分离左前稳定杆连杆总成。如图 11-39 所示,从带螺旋弹簧的前减振器上拆下螺母并分离稳定杆连杆总成。如果球节随螺母一起转动,则使用六角扳手固定双头螺柱。

(40)分离右前稳定杆连杆总成。

注意:与左侧执行相同的操作程序。

(41)分离左前下悬架臂。如图 11-40 所示,拆下螺栓和 2 个螺母,从前下球节分离前悬架下臂。

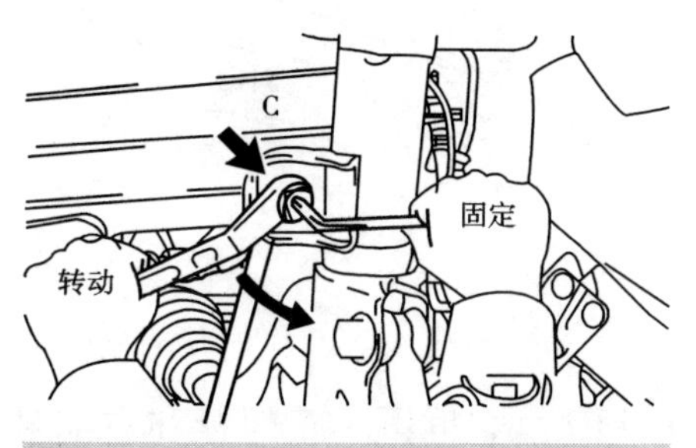

图 11-39 发动机总成的拆卸(32)

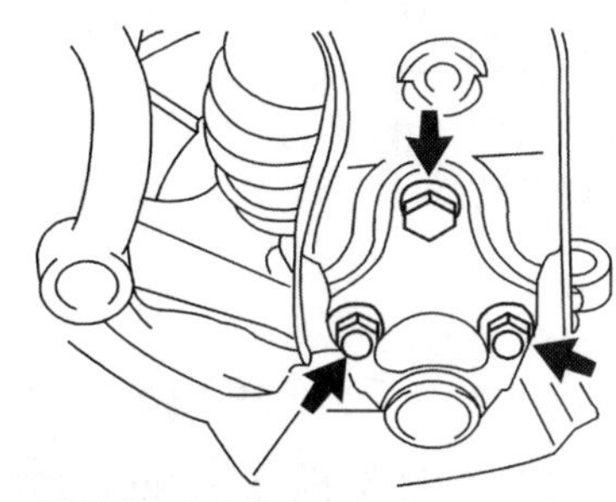
图 11-40 发动机总成的拆卸(33)

(42)分离右前下悬架臂。

注意:与左侧执行相同的操作程序。

(43)分离带左侧车桥轮毂的转向节。

①如图 11-41 所示,在半轴和车桥轮毂上做装配标记。

注意:不要使用冲头做标记。

②使用塑料锤,断开左前桥总成。

注意:不要损坏防尘套和转速传感器转子。不要将半轴从车桥总成上过度推出。

(44)分离带右侧车桥轮毂的转向节。

注意:与左侧执行相同的操作程序。

(45)拆卸前桥左半轴总成。如图 11-42 所示,使用 SST,拆下前桥左半轴。

注意:不要损坏传动桥壳油封、内侧万向节防尘套及驱动轴防尘罩,不要掉落驱动轴。

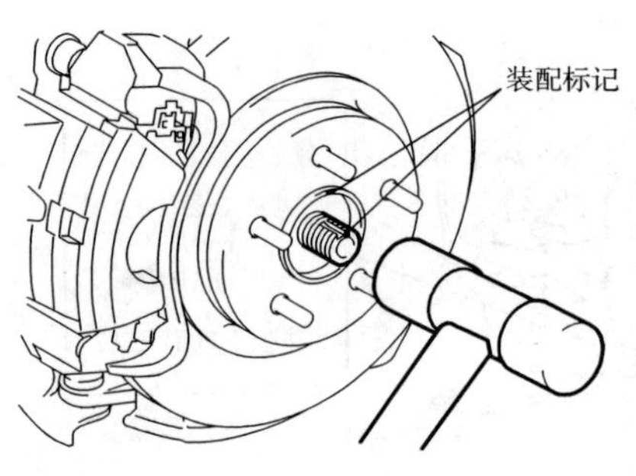

图 11-41　发动机总成的拆卸(34)

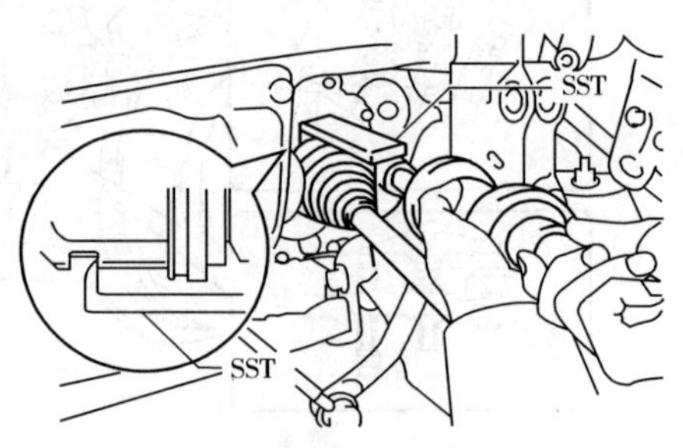

图 11-42　发动机总成的拆卸(35)

(46)拆卸前桥右半轴总成。如图 11-43 所示,用螺丝刀和锤子,拆下前桥右半轴。

注意:不要损坏传动桥壳油封、内侧万向节防尘套及驱动轴防尘罩,小心不要掉落驱动轴。

(47)拆卸左前悬架横梁加强件。如图 11-44 所示,拆下 4 个螺栓和左前悬架横梁加强件。

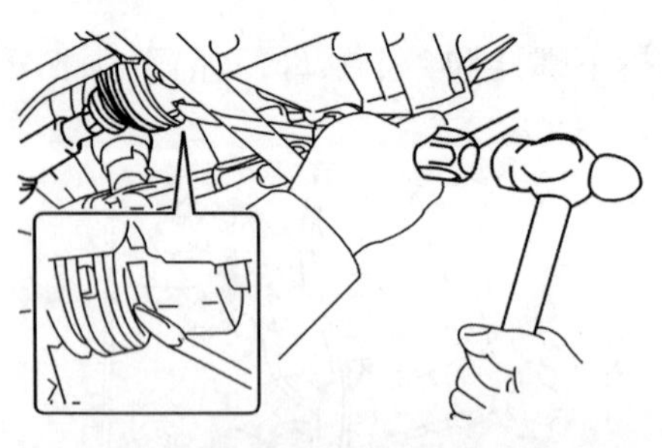

图 11-43　发动机总成的拆卸(36)

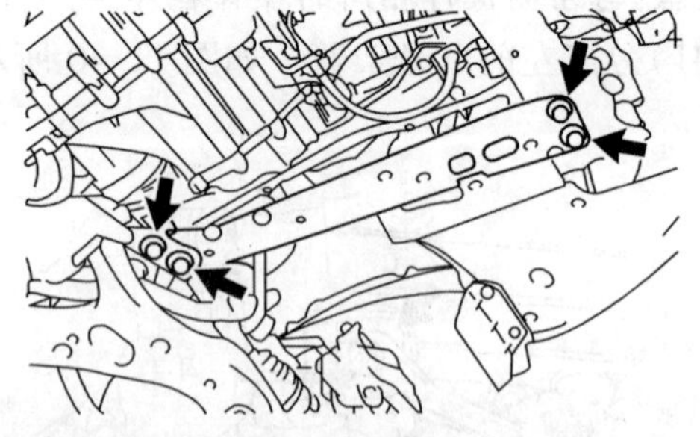

图 11-44　发动机总成的拆卸(37)

(48)拆卸右前悬架横梁加强件。如图 11-45 所示,拆下 4 个螺栓和右前悬架横梁加强件。

(49)拆卸左前悬架横梁后支架。如图 11-46 所示,拆下 3 个螺栓和左前悬架横梁后支架。

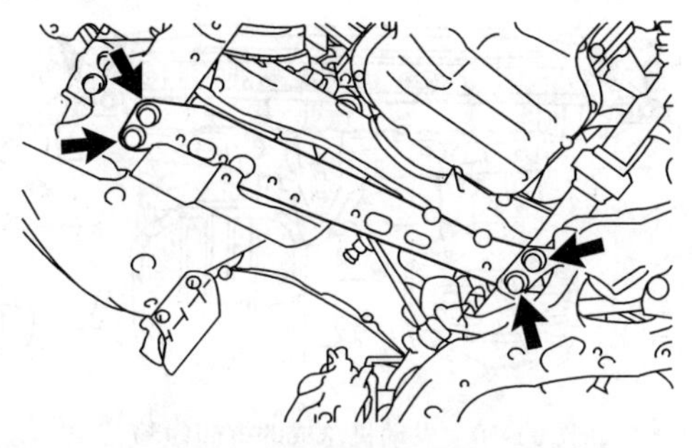

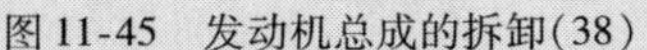
图 11-45　发动机总成的拆卸(38)

图 11-46　发动机总成的拆卸(39)

(50)拆卸右前悬架横梁后支架。

注意:与左侧执行相同的操作程序。

(51)拆卸前悬架横梁分总成。

①如图 11-47 所示,脱开 2 个卡夹和卡爪,并从前悬架横梁分总成上断开氧传感器线束插接器。

②如图 11-48 所示,用变速器千斤顶支撑前悬架横梁,拆下 4 个螺栓、2 个螺母和前悬架横梁分总成。

(52)拆卸前悬架横梁。

①如图 11-49 所示,拆下螺栓和螺母。

②将发动机前悬置隔振垫从发动机前悬置支架上拆下。

③如图 11-50 所示,拆下 4 个螺栓和前悬架横梁。

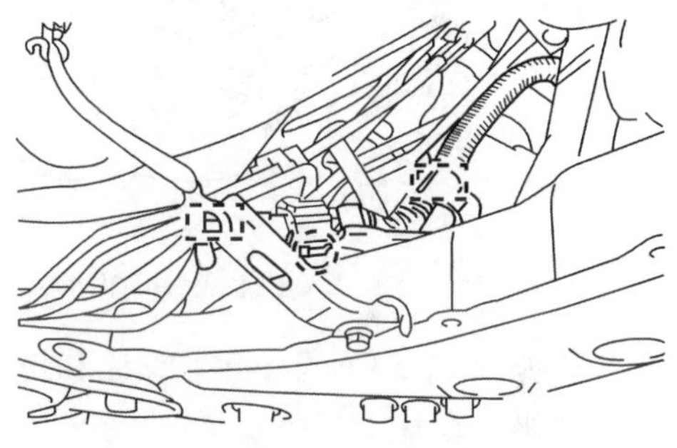
图 11-47　发动机总成的拆卸(40)

(53)拆卸带变速器的发动机总成。

①如图 11-51 所示,固定发动机升降机。

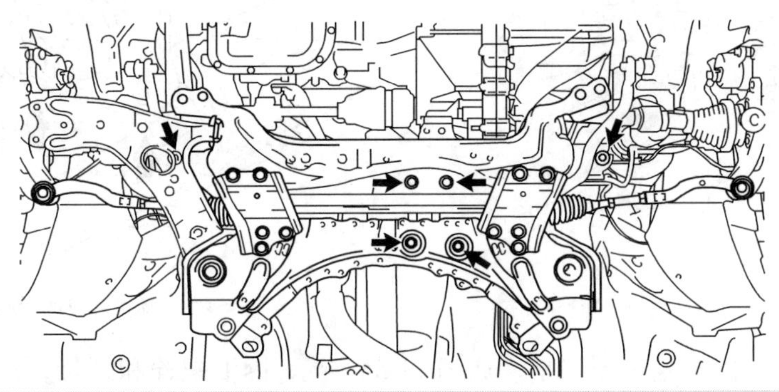
图 11-48　发动机总成的拆卸(41)

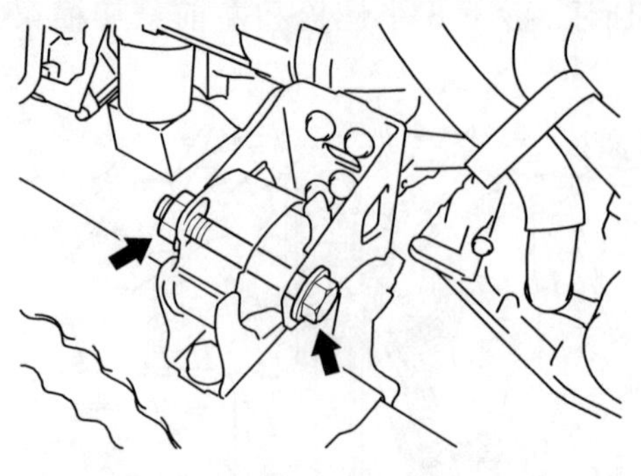

图 11-49　发动机总成的拆卸(42)

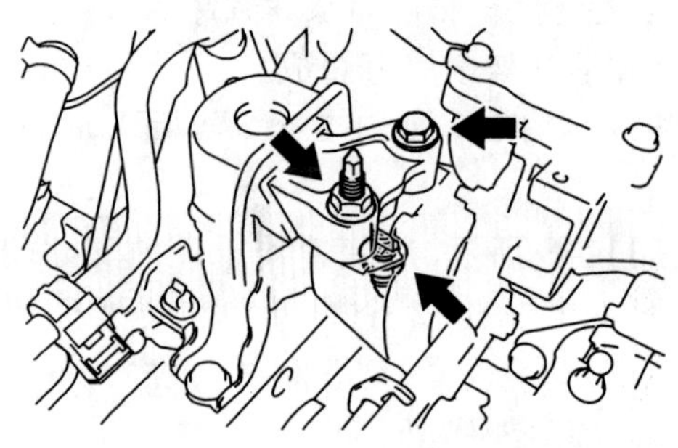

图 11-50　发动机总成的拆卸(43)

注意：将发动机放置在木块上，使发动机水平放置。

②如图 11-52 所示，拆下 2 个螺栓和螺母，分离发动机右侧悬置隔振垫。

图 11-51　发动机总成的拆卸(44)

图 11-52　发动机总成的拆卸(45)

③如图 11-53 所示，拆下螺栓和螺母，分离发动机左侧悬置隔振垫。小心地将带变速器的发动机从车辆上拆下。

(54)拆卸发动机前悬置隔振垫。如图 11-54 所示，拆下 2 个螺栓和发动机前悬置隔振垫。

注意：仅在发动机悬置隔振垫需要更换时执行该程序。

图 11-53　发动机总成的拆卸(46)

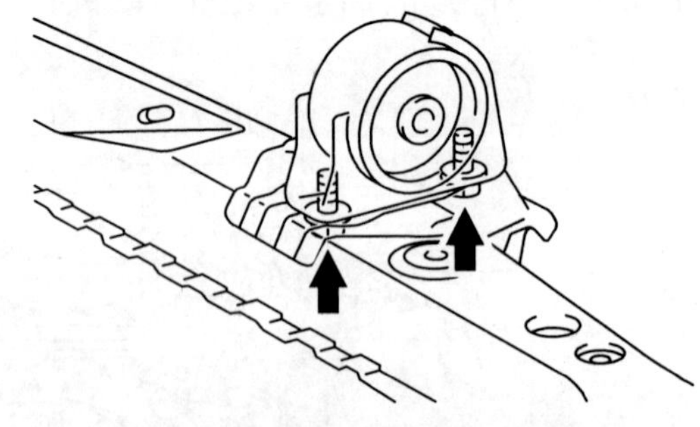

图 11-54　发动机总成的拆卸(47)

(55)拆卸发动机后悬置隔振垫。如图 11-55 所示，拆下螺栓和螺母，分离发动机后侧悬置隔振垫。

(56)拆卸发动机左侧悬置隔振垫。如图 11-56 所示,拆下 4 个螺栓和发动机左侧悬置隔振垫。

注意:仅在发动机悬置隔振垫需要更换时执行该程序。

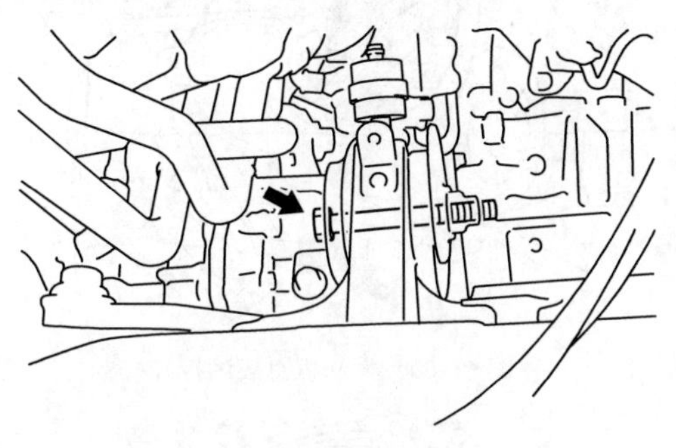
图 11-55　发动机总成的拆卸(48)

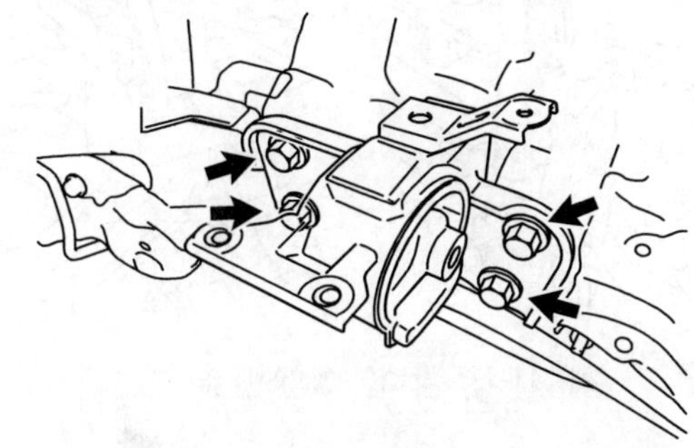
图 11-56　发动机总成的拆卸(49)

(57)拆卸发动机右侧悬置隔振垫。

①如图 11-57 所示,拆下螺栓和螺母,并分离空调支架。

②如图 11-58 所示,拆下 3 个螺栓和发动机右侧悬置隔振垫。

注意:仅在发动机悬置隔振垫需要更换时执行该程序。

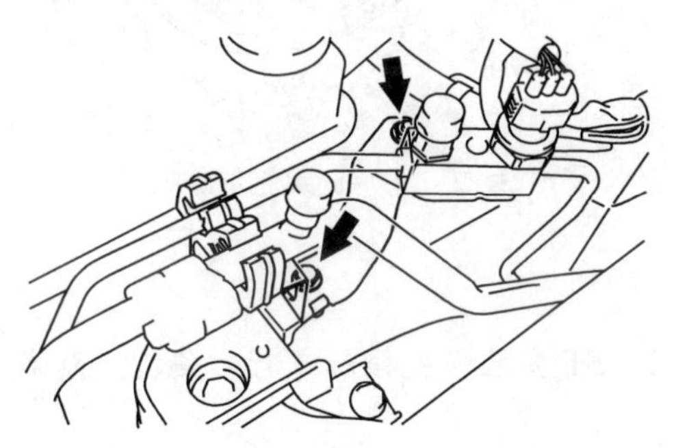
图 11-57　发动机总成的拆卸(50)

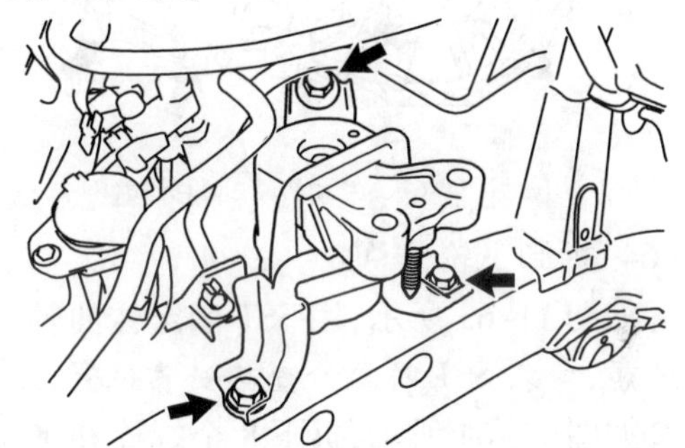
图 11-58　发动机总成的拆卸(51)

(58)安装发动机吊架。

①拆下质量空气流量计支架。

②如图 11-59 所示,用 2 个螺栓安装 2 个发动机吊架,拧紧力矩:43N · m。

(59)拆卸飞轮壳侧盖。

(60)拆卸起动机总成。如图 11-60 所示,分离 2 个线束卡夹,拆下螺栓和线束支架,拆下端子盖,拆下螺母并断开端子 30。断开线束插接器,拆下 2 个螺栓并拆下起动机总成。

(61)拆卸手动变速器总成。如图 11-61 所示,拆下 7 个螺栓和手动变速器总成。

(62)拆卸离合器盖总成。如图 11-62 所示,在离合器盖总成和飞轮分总成上做好装配标记。每次将各固定螺栓拧松一圈,直至弹簧张力被完全释放。拆下固定螺栓并拉下离合器盖。

(63)拆卸离合器盘总成。

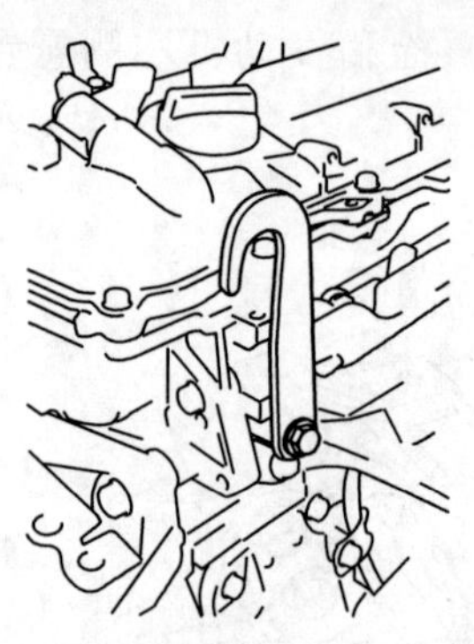

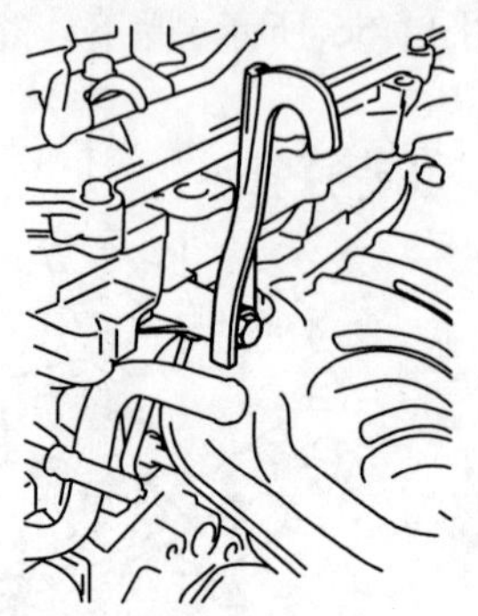

图 11-59　发动机总成的拆卸(52)

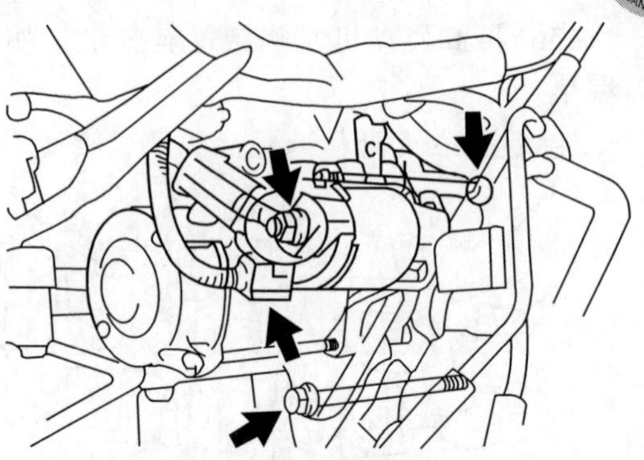

图 11-60　发动机总成的拆卸(53)

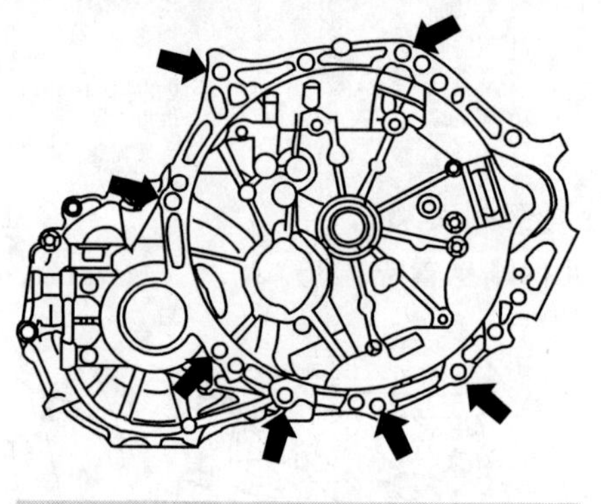

图 11-61　发动机总成的拆卸(54)

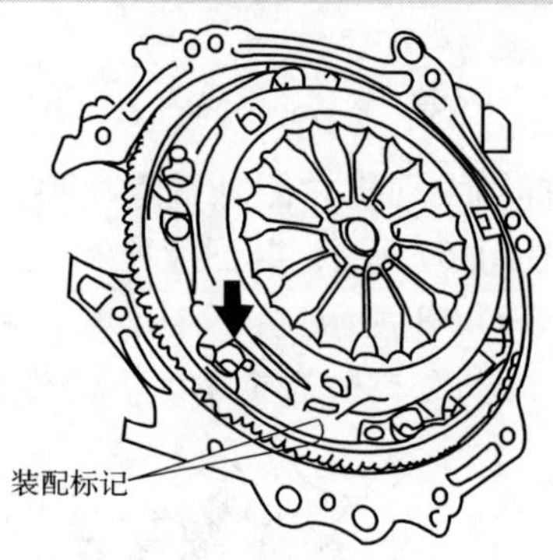

图 11-62　发动机总成的拆卸(55)

(64)拆卸飞轮分总成。

①如图 11-63 所示,用 SST 固定住曲轴。

注意:安装 SST 时要检查其安装位置,以防止 SST 安装螺栓接触正时链条盖分总成。

②如图 11-64 所示,拆下 8 个螺栓和飞轮。

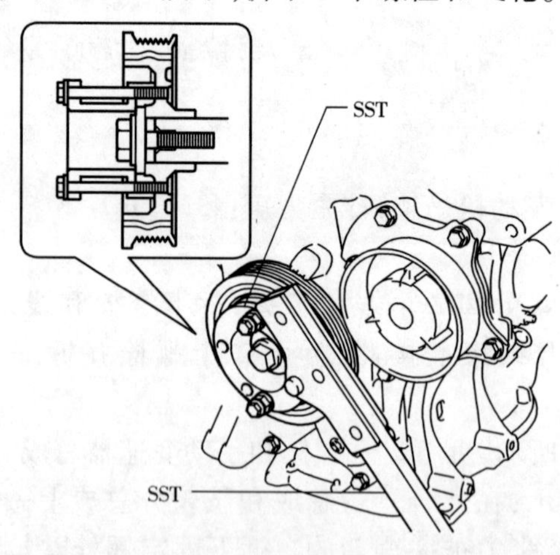

图 11-63　发动机总成的拆卸(56)

图 11-64　发动机总成的拆卸(57)

(65)拆卸发动机线束。

2 发动机总成的安装

(1)安装发动机线束。

(2)安装飞轮分总成。

①用 SST 固定住曲轴,如图 11-63 所示。

注意:安装 SST 时要检查其安装位置,以防止 SST 安装螺栓接触正时链条盖分总成。

②如图 11-65 所示,在新螺栓的 2 ~ 3 个螺距长的螺纹上涂抹黏合剂。黏合剂:丰田原厂黏合剂 1324、Three Bond 1324 或同等产品。

③按图 11-66 所示顺序,分几个步骤,均匀地安装和紧固 8 个螺栓。拧紧力矩:49N · m。

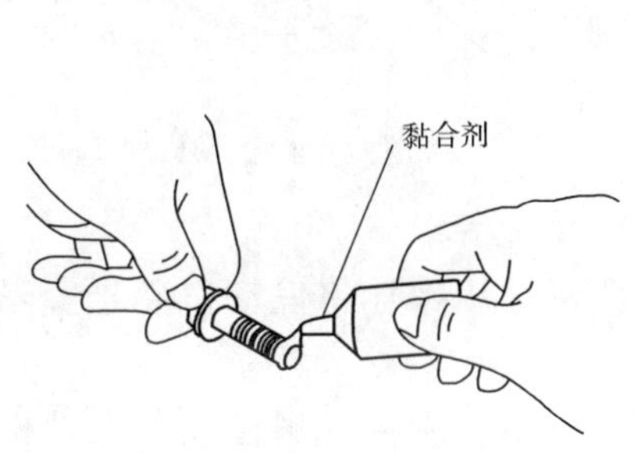

图 11-65　发动机总成的安装(1)

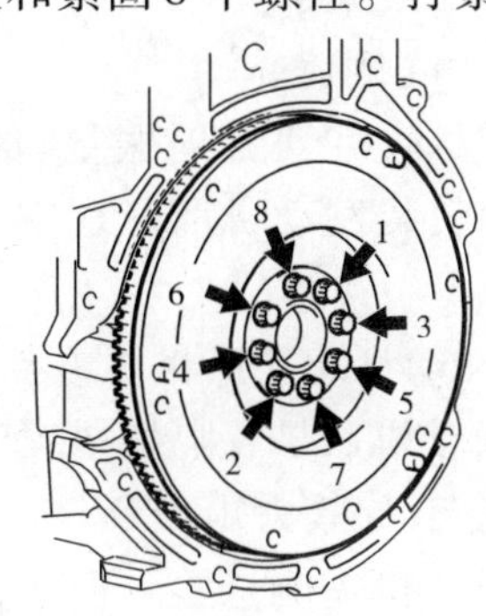

图 11-66　发动机总成的安装(2)

④如图 11-67 所示,用油漆在螺栓前端作标记。

⑤按相同顺序,将 8 个螺栓再紧固 90°。

⑥检查并确认曲轴转动顺畅。

(3)安装离合器盘总成。如图 11-68 所示,用 SST 插入离合器盘总成,然后将它们一起插入飞轮分总成。

注意:按正确方向插入离合器盘总成。

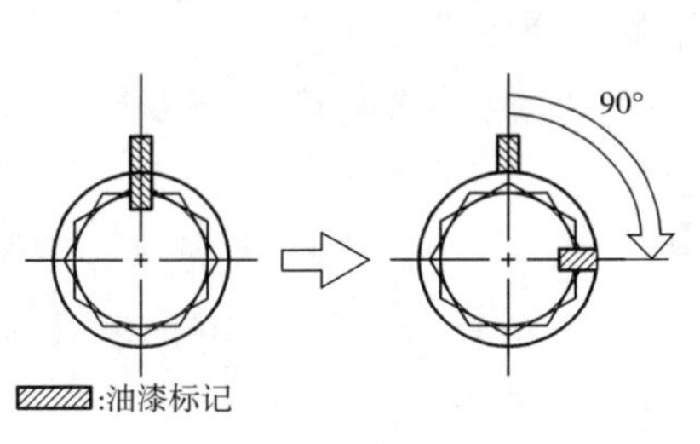

图 11-67　发动机总成的安装(3)

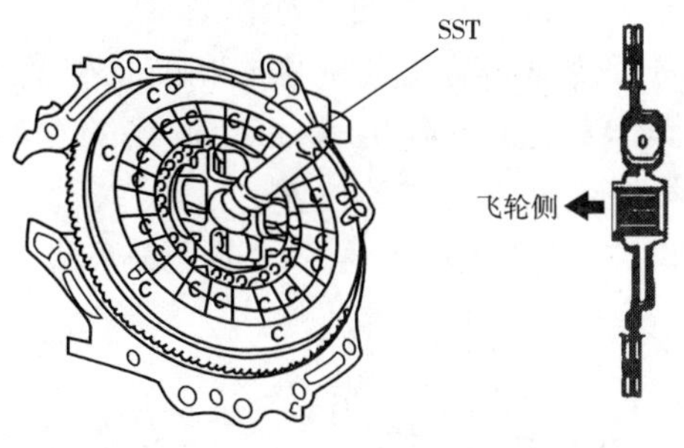

图 11-68　发动机总成的安装(4)

(4)安装离合器盖总成。将离合器盖总成上的装配标记和飞轮分总成上的装配标记对准。按照图 11-69 所示的步骤,从位于顶部锁销附近的螺栓开始,按顺序拧紧 6 个螺栓,拧紧力矩:19N · m。

注意:按照图 11-69 所示的顺序,每次均匀拧紧一个螺栓;检查并确认离合器盘位于中

心位置后，上下左右轻微地移动 SST，然后拧紧螺栓。

（5）检查并调整离合器盖总成。

（6）安装手动变速器总成。使输入轴和离合器盘对齐，并将手动变速器安装至发动机。如图 11-61 所示，安装 7 个螺栓，拧紧力矩：33N·m。

（7）安装起动机总成。如图 11-60 所示，用 2 个螺栓安装起动机总成，拧紧力矩：37N·m。连接线束插接器。用螺母连接端子 30，拧紧力矩：9.8N·m。合上端子盖。用螺栓安装线束支架，拧紧力矩：8.4N·m。安装 2 个线束卡夹。

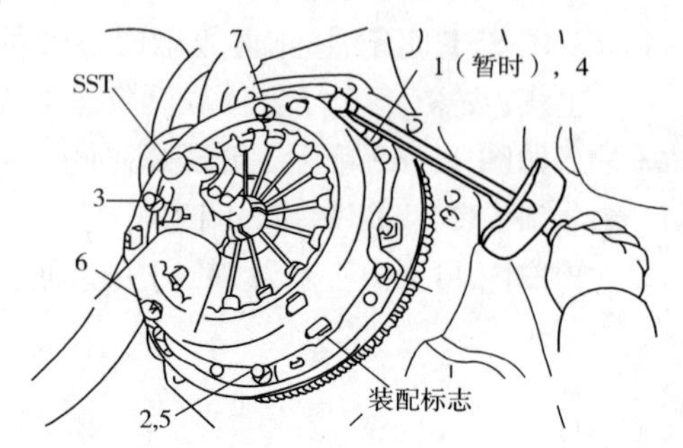

图 11-69　发动机总成的安装（5）

（8）安装飞轮壳侧盖。

（9）安装前发动机悬置隔振垫，如图 11-54 所示。用 2 个螺栓安装发动机前悬置隔振垫，拧紧力矩：95N·m。

注意：仅在发动机悬置隔振垫需要更换时执行该程序。

（10）安装发动机后悬置隔振垫，如图 11-55 所示。用螺栓将发动机后悬置隔振垫安装至发动机悬置支架，拧紧力矩：95N·m。

（11）安装发动机左侧悬置隔振垫，如图 11-56 所示。用 4 个螺栓安装发动机左侧悬置隔振垫，拧紧力矩：95N·m。

注意：仅在发动机悬置隔振垫需要更换时执行该程序。

（12）安装发动机右侧悬置隔振垫。

①如图 11-58 所示，用 3 个螺栓安装发动机右侧悬置隔振垫，拧紧力矩：95N·m。

②如图 11-57 所示，用螺栓和螺母将空调支架安装至发动机悬置隔振垫，拧紧力矩：9.8N·m。

注意：仅在发动机悬置隔振垫需要更换时执行该程序。

（13）安装带变速器的发动机总成。

①将带变速器的发动机总成和前悬架横梁放置在发动机升降机上。

②操作发动机升降机，将带变速器的发动机总成和前悬架横梁举升至发动机左侧和右侧悬置隔振垫可以安装的位置。

注意：不要使发动机举升过高。如果发动机举升过高，车辆也可能被举升。确保发动机上没有任何配线和软管。将发动机举升进入车辆时，不要使其接触车辆。

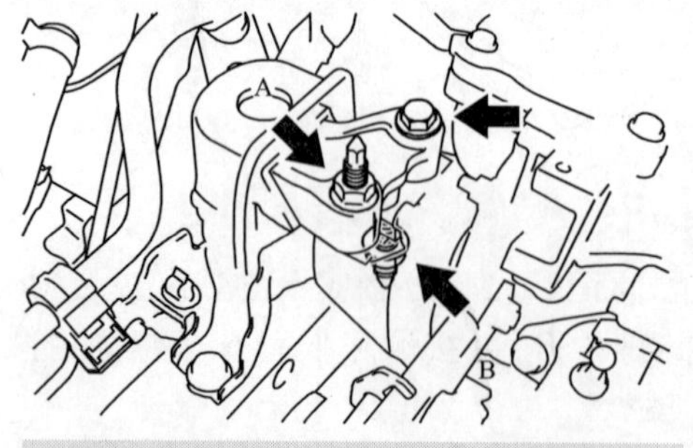

图 11-70　发动机总成的安装（6）

③如图 11-53 所示，使用螺栓和螺母安装发动机左侧悬置隔振垫，拧紧力矩：56N·m。

④如图 11-70 所示，使用螺栓和 2 个螺母安装发动机右侧悬置隔振垫，螺母 A 的拧紧力矩：95N·m；螺母 B 的拧紧力矩：52N·m；螺栓的拧紧力矩：95N·m。

(14)安装前横梁。

①如图 11-50 所示,用 4 个螺栓安装前横梁,拧紧力矩:96N·m。

②如图 11-49 所示,用螺栓和螺母将发动机前悬置隔振垫安装至发动机前悬置支架,拧紧力矩:145N·m。

(15)安装前悬架横梁分总成,如图 11-48 所示。

①用变速器千斤顶支撑前悬架横梁。

②如图 11-71 所示,将 SST 交替插入前悬架横梁的左侧和右侧参考孔时,将左侧和右侧的 2 个螺栓 A、2 个螺栓 B 和 2 个螺母分步拧紧至各自的规定拧紧力矩,规定拧紧力矩:螺栓 A 为 145N·m,螺栓 B 为 95N·m,螺母为 93N·m。

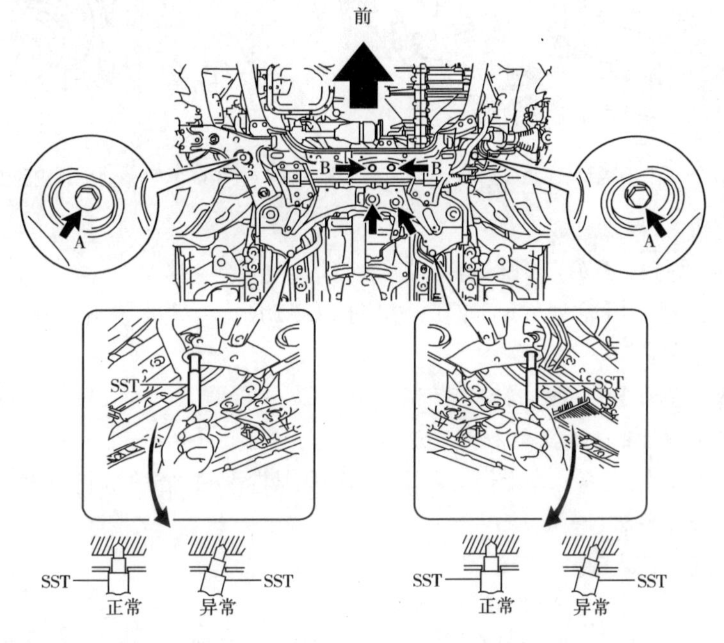

图 11-71 发动机总成的安装(7)

③接合 2 个卡夹和卡爪,将氧传感器线束安装至前悬架横梁分总成,如图 11-47 所示。

(16)安装左前悬架横梁后支架。如图 11-72 所示,用 3 个螺栓安装左前悬架横梁后支架,规定拧紧力矩:螺栓 A 为 145N·m,螺栓 B 为 93N·m。

(17)安装右前悬架横梁后支架。

注意:与左侧执行相同的操作程序。

(18)安装左前悬架横梁加强件。如图 11-44所示,用 4 个螺栓安装左前悬架加强件,规定拧紧力矩为 96N·m。

(19)安装右前悬架横梁加强件。

注意:与左侧执行相同的操作程序。

(20)安装发动机前悬置支架下加强件。如图 11-73 所示,用 2 个螺栓安装发动机前悬置支

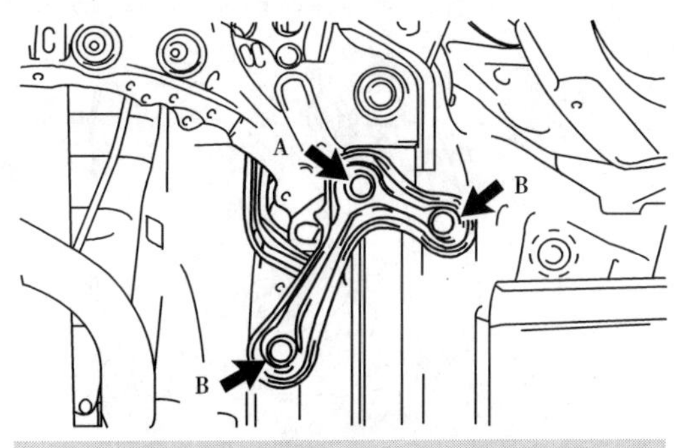

图 11-72 发动机总成的安装(8)

架下加强件，规定拧紧力矩：96N·m。

(21)安装前桥左半轴总成。如图 11-74 所示，在内侧万向节轴花键上涂齿轮油，对准轴花键，用铜棒和锤子敲进驱动轴。

注意：使开口侧向下安装卡环；不要损坏油封、防尘套和防尘罩。

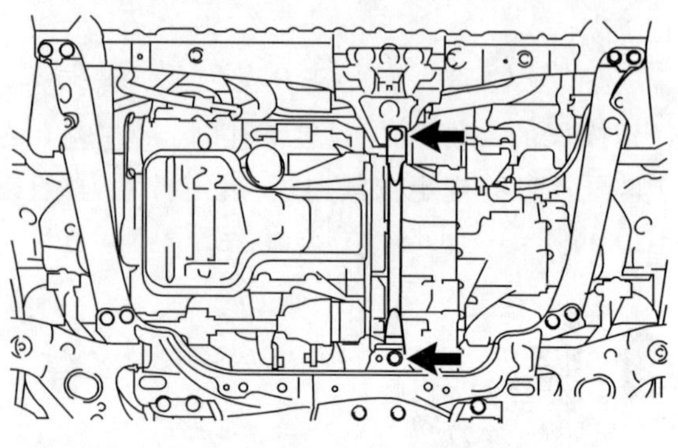
图 11-73　发动机总成的安装(9)

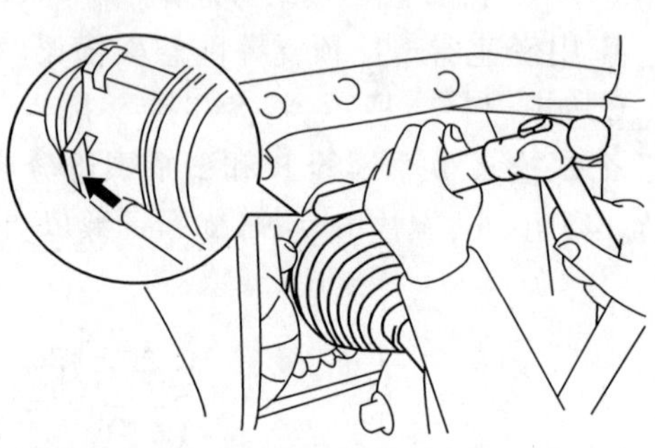
图 11-74　发动机总成的安装(10)

(22)安装前桥右半轴总成。

注意：与左侧执行相同的操作程序。

(23)安装带左侧车桥轮毂的转向节。如图 11-75 所示，对准装配标记，并将前桥半轴总成连接至左前桥总成。

(24)安装带右侧车桥轮毂的转向节。

注意：与左侧执行相同的操作程序。

(25)安装左前下悬架臂。如图 11-40 所示，用螺栓和 2 个螺母将前悬架下臂连接至前下球节，规定拧紧力矩：89N·m。

(26)安装右前下悬架臂。

注意：与左侧执行相同的操作程序。

(27)安装左前稳定杆连杆总成。如图 11-39 所示，用螺母将左前稳定杆连杆总成安装至前稳定杆，规定拧紧力矩：74N·m。

(28)安装右前稳定杆连杆总成。

注意：与左侧执行相同的操作程序。

(29)连接左侧横拉杆接头分总成。如图 11-76 所示，用螺母将左侧横拉杆接头分总成

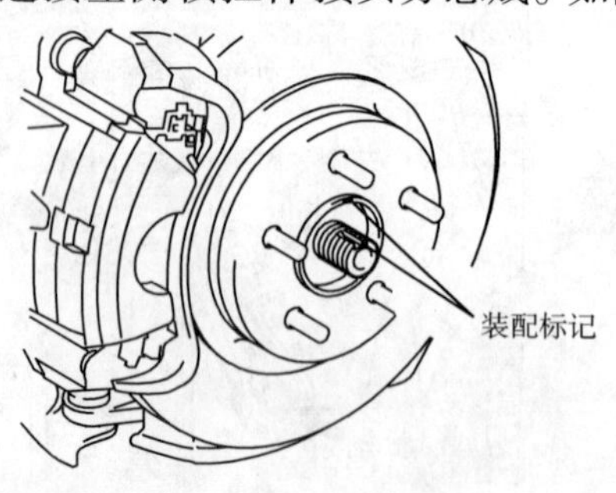

图 11-75　发动机总成的安装(11)

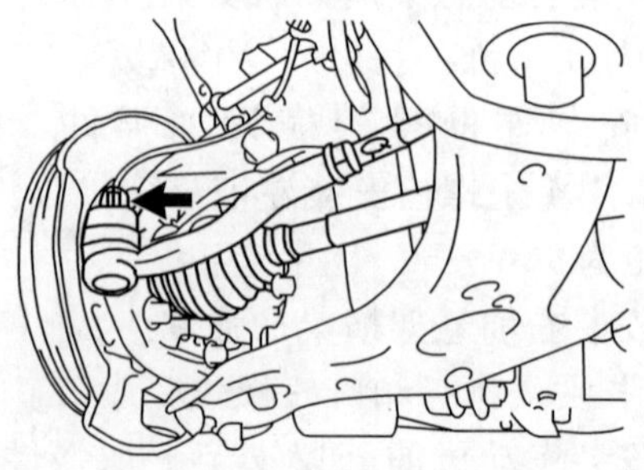
图 11-76　发动机总成的安装(12)

连接至转向节，并安装新的开口销，拧紧力矩：49N·m。

注意：如果开口销孔未对齐，将螺母再拧紧60°。

(30)连接右侧横拉杆接头分总成。

注意：与左侧执行相同的操作程序。

(31)安装左前轮转速传感器。

①如图11-35所示，用螺栓和卡夹将前轮转速传感器和前挠性软管安装至前减振器，规定拧紧力矩：29N·m。

注意：安装时不要扭曲前轮转速传感器。

②如图11-36所示，用螺栓将前轮转速传感器安装至转向节，规定拧紧力矩：8.5N·m。

(32)安装右前轮转速传感器。

注意：与左侧执行相同的操作程序。

(33)安装左前桥轮毂螺母，如图11-34所示。

(34)安装右前桥轮毂螺母。

注意：与左侧执行相同的操作程序。

(35)安装前排气管总成。

①用游标卡尺测量压缩弹簧的自由长度。如果自由长度小于最小值(41.5mm)，则更换压缩弹簧。

②如图11-77所示，用塑料锤和木块敲入新的衬垫，直至其表面与排气歧管齐平。

注意：不要重复使用衬垫，不要损坏衬垫，注意衬垫的安装方向，安装时不要用排气管推入衬垫。

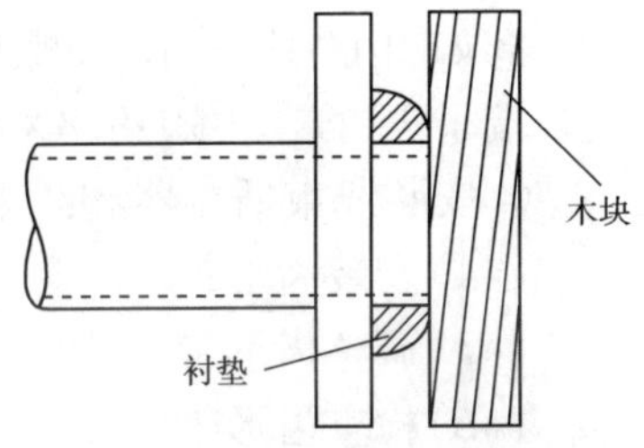

图11-77 发动机总成的安装(13)

③如图11-33所示，安装排气管支架，然后用2个螺栓和2个压缩弹簧安装前排气管总成，规定拧紧力矩：43 N·m。

(36)安装2号加热型氧传感器。如图11-32所示，用SST将2号加热型氧传感器安装至前排气管总成，规定拧紧力矩：40N·m。

(37)安装1号转向柱孔盖分总成，如图11-31所示。

(38)安装2号转向中间轴总成。如图11-30所示，对齐2号转向中间轴总成和转向中间轴总成上的装配标记，拧紧螺栓，规定拧紧力矩：35 N·m。

(39)安装转向柱孔盖消声板，如图11-28所示。

(40)安装线束。

①如图11-26所示，用螺栓和卡夹将搭铁线安装至发动机室线束，拧紧力矩：13N·m。

②如图11-78所示，用2个螺母安装线束，拧紧力矩：8.4N·m。将线束插接器和线束卡夹连接至发动机室接线盒。

③如图11-79所示，用卡夹和锁止杆将插接器连接至发动机控制计算机。

(41)安装离合器工作缸总成。如图11-80所示，用5个螺栓和离合器管支架，安装离合器工作缸总成。螺栓A的拧紧力矩：12N·m；螺栓B的拧紧力矩：12N·m；螺栓C的拧紧力

矩:8.0N·m。

(42)安装带齿形带轮的压缩机总成。

(43)安装发电机总成。

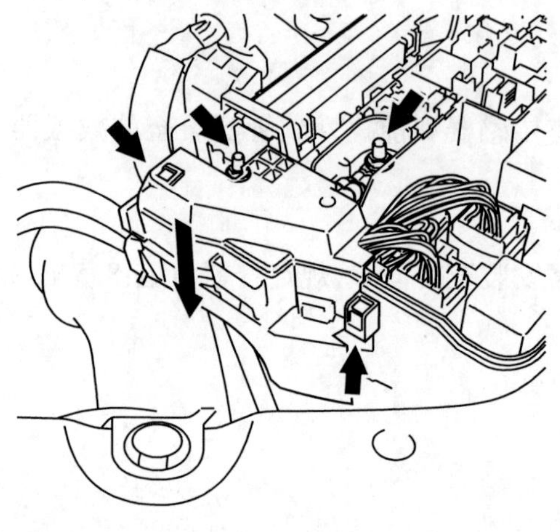

图 11-78　发动机总成的安装(14)

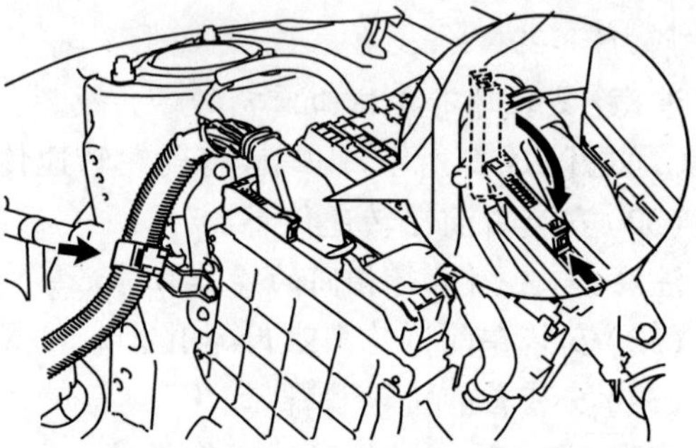

图 11-79　发动机总成的安装(15)

①如图 11-20 所示,用螺栓安装线束卡夹支架,拧紧力矩:8.4N·m。

②如图 11-19 所示,用 2 个螺栓暂时安装发电机总成。

③如图 11-18 所示,用螺母将线束安装到端子 B 并安装端子盖,拧紧力矩:9.8N·m。

④安装线束插接器和线束卡夹。

(44)安装齿形带。

(45)调整齿形带。

(46)检查齿形带。

(47)连接燃油管分总成。

①连接燃油管连接器和燃油管。

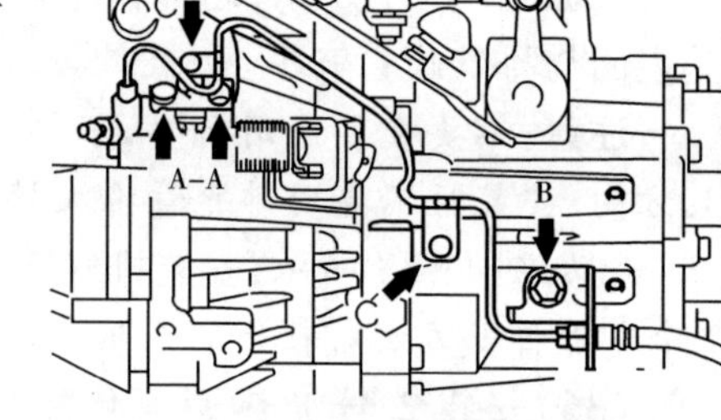

图 11-80　发动机总成的安装(16)

注意:将燃油管连接器和管对准,然后将燃油管连接器推入,直至夹持器发出"咔嗒"声。如果连接过紧,则在燃油管顶部涂抹少量机油。连接后,拉动管和连接器,以确保连接牢固。

②接合卡爪并安装 1 号燃油管卡夹,如图 11-16 所示。

(48)连接加热器进水软管,如图 11-15 所示。

(49)连接加热器出水软管,如图 11-14 所示。

(50)安装变速器控制拉索总成,如图 11-13 所示。

(51)连接散热器出水软管,如图 11-12 所示。

(52)连接散热器进水软管,如图 11-11 所示。

(53)安装蓄电池托架。

①用 4 个螺栓安装蓄电池托架,拧紧力矩:19N·m。

②如图 11-10 所示,用 2 个螺栓连接水管,拧紧力矩:19N·m。

③如图 11-9 所示,连接 2 个线束卡夹。

(54)安装蓄电池。

①安装蓄电池卡夹,螺栓的拧紧力矩:17N·m;螺母的拧紧力矩:3.5N·m。

②安装蓄电池端子,拧紧力矩:5.4N·m。

注意:断开电缆时,重新连接电缆后需要对某些系统进行初始化。

(55)安装空气滤清器壳。

①如图 11-8 所示,使用 3 个螺栓安装空气滤清器壳,拧紧力矩:7.0N·m。

②将线束卡夹安装至空气滤清器壳。

③安装空气滤清器滤芯。

(56)安装空气滤清器盖分总成。

(57)添加手动变速器油。

①安装新衬垫和放油螺塞,拧紧力矩:39N·m。

②添加手动变速器油。

③安装变速器注油螺塞和新衬垫,拧紧力矩:39N·m。

(58)检查并调整手动变速器油。

①将车辆停放到平坦路面上。

②拆下变速器注油螺塞和衬垫。

③如图 11-81 所示,检查并确认油面在变速器注油螺塞开口最低点以下 5mm 范围内。

④油位低时,检查变速器油是否泄漏。

⑤安装变速器注油螺塞和新衬垫,拧紧力矩:39N·m。

(59)添加发动机冷却液。

(60)添加机油。添加新的机油并安装机油加注口盖。机油滤清器更换时放空后的重新加注量:4.2L;不更换机油滤清器时放空后的重新加注量:3.9L;净注入量:4.7L。

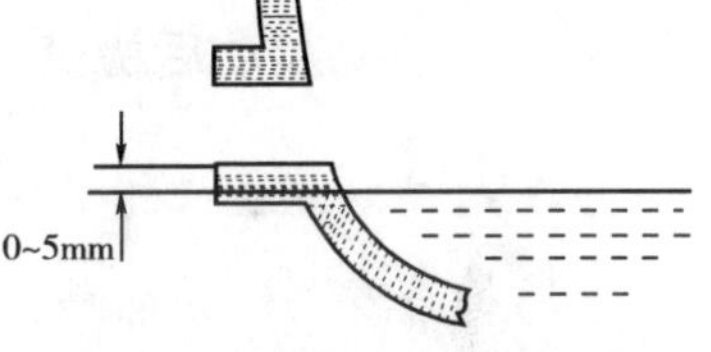

图 11-81 发动机总成的安装(17)

(61)检查机油油位。

(62)检查燃油是否泄漏。

(63)检查冷却液是否泄漏。

(64)检查机油是否泄漏。

(65)检查废气是否泄漏。

(66)安装发动机 2 号底罩。

(67)安装发动机 1 号底罩。

(68)安装发动机后部左侧底罩。

(69)安装发动机后部右侧底罩。

(70)安装前轮,拧紧力矩:103N·m。

(71)检查点火正时。

(72)检查发动机怠速转速。

(73)检查 CO/HC。

(74)调整前轮定位。

(75)安装2号汽缸盖罩。

(76)安装散热器上空气导流板。

(77)检查防抱死制动系统(ABS)转速传感器信号。

引导问题8　更换发动机后需要检查哪些项目?

1 发动机起动前检查

进行下述检查以便确认发动机总成安装是否良好:

(1)确认线束插接器连接位置是否正确;轻轻拉动各插接器,检查其是否连接良好;

(2)确认螺栓或者螺母没有松动现象;

(3)检查是否有总成或零件遗失在托盘、工作台上或者其他地方;

(4)检查所有的卡箍是否安装在正确的位置;

(5)检查是否有冷却液或者机油从软管或者管道接头处泄漏;

(6)检查发动机中注入的机油是否达到机油尺的"F"标记;

(7)检查传动带是否安装在正确的位置上,传动带张紧度是否合适;

(8)恢复燃油泵电路连接,将点火开关由OFF转至ON位置多次转动,使燃油泵间歇工作,检查燃油是否泄漏。

2 发动机起动后检查

1 起动发动机后的常规检查

(1)检查发动机起动是否正常,检查发动机起动后是否有异常声音;

(2)在所有电气设备没有工作的情况下,检查发动机是否能够在600~700r/min转速稳定运转;

(3)检查燃油是否泄漏;

(4)检查是否有机油或者冷却液泄漏,并检查机油和冷却液液位是否正常;

(5)检查排气歧管及排气管是否漏气,进气管路是否有真空泄漏;

(6)检查发动机是否有异常的振动。

2 CO/HC浓度的检查

注意:此项检查用于确定怠速运转时CO/HC浓度是否符合规定。

(1)起动发动机。

(2)以2500r/min的转速运转发动机约3min。

(3)怠速运转时,将CO/HC测量仪测试探针插入排气管至少400mm。

(4)在怠速转速和发动机转速为2500r/min时,检查CO/HC浓度。如果CO/HC浓度不符合规定,则按以下顺序进行故障排除。

①检查质量空气流量计和加热型氧传感器的工作情况。

②参见表 11-1 查找可能的原因，必要时检查相应的零件并维修。

CO/HC 浓度不合格可能的原因 表 11-1

CO	HC	故　障	可能的原因
正常	高	怠速不稳	(1)点火系统故障： ①正时不正确； ②火花塞积炭、短路或间隙不合适。 (2)气门间隙不正确。 (3)进气门和排气门泄漏。 (4)汽缸泄漏
低	高	怠速不稳(HC 读数波动)	(1)真空泄漏： ①曲轴箱强制通风(PCV)软管泄漏； ②进气歧管泄漏； ③节气门体泄漏； ④制动助力器管路泄漏。 (2)混合气过稀导致缺火
高	高	怠速不稳(排出黑烟)	(1)空气滤清器滤芯堵塞。 (2)曲轴箱强制通风(PCV)阀堵塞。 (3)电控燃油喷射(EFI)系统有故障： ①燃油压力调节器有故障； ②发动机冷却液温度传感器故障； ③质量空气流量计故障； ④ECM 故障； ⑤喷油器故障； ⑥节气门体故障

3 行驶检查

行驶过程中检查以下项目：

(1)起动车辆时，检查拆卸过的部件周围是否有异常噪声；

(2)在行驶过程中，检查发动机的加速性能是否良好；同时检查在加速、减速、制动时，是否有异常噪声。

4 行驶后检查

(1)机油有无泄漏，液位是否合适；

(2)冷却液是否泄漏，液位是否合适；

(3)燃油是否泄漏；

(4)变速器油是否泄漏。

三、评价与反馈

1. 对本学习任务进行评价，见表11-2。

评　分　表　　　　表11-2

考核项目	评分标准	分数	学生自评	小组评价	教师评价	小计
团队合作	是否协调	5				
活动参与	是否积极主动	5				
安全生产	有无安全隐患	10				
现场5S	是否做到	10				
任务方案	是否正确、合理	15				
操作过程	拆卸发动机总成； 更换发动机总成； 检查发动机总成	30				
任务完成情况	是否圆满完成	5				
工具和设备使用	是否规范、标准	10				
劳动纪律	是否能严格遵守	5				
工单填写	是否完整、规范	5				
总分		100				
教师签名：			年　月　日		得分	

2. 在实施作业时每一个安全事项都注意到了吗？如果没有，找出忽略的地方和原因。

3. 能否向车主解释更换发动机总成的相关规定和过程？如果不能，分析原因并提出改进措施。

四、学习拓展

1. 查阅资料，说明凯越（1.6L）轿车与卡罗拉（1.6L）轿车发动机总成的更换方法有什么不同。

2. 查阅资料，说明发动机总成更换过程中应该注意的问题有哪些。

参考文献

[1] 田有为,黄艳玲.汽车发动机机械系统检测与修复[M].北京:机械工业出版社,2010.
[2] 王丽梅.汽车发动机构造与维修[M].北京:中国人民大学出版社,2009.
[3] 张西振,韩梅.汽车发动机构造与维修[M].北京:机械工业出版社,2007.
[4] 王德平,王健,石光成.汽车维护[M].北京:人民交通出版社,2011.
[5] 朱军.汽车发动机常见维修项目实训教材[M].北京:人民交通出版社,2009.
[6] 刘建平.汽车发动机机械维修工作页[M].北京:人民交通出版社,2007.
[7] 武华.汽车发动机构造与拆装工作页[M].北京:人民交通出版社,2007.
[8] 袁亮,雷春国.汽车发动机维修[M].北京:人民交通出版社,2011.
[9] 陈瑜,雍朝康.汽车发动机构造与拆装[M].北京:人民交通出版社,2011.
[10] 明光星,杨洪庆,王彦光.二手车鉴定与评估[M].北京:中国人民大学出版社,2010.